国家出版基金项目
NATIONAL PUBLICATION FOUNDATION

万国通史
THE HISTORY OF WORLD

THE HISTORY OF MALAYSIA

马来西亚通史

骆永昆 / 著

上海社会科学院出版社
SHANGHAI ACADEMY OF SOCIAL SCIENCES PRESS

目录

第一章　早期的历史 / 1
  一、早期的居民 / 1
  二、文化和考古遗迹 / 8
  三、早期的王国 / 12
  作者点评 / 18

第二章　马六甲王国 / 20
  一、马六甲王国的兴衰 / 20
  二、马六甲王国的内政外交 / 25
  作者点评 / 33

第三章　西方殖民时期的马来亚 / 35
  一、葡萄牙与荷兰入侵马来亚 / 35
  二、英国的殖民统治 / 46
  三、多元族群结构的形成 / 63
  四、英国的殖民影响 / 77
  作者点评 / 81

第四章　日本统治下的马来亚 / 82
  一、日本占领马来亚 / 82
  二、马来亚的抗日运动 / 91
  作者点评 / 94

第五章　马来亚独立历程 / 95
  一、英国重建马来亚 / 95
  二、巫统的成立 / 98
  三、马来亚联合邦成立 / 103
  四、紧急状态 / 107
  五、走向独立 / 112
  作者点评 / 120

第六章　拉赫曼执政时期的马来西亚 / 122

一、马来亚联合邦独立 / 122

二、组建马来西亚 / 126

三、马来人与华人的矛盾 / 131

四、"一边倒"的对外政策 / 136

五、"5·13"事件及拉赫曼下台 / 142

作者点评 / 146

第七章　拉扎克与侯赛因·奥恩时期的马来西亚 / 147

一、贾拉法家族 / 147

二、新经济政策 / 152

三、国民阵线的成立 / 156

四、外交政策的调整和中国与马来西亚建交 / 164

五、宗教与族群问题凸显 / 169

作者点评 / 174

第八章　马哈蒂尔执政前期的马来西亚 / 176

一、马哈蒂尔的总理之路 / 176

二、宪法危机与巫统的分裂 / 180

三、经济衰退与复苏 / 192

四、族群矛盾升温 / 199

五、开启全方位外交 / 208

作者点评 / 215

第九章　马哈蒂尔执政后期的马来西亚 / 216

一、马哈蒂尔政权巩固 / 216

二、国家发展政策与亚洲金融危机 / 221

三、安瓦尔事件及其深远影响 / 229

四、外交聚焦区域合作 / 237

作者点评 / 242

第十章　阿卜杜拉时期的马来西亚／244

一、阿卜杜拉的新政／244
二、经济与社会的新变化／250
三、平衡的外交政策／255
四、阿卜杜拉提前下台／258
作者点评／262

第十一章　纳吉布时期的马来西亚／264

一、纳吉布临危受命／264
二、"一个马来西亚"政策／268
三、2013年全国大选／274
四、以中国为重点的外交／278
五、"改朝换代"／284
作者点评／291

主要参考文献／293

第一章
早期的历史

由于史料的缺乏,马来西亚古代史的写作难度非常之大。马来西亚官方出版的《1976年马来西亚年鉴》指出,马来西亚早期的历史非常模糊。人们只能从非常有限的历史遗迹中发现本地区最早的人类文化。[1]虽然目前西方国家、中国和马来西亚本土的学者从文化学、民族学、语言学、人类学、历史学等不同的角度对马来西亚古代史进行了大量的研究,但总体看来,学者们所呈现出来的马来西亚原始社会的历史仍然不够清晰。笔者将力图在前人研究的基础上,从马来群岛早期的居民、文化和考古遗迹、早期的王国三个维度,来展现马来西亚原始社会的状况。

一、早期的居民

说到马来西亚早期的居民,就不得不提到东南亚的地理环境。东南亚从地理上可划分为海上东南亚和陆上东南亚两部分。海上东南亚包括今天的马来西亚、印度尼西亚、东帝汶、新加坡、菲律宾、文莱,而陆上东南亚包括今天的越南、老挝、柬埔寨、缅甸、泰国等。海上东南亚位于马来群岛(也称南洋群岛),在赤道附近,周边是广阔的海洋,地理范围除马来半岛外,西起特纳斯林群岛(今天的安达曼群岛)、尼科巴群岛,北至菲律宾群岛,东至新几内亚以东的所罗门群岛,东西长4 000英里[2],南北宽1 300英里,长度相当于从欧

---

[1] Kerajaan Malaysia, *Malaysia 1976 : buku rasmian tahunan* (jilid kesepuluh), Percetakan Semenanjung Malaysia, Kuala Lumpur, 1979, p.10.
[2] 1英里合1.609 3千米。

马来群岛上的特有生物——红毛猩猩

洲大陆最西端到中亚的距离,与南美洲最宽的地方相当。① 马来群岛是世界上最大的岛群,其中面积较大的海岛有布满原始森林的婆罗洲(即加里曼丹岛)、巴布亚岛、爪哇岛和苏门答腊岛。今天马来西亚的沙巴州和沙捞越州就位于加里曼丹岛之上。马来群岛地区属于热带雨林气候,受季风影响,雨水充沛、土壤肥沃、阳光充足,有利于农作物的生长。从地形特征看,西部马来西亚的东面近海,早在更新世就有若干次海退、海进旋回,形成红土化或接近红土化的地表和海相沉积物。西部马来西亚西海岸的平原由深厚的冲击岩构成,地势低平。沙巴、沙捞越沿海为冲积平原,地势北高东低。②

早期在马来半岛和婆罗洲的原住民就是在这样的地理条件下生活的。依据陈鸿瑜教授的考证,马来群岛靠近泰国一带,大约在公元前 10 万年前就有人类(现代意义的人类)居住。但他们来自何地,我们无从知道,但可知他们大都是穴居,使用石器。③ 马来半岛最早的居民可能有三类人群:

尼格利陀人(Orang Negrito),亦即"小黑人" 尼古拉斯·塔林的研究认为,尼格利陀人大约在 2.5 万年前就已经在马来半岛生活,④是马来群岛最早的原始人(Penduduk Asli),也是东南亚最早的居民,主要分布在今天的马来

---

① [英]阿尔弗莱德·拉塞尔·华莱士:《马来群岛自然科学考察记》,张庆来等译,中国人民大学出版社,2004 年,第 3 页。
② 罗圣荣编著:《当地马来西亚政治》,社会科学文献出版社,2018 年,第 2 页。
③ 陈鸿瑜:《马来西亚史》,兰台出版社,2012 年,第 22 页。
④ Colin Nicholas, "The Orang Asli and the Contest for Resources, Indigenous Politics Development and Identity in Peninsular Malaysia", Copenhagan, *International Work Group for Indigenous Affairs*, 2000, p.3.

西亚、印度尼西亚、菲律宾等地。也有的学者指出,尼格利陀人在公元前8000年已经存在,主要生活在马来群岛。①尼格利陀人是澳大利亚人种美拉尼西亚人(Australoid-Melanesian)的后裔,他们一般身材矮小,身高不足1.5米,肤色黝黑,头发卷曲,前额小而凸出,鼻子扁平,嘴唇宽厚,这些是尼格利陀人的显著特征。

相关研究表明,尼格利陀人身材矮小主要是为了适应温暖和潮湿的气候,有效降低人体蛋白质的消耗,以及便于在茂密的雨林中行动。②尼格利陀人不进行农业生产,专门依靠弓箭狩猎和采集为生。他们的社会生活非常简单,人们通常在一定领域内过着流动的群体生活,没有产生氏族和其他血缘组织。③温斯泰德的研究指出,尼格利陀人是游牧民族,睡在用树枝铺成的地板上,住在没有墙的屋子里或是山洞中,屋顶用木棍支撑着,屋顶上面覆盖着树叶。整个屋子的空间只比鸡棚稍微大一些。尼格利陀人不会建筑房屋,也不会制造舟筏,但他们会使用弓箭。④今天马来西亚的塞芒人(Orang Semang)被认为是尼格利陀人的分支,⑤主要分布在马来半岛北部及泰国南部。从数量上而言,尼格利陀人较少,是马来西亚三类原住民中最少的一类,有千余人。⑥

原始马来人(Melayu Proto) 原始马来人也被马来学者称作最早的马来原住民(Orang Melayu Asli yang pertama)。⑦马来人从何而来?目前学界仍有争议。有的学者指出,马来人可能来自中亚。著名的史前学家 R.H.戈尔登(R. H. Geldern)在对大量的马来群岛的手斧进行研究后认为,是中亚人最早将手斧带入马来群岛的。⑧马来西亚民族大学的教授拿督·尼克·哈山·

---

① Srikandi, Al-Semantani dan Ibnu Rusydi, *Membongkar Rahsia Dunia Melayu:Pribumi Asia Tenggara, Menjawab Kekeliruan Sejarah*, Selangor, Hijjaz Records Publishing 2017, cetakan keenam 2018, p.8.
② [新]尼古拉斯·塔林主编:《剑桥东南亚史》第一卷,贺圣达、陈明华、俞亚克等译,云南人民出版社,2003年,第60页。
③ 杨志方:《格米人和尼格利陀人资料简介》,《民族译丛》1979年第5期,第73—74页。
④⑥ [英]理查德·温斯泰德:《马来亚史》,姚梓良译,商务印书馆,1974年,第6页。
⑤ 李谋:《析东南亚民族的形成与分布》,《东南亚》2007年第2期,第48页。
⑦ *Malaysia Kita:Panduan dan Rujukan untuk Peperiksaan Am Kerajaan*, Petaling Jaya:International Law Book Services, 2007, p.269.
⑧ Srikandi, Al-Semantani dan Ibnu Rusydi, *Membongkar Rahsia Dunia Melayu:Pribumi Asia Tenggara, Menjawab Kekeliruan Sejarah*, Selangor, Hijjaz Records Publishing 2017, cetakan keenam 2018, p.5.

苏海米·尼克·阿卜杜勒·拉哈曼（Datuk Dr. Nik Hassan Suhaimi Nik Abdul Rahman）博士认为，马来人在4 000年前就在马来群岛地区存在，并不是从北方大陆迁徙至此，他们是马来西亚的原始居民。①

不过，目前学术界一个倾向性的观点是原始马来人来自中国南部，有的学者更加明确地指出他们来自中国的云南。支持原始马来人起源于云南的学者包括西方的学者，如荷兰的著名语言学家约翰·亨德里克·卡斯珀尔·柯恩（J. H. C. Kern）等，也包括东南亚的学者，如印度尼西亚的历史学家和语言学家斯拉梅特·穆尔加纳（Slamet Muljana）以及马来西亚的语言学家阿斯玛·哈吉·奥马尔（Asmah Haji Omar）等人。马来人起源于云南的观点得到了马来西亚官方的支持。2014年11月，马来西亚旅游和文化部部长拿督·斯里·穆罕默德·纳兹里·宾·阿卜杜尔·阿齐兹（Y.B.Dato' Seri Mohamed Nazri bin Abdul Aziz）在出席中国与马来西亚建交40周年大型庆典活动《云南印象》歌舞集的新闻发布会时称马来族源自云南，云南的歌舞动作与马来的歌舞动作有很多相似之处。同时，纳兹里部长还透露马来西亚的历史教科书也写到马来人来自云南。②

也有相关资料记载，原始马来人是在公元前2500年—公元前1500年间移居到马来群岛生活的，③他们最晚在公元前1000年就已经在马来半岛定居。④原始马来人的主要代表是雅昆人（Orang Jakun），也称作乌鲁人（Orang Ulu）。他们大多分布在今天的彭亨州和柔佛州的森林地带，也有的生活在河边。因此，有学者将雅昆人分为居住在森林中的雅昆人和居住在河边的雅昆人两类。⑤雅

---

① Srikandi, Al-Semantani dan Ibnu Rusydi, *Membongkar Rahsia Dunia Melayu：Pribumi Asia Tenggara，Menjawab Kekeliruan Sejarah*，Selangor，Hijjaz Records Publishing 2017，cetakan keenam 2018，p.13.

② 《纳兹里：马来族源自云南，云南舞马来舞相似》，2014年11月6日，星洲网，http://www.sinchew.com.my/node/1416634，访问时间：2022年12月15日。

③ Ai-Hong Chen, Saiful Azlan Rosli, and Muhamad-Syukri Mohamad Rafiuddin, "Electrophysiology Activity of the Photoreceptors Using Photopic Adapted Full-Field Electroretinogram in Young Malay Adults"，*International Journal of Innovation and Applied Studies*，ISSN 2028-9324，Vol.3，No.4，Aug. 2013，p.996.

④ *Malaysia Kita：Panduan dan Rujukan untuk Peperiksaan Am Kerajaan*，Petaling Jaya：International Law Book Services，2007，p.269.

⑤ Srikandi, Al-Semantani dan Ibnu Rusydi, *Membongkar Rahsia Dunia Melayu：Pribumi Asia Tenggara，Menjawab Kekeliruan Sejarah*，Selangor，Hijjaz Records Publishing 2017，cetakan keenam 2018，p.77.

昆人身材相对较高，肤色为深铜色，信仰万物有灵论。原始马来人是马来西亚三类原住民中人数相对较多的，占原住民总数的43%。①除马来西亚外，原始马来人在今天的印度尼西亚也普遍存在。据称爪哇勿苏基州的登格尔人、苏门答腊的巴塔人、加里曼丹的达雅克人、苏拉威西的托拉加人和马鲁古群岛上的阿尔弗腊人都属于原始马来人的后裔。而在印度尼西亚东部各岛，如西兰岛、帝汶岛、罗蒂岛、松巴岛、塔宁巴尔岛等地也散布着原始马来人的后裔。②原始马来人比尼格利陀人要先进一些，他们会制造工具，但居无定所，③他们所使用的语言与今天的马来语虽有区别，但已有一定相似度。

马来西亚的高脚屋

色诺伊人（Orang Senoi）　色诺伊人是三类原住民中人数最多的，占原住民总数的54%。④色诺伊人属于吠陀人，也是东南亚黑种人的一类，但色诺伊人的身材比尼格利陀人略高，肤色也略亮，生活在马来西亚的大部地区，其中在霹雳、吉兰丹、彭亨、雪兰莪州等地较为集中。色诺伊人使用南亚语系的语言，属于蒙古人种。2009年以来的研究表明，色诺伊人和塞芒人最早可

---

① ④　Colin Nicholas, "The Orang Asli and the Contest for Resources, Indigenous Politics Development and Identity in Peninsular Malaysia", Copenhagan, *International Work Group for Indigenous Affairs*, 2000, p.4.

②　王任叔：《印度尼西亚古代史》（上），周南京、丘立本整理，中国社会科学出版社，1987年，第3页。

③　Srikandi, Al-Semantani dan Ibnu Rusydi, *Membongkar Rahsia Dunia Melayu: Pribumi Asia Tenggara, Menjawab Kekeliruan Sejarah*, Selangor, Hijjaz Records Publishing 2017, cetakan keenam 2018, p.9.

能来自非洲,是6.5万年前从非洲迁徙到马来群岛的,他们可能是原始马来人和今天马来人的祖先。① 色诺伊人的主要代表是特米亚人(Temiar)和塞麦人(Semai)。他们大多居住在金马伦高地(Cameron Highlands),以采茶为生,其祖先可能于6 000—8 000年前来自越南、柬埔寨和泰国北部的山区。②何平教授认为,今天拥有纯正血统的吠陀人主要居于斯里兰卡岛上,已经混血的吠陀人居于印度中部和马来半岛。以吠陀人为主要成分的混血部族,则散布于东南亚各地,如苏门答腊的婆克罗-卢布人(Poklo Lubu)、苏门答腊和婆罗洲均有分布的乌鲁人、西里伯斯岛(苏拉威西岛的旧称)的陀阿拉人(Tuala)和通那人(Tomna)以及马来半岛上的色诺伊人和萨盖人(Sagai)等。③与尼格利陀人相比,色诺伊人会建造房屋,善于使用吹管而非弓箭,会种植旱稻、烟草、甘蔗等农作物。

新马来人(Melayu Deutero) 继原始马来人之后,大约在公元前300年④(也有学者认为是公元前1500年⑤),又有一批马来人来到马来群岛。这些人由于到达马来群岛的时间晚于原始马来人,所以被称作新马来人,也称混血马来人。新马来人大约生活在金属时代。

我国学者认为,无论是新马来人,还是原始马来人,都是一个广泛的称谓,它概指生活于东南亚海岛,在种族特征上属于蒙古人种马来类型的众多民族,而不是专指某些东南亚海岛国家以"马来人"为族称的民族。⑥从体貌特征看,马来人头发黑直、须髯稀少,肤色略暗于黄种人,头型广("广头")、身高中等,介于1.52至1.65米之间。他们的眼睛较为特别,眼眶大而圆,有双

---

① Srikandi, Al-Semantani dan Ibnu Rusydi, *Membongkar Rahsia Dunia Melayu: Pribumi Asia Tenggara, Menjawab Kekeliruan Sejarah*, Selangor, Hijjaz Records Publishing 2017, cetakan keenam 2018, p.15.
② 陈鸿瑜:《马来西亚史》,兰台出版社,2012年,第31页。
③ 何平:《东南亚的黑色人种及其在中国和东南亚民族史上的地位》,《世界民族》2007年第4期,第52页。
④ Ai-Hong Chen, Saiful Azlan Rosli, and Muhamad-Syukri Mohamad Rafiuddin, "Electrophysiology Activity of the Photoreceptors Using Photopic Adapted Full-Field Electroretinogram in Young Malay Adults", *International Journal of Innovation and Applied Studies*, ISSN 2028-9324, Vol.3, No.4, Aug. 2013, p.995.
⑤ Srikandi, Al-Semantani dan Ibnu Rusydi, *Membongkar Rahsia Dunia Melayu: Pribumi Asia Tenggara, Menjawab Kekeliruan Sejarah*, Selangor, Hijjaz Records Publishing 2017, cetakan keenam 2018, p.9.
⑥ 云文:《马来人来自何方(上)》,《中国民族报》2009年4月7日。

重眼睑,眼睛位置水平,不像北方蒙古人种那样狭长斜吊。①

新马来人到达马来群岛后,将原始马来人赶到了马来半岛的北部,而新马来人则成为今天马来人的祖先。与前面所述的三类原住民相比,新马来人掌握更多的知识,给马来半岛带来了先进的文化。比如,新马来人掌握了一些有关金属的知识,②会使用铁制的捕猎工具,并掌握航海术、天文学知识、皮影戏、水稻种植技术等。③新马来人不再过游牧的生活,而是生活在靠近水边、河岸的农村里,一些人以捕鱼为生,但也有少部分的新马来人生活在内陆的丛林里。新马来人喜欢群居,善于社会交际。他们会选举一个首领作为行政和宗教的领导,当时的新马来人一般信仰万物有灵论。

除马来半岛外,新马来人在苏门答腊、苏拉威西、爪哇、婆罗洲等地也广泛存在。因此,有学者认为,马来人在印度尼西亚发展成了90多个民族。人数较多的马来人分支有:爪哇人(Javanais)、巽他人(Sundanese)、马都拉人(Madurse)、亚齐人(Achinese)、巴利人(Bali)、米南加保人(Minangkabau)、达雅克人(Dayaks)、巴达克人(Batak)等。④持类似观点的学者还有阿尔弗莱德·拉塞尔·华莱士,他认为,所谓的马来人主要是由四个较大的民族和一些少数民族组成。四大民族即马来人、爪哇人、布吉斯人和他加禄人。马来人主要居住在马来半岛、婆罗洲和苏门答腊岛的几乎所有海岸线上,他们说马来语和方言。爪哇人生活在爪哇、苏门答腊的部分地区,以及马都拉、巴利岛和龙目岛的部分地区,他们说爪哇语和加威语(Bahasa Jawi)。布吉斯人生活在苏拉威西岛的大部分地区,主要使用布吉斯语和望加锡语。他加禄人主要生活在今天的菲律宾,讲他加禄语。⑤

东马的少数民族 在今天的东马,即沙巴、沙捞越地区居住的主要是少数民族。沙巴地区最主要的少数民族是卡达山人(Kadazan)。卡达山人居住在沙巴的北部、西部和中部,主要信奉罗马天主教及基督新教,少数人信奉伊斯兰教及传统的教条。他们大多从事打猎、水稻或旱稻种植。卡达山人有个奇怪的习俗叫作猎人头。谁家的人头最多,谁就是英雄,不过,很多卡达山人

---

① ③ ④ 云文:《马来人来自何方(上)》,《中国民族报》2009年4月7日。
② *Malaysia Kita: Panduan dan Rujukan untuk Peperiksaan Am Kerajaan*, Petaling Jaya: International Law Book Services, 2007, p.269.
⑤ [英]阿尔弗莱德·拉塞尔·华莱士:《马来群岛自然科学考察记》,张庆来等译,中国人民大学出版社,2004年,第509页。

在信奉天主教后不再猎人头。由于与杜顺人文化习俗相同,"卡达山"一词经常与"杜顺"(Dusun)一词连用,如卡达山-杜顺人。沙捞越地区最主要的少数民族是达雅克人(Dayak)。据阿尔弗莱德·拉塞尔·华莱士的研究,达雅克人与马来人的血统比较相近,肤色为黄褐色或红褐色,头发笔直乌黑,鼻子小而平,颧骨高,但身材比马来人要高,也比马来人活跃健谈。① 达雅克人分为陆达雅克人和海达雅克人。陆达雅克人,即比达友族,主要分布在古晋省和三马拉汉省内地;而海达雅克人,即伊班族,主要分布在斯里安曼省、木中省和加帛省等。② 不过早期的伊班族以务农为生,居住在山区,被称为陆达雅克人。他们大多生活在长屋之中,与世隔绝。后来,伊班族人口增加,由山区迁移到海边,开始以捕鱼为生,后被称作海达雅克人。

二、文化和考古遗迹

有关史前的人类文化和遗迹的研究,大多依靠岩石进行。韦尔斯认为,岩石、岩石中的痕迹、化石是最早的历史证物。人们从这些证物中可以尝试解决关于生命的历史问题,这就是"岩石的记载"。③ 相关研究表明,今天东南亚地区发现的石器时代的洞穴覆盖物均没有超过 4 万年的历史。迄今,东南亚地区发现的最早的人类化石是爪哇直立猿人。而在今天的马来西亚,被发现的最早的历史遗迹可能是在东马的沙捞越。

旧石器时代 根据马来西亚学者的研究和文献记录,大约在 3.5 万年前,今马来西亚区域进入旧石器时代。其主要有两个特征:一是当时的居民主要居住在靠近河流和湖泊的石灰岩山洞内。靠近河流和湖泊居住是为了方便寻找食物和水源。二是当时的居民使用的工具是非常粗劣的石块砸制工具,用于切割食物、捕猎和防卫。一些地方的考古发现,旧石器时代的马来西亚已经有一些用石头做成的捕猎武器和烧烤的工具。这一时期,当地居民的生活主要还是自给自足。马来西亚旧石器时代的文化代表主要集中在今天的霹雳州、沙巴州和沙捞越州。其中,较为出名的有霹雳的淡边(Tampan)文

---

① [英]阿尔弗莱德·拉塞尔·华莱士:《马来群岛自然科学考察记》,张庆来等译,中国人民大学出版社,2004 年,第 83 页。
② 斯卡夫:《达雅族概况》,马来西亚沙捞越《国际时报》2009 年 6 月 14 日,第 585c 期。
③ [英]韦尔斯:《全球通史》,桂金译,民主与建设出版社,2016 年,第 11 页。

化和沙捞越州的尼亚洞(Gua Niah)文化。据学界考证,淡边文化遗迹发现的石器主要是砾石打制的尖状器、砍砸器和刮削器,一般由石片制成。①而尼亚洞文化则是指在尼亚洞内发现的大约4万年前的人类和多种动物的骨骼化石,1万多年前的人类遗骸,以及各种石器、骨针和陶罐等。②现有的文献表明,尼亚洞穴的头盖骨和下颌骨遗存和菲律宾巴拉望省塔邦(Tabon)洞穴的澳大利亚人种美拉尼西亚人的遗存是东南亚最古老的骨骼遗存,二者年代范围是在2万年至4万年以前。③今天沙捞越美里尼亚国家公园(Niah National Park)内的溶洞穴群充分展示了尼亚洞文化的丰富历史。此外,在沙巴的东部,人们还发现了7 000至1.8万年前的燧石片、石核和猪牛猴蛇的遗骸。而在霹雳河流域的布努山(Bukit Bunuh),马来西亚的科学家发现了2.5万年前的石器,并由此认为这可能是马来人最早的聚集地。④

中石器时代 大约在1.1万年前,马来西亚进入中石器时代。中石器时代又称作细石器时代,是位于旧石器时代和新石器时代之间的年代。这一时期,海水上涨吞没了陆地,当地的居民大多居住在河边,也有相当一部分人仍然居住在石灰岩洞内。这些人主要靠捕鱼和狩猎为生,一些人也学会了种植,并开始了简单的商品交换活动。当时交换的商品主要是从河里和森林里捕获的。在马来西亚,中石器时代的遗迹主要集中在马六甲海峡,今天的吉兰丹州、彭亨州、沙巴州、沙捞越州(尼亚洞也发现了不少中石器时期的遗迹)、吉打州以及雪兰莪州。此外,在南海、巽他海峡(Sunda Strait)也有发现。一些著名的尼格利陀人和色诺伊人遗迹就是马来西亚中石器遗迹的代表。在上述历史文化遗迹中,吉兰丹的扎洞(Gua Cha)文化较为有名。扎洞是吉兰丹河支流的能吉里河(Nenggiri River)河岸的一处石灰岩岩阴,1954年、1979年先后被发掘。扎洞的石器以两面打击扁砾石的盘状石器为代表,也有少量的粗糙砾石、石器、石片、石锤等,时代为距今1万年。在历史教科书中,扎洞与同时期的尼亚洞以及新石器时期的沙巴登科拉克山(Bukit Tengkorak,直译应为"头骨山",因发现大量头骨而得名)被一同记载。⑤但在

---

① 马燕冰、张学刚、骆永昆编著:《马来西亚》,社会科学文献出版社,2017年,第66页。
②④ 梁英明:《东南亚史》,人民出版社,2010年,第11页。
③ [新]尼古拉斯·塔林主编:《剑桥东南亚史》第一卷,贺圣达、陈明华、俞亚克等译,云南人民出版社,2003年,第61页。
⑤ Mohd Zailani Abd Rahman, "Gua Cha Sejarah yang Ditinggalkan", 31 Oktober 2016, http://www.sinarharian.com.my/edisi/kelantan/gua-cha-sejarah-yang-ditinggalkan-1.579624,访问时间:2018年3月8日。

当时的东南亚地区,最为有名的中石器时代遗迹在越南北部的和平省,即和平文化。在马来西亚发现的许多历史遗迹也都具有和平文化的特征,即通过对河中扁平、卵形或长形的砾石石片进行双面加工。双面加工器具在马来西亚的中石器时期遗迹中占主导地位。①

新石器时代　　大约在 5 000 年前,马来西亚进入新石器时代。这一时期的居民已经会将石制工具磨得精致锋利,主要的工具有石剪、石斧、石锤等。同时,他们也学会了制作陶器,并开始饲养牲畜和耕种;有的人离开洞穴沿着河边建造简陋的木屋居住;有的人会利用石头做简单的装饰品,如手环等;还有的人会制作船只,并利用船只做简单的贸易,贸易的货物包括鱼、贝壳等。新石器时期的历史遗迹同样是在如今的吉兰丹州、彭亨州、沙巴州、沙捞越州、吉打州以及雪兰莪州被发现。其中,雪兰莪州的珍德拉木·西里(Jenderam Hilir)和吉打州的古阿·哥帕(Guar Kepah)是当时比较出名的贸易中心。据学者们的考证,马来半岛上的新石器时代的遗迹以磨光而锐利的方角石锛及绳纹陶和几何陶为主。石器循江河分布,有柄槽的两面对称石斧和不对称的磨制石锛、石平凿则散见于马来半岛各地。其中,较为有名的石器有在彭亨州双溪立卑发现的石锛(双面磨制,在中央一只角构成刀口),以及同样是在彭亨州淡比林(Tembeling)发现的用于割稻穗或剥树皮的"淡比林刀"。至于陶器,吉兰丹州的扎洞遗迹是重要的新石器遗迹。这里的陶器有豆、碗、钵、罐等,其中有些陶器属于陪葬品。一些学者认为,马来半岛发现的新石器与中国大陆东南沿海的新石器时代遗物有密切关系。

以铜鼓为代表的铜铁时代　　大约在 2 500 年前,随着青铜器和铁器的传入,马来西亚进入金属时代,也称铜铁时代。这时的居民学会了制作铜器和铜制工具,生产力有较大发展,并开始组成部落逐渐定居下来。这一时期,居民已经离开了石灰岩洞,居住在开阔地或是河岸边,从事的生产活动包括挖掘、砍树、捕鱼、畜牧、贸易、采矿。比较出名的历史遗迹主要在彭亨州、雪兰莪州、柔佛州、登嘉楼州等地。马来半岛铜铁文化的一大特点是所发现的历史遗迹中铜铁并存,且相对于中南半岛其他地方的铜铁文化而言,出现的时间相对较晚。《剑桥东南亚史》认为,这一地区的红铜器、青铜器和铁器出现在公元前 500 年到公元前 200 年间。梁英明教授的研究则认为,在马来半

---

① 贺圣达:《东南亚历史重大问题研究:东南亚历史和文化:从原始社会到 19 世纪初》(上册),云南人民出版社,2015 年,第 124 页。

岛,发现的青铜器和铁器大约是 2 500 年前的遗物。马来半岛最早使用铁器的地方是今天的霹雳州、彭亨州和雪兰莪州。在马来西亚发现的铜鼓中,铅、锡含量比较高。①此外,学界一般认为,马来半岛的青铜器是从中国华南地区与中南半岛其他地方传入的。如在雪兰莪州的巴生(Klang)附近发现的三口铜钟就被认为是公元前 2 世纪初西汉的青铜器。在青铜器文化中,铜鼓较为有名。马来西亚曾在彭亨州的淡比林河畔、雪兰莪州巴生河的支流罗扫河附近、甘榜双溪郎以及登嘉楼州的瓜拉登嘉楼发现了六面铜鼓。这些铜鼓在形制、纹饰和化学成分上与越南的东山文化相似。在所发现的六面铜鼓中,最重要的有两面。一面是在河水泛滥时在彭亨的淡比林河岸的巴都帕西加拉姆发现的,另一面是日本人于 1944 年在雪兰莪的巴生发掘出的。这两个鼓的中心都有一个太阳火星星,有十条光。围绕星星的是一圈圈的几何图案,还有一圈比较宽阔的刻着飞鸟的环。②在马来西亚发现的这六面铜鼓都属于黑格尔 I 型铜鼓,是在中国石寨山型铜鼓和越南东山铜鼓(A 型和 B 型)影响下产生的。③黑格尔 I 型铜鼓鼓身有三个部分,最上部分胸部有些凸出,中间腰部垂直,第三部分下部外延、脚部展开似喇叭口,鼓面和鼓身铸有各种纹饰,如人、兽、鸟、鱼、植物、房屋、船只等图案。④

独具特色的巨石文化 值得注意的是,在包括马来西亚的诸多东南亚地区,与铜铁文化并行的还有巨石文化。这些巨石主要是用于社会生活的器具,如单个或成群的石柱(立石)、桌石、石地坛及各类型的石棺、石瓮、石墓及石像。在东南亚,以印度尼西亚的巨石文化遗址最多。在马来半岛,巨石文化的遗迹主要是立石、石阵和石墓。据我国学者的考证,马六甲地区曾发现巨大的直立独石群,当地人称之为"活石",因为他们认为这些石头能够生长。石阵则是在吉兰丹州境内发现的,主要用于祭祀祖先。在霹雳州、登嘉楼州以及森美兰州都发现了石墓。其中,森美兰州的乌当河畔发现了花岗岩雕刻的立石群及伊斯兰教古墓,马来人称之为"乌当河圣迹"。考古学家认为立石群代表了男性性器官。新加坡学者认为,这是祖先崇拜和生殖崇拜的象征

---

① 梁英明:《东南亚史》,人民出版社,2010 年,第 15 页。
② [英]理查德·温斯泰德:《马来亚史》,姚梓良译,商务印书馆,1974 年,第 26 页。
③ 贺圣达:《东南亚历史重大问题研究:东南亚历史和文化:从原始社会到 19 世纪初》(上册),云南人民出版社,2015 年,第 261 页。
④ 贺圣达:《东南亚历史重大问题研究:东南亚历史和文化:从原始社会到 19 世纪初》(上册),云南人民出版社,2015 年,第 260 页。

物。不过,温斯泰德却认为"马来亚"没有出现过巨石文化。①

三、早期的王国

这里所说的早期的王国主要是指在马六甲王国建立以前,在今天的马来西亚区域建立的诸多王国。这些王国主要受印度文化影响,包括印度教文化和佛教文化。由于史料的缺乏,现有的文献对马来西亚受印度教文化影响的早期国家记载不多,但对受佛教文化影响的早期国家有较丰富的记载。

在伊斯兰教传入马来西亚之前,婆罗门教、印度教、佛教以及印度的两大史诗《罗摩衍那》和《摩诃婆罗多》在马来西亚有深刻而广泛的影响。其中,印度教对马来西亚古代历史影响最为深远。据邱永辉教授考证,印度教是从印度东部海岸,经过马六甲海峡,传播到马来西亚和印度尼西亚的。②印度教对马来西亚的影响主要涉及两类国家,一类是马来半岛上的所谓"印度化"③国家,另一类则是位于马来半岛以外的"印度化"国家。这类国家虽远离马来半岛,但对马来半岛有深远的影响。

马来半岛上的"印度化"国家:吉兰丹国 依据现有文献的考证,马来半岛上较早出现的马来人王朝是今天所称的吉兰丹国,当时称 Ho Lo Tan 王国。④而据中国史书《汉书》记载,马来半岛较早的古国是"都元国"和"谌离国"。都元国是一个港口国家,位于今天的登嘉楼的龙运,谌离国则是当时东西方贸易的一个中心。公元初,马来半岛的北部地区出现一个叫"羯荼"的重要国家,位于今天的吉打州,曾经繁荣一时,因其位于古代印度和中国的通道中途,

---

① [英]理查德·温斯泰德:《马来亚史》,姚梓良译,商务印书馆,1974年,第24页。
② 邱永辉:《印度教概论》,社会科学文献出版社,2012年,第358页。
③ 有关东南亚的"印度化"国家的提法,目前仍有较大争议。"印度化"最早由法国学者乔治·赛代斯在其《印度支那和印度尼西亚的印度化国家》(中译本为《东南亚的印度化国家》)中提出。按照赛代斯的说法,"印度化"是指一种有组织的文化扩张。这种文化基于印度主权观念,以印度教或佛教的崇拜、《往世书》的神话、《摩奴法典》的清规戒律为特点,以梵语作为其语言表现。中国学者一般认为,早期的东南亚国家虽然深受印度文化影响,但不能简单地用"印度化"加以概括。笔者认为,以"印度化"描述古代的东南亚国家确实值得商榷,但"印度化"较为形象地描述了东南亚国家受到印度文化影响的历史进程,虽有失偏颇,但尚可接受。
④ *Malaysia Kita: Panduan dan Rujukan untuk Peperiksaan Am Kerajaan*, Petaling Jaya: International Law Book Services, 2007, p.4.

本地又盛产樟脑、檀香、金和锡等,所以成为当时重要的国际贸易中心。羯荼国深受印度文化影响。印度人给羯荼国带来了水稻生产技术,还带来了印度教、佛教以及印度的政治制度。羯荼国存在了几个世纪,至公元9世纪为吉陀取代。

狼牙修 约公元2世纪,在马来半岛的东北部(今天的吉打至泰国北大年一带)还出现了另一个深受印度文化影响的国家"狼牙修"(Langkasuka),它也是一个重要的贸易中心。温斯泰德认为,狼牙修是马来亚最早的印度化王国。① 公元2至5世纪,狼牙修被扶南国所征服。6世纪扶南国衰落后,狼牙修重新强盛起来,并一直延续至16世纪初。公元523年、531年和568年,狼牙修曾遣使到中国。② 有关狼牙修的地理、经济和风土人情,中国古书有这样的记载:"狼牙修国在南海中,其界东西三十日行,南北二十日行,去广州二万四千里,土气物产与扶南同,偏多筱沉婆律香等。其俗男女皆袒而被发,以古贝为干缦,王及贵臣乃加云霞布覆胛,金绳为络,金环贯耳;女子被布,以缨络绕身。其国累砖为城,重门楼阁。王乘象,有幡毦旗鼓罩白盖,兵卫甚设。国人说:立国以来,四百余年,后嗣衰弱。王族有贤者,国人归之。王闻之,乃加囚执。其锁无故自断,王以为神,不敢害,斥逐出境,遂奔天竺,天竺〔王〕妻以长女。俄而狼牙王死,大臣迎还为王。二十余年死,子婆伽达多立。天监十四年,遣使阿撒多奉表。"③ 据马来西亚学者的研究,狼牙修国有厚厚的城墙和一层一层的城门,民众常坐在城门内聊天休息。④

丹丹国、盘盘国与顿逊国 公元2世纪后,马来半岛还出现了多个古国。这些古国在中国的古代典籍中也都有记载。较为有名的有丹丹国(Tan Tan),位于今天的登嘉楼,也有说位于今天马来西亚的吉兰丹或爪哇,⑤ 存于4—7世纪。中国古书记载:丹丹国在多罗摩罗国西北,振州(今延德郡朱雀同岛上)东南。王姓刹利,名尸陵伽理。(所)〔户〕可二万余家,亦置州县,以相统领。王每晨夕二时临朝,其大臣八人,号曰八座,并以婆罗(朝其)〔为〕

---

① 〔英〕理查德·温斯泰德:《马来亚史》,姚梓良译,商务印书馆,1974年,第37页。
② 〔英〕理查德·温斯泰德:《马来亚史》,姚梓良译,商务印书馆,1974年,第39页。
③ 〔清〕魏源:《海国图志》二,卷十三至三十六,岳麓书社,2011年,第607页。
④ Srikandi, Al-Semantani dan Ibnu Rusydi, *Membongkar Rahsia Dunia Melayu : Pribumi Asia Tenggara, Menjawab Kekeliruan Sejarah*, Selangor, Hijjaz Records Publishing 2017, cetakan keenam 2018, p.64.
⑤ 梁志明等:《古代东南亚历史与文化研究》,昆仑出版社,2006年,第41页。

之。〔其〕王每以香粉涂身,冠通天冠,挂杂宝、璎珞,身衣朝霞,足履皮屦。近则乘舆,远则驭象。其攻伐则吹蠡击鼓,兼有幡旗。其刑,盗贼无多少,皆杀之。土出金银、白檀、苏方、槟榔。其谷惟稻,畜有沙牛、羖羊、猪、鸡、鹅、鸭、獐、鹿,鸟有越鸟、孔雀,果蓏(力果切)有蒲桃、石榴、瓜瓠、菱莲,菜有葱、蒜、蔓菁。"①

此外,马来半岛还出现了盘盘国(Pan Pan),该国位于今天的克拉地峡附近,大约存于5—7世纪。盘盘国管辖诸多地区,每个地区的统治者称为纳炎(Nayan)。②中国古书记载:"盘盘南海大洲中,北与林邑隔小海,自交州船行四十日至其国。王曰杨栗翟。栗翟父曰杨德武连,以上无得而纪。百姓多缘水而居,国无城,皆树木为栅。王坐金龙床,每坐,诸大人皆两手交抱肩而跪。及其国多有婆罗门,自天竺来就王乞财物,王甚重之。其大臣曰勃郎索滥,次曰昆仑帝也,次曰昆仑勃和。次曰昆仑勃帝索甘且。其言'昆仑'、'古龙'声相近,故或有谓为古龙者。其在外城者曰那延,犹中夏刺史、县令。其矢多以石为镞,稍则以铁为刃。有僧尼寺十所,僧尼读佛经,皆食肉而饮酒。亦有道士寺一所,道士不饮食酒肉,读阿修罗王经,其国不甚重之。俗皆呼僧为比丘,呼道士为贪。"③

位于克拉地峡或马来半岛上的还有顿逊国(Tun Sun)。中国古书记载:"顿逊国在海崎上,地方千里,城去海十里。有五王,并羁属扶南。顿逊(人)〔〕东界通交州诸贾人,其西界接天竺、安息,徼外诸国往还交易。其市东西交会,日有万余人,珍物宝货无所不有。"④

"国有天竺胡五百家,两佛图,天竺婆罗门千余人。顿逊敬奉其道,嫁女与之,故多不去,惟读《天神经》。以香花自洗,精进不舍昼夜。疾困便发愿鸟葬,歌舞送之邑外,有鸟啄食,余骨作灰,瓮盛沉海。鸟若不食,乃蓝盛火,葬者投火,余灰函盛埋之。祭祠无年限。又酒树有似安石榴,取花与汁停瓮中,数日乃成酒,美而醉人。"⑤

赤土与古吉打王国 此外,还有位于今天吉兰丹的赤土国(Chih Tu)。

---

① 李昉编纂:《太平御览》第七卷,河北教育出版社,1994年,第340页。
② Srikandi, Al-Semantani dan Ibnu Rusydi, *Membongkar Rahsia Dunia Melayu: Pribumi Asia Tenggara, Menjawab Kekeliruan Sejarah*, Selangor, Hijjaz Records Publishing 2017, cetakan keenam 2018, p.63.
③ 李昉编纂:《太平御览》第七卷,河北教育出版社,1994年,第338页。
④⑤ 李昉编纂:《太平御览》第七卷,河北教育出版社,1994年,第339页。

赤土,马来语为"Tanah Merah",据马来学者考证,吉兰丹确实有一个地名叫作"Tanah Merah",此地科技水平相对发达。① 中国古书记载,赤土国,"扶南之别种也。在南海中,水行百余日而达。所都土色赤,因以为号。(陈)〔东〕婆罗刺国,西婆罗婆国,南诃罗旦国,北巨大海,地方数千里。其王姓瞿昙氏,名利富多塞。不知有国近远,称其父释王位,出家为道,传位于利富多塞,在位十六年矣。有三妻,并邻国王之女也。居僧祇城,有门三重,相去各百许步,每门图画仙人菩萨之像,悬金花铃。眊妇女数十人,或奏乐,或捧金花。又饰四妇人,容饰如佛塔边金刚力士之状,夹门而立,门外者持兵杖,门内者执白拂。夹道垂素网缀花。王宫诸屋悉是重阁北户,北面而坐,坐三重之榻,衣朝霞布,冠金花冠,垂杂宝璎珞,四女子立侍左右,兵卫百余人。王榻后作一龛,以金银五香木杂钿之,龛后悬一金光焰,夹榻又树二金镜,镜前(首)〔并〕陈金瓮,瓮前各有金香炉,当前置一金伏牛,牛前树一宝盖,盖左右皆有宝扇,婆罗门等数百人东西重行相向而坐。其官有萨陀迦罗一人,陀拏达(又)〔叉〕二人、加利密迦三人,共掌政事,俱罗末帝一人掌刑法。每城置那耶迦一人、钵帝十人。其俗皆穿耳剪发,无跪拜之礼。以香油涂身敬佛,尤重婆罗门。妇人作髻于项后。男女通以朝霞朝云杂色布为衣,豪富之室恣意华靡,惟金锁非王赐不得服用。每婚嫁择吉日,女家先期五日作乐饮酒,父执女手以授婿,七日乃配焉。既娶则分财别居,惟幼子与父同居。父母兄弟死,则剃发素服,就水上构竹为棚,棚内积薪,以尸置上,烧香建幡吹蠡击鼓以送之,纵火焚薪,遂落于水。贵贱皆同,惟国王烧讫收灰,贮以金瓶,藏于庙屋。冬夏常温,雨多霁少,种植无时,特宜稻穄、白豆、黑麻,自余物产多同交址。以甘蔗作酒,杂以紫瓜根,酒色黄赤,味亦香美,亦名椰浆为酒。"②

公元5世纪时,古代吉打王国(Kataha)成为马来半岛上的重要国家。这个国家有两个中心,一个在金河村(Kampung Sungai Emas),另一个在布秧码头(Pangkalan Bujang)。公元695年,古代吉打王国被室利佛逝(Srivijaya)击败。到7—8世纪时,马来半岛上较为重要的古国有吉兰丹(位于今吉兰丹)、登牙侬(位于今登嘉楼)、蓬丰(位于今彭亨)、戎与乌丁礁林(位于今柔佛)、淡

---

① Srikandi, Al-Semantani dan Ibnu Rusydi, *Membongkar Rahsia Dunia Melayu: Pribumi Asia Tenggara, Menjawab Kekeliruan Sejarah*, Selangor, Hijjaz Records Publishing 2017, cetakan keenam 2018, p.62.

② 李昉编纂:《太平御览》第七卷,河北教育出版社,1994年,第330—331页。

马锡(位于今新加坡)等,这些古国主要受印度文化影响,经济大多以农业和贸易为主。

马来半岛以外的"印度化"国家扶南　位于马来半岛之外,但对古代马来半岛历史发展有重要影响的"印度化"国家主要有三个,即位于今天柬埔寨的扶南(Funan),以及位于今天印度尼西亚的室利佛逝(Srivijaya)和满者伯夷(Majapahit,又译作麻若巴歇)。

据马来西亚专家的考证,最早的马来人王朝并不是出现在马来半岛,而是在中南半岛东部,即中南半岛东部的扶南国。①扶南位于今天的柬埔寨,成立于公元1世纪,大约在7世纪初衰落,后被真腊取代。扶南主要受到婆罗门教和印度教影响,其海外贸易繁荣,马来半岛上的多个王国都曾是扶南的属国,如顿逊、盘盘、狼牙修、拘利和丹丹等。扶南国之后,中南半岛上出现了另一个马来人王朝,即占婆(Champa,位于今天的越南)②。

强大的室利佛逝　公元7世纪左右(约公元683年)③苏门答腊岛上出现了当时历史上最强大的室利佛逝马来人王朝。室利佛逝,在中国的古籍中又被称作"三佛齐"。在巨港(Palembang)附近发现的古马来语碑文记载,室利佛逝王国由一个马来族部落的领袖建立,受印度文化影响较深。王任叔认为,建立室利佛逝国的马来首领可能来自赤土国。④实际上,在室利佛逝以前,苏门答腊东海岸存在三个较大的部落,即婆鲁师、末罗瑜和佛逝。后来,佛逝逐渐统一巨港各部,建立政权,并通过战争或结盟的方式,先后联合了苏门答腊岛和马来半岛上的一些部落,最终形成以部落联盟为基础的室利佛逝王国。⑤室利佛逝的部落分为以巨港为中心的本部部落、巨港周边的外领部

---

① *Malaysia Kita：Panduan dan Rujukan untuk Peperiksaan Am Kerajaan*, Petaling Jaya：International Law Book Services, 2007, p.4. 作者所说的最早的马来人王朝是扶南国,这一说法可能会引起争议。需要说明的是,扶南的首任国王是印度的婆罗门混填,而混填可能来自马来半岛或印度尼西亚群岛,并且扶南曾经统治和征服了马来半岛上的丹丹、盘盘及狼牙修等王国。

② *Malaysia Kita：Panduan dan Rujukan untuk Peperiksaan Am Kerajaan*, Petaling Jaya：International Law Book Services, 2007, p.4.

③ 王任叔:《印度尼西亚古代史》(上),周南京、丘立本整理,中国社会科学出版社,1987年,第370页。

④ 王任叔:《印度尼西亚古代史》(上),周南京、丘立本整理,中国社会科学出版社,1987年,第373页。

⑤ 梁志明等:《古代东南亚历史与文化研究》,昆仑出版社,2006年,第155页。

落,以及边远地区与室利佛逝保持宗藩关系的部落。

室利佛逝国信仰印度教和大乘佛教,都城设立于今天苏门答腊的巨港,并由此连通了爪哇和中国。7世纪后,室利佛逝先后征服了马来半岛的王国和海峡对岸的邦加岛,继而试图征服并控制巽他海峡的达鲁玛王国。775年,室利佛逝扩张至马来半岛的六坤地区,控制了巽他海峡和马六甲海峡,①成为一个对外贸易发达的商业贸易帝国,其鼎盛时期的领土囊括苏门答腊岛、马来半岛、婆罗洲、爪哇岛,今天的柬埔寨和斯里兰卡。室利佛逝拥有数以百计的船只和数以万计的军人,是当时东南亚地区有重要影响力的海上强国。室利佛逝对周边小国采取的是外交拉拢和军事占领并用的政策,在所控制地区建立"港口城市联邦",通过强迫贸易、海上转口贸易等,维持经济发展。

由于独特的地理位置优势,室利佛逝与古代中国和印度的经济贸易往来、文化关系较为密切。但相比较而言,中国与室利佛逝的贸易往来更多。今天中国福建的福州和厦门曾被室利佛逝视为重要的商业中心。而印度与室利佛逝则是文化交流更多。室利佛逝因此成为马来群岛上的贸易中心以及梵语发展和研究的中心,巨港则是东方的印度教、佛教传播中心。②后来随着素可泰王朝(Sukhotai,位于今天的泰国)、新诃沙里(Singhasari,位于今天的印度尼西亚)以及注辇(Chola,位于今天的印度)的兴起,室利佛逝逐渐衰落,最终在1377年被满者伯夷所征服,并于1397年灭亡。

东南亚最强大的海上帝国满者伯夷 满者伯夷是马来西亚和印度尼西亚历史上最强大的印度教、佛教帝国,它建立于1293年11月10日,建立者是雷登·威查亚(Raden Wijaya)。③满者伯夷是新诃沙里王朝的延续,其开创者雷登·威查亚是新诃沙里国王的女婿。雷登·威查亚建国后,王号称"克塔拉亚萨"(Kertarajasa Jayawardhana),表明其与新诃沙里国王克塔纳伽拉(Kertanagara)的关系,以显示满者伯夷政权的正统性与合法性。从13世纪末到15世纪,满者伯夷存在了百余年。其中,在哈奄·武禄(Hayam

---

① 梁敏和:《印度尼西亚史纲》,世界图书出版公司,2019年,第33页。
② *Malaysia Kita: Panduan dan Rujukan untuk Peperiksaan Am Kerajaan*, Petaling Jaya: International Law Book Services, 2007, p.6.
③ "10 November, Hari Berdirinya Majapahit", 10 November, 2013, https://sains.kompas.com/read/2013/11/10/2142444/10.November.Hari.Berdirinya.Majapahit,访问时间:2017年2月8日。

Wuruk)统治时期(1350—1389年),满者伯夷王朝达到鼎盛,成为东南亚强大的海上帝国。其疆域覆盖了八大区域:爪哇全境、苏门答腊全境、加里曼丹全境、苏拉威西全境、马鲁古群岛、小巽它群岛、马来半岛以及巴布亚地区,也就是囊括了今天的印度尼西亚、马来半岛全境和菲律宾的一些岛屿。①

满者伯夷实行中央集权制,控制马六甲海峡的贸易通道,成为马来群岛的重要贸易中心。当时,前往满者伯夷做生意的商人来自中国、柬埔寨、占婆、印度、阿拉伯、土耳其、波斯等地,交易的物品有农产品、丝绸、胡椒、椰子油、盐、铜铁器、瓷器等。除商品贸易外,满者伯夷的农田水利、造船业及纺织业也比较发达,今天印度尼西亚著名的蜡染服,即巴迪克(Batik)在当时已比较流行。

满者伯夷能够取得辉煌成就,与加查·马达(Gajah Mada)密不可分。加查·马达是哈奄·武禄的得力助手,官至首相。他在1331—1364年担任首相职务,兼任内务大臣、陆军大臣、总检察长等多个职务,并管理宫廷和王族的家务,负责调整王室间的关系,②多次帮助国王平息叛乱,帮助满者伯夷国王统一马来群岛。1364年加查·马达死后,满者伯夷的内部矛盾开始凸显。1389年,哈奄·武禄去世,王族内部因王位继承问题爆发内战。在内战中,满者伯夷所控制的爪哇以外的领地纷纷脱离王国,割据称雄,满者伯夷实力受损。1429年,满者伯夷在西爪哇海域的影响力开始被马六甲王国替代。1478年,淡目攻占满者伯夷首都巨港。1518年,淡目的领袖雷登·巴达(Raden Patah)推翻了满者伯夷,并建立了爪哇岛上第一个信仰伊斯兰教的政权——淡目王国。③

作者点评

马来西亚国家虽小,但其古代史颇有意味。从现有的史料和文献看,在马六甲王国成立前,马来半岛主要受到马来文化、中国文化和印度文化的影响。在早期的古代历史中,淡边文化、尼亚洞文化、扎洞文化、巨石文化和铜器文化等是马来半岛重要的文化遗迹。这些遗迹有些是马来本土文化的遗

---

① 王任叔:《印度尼西亚古代史》(下),周南京、丘立本整理,中国社会科学出版社,1987年,第572—575页。
② 王任叔:《印度尼西亚古代史》(下),周南京、丘立本整理,中国社会科学出版社,1987年,第582页。
③ 梁志明等主编:《东南亚古代史》,北京大学出版社,2013年,第482页。

迹,有些则受到了中国文化和印度文化的影响,是文化交融的产物。

由于相关史料的缺乏,中国文化和印度文化如何深刻影响马来西亚古代历史的发展似乎还有待于进一步探讨。不过有意思的是,学界倾向于认为原始马来人可能最早来自中国的云南。尽管此论点至今仍颇有争议,但这从一个侧面说明中国与马来西亚有着深厚的历史和文化渊源。此后,马来半岛上出现的丹丹、盘盘、顿逊、赤土、狼牙修等古国或多或少与中国有着一定的交往和联系,这再次证明中国与马来西亚的关系源远流长这一说法并不是无中生有。不过,这些古国在宗教文化上更多受到印度文化的影响,成为所谓的"印度化"国家。

"印度化"国家这个词同样颇受争议,但它深刻地反映了印度文化对东南亚的影响。位于今天印度尼西亚境内的室利佛逝和满者伯夷的兴起,改变了马来西亚的历史发展进程。这两个加起来曾统治马来亚近千年的帝国,不仅推动了马来西亚的贸易和经济发展,使马六甲海峡成为海上贸易交通的要道,①同时让印度教和佛教文化在马来西亚广泛传播,马来语得到进一步发展。今天的马来西亚与印度尼西亚在语言、文化方面为什么有诸多相似?或许可以从这里找到答案。

虽然印度文化在马来西亚的影响非常深刻,但阿拉伯的贸易船从公元7世纪初就开始穿过东南亚海域前往中国进行贸易,②穆斯林商人自13世纪逐渐在东南亚活跃起来。这从根本上改变了后来马来西亚的政治文化生态。

纵观马来西亚早期历史,马来文化、中国文化、印度文化相互交织、相互影响,其中印度文化影响最为深刻,这在今天马来西亚的政治、文化中都有所表现。伊斯兰文化在上述三种文化发展过程之中积极寻求发展空间,并最终在15世纪中期取代印度文化,成为今天马来西亚的主要宗教文化。四大文化的交织发展,是马来西亚古代历史最重要的特点。

---

① 梁志明等:《古代东南亚历史与文化研究》,昆仑出版社,2006年,第155页。
② 梁志明等:《古代东南亚历史与文化研究》,昆仑出版社,2006年,第358页。

第二章
马六甲王国

马来西亚的历史直到马六甲王国的出现才逐渐清晰起来,但有关马六甲王国的历史仍有很多不清楚的地方。不论怎么说,马六甲王国的出现改变了马来西亚的历史进程,是马来西亚历史上的重要事件。马六甲,这个鲜为人知的小渔村自1400年建国后,逐渐发展为东南亚地区重要的贸易枢纽和具有地区影响力的大国,这对后来马来西亚地区的政治、经济、文化的发展都产生了深远影响。尤其是马六甲王国信仰伊斯兰教后,伊斯兰教在马六甲及马来半岛传播开来,最终成为马来西亚的主要宗教,并一直延续至今。1511年,葡萄牙攻陷马六甲,强盛一时的马六甲马来苏丹国(Kesultanan Melayu Melaka)的历史画上句号。

一、马六甲王国的兴衰

马六甲位于马来半岛南部,马六甲海峡北岸,是沟通太平洋和印度洋的重要港口,最初是一个渔村,隶属于暹罗。它是马来西亚历史较为悠久的城市之一,马六甲王国是马来西亚乃至东南亚历史上最重要的王国之一。历史上的马六甲农业资源贫乏、人口稀少,居民主要是来自米南加保的种植者和商人。①在拜里米苏拉(Parameswara)来到马六甲之前,这个小小的渔村鲜为人知,海盗频繁出没。从马鲁古群岛前往印度的香料常常由马鲁古群岛运至东爪哇,然后到印度,从不经过马六甲。但拜里米苏拉到来后,马六甲发生了

---

① 梁志明等主编:《东南亚古代史》,北京大学出版社,2013年,第518页。

天翻地覆的变化,成为当时东南亚最重要的商业港口。目前,虽然学术界有关马六甲王国历史的著述不少,但有关马六甲王国的一些信息仍然不清楚。比如,马六甲王国何时建立? 1399 年还是 1400 年,抑或是 1401 年、1402 年? 马六甲王国的建国者拜里米苏拉又是何许人?

拜里米苏拉建国　根据现有的文献,马六甲王国的建国经过有多种说法,目前影响较大的说法来自《马来纪年》和中国的史书。马六甲王国在中国文献称满剌加国,也称作麻六甲,其建国者是拜里米苏拉。"拜里米苏拉"一词来自梵语,意为最高统治者,是湿婆神众多名号中的一个名字。①据相关文献和资料记载,拜里米苏拉是室利佛逝王国拉惹②赛雷特拉(Raja Sailendra)的后裔,后来成为室利佛逝巨港的王子,他的妻子是东爪哇的公主。也有文献认为,拜里米苏拉是夏连特拉王朝的一个王子。③1377 年,满者伯夷向室利佛逝发动进攻,拜里米苏拉因不愿屈服于满者伯夷,于是公开宣称室利佛逝不接受满者伯夷的统治,并设立一个狮子王位(a lion throne),④象征室利佛逝的复兴。此举引起了满者伯夷的强烈不满。后来,满者伯夷大举讨伐拜里米苏拉,1390 年左右,拜里米苏拉被迫逃到淡马锡,杀死了淡马锡的国王拉惹多摩只(Raja Temagi),⑤接管了淡马锡政权 5 年之久。⑥多摩只被杀后,阿瑜陀耶王国(Ayuthya)向拜里米苏拉发起进攻。拜里米苏拉在与阿瑜陀耶王国的交锋中战败,逃至麻坡,并在麻坡定居 6 年。在定居麻坡期间,拜里米苏拉曾想在此建立新的王国,并积蓄力量伺机收回淡马锡。但后来,拜里米苏拉发现麻坡并不是一个建国的好地方。有传说称,在麻坡一带有许多巨蜥出没。白天时,拜里米苏拉的军队把出没的巨蜥杀死扔入河中,但一到

---

① *Parameswara*(king), https://en.wikipedia.org/wiki/Parameswara_(king),访问时间:2018 年 6 月 1 日。
② 拉惹(raja)一词来自梵语,意为"统治者"。一般指南亚、东南亚、印度的国王或土邦君主。伊斯兰教传入后,马来西亚的国王或土邦君主改称苏丹。
③ [英]D.G.E.霍尔:《东南亚史》(上册),中山大学东南亚历史研究所译,商务印书馆,1982 年,第 261 页。
④ C. M. Turnbull, *A History of Modern Singapore*, 1819-2005, National University of Singapore Press, Revised edition edition(January 1, 2009), p.21.
⑤ *Malaysia Kita*: *Panduan dan Rujukan untuk Peperiksaan Am Kerajaan*, Petaling Jaya: International Law Book Services, 2007, p.8.
⑥ 《马来纪年》称拜里米苏拉只在淡马锡统治 3 年,参见罗杰、傅聪聪等译/著:《〈马来纪年〉翻译与研究》,北京大学出版社,2013 年,第 41 页。

晚上又会有无数的巨蜥爬出来,堆积如山。于是,人们又不得不将巨蜥杀死扔掉,但夜晚巨蜥依旧出没,永远杀不尽。河里因为堆积了太多的巨蜥尸体,发出阵阵恶臭。后来,人们就把此地称为"臭蜥之城"(kota Bewak Busuk)。[1]拜里米苏拉离开"臭蜥城"后,来到一个新营地,开始建造城堡。可是城堡白天建好,夜晚就会无缘无故塌下来。后来,人们就把此地称为"毁灭之城"(Kota Buruk)。在麻坡建国失败后,拜里米苏拉辗转来到双溪乌荣(Sening hujung,今天的芙蓉),最后到达白塔姆河(Sungai Bertam,马六甲河的旧称)。拜里米苏拉发现,这里拥有充足的水源,并且靠山面海,地势险要,易守难攻,既有可供船只停泊的港口,又有可供开发的土地。由于地处热带,人们只要种下种子,加上充沛的降雨、充足的阳光、肥沃的土壤,就能获得很好的收成。[2]拜里米苏拉认为此地是一个理想的立足点,于是大队人马在此定居下来。约1400年,拜里米苏拉在马六甲定居后,有一次外出狩猎,在一棵马六甲树下伫立,看到他的一条猎狗和一只白麝香鹿打了起来。猎狗将麝香鹿逼到绝境,但麝香鹿为了自卫最终将猎狗踢进河里。拜里米苏拉被麝香鹿的勇气鼓舞,决定在此地建立一个帝国,于是就根据马六甲树的名字将这个新建的王国命名为"马六甲国"。当今马六甲州州徽中间的树即马六甲树。马六甲王国的建国确切时间,有多种说法,马来西亚正式文献中认可的是1400年,此外也有文献和资料认为是1399年、1401年、1402年和1403年等。

逐渐兴盛的港口 建国后的马六甲起初信仰印度教与佛教,其中印度文化的影响较为深刻。但随着时间的推移,马六甲的政治、经济不断发展,伊斯兰文化成为王国的主要文化。在第三任苏丹穆罕默德·沙(Sultan Muhammad Shah)执政期间(1424—1444年),马六甲王国颁布了一系列的宫廷法规,涉及国王的起居、祈祷、接见、授勋等,有些制度和法规一直沿用至今。同时,为了巩固马六甲王国的统治和增加收入,苏丹穆罕默德·沙还颁布了严苛的法律,规定穿黄衣侵犯王权者、不敬王而崇敬他人者、违反或反对王命者皆处死。此外法律还规定,人死后未留下遗嘱的财产要全部归公,留有遗嘱的财产则一半归公。1459年,苏丹曼苏·沙(Sultan Mansur

---

[1] 罗杰、傅聪聪等译/著:《〈马来纪年〉翻译与研究》,北京大学出版社,2013年,第40—41页。
[2] 《寻求来自中国的庇护,马六甲王国的生存之道!》,2017年3月16日,http://www.sohu.com/a/129007307_440288,访问时间:2018年6月1日。

Shah)就任第六任国王后,马六甲王国实力显著增强,他不仅两次修建王宫,还大面积对外扩张。在敦·霹雳(Tun Perak)的协助下,马六甲于1446年、1456年两次击退暹罗的侵犯,后又两次遣使赴暹罗修复关系,达成互不侵犯协定。马六甲凭借其强大的国力连年用兵,以武力征服了海峡沿岸各国,包括柔佛、登嘉楼、彭亨及附近的宾坦岛、吉利门岛,以及占碑和锡亚克河出口处的望加丽岛,势力范围从马来半岛扩大到苏门答腊岛东海岸的大部分港口,①成为一个具有地区影响力的帝国,达到历史的鼎盛时期。彭亨、登嘉楼以及苏门答腊岛上的一些小王国均前来马六甲朝贡,定期献上黄金。当时,马六甲王国统治的地区分为三个部分:一是首都马六甲及其附近地区,为王国直接统治的地区;二是马来半岛西海岸地区及其邻近海岛,为属地,由王室成员统治;三是马来半岛东海岸的彭亨、登嘉楼,为朝贡国。②

马六甲之所以能够从一个不起眼的小渔村发展成为一个具有重要影响力的港口,马来学者认为原因有八个方面:一是马六甲具有重要的地缘战略位置;二是马六甲港口水深,适合大型船只进港靠岸;三是港口的管理高效有序;四是法律严明,严格实施《马六甲海洋法》《马六甲法典》,其中《马六甲法典》有助于规范穆斯林的行为,对东南亚的伊斯兰世界产生了巨大影响;五是税收制度有序;六是使用马来语作为中介语;七是马六甲帝国的扩张促进了贸易的发展;八是在对外贸易中使用货币。③但中国台湾的学者认为,马六甲之所以兴盛是因为受到中国的保护。并且由于信仰伊斯兰教,马六甲还得到了阿拉伯、苏门答腊、爪哇和今天的印度等地的伊斯兰国家及其商人的支持。④

曼苏·沙之后开始衰落 1477年,苏丹曼苏·沙去世。宰相敦·霹雳拥立曼苏·沙的小儿子阿劳丁·里瓦亚特·沙(Alauddin Riwayat shah)继承王位,直到1488年。苏丹阿劳丁·里瓦亚特·沙统治马六甲后,因亲民、爱民,注重社会公平而被民众所拥戴,但苏丹阿劳丁·里瓦亚特·沙家族内讧,使得其政权受到冲击,马六甲王国开始走下坡路。首先是苏丹阿劳丁·里瓦

---

① 王任叔:《印度尼西亚古代史》(下),周南京、丘立本整理,中国社会科学出版社,1987年,第668—670页。
② 贺圣达:《东南亚文化发展史》,云南人民出版社,1996年,第293页。
③ *Malaysia Kita*: *Panduan dan Rujukan untuk Peperiksaan Am Kerajaan*, Petaling Jaya: International Law Book Services, 2007, p.10.
④ 陈鸿瑜:《马来西亚史》,兰台出版社,2012年,第69页。

亚特·沙的兄弟——彭亨的统治者拉惹穆罕默德(Raja Muhammmad)公开宣称自己有权统治马六甲,对苏丹阿劳丁·里瓦亚特·沙的王位发起挑战。而后,为了王位继承权问题,苏丹阿劳丁·里瓦亚特·沙的两个妻子又争吵不休。苏丹阿劳丁·里瓦亚特·沙的两个妻子即法蒂玛(Fatimah)和敦·瑟娜佳(Tun Senaja)分别生有两个孩子。理论上,四个孩子都有王位继承权,但苏丹阿劳丁·里瓦亚特·沙的第二个妻子敦·瑟娜佳是印度穆斯林血统。而有印度穆斯林血统者与马来人争夺权力是一个极为敏感的话题。1488年,阿劳丁·里瓦亚特·沙去世,王位继承权问题浮出水面,马六甲王国陷入混乱。苏丹阿劳丁·里瓦亚特·沙的母亲和彭亨的统治者主张立苏丹阿劳丁·里瓦亚特·沙与第一任妻子法蒂玛生的长子拉惹穆纳瓦尔(Raja Munawar)为国王,而当时的天猛公①(Temenggung)穆塔尔(Tun Mutahir)则主张将苏丹阿劳丁·里瓦亚特·沙与敦·瑟娜佳生的孩子马赫穆德·沙(Mahmud Syah)立为国王。最终所谓的合法继承人拉惹穆纳瓦尔在王位争夺战中输给了具有印度穆斯林血统的马赫穆德·沙。

1488年,马赫穆德·沙登上王位。在马赫穆德·沙执政期间,马六甲王国十分重视港口的管理,曾颁布《海洋法》,对海上贸易进行规范,如规定了船上不同货物的不同摆设和存放位置,当货船遭遇台风或下沉时要在最佳时机抛弃货物保护船只等。②但马赫穆德·沙似乎不大受欢迎,并且他还吸食鸦片。③有文献记载称,马赫穆德虚浮骄傲,曾讥笑其父亲的朝圣意图,称马六甲是真正的麦加。《马来纪年》的作者甚至修改了马赫穆德·沙的历史,捏造更多情节以诋毁这个忘恩负义的苏丹。因为马赫穆德·沙曾指控自己的亲舅父、当时马六甲王国的宰相敦·穆塔希尔(Tun Mutahir)谋反,并将其处死。④也正是在马赫穆德·沙统治期间的1498年,马六甲王国最得力也是东南亚地区最具影响力的宰相敦·霹雳去世,从此马六甲王国开始走向衰落。1509年9月,欧洲舰队第一次抵达马六甲海域,马六甲王国与葡萄牙人发生了第一次正面交锋。1511年8月,葡萄牙进攻马六甲,盛极一时的马六甲马来苏丹国覆灭。此后,马六甲的苏丹马赫穆德·沙逃到彭亨,并在柔佛和霹

---

① 马来苏丹国中的一种高级官职,军务和司法大臣,负责训练军队和维持治安,同时兼掌礼部。
② [印度尼西亚]苏罗托:《数世纪中的印度尼西亚》(印度尼西亚文版)第二册,第183页,转引自梁志明等主编:《东南亚古代史》,北京大学出版社,2013年,第522页。
③ [英]理查德·温斯泰德:《马来亚史》,姚梓良译,商务印书馆,1974年,第99页。
④ [英]理查德·温斯泰德:《马来亚史》,姚梓良译,商务印书馆,1974年,第98页。

马六甲苏丹王宫博物馆

雳延续其政权。1528年，苏丹马赫穆德·沙在廖内省金宝驾崩。苏丹马赫穆德·沙生前共有三个儿子。其中，苏丹艾哈迈德·沙（Sultan Ahmad Shah）在葡萄牙攻占马六甲后，接替其父成为马六甲的苏丹，但由于未能带领马六甲击退葡萄牙侵略者，于1513年被苏丹马赫穆德·沙赐死。东姑·阿劳丁·里瓦亚特·沙二世（Tengku Alauddin Riayat Syah II）1528年在柔佛建立了柔佛苏丹国，成为柔佛王国的首任苏丹。柔佛王朝在鼎盛时期，领土覆盖了今天的柔佛、彭亨、雪兰莪、廖内群岛、新加坡以及苏门答腊岛的部分地区，是马来亚地区颇具影响力的王国。东姑·穆扎尔法·沙一世（Tengku Muzaffar Shah I）受到霹雳州民众的迎请于1528年在霹雳建立了霹雳苏丹国。自此，马六甲苏丹的血脉在霹雳州得以延续。

二、马六甲王国的内政外交

到15世纪中期，马六甲王国已经发展成当时东南亚地区最为繁荣强盛的帝国之一。王国的政治体制建设完善,经济尤其是港口贸易繁荣,对外交往活跃,伊斯兰文化兴盛,地区影响力日益增强。

以苏丹为核心的政治体制　在政治方面,马六甲王国建立了以苏丹为核心,四级官员辅佐苏丹的政治体制,即"四层级官员系统"(Sistem Pembesar Empat Lipatan)。在此体制中,位于权力层级顶端的是苏丹,即马六甲的国王,他是马六甲的最高统治者。《马六甲法典》规定:国王是国家的元首,有权作出最终裁决;国王享有一些特权,可以赦免某些罪行,如谋杀、拐骗他人的妻子及其他暴虐的行为;只有国王可以穿黄色的衣服,佩带金色把手的马来克里斯短剑,并且有一些词汇也只限于王家使用;国王不受法律约束,可以随时制定法律。[①]掌控实际权力的马六甲国王与今天掌握虚权的马来西亚国王有所不同。在苏丹之下,有一个最高理事会(Majlis Tertinggi)负责管理马六甲王国的事务,类似今天马来西亚的内阁。在最高理事会中,有四个主要官员辅佐苏丹执政,即宰相(Bendahara)。他们主要负责管理国家的内外政务、受理国家级的诉讼,执行法律,战时统领军队。宰相在四位主官中地位最高,是国王的代表、政府的首脑,相当于今天的内阁总理,职位由王室成员世袭。"天猛公"是军务和司法大臣,负责训练军队和维持治安,保障国王的安全,同时兼掌礼部,当使者觐见国王时负责主持礼节仪式。海军统帅(Laksamana)主要负责统领海军、管理军务和海上港口事务,以及海上治安,并领导外交活动,相当于今天的海军司令。这一职位在马六甲王国中期时才设立,此前海军统帅称作斯里·比加·迪拉惹(Seri bija diraja)。马来西亚历史上最有名的海军统帅是杭·杜亚(Hang Tuah),此人出身贫寒,但武艺高强,曾因打击海盗有功获得苏丹的赏识,后屡建战功,成为苏丹的得力助手。杭·杜亚对苏丹极为忠诚,即使被误解也表示对苏丹永远效忠和虔诚,这在《马来纪年》和《杭·杜亚传》中都有精彩的描写。杭·杜亚的传说至今在马来西亚都非常流行,今天马来西亚的许多地方都以杭·杜亚命名。财政官(Penghulu Bendahari)负责财政、税务和国家财政收支以及管理皇室的财产,对其管辖范围内的国家收益问题有最终裁决权。财政官还领导王国的贸易与商业工作,相当于今天的财政部和商务部部长。四位主官中的宰相、天猛公和海军统帅拥有特权,如在某些特定场合可以不经国王同意就

[①] 张榕:《从〈马六甲法典〉看马六甲王国的治理文化》,《云南大学学报法学版》2016 年 3 月第 29 卷第 2 期,第 100 页。

将罪犯处死。①在四位主官之下,级别从高到低还设有三级官员,共计56人,即8个头衔为"斯里"(Seri)的地方高级要员,包括港务官(Syahbandar)。港务官相当于今天的港务局局长,负责各国的商船,管理港口事务,监管仓库、贸易市场及货币和度量衡等,港务官的直接领导是财政官。还有16个头衔为"拉惹"(Raja)的要员以及32个普通官员。在32个普通官员之下就是普通民众。

从第一任国王即拜里米苏拉算起,马六甲王国共经历9任国王。拜里米苏拉在建国后改名伊斯坎达·沙(Iskandar Shah),他共统治马六甲14年,②颁布了马六甲王国的新规,设立了传诏官。1414年伊斯坎达·沙死后,马国塔·伊斯坎达·沙(Sultan Mahkota Iskandar Shah)、苏丹穆罕默德·沙、苏丹拜里米苏拉·德瓦·沙(Parameswara Dewa Shah)、苏丹穆扎法尔·沙(Sultan Muzaffar Shah)、苏丹曼苏·沙、苏丹阿劳丁·里瓦亚特·沙(Sultan Alauddin Riwayat Shah)、苏丹马赫穆德·沙、苏丹艾哈迈德·沙先后担任马六甲的国王。其中,苏丹马赫穆德·沙在位时间最长,达23年之久,即1488—1511年;其次是苏丹穆罕默德·沙,在位20年,即1424—1444年;在位时间最短的国王是拜里米苏拉·德瓦·沙,在位不到1年,即1444—1445年。③

除苏丹外,马六甲王国政治体制中最为重要的官员是宰相。从大约15世纪中期起,宰相开始出现在马六甲王国的政治生活中,并发挥着极为重要的作用,成为影响王国发展的主要人物之一。从1445年起,担任过马六甲宰相一职的人一共有6位,即斯里瓦·拉惹(Seriwa Raja)、敦·阿里(Tun Ali)、敦·霹雳、敦·布迪(Tun Putih)、敦·穆塔希尔以及巴杜卡·端(Paduka Tuan)。在以上6位宰相中,任职时间最长的是在职42年(1456—1498)的敦·霹雳。他是马六甲王国历史上最为知名的宰相,也是对马六甲王国的影响最大的宰相。就目前的文献资料无法得知敦·霹雳生于何年,但

---

① 张榕:《从〈马六甲法典〉看马六甲王国的治理文化》,《云南大学学报法学版》2016年3月第29卷第2期,第100页。
② 有关拜里米苏拉统治马六甲多长时间依然有争论,不同文献记载也不相同。此处以马来西亚的马来语文献 *Malaysia Kita*:*Panduan dan Rujukan untuk Peperiksaan Am Kerajaan* 为主要依据。
③ 有关马六甲历任国王的信息目前不同的文献资料记载不一,此处以马来西亚的马来语文献 *Malaysia Kita*:*Panduan dan Rujukan untuk Peperiksaan Am Kerajaan* 为主要依据。

可知他是马六甲王国第一任宰相斯里瓦·拉惹的儿子。在担任宰相前,敦·霹雳曾领导马六甲王国的军队击败了暹罗,立下战功。敦·霹雳本人对苏丹极为忠诚。据悉,敦·霹雳之子敦·拜萨尔(Tun Besar)因遭误解被苏丹马赫穆德·沙的儿子拉惹穆罕默德杀害,敦·霹雳非但没有向苏丹报仇,还支持拉惹穆罕默德在彭亨称王。敦·霹雳对国王的忠诚至今在马来西亚传为佳话。1498年,敦·霹雳死后,马六甲王国开始走向衰落。敦·霹雳的继任者敦·布迪仅仅在位2年,而敦·布迪的继任者敦·穆塔希尔则被视为代表泰米尔、伊斯兰群体的宰相。由于其代表泰米尔-伊斯兰群体的特殊身份,当时的马六甲国王苏丹马赫穆德·沙听信了敦·穆塔希尔要篡夺权力的谣言,最终将敦·穆塔希尔及其家人处死。巴杜卡·端接替敦·穆塔希尔仅仅1年,马六甲王国就被葡萄牙击败。

海上交通要道 在经济方面,马六甲王国成为东南亚地区的海上国际贸易中心。马六甲王国农业薄弱,耕地匮乏,经济以海上贸易为基础。历任国王都将马六甲海峡视为王国的生命线。因此,控制马六甲海峡的海上交通及其附近水域成为王国的要务。到鼎盛时期,王国已经控制了马六甲海峡,使之成为各国商船的集散地。据悉,各地的商船在离开东爪哇,继续前往印度之前,必须驶入马六甲港口停靠。因为马六甲王国要求通过马六甲海峡的一切船舶须在其港口停泊,并获取通行证,这样来自东西各地的商人就可以在这里进行交易。到马六甲做生意的商人主要来自爪哇、印度、阿拉伯、波斯、缅甸、高棉、中国、吕宋、暹罗及欧洲,其中以爪哇商人居多。他们交易的物品有棉花、药品、布匹、茶叶、锡、金、香料、大米、象牙、丝绸、安息香、橡胶、乌木等。抵达马六甲海峡的船只除了商船外,还有运输船、贸易船、战船等,也有一些船只是专门到马六甲海峡避风的。郑和下西洋时曾在马六甲设立商馆,给马六甲的贸易带来了极大商机。"海上千船竞渡,港口船帆林立",街上各种肤色和不同穿戴的外国人摩肩接踵成为马六甲繁荣景象的写照。据说当时商人交流的语言有80多种。一个曾于1512年到过马六甲的葡萄牙史学家在书中写道:"在我的记忆中,世界上再也没有任何地方能展现如此繁华及昌盛的景象。"

随着贸易规模的扩大,马六甲逐步建立了较为健全的港口贸易制度。首先是流通锡和金制造的通货,并实行一种公认的度量衡制。其次是设立4个港务官专司港口事务。其中最重要的1个港务官管理来自印度古吉拉特的商人;其余3个分别管理来自孟加拉国、苏门答腊、爪哇、婆罗洲、吕宋、暹罗、安南、阿拉伯、中国和欧洲的商人。而别的港口通常只需1个港务官就可以管理所有入港船只，可见当时马六甲港口贸易规模之大。

为了保障交易公平，港口还组成了评估和解决相关难题的专门委员会。委员会由10名商人、5名船员和1名港务官组成。委员会的一个重要权力就是决定和征收商人的港税。按当时王国的规定，来自印度、阿拉伯、巴赛、斯里兰卡、暹罗的商船要按其货物重量的6%缴税；给国王、财政官、天猛公和港务官的礼品，按货物量的2%缴税；如果在马六甲居住，要另缴货物量6%的费用；①从东方来运送大米和生活用品的商船免税。由于港口贸易的繁荣，马六甲的苏丹、贵族和各级官员均从中获利致富。此外，马六甲王国也发展了一些农业，农民应向政府缴纳微薄的田赋。贸易的繁荣，吸引了越来越多的民众到马六甲生活、经商。在鼎盛时期，马六甲的人口增长到近10万人，这与拜里米苏拉抵达前的仅有100余人的小渔村不可同日而语。

伊斯兰文化重镇　　在文化方面，马六甲王国成为东南亚伊斯兰教传播的中心。伊斯兰教大约在14世纪初，即1303年传入马来西亚的登嘉楼，14世纪末进入马六甲。马六甲王国的二世国王苏丹马国塔·伊斯坎达·沙是拜里米苏拉之子，他是马六甲王国中第一个信仰伊斯兰教的苏丹。②1414年，他通过与巴赛公主联姻的方式皈依了伊斯兰教。但据《马来纪年》的记载，马六甲直到第三任国王，即苏丹穆罕默德·沙时才信仰伊斯兰教。苏丹穆罕默德·沙是苏丹马国塔·伊斯坎达·沙之子，即拉惹登阿（Raja Tengah）。拉惹登阿在担任国王后，一天夜里，他梦到一个真主的使者。真主使者对他说"你来诵念，我证万物非主，唯有真主"，并告知他"你的名字叫穆罕默德，明天午后会有一艘船从吉打而来，船上的人会在马六甲海边上岸，你听从他们的吩咐"。第二天，拉惹登阿醒来后发现自己已被行割礼，并且口中反复诵念"我证万物非主，唯有真主"。午后时分，一艘船从吉打驶来，船上来人是希迪·阿卜杜勒·阿齐兹（Siti Abdul Aziz）长老。希迪长老随后在岸边祷告，引来文武百官的围观，随后国王拉惹登阿及马六甲王国的官员就皈依了伊斯兰教，拉惹登阿被希迪长老赐予封号苏丹穆罕默德·沙。③从此，马六甲的国

---

① 梁志明等主编：《东南亚古代史》，北京大学出版社，2013年，第522页。
② *Malaysia Kita：Panduan dan Rujukan untuk Peperiksaan Am Kerajaan*, Petaling Jaya: International Law Book Services, 2007, p.13.
③ 罗杰、傅聪聪等译/著：《〈马来纪年〉翻译与研究》，北京大学出版社，2013年，第42—43页。

王改称苏丹。虽然马六甲王国在二世国王后就已皈依伊斯兰教,但直到苏丹穆扎法尔·沙上任时,马六甲才将伊斯兰教定为国教,并对外称"伊斯兰苏丹国"。马六甲王国传播伊斯兰教的方式主要有三种:一是通过穆斯林商人在贸易中传播;二是派遣伊斯兰教传教士到苏门答腊等地传教,或是由其他地方的传教士到马六甲学习伊斯兰教;三是通过联姻的方式传播。伊斯兰教对外传播的过程中,马来语成为伊斯兰教传播的主要媒介语,在阿拉伯语基础上改变而来的加威文成为伊斯兰教传播的主要文字。同时,有关伊斯兰教的文学在马六甲兴盛起来。

伊斯兰教能取代佛教成为马六甲王国的主要宗教,原因有两个:一是随着伊斯兰教的传播,穆斯林商人掌握了与印度尼西亚的贸易,伊斯兰教向东南亚传播是大势所趋。而马六甲繁荣的海上贸易吸引了越来越多的穆斯林商人到马六甲居住和做生意,伊斯兰教因此得以通过穆斯林商人在马六甲和平传播。二是由于许多臣服于满者伯夷的小国都以伊斯兰教作为反抗印度教—佛教中央政权斗争的强大精神武器,因此马六甲国王认为伊斯兰教是一个有很大潜在价值的政治工具。把伊斯兰教奉为国教,可以使马六甲王国被纳入拥有强大同盟者和扩张热情的"伊斯兰教统一体"。这既有利于增强马六甲王国的凝聚力,也能带来政治上的好处和经济上的利益,从而抵抗暹罗佛教王朝等。随着马六甲疆域和势力范围的扩张,伊斯兰教也随之传播到王国统治和影响所及地区,马六甲因此成为东南亚伊斯兰教的传播中心。

外交集中于周边地区　　在外交方面,马六甲王国与周边国家的对外交往较为活跃。位于马六甲王国北边的暹罗是王国的主要威胁,也是王国外交的主要对象之一;在南部,马六甲王国则面对着实力相对衰弱的满者伯夷。马六甲王国与暹罗的关系较为复杂,长久以来两国之间的冲突、摩擦、战事不断。马六甲王国一方面希望与暹罗建立友好关系,多次派遣使者前往暹罗;另一方面又与中国明朝加强关系,请求明朝帮助对付暹罗。马六甲向明朝求助,称不愿向暹罗称臣,暹罗对此颇为不满。1405年,当暹罗得知马六甲王国向明朝派出使者,请求明朝帮助抵御暹罗时,暹罗大兵压境,夺走了马六甲王国的玉玺,后来是在明朝的压力之下,暹罗才归还了马六甲的玉玺。①

---

① Mohd Khalil Yaakob dan Syaimak Ismail, "Hubungan Diplomatik Melaka-China Pada Abad Ke 15 Dan Kesinambungan Kerjasama Melaka-China Abad Ke 21", *Jurnal Sains Sosial Malaysian*, Jilid 2 2017, muka sruat 134.

有关马六甲与暹罗的关系,《马来纪年》有这样的描述:"当暹罗听说马六甲不肯向其称臣后,暹罗国王巴杜卡·布本(Paduka Bubun)就派人到马六甲索要朝贡书。但马六甲国王苏丹穆扎法尔·沙没有向暹罗国王称臣的意愿,于是暹罗国王巴杜卡·布本大怒,任命阿维·扎克里(Awi Chakri)为将军,率领军队攻打马六甲王国。暹罗军队兵临城下,与马六甲军队交战许久,但暹罗军队最终放弃攻打,马六甲未被击败。①后来,暹罗国王又计划派遣其子昭·班丹(Cau Pandan)攻打马六甲。就在此时,马六甲一位喜欢射箭的名为希迪(Sidi)的农民朝觐马六甲国王。当希迪得知暹罗人要进攻马六甲时,他向暹罗方向射出一支箭,结果暹罗的昭·班丹胸部中箭,倒地身亡,暹罗进攻马六甲的计划就此搁置。"②《马来纪年》上述的记载虽有文学的色彩,但却能生动地展现出当时马六甲王国与暹罗王国之间的摩擦与恩怨。两国的恩怨直到敦·霹雳任宰相时期才有所缓解,对此上文已有提及。

马六甲王国与满者伯夷的关系相对简单。依据《马来纪年》的记载,马六甲国王苏丹曼苏·沙看上了满者伯夷的公主拉丹·嘉璐·赞德拉·吉拉娜(Raden Galuh Cendera Kirana),随后带领王国的百官前往满者伯夷求婚。满者伯夷国王热忱接待了马六甲国王的到访。后来,马六甲王国的百官在满者伯夷遇到了重重考验,不过经过几番斗智斗勇,苏丹曼苏·沙最终得以迎娶拉丹·嘉璐·赞德拉·吉拉娜公主为妻。

中国与马六甲的交往十分密切,是马六甲王国最为重要的伙伴。早在1400年建国后,马六甲王国就与明朝建立了密切的外交关系。1403年,明朝永乐皇帝派遣宦官尹庆访问马六甲,马六甲国王热情接待了来访的明朝使节。尹庆向拜里米苏拉国王赠送了诸多礼物,如玉玺、丝绸衣物和黄色的伞等,以此显示明朝的大国之威。明朝与马六甲王国密切的关系使得暹罗等国不敢再侵犯马六甲。从1405年起,马六甲王国开始派遣使者向明朝朝贡,明朝皇帝册封拜里米苏拉为马六甲国王。拜里米苏拉在任期间先后四次遣使赴明朝朝贡。其中1411年6月,为了表示感谢,拜里米苏拉亲率妻、臣等500多人前往中国,成为中马关系史上的一件盛事。拜里米苏拉在中国停留了两个多月,在启程回国前,永乐皇帝特地设宴款待。此后,马六甲历代继任

---

① 罗杰、傅聪聪等译/著:《〈马来纪年〉翻译与研究》,北京大学出版社,2013年,第54、55页。
② 罗杰、傅聪聪等译/著:《〈马来纪年〉翻译与研究》,北京大学出版社,2013年,第59页。

国王几乎都朝贡明朝。其中,在马六甲王国二世王执政期间,苏丹马国塔·伊斯坎达·沙曾来朝控诉暹罗入侵,希望明朝帮助马六甲王国抵御暹罗。明成祖则敕谕暹罗,要求其与马六甲王国和平共处。从1411年到1424年,马六甲共13次遣使赴中国。①

但1445年苏丹穆扎法尔·沙上任后,马六甲王国却与明朝断绝了友好往来,直到1455年5月,两国才恢复了往来。有中国学者分析认为,苏丹穆扎法尔·沙与中国断绝往来的主要原因是苏丹穆扎法尔·沙是通过政变夺得王位的,与明朝的正朔思想相背,如果急于遣使明朝可能效果适得其反。并且苏丹穆扎法尔·沙在对待暹罗的问题上,采取自强不息、自我保护的政策,不急于依靠明朝的力量对付暹罗。②但马来学者则认为是明朝实行的闭关锁国政策,导致了两国的交往中断。③不过,两国交往恢复后,明朝与马六甲的关系重归于好,其中苏丹曼苏·沙迎娶中国公主杭丽宝的故事传为佳话。

据《马来纪年》记载,当马六甲国力强盛的消息传到明朝后,中国皇帝决定到马六甲看个究竟。于是,皇帝派人送去书信和一船的针。书信写道:"吾听闻马六甲国君乃大邦领主,吾欲与贵国交好。世间再无比两国更大之国家,两国子民,不计其数。今每户各取一针,装满一船,发往马六甲。"苏丹曼苏·沙收到中国皇帝的书信非常高兴,便令手下人将针卸下,装满了西米,并令宰相对中国使者解释道,西米是国王吩咐臣民一粒一粒搓出来的,因臣民较多,不知有多少西米。中国皇帝见状喜出望外,决定把马六甲国王召为女婿。后来,中国皇帝派遣500名少女和1名高官送杭丽宝公主前往马六甲,杭丽宝公主皈依伊斯兰教后,与苏丹曼苏·沙成亲。④

除了苏丹曼苏·沙与杭丽宝公主的故事,明朝与马六甲王国的交往,最

---

① Mohd Khalil Yaakob dan Syaimak Ismail, "Hubungan Diplomatik Melaka-China Pada Abad Ke 15 Dan Kesinambungan Kerjasama Melaka-China Abad Ke 21", *Jurnal Sains Sosial Malaysian*, Jilid 2 2017, muka sruat 135.
② 龚晓辉:《马六甲王朝与明朝的朝贡关系》,《韶关学院学报·社会科学》2009年2月第30卷第2期,第53页。
③ Mohd Khalil Yaakob dan Syaimak Ismail, "Hubungan Diplomatik Melaka-China Pada Abad Ke 15 Dan Kesinambungan Kerjasama Melaka-China Abad Ke 21", *Jurnal Sains Sosial Malaysian*, Jilid 2 2017, muka sruat 136.
④ 罗杰、傅聪聪等译/著:《〈马来纪年〉翻译与研究》,北京大学出版社,2013年,第80—82页。

有名气的还要数郑和下西洋。明朝三宝太监郑和曾率领船队7次下西洋,有5次(1408年、1412年、1416年、1421年、1430年)①在马六甲停留,传达了明成祖、明宣宗的谕旨,带去了明朝的陶瓷、丝绸、海产品等货品,深受马六甲王国的青睐。据悉,郑和曾组织当地军民筑起城墙,修建东南西北四座城门,晚上派人昼夜巡逻,制定一整套警卫制度,不仅扫除了城内的不安定因素,也利于都城的保卫,使得马六甲臣民在此后的百余年里过着安居乐业的生活。同时,郑和还曾在马六甲三宝山麓设立官厂,囤放粮食、货物,避免了海盗的侵扰,帮助马六甲成为当时东西贸易活动的主要港口。马六甲当地的人民对郑和十分感激,②郑和也因此成为中国与马来西亚关系友好使者的象征。至今,马来西亚领导人在提及中国与马来西亚关系时都会将郑和视为和平友好的楷模。马哈蒂尔曾经建议中国与马来西亚建立"郑和文化与友谊协会"③,以增进两国间的友好关系。郑和访问马六甲后,中国和马六甲王国之间官方往来较为频繁,政治、外交和经贸关系都很友好,这为后来中国与马来西亚关系的发展奠定了深厚的基础。

作者点评

马六甲王国是马来西亚历史上最重要的国家,它的兴起、发展和衰落都深深地影响着马来西亚的古代史、近代史和现代史。正是从马六甲王国起,有关马来西亚古代史的史料、文学作品才开始涌现。尽管一些文献的真实性仍然存疑,但至少研究者获得了更多的资料,从而能够对马六甲王国的历史进行更深入的研究。

马六甲王国是马来西亚历史上第一个有重要影响力的马来苏丹国。马来苏丹国的建立改变了马六甲的政治、经济、文化、社会和对外关系。在政治

---

① 对于郑和究竟几次到访马六甲,各方学者说法不一,有的认为5次,有的认为4次,还有的认为7次。此处引用的是中国台湾张奕善教授依据《明实录》记载提出的5次。有关上述问题的讨论,请参见时平的《郑和访问满喇加次数考》,《南洋问题研究》2015年第2期。
② 《郑和下西洋五次驻节马六甲 曾在当地筑起古城墙》,2014年7月1日,http://www.chinanews.com/cul/2014/07-01/6337209.shtml,访问时间:2018年8月1日。
③ DR M: *Laksamana Cheng Ho perlu dikenang*, Oktober 5, 2013, http://www.sinarharian.com.my/global/dr-m-laksamana-cheng-ho-perlu-dikenang-1.208769,访问时间:2018年8月9日。

上，马来苏丹体制建立，苏丹被授予国家最高权力，成为国家的最高统治者。今天马来西亚的政治体制深受马六甲王国苏丹体制的影响。但不同的是，今天的马来西亚苏丹并不掌握实权。更有意思的是，作为马来西亚历史上第一个最有影响力的马来苏丹国，今天的马六甲州却没有苏丹，而由州元首统治。这是历史给马六甲开的一个小小的玩笑。

在经济上，马六甲王国的发展奠定了马六甲海峡的贸易枢纽地位，也使得马来西亚经济的发展具有了外向型特征。对外贸易在今天的马来西亚经济中占据着不可替代的地位，这与当时马六甲王国外贸的发展有很深的渊源。

在文化上，正是从马六甲王国开始，伊斯兰教在马来半岛乃至整个东南亚地区全面传播，伊斯兰文化成为马来半岛的主流文化。在今天看来，伊斯兰教成为马来西亚的主流宗教似乎很平常。然而，当时马来半岛受印度文化影响已长达千余年，马六甲改信伊斯兰教，从根本上改变了马来半岛的文化生态。这种改变无疑是成功的，也是和平的，但也是不彻底的。直到今天，人们依然能从马来西亚看到印度文化的影子。

在社会层面，马六甲王国的发展吸引了不少华侨的到来，他们在马六甲生活、结婚、工作，在马六甲形成了独特的"峇峇-娘惹"文化。① 从此，华人在马来西亚深深地扎根下来，并影响着马来西亚的政治、经济、社会的发展，成为马来西亚一道独特的风景线。

在对外关系方面，从马六甲王国起，明朝与马六甲的关系日益密切，双方结下了难能可贵的友谊，奠定了中国与马来西亚友好关系的基础。郑和成为中国与马来西亚友好合作的名片，中国与马来西亚的友好关系被载入史册。

马六甲王国虽然很伟大，但西方殖民者的入侵改变了王国发展的进程。1511年8月是马六甲王国也是东南亚古代史上最黑暗的时刻，葡萄牙占领了马六甲，东南亚历史由此进入殖民阶段。马来人引以为豪的马六甲苏丹王国画上了句号。

---

① 有关"峇峇-娘惹"文化，下文有专门论述。

第三章
西方殖民时期的马来亚

1511年8月,葡萄牙攻占马六甲,马六甲、马来亚①乃至整个东南亚的历史从此被改写。从1511年到1957年的近450年间,葡萄牙、荷兰、英国先后在马来亚建立了殖民地。其中,葡萄牙进行了130年的殖民统治,荷兰150年,英国约170年。葡萄牙与荷兰的殖民统治主要集中在今天的西部马来西亚地区(西马),并且以经济掠夺为主,重商主义的痕迹十分明显,对当地的政治、社会文化结构影响不大。英国的殖民统治覆盖了今天的西部马来西亚和东部马来西亚(东马),并且对马来亚的政治、经济、社会文化体制都产生了重要而深远的影响。

一、葡萄牙与荷兰入侵马来亚

1511年8月,葡萄牙攻占马六甲,令马来人为之骄傲的马六甲王国瞬间崩塌。自此,马来亚乃至整个东南亚地区进入了殖民统治时代,马来亚近代史序幕开启。从1511年到1795年,葡萄牙和荷兰先后占领马来亚,成为马来亚地区的第一批西方殖民者。其中,葡萄牙占领马六甲130年(1511—1641年),荷兰占领150余年(1641—1795年)②。在占领马六甲期间,葡萄牙和荷兰殖民者主要从事垄断贸易,开展经济活动,马六甲地区的政治和社

---

① 马来亚作为地理概念一般指今天的西马来西亚,作为国家的概念一般指1963年9月前的马来西亚,当时它还不包括沙巴、沙拉越和新加坡。这里是作为地理的概念。
② 韩方明:《华人与马来西亚现代化进程》,商务印书馆,2002年,第57页。

会结构所受影响较小。

葡萄牙本是欧洲西南部的小国,但自15世纪起,在"航海者"亨利王子的领导下开始了大规模的殖民扩张,并充当了地理大发现的急先锋。亨利是葡萄牙国王的第四个王子,其生母是英王亨利四世的王妹。亨利鼓励其船员奔向海洋,探索欧洲航行者从未到达过的地域。1415年,葡萄牙人为掠夺黑奴、象牙和黄金,从北非摩尔人手中夺取休达城。1480年,葡萄牙又通过《阿尔卡萨瓦斯条约》夺得西非、几内亚和大西洋中的岛屿。① 自1487年起,著名航海家迪亚士、达·伽马先后率领葡萄牙船队开始远洋航海行程,绕过了非洲的好望角,葡萄牙由此成为世界上最早进行航海的西方国家之一。从1500年起,葡萄牙又发现了巴西,并抵达印度,随后又占领科钦,科钦由此成为葡萄牙在亚洲的第一个殖民地。② 1508年,葡萄牙国王曼努埃尔一世做出指示,要与马六甲王国建立商业联系。

1509年,由迪亚戈·洛佩斯·塞克拉(Diogo Lopes de Sequiera)领导的葡萄牙舰队抵达马六甲。③ 这是欧洲人第一次到达东南亚。④ 塞克拉船队看到港口里停泊着数不清的船只,既有马来人的舰队,也有阿拉伯人和中国人的船队。他带来了一封葡萄牙国王的信件,希望与马六甲王国建立贸易关系。然而,马六甲苏丹虽热情接待了葡萄牙船队,但对葡萄牙人的突然来访心怀芥蒂,谋划将其一网打尽。趁葡萄牙人到马六甲城玩乐之际,马六甲人冲上葡萄牙的船只,准备攻其不备。但在船上守卫的葡萄牙水兵杀死了船上的马来人,并起锚开航,炮轰马来水兵,迅速逃离马六甲。岸上约30名葡萄牙人被马来人杀死或俘虏。⑤ 马六甲人对葡萄牙船队的这次偷袭加速了马六甲王国的陷落。1510年,葡萄牙殖民者占领印度果阿后,继续沿着东西方香料贸易路线向远东进发,开始了对马六甲的复仇。

葡萄牙入侵马六甲　1511年5月2日,葡属印度果阿总督阿方索·阿伯奎(Alfonso de Albuquerque)亲率一支由19艘战舰与1 400名⑥葡萄牙士

---

① 王绳祖主编:《国际关系史·第一卷(1648—1814)》,世界知识出版社,1995年,第14页。
② 梁志明主编:《殖民主义史·东南亚卷》,北京大学出版社,1999年,第52页。
③ *Malaysia Kita: Panduan dan Rujukan untuk Peperiksaan Am Kerajaan*, Petaling Jaya: International Law Book Services, 2007, p.50.
④ *Sejarah*, https://www.melaka.gov.my/ms/tentang-melaka/tentang-melaka/sejarah, 访问时间:2017年2月8日。
⑤ 梁英明、梁志明:《东南亚近现代史》,昆仑出版社,2005年,第75页。
⑥ 有关葡萄牙军队的人数,不同的文献记载不一。本文引用的数据来自梁志明主编:《殖民主义史·东南亚卷》,北京大学出版社,1999年。

兵组成的军队,向马六甲进攻。7月1日,葡萄牙人抵达马六甲港。阿伯奎要求马六甲苏丹释放被扣押的葡萄牙人,并赔偿葡萄牙的财产损失,但遭到了马六甲方面的拒绝,马六甲要求首先签署和平条约。双方开始对峙。此时,马六甲内部产生了两种意见:以苏丹马赫穆德·沙为首的一派主张与葡萄牙人交好,避免战争;而以苏丹之子为首的一派主张与葡萄牙人对抗。军方支持武力打击葡萄牙人,因为当时马六甲的军备和人力较为充足。正当马六甲内部两派僵持不下时,阿伯奎发出最后通牒。7月7日,葡萄牙人烧毁了马六甲港口的船只,迫使马六甲苏丹释放了尚存的葡萄牙俘虏。马六甲苏丹则调集大象、士兵积极备战。

7月24日拂晓,葡萄牙人开始攻打马六甲河上的跨河大桥,以期一举夺下马六甲城。而马六甲方面,苏丹亲自督战。经过激烈的战斗,葡萄牙人占领了清真寺和桥头堡,并攻击了河对岸的防御工事,葡萄牙军队也因此损兵折将,元气大伤。阿伯奎下令撤退,双方进入了休战期。休战期间,葡萄牙人开始精心策划下一次进攻计划,而马六甲苏丹则积极加强防御工事。8月10日,葡萄牙对马六甲的进攻进入第二阶段。在这次战斗中,葡萄牙军队利用涨潮之机,通过一艘战船占领大桥,并用大炮从海面轰炸马六甲城。马六甲近2万人的军队在顽强抵抗之后,被迫撤退。15日,葡萄牙军队攻占市中心,开始在马六甲烧杀抢掠。24日,马六甲城陷落,苏丹马赫穆德·沙逃至城外。

马六甲军队人数几倍于葡萄牙军队,但在面临葡萄牙军队的进攻时,却不堪一击,快速陷落。学界对此进行了深入的讨论。笔者认为马六甲王国灭亡的主要原因是葡萄牙殖民者入侵前夕,马六甲王国内讧严重,未形成一股一致对外的强有力的力量。苏丹马赫穆德·沙作为马六甲的国王,对国家治理并不上心。[1]1498年,颇有威望的马六甲王国第五任宰相敦·霹雳死后,马六甲王国内部矛盾进一步激化,形成了"年轻一派"和"年长一派"两股势力。从1498年到1510年葡萄牙殖民者入侵马六甲前,马六甲王国历经了两任宰相。其中,敦·布迪在位三年(1498—1500年)。1500年,敦·布迪过世,时任天猛公的侄子敦·穆塔希尔接任宰相。在敦·穆塔希尔的治理之下,马六甲王国经济发达,国力强盛,领土进一步扩大。但敦·穆塔希尔是

---

[1] *Malaysia Kita: Panduan dan Rujukan untuk Peperiksaan Am Kerajaan*, Petaling Jaya: International Law Book Services, 2007, p.15.

泰米尔穆斯林出身,十分器重泰米尔的穆斯林,任命多名古吉拉特的穆斯林在马六甲任要职,引起了港务官拉惹穆塔里亚尔(Raja Mudaliar)等商人群体的不满。

此外,敦·穆塔希尔功高盖主,一时间,马六甲内部谣言四起。敦·穆塔希尔要篡夺王位的传言引发王国内讧。1510年,苏丹马赫穆德·沙下令处死了敦·穆塔希尔及其家人,马六甲王国内部矛盾加剧。此后,马赫穆德·沙引咎退位,其子艾哈迈德·沙继任苏丹。在葡萄牙人进攻马六甲前夕,马六甲王国腐败盛行,其贸易中心的地位逐渐被亚齐取代。苏丹马赫穆德·沙未能挽回马六甲王国的颓势,而新上任的艾哈迈德·沙又太年轻,对治理国家尚无经验,最终导致马六甲王国不可避免的衰落。①马来学者在谈及马六甲王国灭亡的原因时还常常提到华裔和印度裔商人不忠诚这一观点。他们认为,华裔和印度裔商人在交战期间曾帮助葡萄牙进攻马六甲。②这一说法对此后马六甲乃至马来亚的族群关系,尤其是马来人对华人和印度人的认知产生了重要的影响。

葡萄牙在马六甲的统治　葡萄牙在攻占马六甲城后,立即建立了一座临时城堡,并雇用1 500名奴隶在马六甲城大兴土木。他们拆毁苏丹王宫、清真寺和历代马六甲国王陵墓,用石块筑起塔楼和防御城墙,③建立城堡、市政厅、医院、学校、兵营、修道院和天主教堂圣母御告堂,其中,圣母御告堂也是东南亚的第一座天主教堂。1512年1月,在历经五个多月的修建后,新的马六甲城堡终于建成。城堡围绕圣保罗山而建,呈四方形,有四个塔,墙厚4.2米。城堡内,建有欧洲中世纪的石房子,包括教堂、总督官邸、市政厅和两间医院,此外还有住宅和花园等。④所有的葡萄牙人居住在城内,马来人和其他亚洲人则居住在城外。与此同时,葡萄牙殖民者在马六甲建立了行政管理机构。马六甲的最高行政长官是要塞司令或总督,下设咨询委员会,协助行政长官工作。要塞司令最初由葡驻印度总督任命,后改为由葡萄牙国王任命。

---

① *Malaysia Kita*: *Panduan dan Rujukan untuk Peperiksaan Am Kerajaan*, Petaling Jaya: International Law Book Services, 2007, p.15.
② *Malaysia Kita*: *Panduan dan Rujukan untuk Peperiksaan Am Kerajaan*, Petaling Jaya: International Law Book Services, 2007, p.16.
③ 梁志明主编:《殖民主义史·东南亚卷》,北京大学出版社,1999年,第59页。
④ 黄兰翔:《马六甲伊斯兰王国的瓦解与西方殖民城市的诞生》,《亚太研究论坛》2003年第20期,第19页。

1571年后，要塞司令改为总督，称"南方总督"。①咨询委员会是马六甲的行政执行机构，由主管安全、司法、宗教和民政事务的官员和国务秘书构成。其中，司法由首席法官(Chief Justice)负责，7名推事②辅佐；宗教事务由主教负责；民政事务由市长负责。此外，管理机构中还设有总队长(Captian General)，即最高军事长官，掌握军事武装力量。以上职位都由葡萄牙驻果阿的总督任命，由贵族担任。同时，原马六甲王国的部分统治方式得以保留，如天猛公负责治安，管理来马六甲进行贸易的马来人；盘陀诃罗(Bendahara)，即宰相，负责管理亚洲国家侨民的民事和刑事案件；沙班达尔(Syahbandar)，即港务官，负责监督外国人的贸易和到马六甲贸易的外国使团等。此外，葡萄牙殖民者还创立了一个新的官职：甲必丹(Kapitan)，由葡萄牙人发放薪水。葡萄牙实行的甲必丹制度就是让华人、泰米尔人、爪哇人选择推荐本族的首领成为甲必丹，甲必丹对本族人拥有民事、刑事裁判权等，但权力受到盘陀诃罗的制约。③

葡萄牙人在马六甲站稳脚跟后，开始了以垄断贸易为核心的殖民统治。马六甲最主要的贸易完全被葡萄牙人所控制。葡萄牙殖民者规定，凡由马来人、望加锡人、爪哇人及印度人等运送到马六甲的丁香、豆蔻、白檀、胡椒、锡及其他有利可图的商品均不准出售给任何商人，而必须以比市场价更低的价格卖给马六甲的总督代理人。因此，葡萄牙殖民者再次出售上述商品时，可以赚得20%—30%的高利润。④除垄断贸易外，葡萄牙殖民者还对经过马六甲海峡的商船强行征税。所谓强行征税，即凡是经过马六甲海峡的商船都必须缴纳各种税款，征收的税款一般是货物价格的6%—10%。一些商船为了逃税，果断选择避开马六甲海峡，转道柔佛、亚齐、万丹、霹雳等港口。但葡萄牙人日夜在海面巡逻，强迫所有通过马六甲海峡的船只驶至马六甲纳税，如果不服从或稍有反抗，便把水手掠为奴隶，把船舶烧毁。⑤有时，葡萄牙殖民者还会在马六甲海峡拦截过往船只，进行海盗性的掠夺，这最终导致马六甲国际贸易的衰落。

葡萄牙殖民者致力于将马六甲打造为东南亚乃至印度洋的贸易中心，并

---

① 梁志明主编：《殖民主义史·东南亚卷》，北京大学出版社，1999年，第61页。
② 推事，即最低一级的刑事法庭的审判官，其地位和职级低于法官。
③ 韩方明：《华人与马来西亚现代化进程》，商务印书馆，2002年，第58页。
④ [英]理查德·温斯泰德：《马来亚史》，姚梓良译，商务印书馆，1974年，第171页。
⑤ 林远辉、张应龙：《新加坡马来西亚华侨史》，广东高等教育出版社，2008年，第67页。

以马六甲为据点向周边地区积极开展贸易。1526年,葡萄牙人首次到达婆罗洲;1530年,葡萄牙人在婆罗洲开始贸易活动。①在宗教文化方面,在葡萄牙殖民者进入马六甲之前,马六甲曾是东南亚伊斯兰教的中心,但随着葡萄牙殖民者的侵入,天主教开始在马六甲地区传播开来。葡萄牙殖民者积极推动当地人改信天主教,并大力兴建教堂,鼓励葡萄牙人与当地居民通婚,以传播天主教。据相关学者的统计,至1641年,马六甲城内共有教堂19座,包括两个教会医院,皈依天主教的民众大约有7 400人,占当地人口的74%。②

马来人的反击 葡萄牙占领马六甲后,苏丹马赫穆德·沙及艾哈迈德·沙被迫逃亡。两位苏丹逃往彭亨,又从不同路径逃至柔佛的麻坡,后来又到了巨港,最后定居于廖内群岛的宾坦岛。③在逃亡过程中,苏丹马赫穆德·沙不断组织军队向马六甲城的葡萄牙军队发起反击。1518—1519年,苏丹马赫穆德·沙率领1 500人、60艘船及多头大象反攻马六甲城。当时的葡萄牙守城军队仅有200人,且多人生病。苏丹的军队与葡萄牙守军在海上对峙,经过三个小时的激战,葡萄牙军队击退了苏丹马赫穆德·沙的进攻。此后,葡萄牙军队乘胜追击,又派兵攻打麻坡,杀死麻坡的守城军800人。④1520年,苏丹马赫穆德·沙曾请求中国明朝协助,但明朝未予派兵。1521年,苏丹马赫穆德·沙败退至柔佛,但仍然在1523年和1524年组织反击,并一度包围马六甲城,切断城内的食物供给,然而反击终以失败告终。1526年,葡萄牙派出皮尔多(Pedro Mascarenhaas)率领强大的舰队进攻宾坦,以彻底打击苏丹马赫穆德·沙。在葡萄牙人的强大攻势之下,苏丹马赫穆德·沙在宾坦的基地被摧毁,开始又一次逃亡。

1528年,马赫穆德·沙及其家人最终经过马六甲海峡来到苏门答腊的甘巴(Kampar)。到达甘巴不久,马赫穆德·沙去世。他共有三个儿子,一个名叫穆德扎法(Mudzaffar),另外两个叫阿里(Ali)和艾哈迈德·沙(Ahmad Shah)。原先,马赫穆德·沙希望将王位传给艾哈迈德,但最后发现其无能,因而将其处死。⑤1528年,穆德扎法在霹雳建立霹雳苏丹国,成为霹雳苏丹国

---

① 梁英明、梁志明:《东南亚近现代史》,昆仑出版社,2005年,第79页。
② 黄兰翔:《马六甲伊斯兰王国的瓦解与西方殖民城市的诞生》,《亚太研究论坛》2003年第20期,第25—26页。
③ 芭芭拉·沃森·安达娅、伦纳德·安达娅:《马来西亚史》,黄秋迪译,中国大百科全书出版社,2010年,第65页。
④ 陈鸿瑜:《马来西亚史》,兰台出版社,2012年,第104页。
⑤ 梁英明、梁志明:《东南亚近现代史》,昆仑出版社,2005年,第85页。

的第一任苏丹,称苏丹穆德扎法·沙一世(Sultan Mudzaffar Shah I)。同年,阿里在柔佛建立了柔佛苏丹王国,成为柔佛苏丹国的第一任苏丹,称苏丹阿劳丁·里瓦亚特·沙二世。马六甲王国陷落,但霹雳苏丹国和柔佛苏丹国的建立使得马六甲苏丹的血脉得以延续。

在柔佛,苏丹阿劳丁组织军队与葡萄牙殖民者展开激战。1533年,苏丹阿劳丁出兵马六甲,但失败而归。1535年,葡萄牙派遣小达伽马率领400余人的军队对柔佛苏丹王国的首府北干杜阿(Pekan Tua)发起攻击。苏丹阿劳丁无力对抗强大的葡萄牙军队,被迫转移到沙翁(Sayong)。此后,双方的交战一直不断,直到1587年。在应对葡萄牙的同时,柔佛还面临来自亚齐王国的骚扰和进攻。亚齐位于苏门答腊岛的北部,属于今天的印度尼西亚。1511年,苏丹阿里·穆哈亚特·沙(Ali Mughayat Syah)建立亚齐王朝。1539年,柔佛海军在巴赛河口击败亚齐舰队,拉开了双方交战的序幕。

1540年,亚齐开始进攻柔佛。大约在1564—1565年间,亚齐阿劳丁·里瓦亚特·沙·阿尔·卡达尔(Alauddin Riayat Shah Al Qadar)对柔佛发起进攻,并将其都城摧毁。①17世纪以来,柔佛苏丹国与亚齐之间的战争持续不断,柔佛王国每次都企图狠狠教训亚齐,但均遭惨败,都城被毁、国王被俘,受尽凌辱。1613年,亚齐苏丹伊斯干达·穆达(Iskandar Muda)帅兵攻占柔佛的新首府所在地巴图萨瓦尔(Batu Sawar),柔佛苏丹阿劳丁·里瓦亚特·沙三世(Alauddin Riayat Shah III)及其兄长拉惹赛白朗(Raja Seberang)被俘到亚齐。1615年,亚齐人将拉惹赛白朗遣返柔佛,并扶植其担任柔佛苏丹,改称阿卜杜拉·马阿亚特·沙(Abdullah Ma'ayat Shah)。苏丹阿卜杜拉执政柔佛后,试图与荷兰和葡萄牙合作,将亚齐人赶出柔佛。起初,荷兰忙于经营印度尼西亚的殖民地,无暇顾及与柔佛的合作,双方只有一些商业上的往来。后来,随着荷兰人与葡萄牙人的矛盾激化,荷兰与柔佛的合作不断加强。1606年,柔佛与荷兰结成盟友。柔佛将荷兰人视作对抗亚齐和葡萄牙的潜在盟友,②荷兰则同意与柔佛合作共同对付马六甲的葡萄牙人。

荷兰趁势而入 1637年,荷兰与柔佛签订协定,同意联合进攻马六甲。

---

① *Malaysia Kita: Panduan dan Rujukan untuk Peperiksaan Am Kerajaan*, Petaling Jaya: International Law Book Services, 2007, p.20.
② Barbara Waston Andaya and Leonard Y. Andaya: *A History of Malaysia Second Edition*, Palgrave, 2001, p.72.

1640年7月起,荷兰与柔佛联军进攻马六甲,围困马六甲城半年之久。与此同时,荷兰军队包围了印度的果阿,以防葡萄牙人派军队增援。从1636年至1639年,荷兰殖民者完全控制了马六甲海峡。①1641年1月14日,葡萄牙人在荷兰与柔佛联军的围困下,最终缴械投降。在双方的交战中,荷兰军队死亡1500人,葡萄牙军队死亡7000人,马六甲城内无一所房屋完整。②荷兰最终从葡萄牙殖民者手中夺得了马六甲。柔佛也得以在巴图萨瓦尔重建都城。至此,荷兰在马来亚的殖民统治拉开序幕。

荷兰占领马六甲后,着手重建马六甲城堡,设立总督(governer)负责处理马六甲城的行政事务。首任总督为约翰·范·推斯特(Johan van Twist),但推斯特仅在任一年时间。1642年,杰雷米亚斯·范·福雷特(Jeremias van Vliet)出任第二任总督。杰雷米亚斯在赴马六甲任总督前,一直在阿瑜陀耶工作,担任荷兰东印度公司驻阿瑜陀耶的贸易部主任。据说,此人掌握泰语,对泰国较为了解,创作了四卷本的《阿瑜陀耶史》。

为促进贸易发展,荷兰人在马六甲设立了仓库,任命贸易官员,积极开展贸易活动。与葡萄牙人一样,荷兰在马六甲仍然实行贸易垄断政策,不准印度穆斯林进入马来半岛港口。贸易垄断的主要产品是马来亚各地的矿产资源和特产,如霹雳、雪兰莪、吉打等地的锡,还有胡椒、檀香、布匹、豆蔻等。以上物品都由荷兰东印度公司垄断,其他公司和个人不能购买。荷兰殖民当局甚至规定:"凡异地客商,于日暮以后,仍在街上游行者,罚款西班牙币十二元,船则充公……除东印度公司的货物外,若未呈报纳税,则一概不准通过木栅,违者,船货均没收。"③与此同时,荷兰殖民者还对通过马六甲海峡的一切货物,不论卸货与否,均征收出入口税。在此问题上,荷兰人完全效仿葡萄牙人,强迫经过马六甲海峡的船只到马六甲停靠,并强行征税,且其征税额度明显比葡萄牙人还要高。1641年,荷兰人刚占领马六甲时,征收的税率还较低,进口税为9%,出口税为5%。到1692年,进出口税增加至13%,1698年更是增加至20%。此外,荷兰殖民者还要征收人头税、停泊税等。④

在宗教文化方面,荷兰人在进行垄断贸易的同时也积极传播新教。虽然

---

① 林远辉、张应龙:《新加坡马来西亚华侨史》,广东高等教育出版社,2008年,第72页。
② 陈鸿瑜:《马来西亚史》,兰台出版社,2012年,第110页。
③ 张礼千:《马六甲史》,商务印书馆,1941年,第234页。
④ [英]理查德·温斯泰德:《马来亚史》,姚梓良译,商务印书馆,1974年,第234—236页。

其传教的力度比此前的葡萄牙殖民者要弱得多,但荷兰人对待葡萄牙天主教徒的态度却较为激进。在占领马六甲城后,荷兰殖民者取缔了罗马天主教,并将马六甲现有的教堂改为荷兰归正会使用。位于圣保罗山顶的圣保罗堂改名为"高教堂"(Bovenkerk),继续作为荷兰人的主要教堂。葡萄牙的天主教徒遭到严重迫害。1710年,荷兰在马六甲修建了融汇东西方文化特征的彼特教堂(Gereja St. Peter)。1741年,为纪念从葡萄牙手中夺取马六甲一百周年,荷兰殖民者决定建造一个新的教堂,以取代"高教堂",这就是迄今为止马六甲城最为显眼的地标性建筑之一——马六甲新教教堂(Christ Church Melaka)。该教堂于1741年动工新建,1753年完工,长25米,宽12米,高13米,顶上覆盖着荷兰砖,墙壁为红色,地板使用花岗石荒料,是马来西亚历史最为悠久的新教教堂之一。

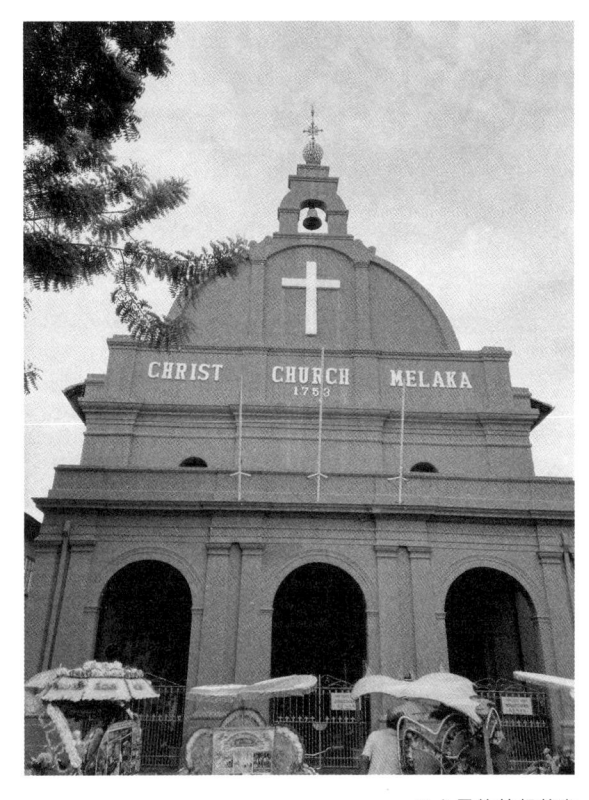

马六甲的基督教堂

西方殖民马六甲之后的马来半岛 马六甲王国陷落后,西方殖民者的统治逐渐扩张到整个马来半岛。虽然西方殖民者已经成为当时马来半岛的统治者,但马来半岛上的诸王国要面对的不仅仅是西方殖民者,还有亚齐、暹罗和布吉斯人的进攻。与此同时,一些王国之间还相互发生战争,这一时期的国际关系较为复杂。在上述马来半岛的诸王国中,有些国家历史相对悠久,但有的则是在18—19世纪才建国。历史较为悠久的古国有吉打、霹雳、彭亨和柔佛;历史较短的王国有森美兰州、登嘉楼、吉兰丹、雪兰莪。

古吉打王国(Kerajaan Kedah Tua)位于马来半岛的西北部,早期的历史记述不详。在5—15世纪,吉打成为一个重要的贸易中心,盛产水稻和锡矿,①但

---

① *Malaysia Kita: Panduan dan Rujukan untuk Peperiksaan Am Kerajaan*, Petaling Jaya: International Law Book Services, 2007, p.28.

先后被室利佛逝、暹罗和马六甲所控制。葡萄牙攻占马六甲后,吉打遭到葡萄牙和亚齐的进攻,但与暹罗保持较密切的关系。1641年,荷兰占领马六甲后,吉打被荷兰人所控制,尤其是吉打王国的贸易。17世纪末,吉打面临缅甸、暹罗和布吉斯人的多重威胁,逐渐衰落下去。

古彭亨王国(Kerajaan Pahang Tua)最初是室利佛逝和满者伯夷的属国,14世纪对素可泰王国称臣,1454年被马六甲击败。1470年,马六甲第六任苏丹曼苏·沙的次子拉惹穆罕默德被遣往彭亨担任苏丹。葡萄牙攻占马六甲后,彭亨拒不投降。1550年,彭亨帮助柔佛和霹雳进攻葡萄牙。此后,彭亨试图与葡萄牙修好,但最终无果。17世纪后,亚齐、柔佛与彭亨关系逐渐恶化。

古霹雳王国(Kerajaan Perak Tua)于1528年由穆扎尔法建立。穆扎尔法是霹雳苏丹国的第一任苏丹,称苏丹穆扎尔法·沙。16世纪中叶后,霹雳苏丹国先后遭到暹罗、亚齐、荷兰和布吉斯人的攻击。

森美兰州王国(Kerajaan Negeri Sembilan)建立较晚,最初该地域为马六甲和柔佛控制。有史料记载森美兰州王国成立于1677年,①但实际上,到18世纪中后期,森美兰州都没有选出一个领导人。起初,米南加保人希望扶持拉惹易卜拉欣(Raja Ibrahim)和拉惹卡萨(Raja Kasah)在森美兰州担任拉惹,但最终以失败告终。1773年,米南加保的王子拉惹穆罕默德被选为森美兰州的拉惹,称为拉惹马莱瓦尔(Raja Melewar)。森美兰州的拉惹称为严端(Yamtuan Besar),而非苏丹。

登嘉楼王国(Kerajaan Terenggau)早年为马六甲的附属国。1725年,登嘉楼苏丹国建立,首任苏丹是敦·再纳勒·阿比丁(Tun Zainal Abidin)。吉兰丹王国(Kerajaan Kelantan)最早是马六甲的属国,马六甲陷落后,吉兰丹王国向北大年苏丹国称臣。1554年,拉惹曼苏尔(Raja Mansur)宣布吉兰丹从北大年政权下独立,自称苏丹。②1619年,吉兰丹再次回到北大年苏丹国的统治之下。1777年,北大年的贵族隆玉努斯(Long Yunus)担任吉兰丹拉惹,奠定了现代吉兰丹的版图。但此后,吉兰丹与登嘉楼之间冲突不断,19世纪又

---

① *Malaysia Kita*:*Panduan dan Rujukan untuk Peperiksaan Am Kerajaan*,Petaling Jaya:International Law Book Services,2007,p.34.
② *Malaysia Kita*:*Panduan dan Rujukan untuk Peperiksaan Am Kerajaan*,Petaling Jaya:International Law Book Services,2007,p.40.

被暹罗统治。

雪兰莪王国（Kerajaan Selangor）长期被布吉斯人统治。18世纪中期，布吉斯人在柔佛廖内苏丹国设立严端穆达（Yamtuan Muda，相当于副州长）职位。1740年，严端穆达二世领达因·兹拉克（Daeng Cellak）执掌雪兰莪。1766年，达因·兹拉克的儿子拉惹鲁穆（Raja Lumu）在霹雳苏丹支持下在瓜拉雪兰莪建立新政权，称苏丹沙勒胡丁·沙（Sultan Salehuddin Shah），成为雪兰莪第一任苏丹，雪兰莪获得独立。1784—1786年，荷兰进攻瓜拉雪兰莪，雪兰莪被迫投降。19世纪，雪兰莪插手霹雳内政，并于1804年进攻霹雳。

玻璃市王国（Kerajaan Perlis），其地域最早称为加央（Indera Kayangan，Kayang），为贾马卢莱尔（Jamalullail）家族所统治。早期，玻璃市是吉打的一部分，后来又被暹罗和亚齐统治。1843年，吉打苏丹再纳尔·拉希德·阿尔·姆瓦扎木·沙（Sultan Zainal Rashid Al-Muazam Shah）向暹罗国王建议由赛义德·侯赛因·贾马卢莱尔（Syed Husain Jamalullail）担任加央（Kayang）的拉惹，获得暹罗国王的批准。①1843年5月20日，赛义德·侯赛因·贾马卢莱尔登基，成为玻璃市王国第一任苏丹。

早期的殖民影响　　自1511年至1795年，葡萄牙和荷兰在马来亚统治280多年之久，对马来亚带来了较为深刻的影响。需要特别指出的是，虽然荷兰统治马来半岛长达150多年，但实际上，就荷兰在整个东南亚的殖民统治而言，荷兰东印度公司统治的中心和重点在安汶（1610—1619年）和巴达维亚②（1619年以后），也就是今天的印度尼西亚。相对马来半岛，荷兰人更看重印度尼西亚。对在荷兰港口的商人来说，居住在印度尼西亚的荷兰人确实更重要，因为他们开发出了一套一段时期内能够给荷兰带来巨大利润的商业体系。③

从这个意义上讲，荷兰在今天马来西亚的影响不如在印度尼西亚的影响大。葡萄牙统治时间虽比荷兰短，但它对马六甲的历史发展影响是极为深刻的。葡萄牙占领马六甲后，马六甲王国的苏丹马赫穆德·沙逃离马六甲，虽

---

① *Malaysia Kita：Panduan dan Rujukan untuk Peperiksaan Am Kerajaan*，Petaling Jaya：International Law Book Services，2007，p.50.

② 即今天的雅加达。

③ [澳]米尔顿·奥斯本：《东南亚史》，郭继光译，商务印书馆，2012年，第45页。

然其两个儿子分别在柔佛和霹雳建立了苏丹国,延续了马六甲苏丹国的血脉,但他们最终未能从殖民者手中夺回马六甲,恢复马来苏丹国的传统。这使得马来西亚历史上出现了一个非常有趣的现象,即作为最早出现马来苏丹的马六甲至今没有苏丹存在,成为马来西亚四个没有苏丹的州之一(另外三个是槟榔屿、沙巴、沙捞越)。这可以说是葡萄牙攻占马六甲对马六甲政治体制产生的最深远的影响。

另外,葡萄牙和荷兰都特别重视马六甲的港口贸易,马六甲港口的贸易一度繁荣,成为当时东南亚地区最重要的国际贸易港口之一。但也正是由于两国实施的垄断政策,许多南下的商船为了逃避巨额的"买路钱",不得不避开马六甲海峡,绕道苏门答腊岛南部,使进入马六甲海峡的商船急剧减少。由于两国殖民者对马六甲河口疏于管理,致使马六甲港口常年泥沙淤塞,从前的深水良港到荷兰殖民统治后期已不能停靠大型船舶,经马六甲海峡进入印度洋的商船不断减少。昔日商贾云集、千帆竞渡的马六甲失去了它的繁华和兴盛,东南亚这座最富裕的港口城市一去不复返。马六甲从兴盛到衰落与葡萄牙、荷兰殖民者有直接关系。

此外,这两国统治马来亚近三个世纪,如果加上此后的英国殖民统治,那么当时西方的三大强国在马来亚的统治则长达400多年,但西方的基督教文化最终并未在马来亚取得统治地位。伊斯兰教为何能在三国的殖民统治下得以保留,并成为当地占主导地位的宗教,这是值得深思的一个问题。

二、英国的殖民统治

继葡萄牙和西班牙后,英国成为又一个侵入马来半岛的西方殖民者。从1786年英国建立第一个殖民地起到1957年马来亚联合邦独立,英国统治马来亚近170年(1941—1945年为日本短暂统治)。与葡萄牙和荷兰的殖民统治不同,英国在马来亚的殖民统治对马来亚的政治体制、经济制度、社会结构和族群关系以及战略安全观都产生了极为深刻的影响。

英国对马来亚的统治可以分为三个阶段:殖民统治初期(1786—1825年),殖民制度确立时期(1826—1941年),殖民统治后期(1945—1957年)。由于本书第五章将专门论述英国的后期殖民统治和马来亚独立的历史进程,因此本节将集中讨论殖民统治初和殖民制度确立两个时期的历史。

东印度公司的兴起　在讨论上述历史之前,有必要对英国东印度公司做简要概述。英国东印度公司成立于1600年12月31日,总部在伦敦,是一家从事与印度和其他东方国家贸易的公司。英格兰女王伊丽莎白一世授予东印度公司皇家特许状。该公司由一名总督和24名董事组成董事会。董事会向业主大会定期汇报,下辖10个委员会。成立之初,东印度公司只是一家普通的贸易公司,英国政府不持有公司股份,也不控制公司。从1601年开始,东印度公司主要在印度开展垄断贸易,后其活动范围逐渐扩展至东亚地区。1640年,英国爆发资产阶级革命,建立了资本主义制度。

此后,英国积极调整对外政策,恢复伊丽莎白时代的某些传统,支持海外公司扩张。[1]在殖民地贸易问题上,英国面临的主要竞争对手是西班牙和荷兰。西班牙是庞大的殖民帝国,垄断了东印度群岛和西印度群岛的贸易;而荷兰则号称"全世界的海上马车夫",是名副其实的海上强国,控制了包括马来半岛、爪哇岛、苏门答腊岛等东南亚的大部分地区。在东南亚,英国与荷兰的殖民地争夺首先集中在今天的印度尼西亚。到17世纪中叶,英国殖民者先后在婆罗洲的苏卡达纳(Sukadana)、三发(Sambas)、马辰(Banjarmasin);苏门答腊的亚齐、占卑、普里阿曼(Priaman),苏拉威西的望加锡,爪哇的万丹、雅加达,马来半岛的吉打、陷落的北大年和阿瑜陀耶等地建立商站,进行海盗式的掠夺和走私贸易,[2]对荷兰的殖民地贸易产生了巨大冲击。此后,在荷兰东印度公司的压力之下,英国被迫放弃多地的商站,仅保留了苏门答腊的明古鲁。自17世纪开始,英国人与荷兰的矛盾和斗争就持续不断,英国在竞争中节节败退。

经过四次战争后,荷兰的海上强国地位最终受到英国的强烈冲击,逐渐走向衰落,英国逐渐确立了在马来亚的统治地位。1773年,东印度公司通过法案(East India Company Act 1773),授予英国国会对公司行使主权和最终控制权,明确"公司为皇室代行皇室之主权,而不是为公司自己获得主权"。从此,东印度公司统治的地区在形式上纳入皇室管理。1784年,公司通过皮特法案(Pitt's India Act),明确规定公司的政治活动直接服从英国政府命令。此后,东印度公司的主要势力范围覆盖印度以及东亚地区,直至1874年解散。

英国入侵槟榔屿　与葡萄牙和荷兰不同,英国对马来亚的入侵不是从马六甲开始的,因为当时荷兰正镇守在马六甲,英国只好选择马六甲以外的城

---

[1]　王绳祖主编:《国际关系史·第一卷(1648—1814)》,世界知识出版社,1995年,第78页。
[2]　林远辉、张应龙:《新加坡马来西亚华侨史》,广东高等教育出版社,2008年,第90页。

市进行殖民贸易。他们首先选定了马来半岛北部的槟榔屿。英国抢占槟榔屿是从吉打下手的。1771年4月,英国东印度公司的船长、退役海军军官弗兰西斯·莱特(Fracis Light)率领两艘船和30名侦察兵来到马来半岛的北方小城吉打。英国企图在马来半岛寻找海军基地和贸易中心,以控制马六甲海峡。于是英国与吉打苏丹穆罕默德·基瓦(Muhamma Jiwa)谈判,希望吉打将海港和槟榔屿割让给英国。

由于英国人到来之时,吉打正面临布吉斯人、暹罗和缅甸的骚扰,于是吉打苏丹同意将瓜拉吉打(Kuala Kedah)港口割让给英国人,在槟榔屿建立基地,并给予英国东印度公司从吉打出口锡矿、黑胡椒和象牙的专卖权。①作为条件,英国要帮助吉打对付布吉斯人。但英国人最终拒绝了帮助吉打苏丹出兵攻打布吉斯人的请求,双方达成的协议被搁置。英国人希望占领槟榔屿的计划落空。1772年,英国又派出爱德华·蒙克顿(Edward Monckton)赴吉打,与吉打苏丹进行第二次谈判,但无果而终。

1778年,苏丹阿卜杜拉·穆卡拉姆·沙(Abdullah Mukaram Shah)出任吉打苏丹后,情况开始发生改变。1785年,苏丹阿卜杜拉主动邀请英国提供保护,以对抗暹罗,且同意英国在槟榔屿建立基地,但英国需要向吉打每年交付3万美元,以补偿吉打的贸易损失。1786年7月17日,英国东印度公司派遣莱特率领3艘军舰和1支150人的小队在槟榔屿登陆,占领了槟榔屿,建立了殖民据点,这是英国在东南亚建立的第一个殖民地,莱特成为槟榔屿的首任督察官。从此,英国正式开始了在马来亚的殖民统治。英国占领槟榔屿后将槟榔屿改名威尔斯王子岛(Prince of Wales Island),并将该岛的东北部地区命名为乔治市(George Town),以纪念国王乔治三世。乔治市专供英国人居住。然而,英国人在占领槟榔屿后,再一次拒绝了吉打苏丹希望英国帮助对付外敌的请求。吉打苏丹于是驱离莱特,但莱特拒绝离开槟榔屿,并于1791年进攻吉打,最终迫使吉打苏丹签署协议,接受了英国占领槟榔屿的现实。

作为补偿,英国人每年交付吉打苏丹6万美元。②1800年,英国东印度公司又与吉打苏丹达成协议。吉打同意将马来半岛上面对槟榔屿的一块面积约190万平方千米的地区"诗布朗北赖"(Seberang Perai)割让给英国。英国

---

① 陈鸿瑜:《马来西亚史》,兰台出版社,2012年,第131—132页。
② *Malaysia Kita*:*Panduan dan Rujukan untuk Peperiksaan Am Kerajaan*, Petaling Jaya:International Law Book Services, 2007, p.54.

人后将"诗布朗北赖"命名为威斯利省(Province Wellesley),并入槟榔屿管理。19世纪初,英国成功控制了槟榔屿海峡。1805年,槟榔屿成为印度第四个大管区,拥有50多名官员。①

占领马六甲、新加坡　在夺取槟榔屿的同时,英国人又盯上了马六甲。他们认为,槟榔屿地理位置过于偏西,作为船舶修理站(海军基地)和贸易中心不够理想,而且也不能控制通向中国的航线。为此,英国需要寻找一个更具战略意义的港口。英国东印度公司驻槟榔屿管区的助理莱佛士主张将马六甲建立为东南亚的殖民帝国。不过,英国夺取马六甲的过程要从法国的对外扩张说起。18世纪末,法国爆发资产阶级革命,荷兰插手法国革命,遭到法国的抵制。1794年9月,法国军队入侵荷兰,荷兰共和国灭亡。1795年1月,法国在荷兰领土建立了傀儡政权——巴达维亚共和国。荷兰国王威廉五世奥兰治(William V, Prince of Orange)被迫逃亡英国。在流亡英国期间,威廉五世给荷兰的殖民地总督们写了几封克佑信(Surat Kew)②,指示总督们将荷兰占领的包括马六甲在内的殖民地交由英国管理。

1795年,英国为抵制法国与荷兰结盟,派兵占领了马六甲,③并依据克佑信,不费一兵一卒接管了所有荷兰的殖民地。英国人占领马六甲后,对马六甲进行了大肆破坏,拆除了马六甲的城堡和炮台。1808年,莱佛士率领东印度公司抵达马六甲。1810年,英国舰队以马六甲为中心,对爪哇发起了进攻,并最终攻占爪哇岛。此时,莱佛士已经担任英印总督驻马六甲的特派员。拿破仑战争结束后,依据1814年的《伦敦协定》,英国于1818年9月将马六甲归还荷兰,但要求荷兰支付英国占领期间的费用。同时,英国在雪兰莪和柔佛的贸易特权也被剥夺。英国失去马六甲后,其商船的活动受到限制,这使得东印度公司开始考虑选择新的战略据点。

1818年,英国总督瓦伦·哈斯丁(Warren Hastings)派遣莱佛士寻找新的军事基地和贸易中心。1819年,东印度公司船队开始向南航行,于1月29日抵达马六甲海峡的南部,并强行登陆,占领了今天的新加坡。当时的新加坡岛是柔佛的属地,并未被荷兰人统治,岛上大约有500名居民,④有马来人、

---

① [英]D.G.E.霍尔:《东南亚史》(下册),中山大学东南亚历史研究所译,商务印书馆,1982年,第593页。
② 即在英国伦敦的克佑花园(也称邱园)所写的信。
③ 王绳祖主编:《国际关系史·第一卷(1648—1814)》,世界知识出版社,1995年,第376页。
④ 梁志明主编:《殖民主义史·东南亚卷》,北京大学出版社,1999年,第163页。

华人和从事渔业的海人（Orang Laut）①。新加坡岛虽然并不发达，但扼守马六甲海峡，地理位置重要，深受英国人重视。1月30日，英国人莱佛士与柔佛的马来首领天猛公阿卜杜勒·拉赫曼签订协定，柔佛同意英国在新加坡开采锡矿。得到天猛公的同意后，英国意识到如果要将新加坡彻底地占为己有，必须与柔佛苏丹展开谈判，得到苏丹的同意。

1819年2月，莱佛士将柔佛苏丹马赫穆德二世的长子东姑·隆（Tengku Long）立为新加坡的苏丹，称苏丹侯赛因·穆罕默德·沙（Hussein Muhammad Shah）。苏丹侯赛因上位后随即批准了1月30日英国人与阿卜杜勒·拉赫曼签订的协定。作为回报，英国需要每年支付给苏丹侯赛因西班牙币5 000元的酬金，支付给天猛公阿卜杜勒·拉赫曼3 000元的酬金。②就这样，英国人正式占领了新加坡，拉开了近代新加坡的序幕。新加坡成为英国开拓东南亚的前沿阵地。1819年2月6日，英国任命此前在马六甲担任驻扎官的威廉姆·法夸尔（William Farquhar）为新加坡的第一任驻扎官（1819年2月—1823年5月）和指挥官。威廉姆会讲马来语，对马来社会和政治比较熟悉。同时，英国政府指示威廉姆要维护新加坡海峡的自由航行，并在贸易站附近建立军事基地。2月7日，莱佛士离开了新加坡。除驻扎官外，英国人将新加坡市区划分为几个区，分别居住马来人、华人和印度人，设立甲必丹和村长等官职。

著名的《英荷协定》 英国占领新加坡后，荷兰人非常愤怒，向伦敦和印度的英国当局控告莱佛士，要求将其撤职，并将新加坡归还荷兰。然而，荷兰的要求并未得到英国的同意。自1820年7月20日起，英、荷两国开始了漫长的谈判。荷兰方的谈判代表是亨德里克·法格尔（Hendrik Fagel），英国的代表是乔治·肯宁（George Canning）。谈判议题集中于英、荷两国在东南亚的殖民地利益划分。1824年3月17日，英国与荷兰最终签署《英荷协定》（Anglo-Dutch Treaty of 1824），也称《伦敦协定》，主要内容如下：

第一，荷兰必须将其在印度的所有工厂交给英国。

第二，荷兰必须将马六甲的城市、堡垒及其附属物交给英国。

---

① 所谓海人，即一群海上游牧民族，一般生活在河口或靠近海边的岛屿等地方，以船为家，红树林、原始森林作为生活区域。
② [英]D.G.E.霍尔：《东南亚史》（下册），中山大学东南亚历史研究所译，商务印书馆，1982年，第588页。

第三，荷兰必须承认新加坡为英国的港口。

第四，荷兰不可在马来半岛上开设任何办事处，也不能与马来苏丹签署任何协定。

第五，英国必须退出苏门答腊岛。英国东印度公司在苏门答腊岛上所占领的地区必须交给荷兰。

第六，英国不可在苏门答腊岛上开设任何办事处，也不能与当地的王国签署任何协定。

第七，英国不可与廖内林加群岛上的加里梦岛（Pulau Karimon）及新加坡南部的其他岛屿签署任何协定。

第八，英国可以在除马鲁古以外的印度尼西亚其他地区经商。

第九，荷兰只能在香料群岛进行垄断贸易。

第十，荷兰应该公平公正地与英国进行贸易。

第十一，荷兰必须断绝与霹雳和雪兰莪州的关系，并取消锡矿垄断贸易协定。

第十二，双方同意允许两国的商人在马来群岛、印度和锡兰经商，并遵守已有的贸易法规。①

1824年3月30日，英国批准《英荷协定》，6月2日，荷兰也批准协定。至此，英荷通过协定划分了两国的殖民地范围：英国占领马来半岛，即今天的西马来西亚和新加坡；荷兰占领荷属东印度群岛（Dutch East Indies），即今天的印度尼西亚。1825年3月1日，两国完成财产和殖民地的交接工作。

建立海峡殖民地　　从1826年起，英国对马来亚的统治进入第二阶段。在这一阶段，英国在马来亚殖民统治的主要特征是通过建立不同的殖民地制度，最终实现对马来半岛和婆罗洲的全面占领。英国在马来亚建立的第一个殖民体系是海峡殖民地。1826年11月，英国东印度公司将先前占领的槟榔屿、新加坡和荷兰划归的马六甲三地，合并建立海峡殖民地（Negeri-negeri Selat），也有华人称之为"三州府"。海峡殖民地由英国东印度公司管理，总督（Governor）为最高统治者，首府设在槟榔屿。海峡殖民地是英国东印度公司统治下的第四个省治（Presidensi）行政单位。②总督兼任总司令，其行政权只

---

① *Malaysia Kita：Panduan dan Rujukan untuk Peperiksaan Am Kerajaan*，Petaling Jaya：International Law Book Services，2007，pp.57-58.

② *Malaysia Kita：Panduan dan Rujukan untuk Peperiksaan Am Kerajaan*，Petaling Jaya：International Law Book Services，2007，p.198.

受英国政府殖民部大臣的约束,由驻新加坡、马六甲和槟榔屿的驻扎参政司(Residen-Kaunselor)协助工作。总督有权任命法官和太平局绅(Justice of the Peace),并拥有皇家赦免权。

总督之下设立咨询性的行政会议和立法会议。其中,立法会议成员由总督、高级军官、辅政司、槟榔屿和马六甲的参政司、检察长、财政司、工务局长等组成。①首任海峡殖民地的总督是槟榔屿总督罗伯特·弗乐通(Robert Fullerton),此人于1824—1826年间担任槟榔屿的总督。1826年,英国在马六甲和槟榔屿颁布《第二部司法宪章》,将英国的司法体系引入海峡殖民地。当时,英国的法官驻守在槟榔屿,定期到新加坡和马六甲巡回办案。②

从1826年海峡殖民地成立到1867年的40多年间,海峡殖民地的管理部门多次发生变化。在最初的几年,即1826—1830年,海峡殖民地由英国东印度公司管理。1830年,为节约管理经费,海峡殖民地被降级为府治(Residensi)的行政单位,并大幅减少行政官员。1831—1851年,海峡殖民地由英属孟加拉省管理。1832年,海峡殖民地首府搬迁至新加坡后,新加坡的行政长官为总督,马六甲和槟榔屿的行政长官为驻扎参政司。新加坡的总督负责管理整个海峡殖民地事务,但有关海峡殖民地的政策由英国驻加尔各答的总督制定。此后的1851—1858年由英国的总督办公室管理。1858年,统治印度和东南亚的英国东印度公司解散,英国政府接管印度和东南亚。1858—1867年,海峡殖民地由英属印度政府管理。

1867年,海峡殖民地改由英国政府殖民部直接管辖,成为英国的直辖殖民地,也称皇家殖民地,首府设在新加坡,英国总督为最高行政长官。同时,海峡殖民地成立立法会议。该会议由行政官员、大法官和若干非法官人士组成,所有成员宣誓效忠英王。③1871年,《海峡殖民地刑法》(Straits Settlements Penal Code 1871)颁布,次年9月16日正式实施。依据新颁布的刑法,在英国占领区之外犯罪的海峡殖民地民众将按照《海峡殖民地刑法》的规定处理。④

在此期间,海峡殖民地的领土范围也出现了一些变化。1826年,海峡殖

---

① 韩方明:《华人与马来西亚现代化进程》,商务印书馆,2002年,第67页。
② 陈鸿瑜:《马来西亚史》,兰台出版社,2012年,第148页。
③ [英]理查德·温斯泰德:《马来亚史》,姚梓良译,商务印书馆,1974年,第410—411页。
④ Nordin Hussin and Shakimah Che Hasbullah, *Crimes in the Straits Settlements before World War II*, Pertanika J. Soc. Sci. & Hum. Vol. 20(1) 2012, p.122.

民地成立之时,其领土范围只涉及三个马来土邦国,即槟榔屿、马六甲和新加坡。同年,霹雳苏丹将原属于霹雳领土一部分的天定(Dindings)割让给东印度公司,并划归海峡殖民地管辖。此时,海峡殖民地的领土包括四个地方,即槟榔屿、马六甲、新加坡和天定。1907年,婆罗洲上的纳闽岛又被划归海峡殖民地。海峡殖民地的范围除了涉及今天马来西亚的领土外,还包括两块今天澳大利亚的领土,即可可群岛[基林群岛:Cocos(Keeling) Islands]和基督岛(Christmas Island)。

1886年,英国殖民者将位于澳大利亚和斯里兰卡之间的可可群岛置于海峡殖民地管辖内,由海峡殖民地总督行使可可群岛总督的职权。1899年1月8日,英国维多利亚女王宣布将新加坡西南方向距离新加坡1 330千米的基督岛(Christmas Island)置于海峡殖民地的管辖内。1900年5月23日,基督岛被正式纳入海峡殖民地版图。[1]

1946年,马来亚联盟成立后,海峡殖民地解散。新加坡成为英国的皇家殖民地,基督岛和可可岛归新加坡管辖。

英国在马来半岛建立的第二个殖民体系是马来联邦。自1826年海峡殖民地建立开始,英国人的注意力主要集中在马六甲、槟榔屿和新加坡三地,对马来半岛上的其他土邦实行"不干涉"的政策。当时马来半岛北部的吉打、吉兰丹、登嘉楼、玻璃市四个土邦受暹罗王朝的控制与影响,中部和南部的五个土邦森美兰州、霹雳、柔佛、彭亨、雪兰我自柔佛帝国衰落后各自为政,割据自立。[2]英国人所谓的"不干涉",即尽量避免干涉马来半岛内地各邦事务,通过间接手段来控制马来各土邦的政治和经济。[3]1826年,英国与暹罗签署《伯尼条约》,承认暹罗对马来亚北部四个州属(吉打、吉兰丹、玻璃市和登嘉楼)的所有权,同意不插手相关州属的事务,但暹罗须给予英国在吉兰丹和登嘉楼自由贸易权。19世纪70年代,随着资本主义从自由竞争走向垄断,西方资本主义国家加紧了对殖民地的争夺。法国侵占了中南半岛,英国则开始向马来半岛的内地扩张。

与霹雳签订《邦咯条约》 1873年11月,安德鲁·克拉克(Andrew

---

[1] *Handover of Christmas Island to Australia*,http://eresources.nlb.gov.sg/infopedia/articles/SIP_930_2005-01-11.html,访问时间:2017年5月3日。
[2] 梁志明主编:《殖民主义史·东南亚卷》,北京大学出版社,1999年,第351页。
[3] 聂德宁:《试论"邦咯条约"的签订及其后果》,《厦门大学学报(哲学社会科学版)》1999年第2期,第87页。

Clarke)出任海峡殖民地总督。针对当时马来半岛各土邦之间为了争夺资源而不断产生的内讧、战争,英国政府殖民部指示安德鲁·克拉克调查每个土邦的情况,伺机进入马来半岛腹地。安德鲁·克拉克到新加坡赴任后,立即制定了向马来半岛扩张的政策,发起了所谓的"前进运动"。他首先将盛产锡矿的霹雳作为入侵的第一站。英国之所以将霹雳作为"前进运动"的首站,主要原因是霹雳内部矛盾交织,便于插手干预。自1861年到1874年,霹雳的矿工集团间为争夺锡矿利益发生严重械斗,两个秘密会社义兴三合会和海山-大伯公会之间在拿律(Larut)发生了四次战争(1861—1862年、1865年、1871—1872年、1873—1874年),史称"拿律战争"。其中,在第三次战争中,霹雳王储拉惹·阿卜杜拉(Raja Abdullah)和拿律的门德里(Menteri)①恩阿·易卜拉欣(Ngah Ibrahim)介入了战争,且两人相互对立。由于1871年霹雳苏丹阿里驾崩,王储拉惹·阿卜杜拉未能如愿以偿继任王位;相反,拉惹·伊斯迈尔被立为新的霹雳苏丹,霹雳王室的内讧由此开始。加之,由于拿律战争的持续,霹雳的锡矿生产一度停顿,英国投资者的利益受损,在英国商人和当地商人的再三要求下,英国人于1874年正式介入当地事务。实际上,早在第一次拿律战争期间,海峡殖民地的总督就曾介入纠纷,并于1873年召开过调停会议,但英国人的努力最终都以失败告终。直到1874年1月,安德鲁·克拉克派遣政务顾问毕麒麟(Pickering)前往槟榔屿调解矿工之间的矛盾,英国才开始参与到霹雳的事务中。自1月17日起,在各方的努力下,安德鲁·克拉克与霹雳土邦的首领即两大私会党领袖在霹雳河口对面邦咯岛的英国军舰上举行谈判,史称"邦咯谈判"。谈判的主要目的是解决霹雳的内部纠纷对海峡殖民地经济的不利影响。谈判一共进行了三天,于1月20日结束,双方签署《邦咯条约》。条约主要内容如下:

  英国承认拉惹·阿卜杜拉取代现任苏丹伊斯迈尔,成为霹雳的合法苏丹。伊斯迈尔将被立为王储,每月将获得1 000墨西哥比索的补偿金,并可获得一些土地。霹雳苏丹必须接受英国的一位驻扎官(Residen)作为顾问。除了有关宗教以及马来习俗事务之外,苏丹必须听从驻扎官的意见。征税和州所得收入的获取以及官员的任命必须遵照驻扎官的意见,并以苏丹的名义进行。英国驻扎官的工资应该由苏丹而非英国政府支付。苏丹伊斯迈尔时

---

① Menteri 如今一般译为"部长",在古代也指国务秘书。此处的门德里是指拿律最高的地方行政官。

期所有任命的官员都应被认可。英国必须承认恩阿·易卜拉欣为拿律的门德里,但恩阿·易卜拉欣仍须听命于英国。英国的驻扎官助理将协助处理拿律的行政事务。

《邦咯条约》签署当日,苏丹伊斯迈尔无奈退位。阿卜杜拉继任苏丹,成为霹雳历史上的第 26 任苏丹。1874 年 11 月 4 日,詹姆斯·博奇(James W. W. Birch)被任命为英国驻霹雳的第一任驻扎官。詹姆斯·博奇早年在英国海军服役,后到锡兰和新加坡工作,1874 年 11 月出任驻扎官,但仅仅 1 年后就被刺杀。1875 年 11 月 3 日,弗兰克·斯维特曼(Frank Swettenham)继任霹雳的驻扎官。

所谓驻扎官,即 1874 年后英国殖民者首先在霹雳设立的一个行政官员职位,其主要职权除了宗教和马来习俗以外的行政、经济事务,还有给苏丹提供咨询意见。表面上看,驻扎官扮演的是咨询顾问的角色,但实际上驻扎官是当地最高级别的行政官员,掌握实权。驻扎官的设立使得苏丹的行政、司法和经济大权被剥夺,仅保留了行使宗教和文化习俗的权力。这从根本上打破了马来传统社会的政治文化生活,对马来亚以及今天马来西亚的政治制度都产生了深远的影响。驻扎官制度设立后,马来王室内部分裂成两派:一派是支持驻扎官制度,愿意与英国人合作;另一派则是反对英国的政策,认为苏丹大权不可旁落。对于持反对意见的苏丹和王室,英国殖民者一律对其做撤职处理。在英国殖民者插手马来各土邦事务前,马来苏丹是依据家族谱系,在征得诸大臣的认可后任命的;而英国插手马来土邦事务后,马来苏丹的任命除了要依据家族谱系外,还不能反对英国设定的统治制度。①

占领中部三个苏丹国 在征服霹雳后,英国人将目标转向雪兰莪。雪兰莪位于马来半岛西海岸中部,盛产锡矿等自然资源。19 世纪以来,得益于锡矿的开采,雪兰莪的经济迅速发展。1854 年,雪兰莪苏丹穆哈迈德·沙(Sultan Muhammad Shah)任命拉惹·阿卜杜拉(Raja Abdullah)为巴生的首长。1857 年,雪兰莪苏丹穆哈迈德·沙驾崩,阿卜杜勒·萨玛德(Sultan Adbul Samad)继位。1866 年,未能继任巴生首长的拉惹·马赫迪(Raja Mahdi)出兵讨伐拉惹·阿卜杜拉(Raja Abdullah),拉开了雪兰莪内战的序幕。拉惹·阿卜杜拉被迫举家逃亡马六甲。

马赫迪夺取巴生后,因拒绝向雪兰莪苏丹上缴每月 500 元的税金,激怒

---

① *Malaysia Kita*:*Panduan dan Rujukan untuk Peperiksaan Am Kerajaan*,Petaling Jaya:International Law Book Services,2007,p.108.

苏丹阿卜杜勒·萨玛德。苏丹阿卜杜勒·萨玛德取消了女儿与拉惹·马赫迪的婚姻,并将女儿嫁给吉打苏丹之弟东姑·库丁(Tengku Kudin)。①1870年3月,库丁与拉惹·伊斯迈尔(Raja Ismail)联手,向拉惹·马赫迪发起进攻,拉惹·马赫迪战败。英国殖民者趁火打劫,于1871年7月,攻占巴生,将拉惹·马赫迪驱赶出境,并将巴生交给库丁管理。1872年,拉惹·马赫迪发起反攻,夺取巴生。1873年11月,库丁在彭亨军队的帮助下,夺回了巴生,结束了内战。拉惹·马赫迪被迫逃亡至新加坡和柔佛。1874年,英国人说服雪兰莪苏丹阿卜杜勒·萨玛德接受英国派驻驻扎官,以协助管理雪兰莪。1874年8月,安德鲁·克拉克派遣弗兰克·斯威特曼(Frank Swettenham)为苏丹阿卜杜勒·萨玛德的顾问。1875年,安德鲁·克拉克又任命詹姆斯·古斯瑞·戴维德森(James Guthrie Davidson)为雪兰莪第一任驻扎官。从此,英国在雪兰莪的统治地位逐渐稳固下来。雪兰莪成为继霹雳之后,第二个接受英国驻扎官的马来土邦。

继霹雳和雪兰莪之后,彭亨成为英国人进攻的又一个目标。彭亨位于马来半岛的中部,是马来半岛上地理面积最大的一个邦。历史上,彭亨是室利佛逝、满者伯夷、暹罗和马六甲的属国,后来又被葡萄牙、荷兰和亚齐统治。亚齐衰落后,彭亨又被柔佛帝国控制。大约从19世纪中期起,彭亨陷入内战。1847年,彭亨苏丹敦·阿里(Tun Ali)退位,将权力交给其长子敦·塔希尔(Tun Tahir),引起了次子万·艾哈迈德(Wan Ahmad)的不满。敦·阿里宣布将万·艾哈迈德处以极刑,迫使万·艾哈迈德逃亡新加坡避难,直到敦·阿里逝世后才返回彭亨。此后,双方对抗了六年,直到1863年敦·塔希尔病逝,内战才逐渐消停。

1863年,万·艾哈迈德继位,成为彭亨统治者。1881年8月,万·艾哈迈德获得苏丹的头衔,三年后被正式册封为苏丹,称苏丹艾哈迈德·姆瓦扎木·沙(Sultan Ahmad Muazzam Shah),成为彭亨现代历史上的第一位苏丹。苏丹艾哈迈德·姆瓦扎木·沙对英国的殖民统治比较反感,反对英国派遣驻扎官。但到了1887年,在各方压力之下,苏丹艾哈迈德·姆瓦扎木·沙不得不与英国人签署条约,同意任命英国的代理人帮助自己推动彭亨的商业和文明开放。②同时,英国人承认彭亨的主权地位,以及艾哈迈德·姆瓦扎木·沙

---

① 陈鸿瑜:《马来西亚史》,兰台出版社,2012年,第185页。
② 芭芭拉·沃森·安达娅、伦纳德·安达娅:《马来西亚史》,黄秋迪译,中国大百科全书出版社,2010年,第199页。

为彭亨的合法苏丹。1888 年,英籍华人吴辉(Go Hui)在北根(Pekan)被谋杀。英国人以此为借口迫使彭亨苏丹接受英国派遣驻扎官,以维护当地的法律和秩序。①1888 年 10 月,约翰·皮克斯吉尔·罗格(John Pickersgill Rodger)正式就任彭亨的首任驻扎官,行政中心设在瓜拉立碑(Kuala Lipis)。从此,驻扎官制度在彭亨推行开来。

英国人干预的第四个邦是森美兰。"森美兰"是位于马来半岛西海岸的一个邦,在马来语中,"森美兰"(Negeri Sembilan)意指九个小州。14 世纪时,米南加保人开始到森美兰州生活,主要居住在内陆地区,并建立了城邦。他们先后受到马六甲王朝和柔佛王朝的保护。18 世纪初,本地区九个小州的首长由柔佛苏丹册封。但随着柔佛王朝衰落,布吉斯人开始入侵森美兰。1773 年,拉惹马莱瓦尔(Raja Melewar)被推举为森美兰的首任统治者,称为严端(Yamtuan Besar)。森美兰九个小州实现了统一的行政管理。1795 年,拉惹马莱瓦尔驾崩后,森美兰陷入内乱,多位拉惹先后继位,但各派斗争激烈,内讧严重。从 1869 年到 1872 年,由于权力斗争,森美兰一直没有拉惹。②英国殖民者乘乱而入,插手森美兰事务。1873 年,英国人干预双溪芙蓉(Sungai Ujong)的内战,并在当地设立了驻扎官。1886 年,日叻务(Jelebu)成为继双溪芙蓉之后第二个接受英国驻扎官的小州。1895 年,森美兰的其余几个州也接受了英国的驻扎官。马丁·李斯特(Martin Lister)为英国驻森美兰的总驻扎官,其行政中心设在双溪芙蓉(芙蓉为今名,双溪芙蓉为古名)。

组建马来联邦 英国人在霹雳、雪兰莪、彭亨、森美兰州派驻驻扎官后,开始考虑将以上四个州属合并,建立为一个统一的联邦,以便集中管理。1892 年,英国殖民部的官员查尔斯·布来斯特伍德·卢卡斯(Charles Prestwood Lucas)首先提出了将四州合并建立为一个联邦的建议。此后,英国驻霹雳的驻扎官弗兰克·斯威特曼向主管英国殖民地的国务秘书及海峡殖民地的总督正式提出此建议。但英国人对此意见不一。国务秘书卡那封勋爵(Lord Carnarvon)主张仅将森美兰州和雪兰莪合并,但海峡殖民地总督赛希勒·克莱门蒂(Cecil Clementi)认为所建立的联邦应该覆盖所有的

---

① K. G. Tregonning: *A History of Modern Malaya*, New York, David McKay Company, 1967, p.163.
② *Malaysia Kita: Panduan dan Rujukan untuk Peperiksaan Am Kerajaan*, Petaling Jaya: International Law Book Services, 2007, p.36.

森美兰州的博物馆

马来州属。①赛希勒·克莱门蒂的意见最终被接纳。于是,英国政府派出弗兰克·斯威特曼前往马来各邦,向马来苏丹说明英国建立联邦的计划。1896年7月1日,弗兰克·斯威特曼代表英国政府与马来各邦苏丹签署了建立马来联邦的条约。条约主要内容如下:

霹雳、雪兰莪、森美兰、彭亨置于英国的管辖和保护之下。四州合并建立马来联邦。霹雳、雪兰莪、森美兰、彭亨各州的苏丹或统治者无权管辖别的州属,但各州属在人力资源和财政方面应相互帮助。英国将任命一个总驻扎官管理霹雳、雪兰莪、森美兰、彭亨。马来苏丹或统治者的权力不会受到限制,但马来苏丹或统治者在处理各州行政及除马来习俗和宗教事务之外的事务时须听从英国驻扎官的意见。②

---

① *Malaysia Kita*:*Panduan dan Rujukan untuk Peperiksaan Am Kerajaan*,Petaling Jaya:International Law Book Services,2007,p.200.
② *Malaysia Kita*:*Panduan dan Rujukan untuk Peperiksaan Am Kerajaan*,Petaling Jaya:International Law Book Services,2007,p.201.

条约签署后，马来联邦（Negeri Negeri Bersekutu）正式成立，行政和立法中心设在吉隆坡。当地华人习惯称马来联邦为四州府。弗兰克·斯威特曼被任命为马来联邦的第一任总驻扎官（Residen Jeneral），即首席行政官；霹雳、雪兰莪、森美兰、彭亨四州的驻扎官对总驻扎官负责；总驻扎官则对海峡殖民地总督负责，归英国殖民部管辖，拥有马来联邦的立法和行政权；海峡殖民地总督为马来联邦的高级专员。与此同时，马来统治者会议（Persidangan Raja-Raja Melayu）成立，并被作为霹雳、雪兰莪、森美兰、彭亨四州苏丹和统治者与英国人协商国事的机制。马来统治者会议的参加人员除了霹雳、雪兰莪、森美兰、彭亨四州苏丹和统治者外，还有各州议会的主要官员、马来王室和英国官员。

1897年和1903年，第一、第二届马来统治者会议先后在霹雳和吉隆坡召开，探讨了马来人参政和国家经济发展问题。马来统治者会议在马来亚独立后发展成为遴选出最高元首和副最高元首的重要国家机器。马来联邦成立后，联邦行政和立法机构也随之组建。联邦行政官员除总驻扎官外包括法律顾问、华民政务司、财政局局长、司法局局长、警察局局长和公共工程局局长、铁路局局长、森林局局长等，联邦参议会则包括海峡殖民地总督、总驻扎官、4名州驻扎官、4州的苏丹或统治者，以及4名由海峡殖民地总督提名的、经英国女王批准的非官方议员。[①]议会法案一般由海峡殖民地总督签署。从以上两个政府机构的设置中可以看出，霹雳、雪兰莪、森美兰、彭亨四州的统治者并不是马来联邦的主要行政和立法官员，其权力已经被极大削弱，而英国人则牢牢掌控了马来联邦的政治、经济大权。更有意思的是，在各州的立法议会，马来语是通用的工作语言，但在马来联邦的参议会，英语则是主要用语。

至19世纪末20世纪初，英国人实际上已经占领了马来半岛的核心区域。此时，马来亚地区还剩下北部的四个州即玻璃市、吉打、吉兰丹和登嘉楼以及南部的柔佛州不在管辖内。英国在马来亚建立的第三个殖民体系便是将玻璃市、吉打、吉兰丹、登嘉楼及柔佛州合并建立的马来属邦。

建立马来属邦 马来属邦建立的历史要从暹罗对上述几个州的影响说起。暹罗，即今天的泰国，自13世纪以来先后经历了素可泰、阿瑜陀耶、吞武里、曼谷四个王朝，是中南半岛上具有重要影响力的地区大国。由于地理位置相近，暹罗自素可泰王朝以来就对马来半岛北部地区产生持续而深远的影

---

① 梁志明主编：《殖民主义史·东南亚卷》，北京大学出版社，1999年，第357—358页。

响。根据史料记载,1761年,马来半岛北部的登嘉楼帮助暹罗打败洛坤。暹罗将从洛坤掠夺的战利品赠给登嘉楼。登嘉楼苏丹则听取了印度商人纳斯鲁丁(Nasrudin)的意见,赠送金银花给暹罗国王作为回礼。1782年,时隔二十年后,登嘉楼进贡的金银花抵达暹罗。尽管登嘉楼不愿承认自己是暹罗的藩属国,但暹罗统治者认为,只要马来半岛上的王国把金银花进贡到曼谷,就表示向暹罗称臣。①此后,暹罗重申对马来半岛北部诸国拥有宗主权。1818年,吉兰丹向暹罗进贡,请求暹罗的保护,成为暹罗的藩属国。1821年,暹罗征服了马来半岛北部的另一个邦国吉打,控制了原先属于吉打属地的玻璃市。1826年,英国与暹罗签署《伯尼条约》(Burney Treaty),暹罗取得对登嘉楼、玻璃市、吉打和吉兰丹的主权。1843年,玻璃市从吉打的统治下分离出来,成为一个具有独立主权的州。1896年,玻璃市、吉打以及沙敦(Satun)组成暹罗的塞布里省(Monthon Syburi)。至此,暹罗完全控制了马来半岛北部的玻璃市、吉打、吉兰丹、登嘉楼四个州。

1909年3月,英国与暹罗在曼谷签署《曼谷条约》。通过条约,英国以取消其在暹罗的领事裁判权为交换条件,从暹罗手中获得了对马来半岛北部的吉打、玻璃市、吉兰丹和登嘉楼四邦的宗主权、保护权、行政权和管辖权。②同时,英国在上述四个土邦设置了顾问官(Adviser),进行间接统治。顾问官有别于海峡殖民地的总督和马来联邦的驻扎官,他没有发布命令的权力,只是能就各土邦的事务,尤其是法律、土地和教育事务提供咨询。但一般情况下,顾问官的意见可左右各土邦的朝政。③在取得对马来半岛北方四州的宗主权后,英国人又将目光瞄准了马来半岛的最后一个州——柔佛。1914年,柔佛苏丹与英国签署协定,同意接受英国的顾问官。至此,北方四州加上柔佛共五个州正式被纳入英国的统治范围,称作马来属邦,亦称作"五州府"。在马来属邦内,英国派遣的行政官员仅仅是顾问官角色,不直接负责行政工作。因此,相比马来联邦而言,马来属邦五个州的苏丹具有更大的权力,他们仍是各自州的实际统治者。各州有自己的宪法,可以与英国签署条约,接受英国的保护。各州苏丹之下成立了州政府会议(Majlis Majlis Mesyuarat Negeri),

---

① 杜振尊、于文杰:《〈曼谷条约〉前后登嘉楼与暹罗和英国关系考略》,《历史教学(下半月刊)》2014年第6期。
② 林远辉、张应龙:《新加坡马来西亚华侨史》,广东高等教育出版社,2008年,第93页。
③ 韩方明:《华人与马来西亚现代化进程》,商务印书馆,2002年,第93页。

不过此机构仅是一个咨询机构,无立法和行政的实权,立法和行政实权由当地的马来官员掌控。①

在1914年第一次世界大战爆发前后,英国通过建立海峡殖民地、马来联邦、马来属邦,实现了对马来半岛的占领,确立了英属马来亚的势力范围。实际上,英国的野心并不局限于马来半岛。自19世纪中期以来,英国在侵占马来半岛的同时,也逐渐在北加里曼丹确立了自己的殖民统治,建立了所谓的英属婆罗洲。

北加里曼丹位于加里曼丹岛的北部。文莱,中国古书中称之为渤泥王国,曾经是室利佛逝、满者伯夷和马六甲的属国。15世纪,伊斯兰教传入后,渤泥王国通过与马六甲王国的公主结亲,皈依伊斯兰教,正式建立文莱苏丹国。15世纪末至16世纪初,文莱成为加里曼丹地区最强盛的王国,势力覆盖整个加里曼丹,②沙捞越和北婆罗洲均在文莱管辖范围之内。

19世纪初,文莱苏丹逐渐失去对沙捞越的控制,其权力仅限于管辖沙捞越的沿海地带,且沿海地区由半独立的马来族领袖管理;沙捞越的内陆地区由伊班族、卡扬族和肯尼亚族的部落战争所主导。19世纪20时代,古晋地区发现了锑矿,文莱开始加紧了对锑矿的开发及管理,由于征收的税收较高,当地经济生活持续恶化。1838年,文莱派驻沙捞越的省督过度剥削和压迫民众,引发暴乱。文莱派兵镇压骚乱,但未能稳定局势。1839年8月15日,英国探险家詹姆士·布鲁克抵达沙捞越。文莱被迫向詹姆士·布鲁克求助,要求其镇压骚乱。布鲁克起初并不愿意帮助文莱,后经过几番谈判和交涉,布鲁克最终决定帮助文莱镇压当地的起义,但条件是文莱须任命布鲁克为沙捞越的省督。

1841年9月2日,骚乱平定后,文莱履行诺言,让布鲁克当沙捞越的省督。1842年8月,文莱苏丹颁布敕令,正式确认了对布鲁克的任命,并册封其为沙捞越的拉惹,但要求其每年向文莱纳贡2 500文元,对当地的习俗及伊斯兰教规不得加以干涉;未经苏丹同意,不得将沙捞越转让给其他人。③布鲁克掌管沙捞越后,英国的势力开始逐渐深入。1843年,布鲁克在英国军舰

---

① *Malaysia Kita：Panduan Dan Rujukan Untuk Peperiksaan Am Kerajaan*, Kuala Lumpur：International Law Books Services, 2007, p.203.
② 梁志明主编:《殖民主义史·东南亚卷》,北京大学出版社,1999年,第343页。
③ 刘新生、潘正秀编著:《文莱》,社会科学文献出版社,2005年,第40页。

"迪多号"的帮助下,消灭了沙捞越沿海的海盗,并加强了对新加坡的贸易。由于英国人镇压海盗有功,文莱苏丹同意将纳闽岛割让给英国。1846年12月,文莱苏丹在割让纳闽的条约上签字,纳闽成为英国在北加里曼丹占领的第一块殖民地,改名为"维多利亚岛"。布鲁克担任纳闽的首任行政长官,并兼任英国驻文莱的总领事。①从此,英国开始在婆罗洲地区站稳脚跟。1847年,英国又与文莱签署通商条约,文莱被迫同意开放贸易和港口,允许英国船只自由通行,并同意布鲁克有权将沙捞越省督的职位传给他的继承人。此时布鲁克的正式官职是英国驻文莱的专员兼总领事,同时担任纳闽的总督。此后,布鲁克宣布沙捞越脱离文莱,停止向文莱进贡,并自封为脱离后的沙捞越的拉惹。②至此,英国取得对沙捞越的统治权,并逐步将沙捞越的领土向北扩张,将民都鲁、林梦等地纳入其版图。

北婆罗洲原是文莱苏丹国的一部分,由文莱苏丹国管辖。16世纪中期,文莱第五任苏丹博尔基亚驾崩后,文莱对北婆罗洲的管控开始减弱。1660年,文莱因王位继承问题发生内战。苏禄苏丹趁机派兵协助文莱第十五世苏丹穆希丁(Sultan Muhyiddin)巩固政权。作为回报,苏丹穆希丁将北婆罗洲的东海岸割让给苏禄苏丹,文莱仅统治北婆罗洲的西海岸,苏禄统治北婆罗洲的东海岸。18世纪以后,北婆罗洲海盗猖獗、治安混乱,文莱和苏禄均无力维持当地和平,英国人借机插手。18世纪中期,英国东印度公司开始在北婆罗洲库达特镇以北20英里的巴兰邦岸(Balembangan)设立贸易站。③1764年,英国东印度公司与苏禄苏丹签署协定。苏禄同意将北婆罗洲的部分地区交由英国管理。1848年,纳闽成为英国的皇家殖民地。1865年,美国人曾在北婆罗洲建立了贸易公司,在纳闽以北60英里的吉马尼斯河畔建立了殖民地,④但美国人在此地域的影响较小。1878年,英国与文莱、苏禄签署协定,最终英国取得对北婆罗洲的统治权。但英国人需要每年缴纳5 000美元,以获取对当地争端的仲裁权和对将来任何土地转让的否决权。⑤北婆罗洲与文莱和沙捞越一样,正式成为英国的"保护国"。1881年,英属北婆罗洲临时公司(British North Borneo Provisional Association Ltd)组建,

---

① 陈鸿瑜:《马来西亚史》,兰台出版社,2012年,第295页。
② 梁志明主编:《殖民主义史·东南亚卷》,北京大学出版社,1999年,第345页。
③ 陈鸿瑜:《马来西亚史》,兰台出版社,2012年,第305页。
④⑤ [美]约翰·F.卡迪:《东南亚历史发展》(下册),姚楠、马宁译,上海译文出版社,1988年,第557页。

总部设在库达特。1882年,北婆罗洲渣打公司(British North Borneo Chartered Company)成立,取代北婆罗洲临时公司,负责统治北婆罗洲的行政事务,其外交事务则由海峡殖民地负责。1888年,英国与沙捞越、北婆罗洲和文莱谈判保护国地位问题。三地的国防和外交由英国负责,行政由北婆罗洲渣打公司负责,海峡殖民地的高级专员担任总领事。①这样,英国实现了对加里曼丹岛的侵占。1890年1月1日,纳闽被并入英属婆罗洲。1906年10月30日,纳闽又被纳入海峡殖民地。至此,英国实现了对马来亚和婆罗洲的殖民统治。

英国对马来亚的殖民统治,引发了当地民众的强烈反抗。1875年,霹雳州爆发了马来亚历史上第一次反对英国殖民者的武装起义。英国驻霹雳的第一任驻扎官博奇(Birch)被杀。马来人、华人,包括封建贵族纷纷参与了武装起义。同年12月,马六甲爆发反英起义,支持霹雳的反英运动。从1887年到1891年,彭亨、登嘉楼、吉兰丹等地也先后爆发起义,但起义最终遭到英国的镇压。

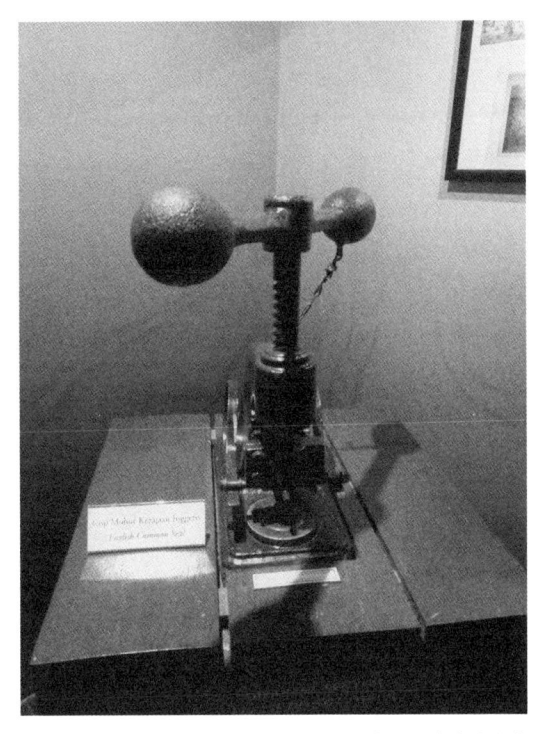

英殖民政府的印章

三、多元族群结构的形成

从1511年葡萄牙攻占马六甲到"二战"结束前,葡萄牙、荷兰、英国先后在马六甲进行了殖民统治。然而,也正是在这段时期,马来亚的社会结构发生了深刻的变化。随着华人、印度人大量拥入马来半岛,以马来人、华人、印度人为核心的社会结构逐渐形成,成为今天马来西亚社会结构的基础。

华人移居东南亚 著名的东南亚问题专家王赓武教授认为,华人与东南

---

① 陈鸿瑜:《马来西亚史》,兰台出版社,2012年,第309页。

亚的交往可能始于商贾,可追溯到公元前3世纪,即秦始皇统一中国的时代。①据梁英明教授的研究,中国人移居东南亚的历史至少可以追溯到唐代以前。②至于华人什么时候移居马来半岛,著名的马来西亚研究专家吴宗玉教授认为,依据《汉书·地理志》的记载,大约在公元前2世纪至公元初,西汉对外的交通路线就包括了今天的马来西亚。考古学家先后在马来半岛和沙捞越发现了中国汉代的瓷器。另据马来西亚史书记载,约公元前300年,中国的铜器、铁器就已经传入马来亚。而最早到达马来亚的可能是商人和僧侣。③唐、宋朝时期,移居马来亚的华人开始增多,包括大量的僧侣和商人。但华人大规模向马来半岛移居大概是在中国的明代(1368—1644年),这在学术界达成共识。韩方明博士认为,华人真正在马来半岛聚居始于15世纪初马六甲王朝的成立。马六甲王朝与中国建立密切关系,鼓励华人移民,使马六甲成为华人在东南亚的贸易中心和中国帆船贸易集中的港口。④马来西亚华人公会前总会长黄家定也认为,早在15世纪初马六甲王朝的时候,就已经开始有少数的中国人移居到马来半岛。⑤周南京教授认为,明代中国移民更盛,在交趾、吕宋、马六甲等地不断出现和形成唐人街。这个时期,华侨大部分未携眷出洋,多与侨居地妇女通婚,造成众多混血儿,比如今天越南的明香(乡)人、泰国的硌津、菲律宾的美斯蒂索、马来亚和印度尼西亚的土生华人。他们经商者居多,也有从事手工业、农业和渔业者。⑥

具体而言,西方殖民者侵入马来半岛后,也就是1511年后,华人开始大规模移居马来半岛。在葡萄牙统治期间,马来半岛的华人数量还较少。当时,在马六甲城已建有中国村(Compon China)、漳州门(Parta das Chinchcas)和中国溪(Parit China),以及颇为出名的三宝山⑦(Bukit China)。不过,这些华人聚集点大多是在西方殖民者进入之前就留下的,如三宝山就是马六甲国王曼

---

① 韩方明:《华人与马来西亚现代化进程》,商务印书馆,2002年,第58页。
② 梁英明:《战后东南亚华人社会变化研究》,昆仑出版社,2001年,第21页。
③ 吴宗玉:《马来西亚华人》,载北京外国语大学亚非语系编《亚非语言文化论文集》,外语教学与研究出版社,2004年,第339页。
④ 韩方明:《华人与马来西亚现代化进程》,商务印书馆,2002年,第49页。
⑤ 黄家定:《华人社会与多元族群政治》,吉隆坡策略分析与政策研究所,2007年,第3页。
⑥ 周南京:《华侨华人问题概论》,香港社会科学出版社有限公司,2003年,第10页。
⑦ 也译作中国山。另传是郑和当年访问马六甲时,扎营于此,因此称作三宝山。参见孔远志:《印度尼西亚马来西亚文化探析》,南岛出版社,2000年,第368页。

苏·沙在迎娶中国公主汉丽波时专门为汉丽波公主选定的、供公主一行人居住的一片山区。荷兰人统治马来半岛后,华人人数虽有所增加,但增幅并不明显。1677年,荷兰人在三宝山脚下的王井(Perigi Hang Li Po)周边建起城墙,将王井作为"许愿井"来保护。①到1678年,葡、荷占领期间,马六甲的华人仅426人,不到当地总人口的10%。②这些抵达马来半岛的华人大多来自中国南方一带,如广东、福建、广西、海南等地,其中以福建漳州、泉州,广东潮州的当地人以及客家人居多。

我国学者林远辉、张应龙曾深刻地解释了福建籍华人大规模移居马来亚和新加坡的原因。他们认为主要原因有四点:一是从唐宋起,福建先后兴起很多重要的对外贸易港口,如泉州、福州、漳州、厦门等,为福建人民的出国侨居提供了方便。二是福建濒海,山多田少,因此很多福建人就利用便利的地理条件,积极向外发展,开始到国外做贸易或在国外侨居。三是明代倭寇对福建的破坏严重,明末清初郑成功在东南亚沿海和台湾岛抗清失败,清王朝对福建人民的抗清斗争进行残酷镇压并实施"海禁"政策,这些都迫使福建人民大批出走海外。四是明代中国和马六甲有非常亲密的邦交关系,马六甲作为世界东西贸易的国际商港吸引了福建的人民。③

17世纪时,已经有中国移民作为契约劳工被贩运到东南亚,④成为西方殖民者掠夺东南亚的廉价劳动力。这些被贩运的华人契约劳工占矿工的50%。据有关资料显示,厦门可能是最早向马来半岛输出华人劳工的地方。1850年后,来到马来半岛的华人劳工逐渐增多。1880年,华人劳工占矿工的比例下降到18%。1881年时,到达马来半岛的华人劳工已有9万人。1894年后,华人劳工开始从广州、汕头、香港、澳门等地进入马来亚。到1899年时,马来半岛的华人劳工已经达到16.9万人。1910年,契约劳工几乎绝迹。⑤据悉,当年华人劳工出洋并非一帆风顺,而是受尽虐待,死者不计其数。当时,广东的雷州三县流传这样一句话,(华人劳工)"过番(出洋),无

---

① Shahrul Azlan, "Sejarah Bukit Cina", June 11, 2017, http://www.orangmelaka.com/sejarah-bukit-cina.html,访问时间:2017年9月4日。
② 韩方明:《华人与马来西亚现代化进程》,商务印书馆,2002年,第59页。
③ 林远辉、张应龙:《新加坡马来西亚华侨史》,广东高等教育出版社,2008年,第50—52页。
④ 梁英明:《战后东南亚华人社会变化研究》,昆仑出版社,2001年,第21页。
⑤ 以上相关数据来自马来西亚霹雳州的近打锡矿工业(沙泵)博物馆。

一生还"。即使经过重重艰险和困难抵达南洋也是历经艰辛和困难,可谓九死一生。①华人在马来亚最初是从事转口贸易。在葡萄牙人和荷兰人统治期间,很多华人成为手工业者、商店的店主和种植业主,在当地逐渐立足,尤其是控制了锡矿的开采和销售。从地域上看,这一时期,华人的活动范围开始逐渐超越马六甲。在马来半岛北部的吉兰丹、吉打、霹雳,南部的柔佛等地都能看到华人的身影。其中,柔佛的华人数量较多,主要从事贸易活动,但他们的贸易活动时常受到葡萄牙人和荷兰人的压制。吉兰丹的华人数量也不少,主要聚集在今天吉兰丹的首府哥打巴鲁(Kota Bharu),以福建籍居多。吉打地区的华人数量较少,主要从事贸易活动。

虽然华人在马来半岛的人数比马六甲王朝时期明显增多,活动地域也逐渐拓宽,但是总体而言,葡萄牙和荷兰统治期间,华人在马来亚地区并未形成重要的影响,尽管他们建立起了一套比较独特的政治、文化制度和文化遗产。这些遗产包括:其一是华人甲必丹制度。其二是"峇峇-娘惹"文化。

甲必丹制度 甲必丹,是荷兰语"kapitein"的音译,意即首领(相当于华人"苏丹"),专指由葡萄牙和荷兰殖民统治者任命的少数民族包括华人的首领。马六甲最早的华人甲必丹是郑芳扬(Tay Hong Yong)。②郑芳扬,名启基,字明弘,生于明隆庆六年(1572年),卒于万历四十五年(1617年)。由于担任马六甲首任甲必丹,当地人称其为"郑甲"(Tin. Kap)、漳州国王。郑芳扬年少时,随父亲郑思显离开漳州府,渡海到南洋谋生。起初他在船上做挑工,把得来的工钱换上外货到各地去卖,后来在陆上运货,又在马六甲海峡周边岛国上跑运输,终于成为当地富豪。郑芳扬最大的功绩是与第二任华人甲必丹李为经一道聘请家乡的师傅,采用中国传统建筑形式,在马六甲建造了

---

① 何强:《雷州华侨史话》,广东徐闻县人民政府网站,2016年9月24日,http://www.xuwen.gov.cn/Today/about/wenhua/no5/20160924/147472293414679.html,访问时间2017年8月9日。
② 有关马六甲的首任甲必丹目前学术界尚有争议。著名马来问题研究专家吴宗玉教授认为,郑芳扬应该是马六甲最早的华人苏丹,生卒年为1572—1617年。参见吴宗玉:《马来西亚华人》,载北京外国语大学亚非语系编《亚非语言文化论文集》,外语教学与研究出版社,2004年,第341页。青云亭官方网站记载的青云亭甲必丹的历史也将郑芳扬视作第一位华人苏丹,参见青云亭网站:http://chenghoonteng.com/?q=zh-hans/node/45。但也有一些学者认为,马六甲的首任苏丹应该是Notchin(郑芳扬应该是第二任苏丹),其生卒年为1632—1677年,且有学者推断Notchin可能是郑芳扬的父亲郑贞淑。参见林远辉、张应龙:《新加坡马来西亚华侨史》,广东高等教育出版社,2008年,第79页。

一座尊崇中国传统佛教的寺庙——青云亭。①

青云亭始建于17世纪,是一座集儒释道思想于一体的宗教建筑,也是甲必丹的行政中心和法庭,是华人社会留下的具有较大影响力的文化遗产。它拥有三个殿,广泛使用漆料,屋顶斜度较大,木柱立于石基上,且大部分柱子并非圆形。青云亭内供奉着三座祭坛,正中供奉观世音菩萨(主神),左边供奉渔人及海员的庇佑神妈祖(天后娘娘),右边供奉着专司人间福祉的保生大帝、协天大帝(即正义之神关帝)及其左右随从,以及专管人间事务的太岁爷。②在葡萄牙和荷兰殖民期间,青云亭由甲必丹管辖,但英国开始殖民统治后,青云亭由亭主管理。

除了郑芳扬外,马来亚历史上有名的甲必丹还有叶亚来。叶亚来是吉隆坡第三任甲必丹,号称吉隆坡的开埠功臣。他1837年生于贫苦的佃农家庭。幼年时曾进入学塾读书,仅两年便因家贫而辍学。17岁,叶亚来选择离开家乡,下南洋去寻找生计。1859年,叶亚来来到芙蓉,结识了当时芙蓉甲必丹盛明利的手下刘壬光和当地商界领袖叶致英,并得到他们的赏识。1861年,24岁的叶亚来在继盛明利、叶致英之后,被众人推举为芙蓉的第三任甲必丹(1861—1862年)。1868年,叶亚来出任吉隆坡的第三任甲必丹(1868—1885年)。

到了19世纪,甲必丹在英属马来亚和海峡殖民地的权力和影响力越来越大,以至于影响殖民政府的权威。为此,殖民政府设置华民护卫司署(The Chinese Protectorate)直接插手管理华侨事务。1902年以后,英殖民政府不再委任吉隆坡甲必丹,1935年以后,甲必丹制度在英属马来亚被全面废除。③

马来西亚独有的"峇峇-娘惹" "峇峇-娘惹"文化是马六甲最为独特的文化。所谓"峇峇-娘惹"文化,是指早期移居马六甲的男性华人与当地的马来族妇女通婚,组建的具有华人和马来人双重特色的家庭文化。在这样的家庭中,华人丈夫被称为峇峇。他们通常是一家之主,保持家乡的生活方式,祭

---

① 此处有关郑芳扬的介绍引自郑惠聪:《开基甲国郑芳扬》,福建之窗,2004年9月27日,http://www.66163.com/Fujian_w/dskx/20040927/xs153674.html,访问时间:2017年9月4日。目前,也有资料显示青云亭是第二任甲必丹李为经于1645年建造的,此问题尚有争议。
② Cheng Hoon Teng Temple Deities, http://chenghoonteng.org.my/deities.html,访问时间:2017年9月4日。
③ 陈诚:《东南亚华侨早期自治与参政的"甲必丹制度"探析》,《课程教育》2020年第8期。

神拜祖,在家中供奉祖先灵位。子女们一般继承父辈的祖籍,接受父辈的中国伦理道德观念和宗教信仰。①峇峇华人也被称作土生华人。峇峇华人大多接受西方教育,只懂英语,中文不好,但经济条件较好。由于受马来母系的影响,峇峇华人的生活方式受马来文化影响较深。马来族妻子被称为娘惹。她们在生活上奉行马来族的生活方式,对子女的生活起居影响较大。"峇峇-娘惹"家庭的出现逐渐在马六甲形成了独特的华人社区,华人文化因此得以广泛传播到马六甲及马来半岛各地。"峇峇-娘惹"文化至今仍是马来西亚文化的主要特色之一。

此外,值得一提的是在葡萄牙和荷兰殖民时期,马来半岛的华人在反对殖民主义的斗争中发挥过积极作用。其中比较有代表性的是1642年,在荷兰殖民者攻占马六甲后不久,2 000多名华人聚集在马六甲北部的南宁、森美兰州南部的林茂地区与荷兰人展开激烈的斗争。当时,华人与马来人相互配合作战,但由于他们使用的武器比较简陋,只能对荷兰殖民者予以一定程度的打击。

华人大幅增加　英国人入侵马来半岛后,马来亚的社会结构发生了较大的变化。主要表现在更大规模的华人和印度人开始移居马来亚,并且由于英国人采取了与葡萄牙人和荷兰人不同的族群政策,马来人—华人—印度人的族群结构得以逐渐确定下来。

1786年,英国占领槟榔屿时,岛上只有马来人和华侨58人,②但到了1818年,槟榔屿的华人增加到7 858人,1860年时增加到28 018人。马六甲地区的华人在1825—1882年间,从千余人增加到10 608人。③1891—1901年间,仅马来联邦的华人就增加到299 739人,增幅比例达83.4%。④新加坡华

马来西亚的娘惹餐馆菜谱

---

① 贺圣达:《东南亚文化发展史》,云南人民出版社,2010年,第378页。
② 书蠹编:《槟榔屿开辟史》,顾因明、王旦华译,商务印书馆,1936年,第149页。
③ 贺圣达:《东南亚文化发展史》,云南人民出版社,2010年,第372页。
④ Stanley S. Bedlington, *Malaysia and Singapore the Building of New States*, London: Cornell University Press, 1978, p.35.

人人口的增长尤为明显。1819年时,新加坡的华人仅有30人,但到了1829年就增加到7 575人,1849年新加坡华人已经接近2.5万人,1860年突破5万人,到1891年突破10万人,1901年达到164 681人。① 正是由于华人大规模地移入新加坡,原本荒无人烟的新加坡逐渐发展成为东南亚地区的重要贸易中心,华人最终在新加坡取得了主导地位。对此,澳大利亚学者米尔顿·奥斯本评价称,华人在东南亚的港口城市和一些较为内陆城市的移民社区中最为重要,他们的商业和金融利益的范围是巨大的……在新加坡,商业的成功以及华人移民最终形成了一个新国家的基础。②

从具体行业看,华人到达马来半岛后主要从事农业和矿业。其中,华人劳动力和华人资本在锡矿的开采方面发挥着重要作用。锡矿业早在马六甲王朝时期就比较发达,当时就有华人、印度人和爪哇人来到马六甲做锡矿生意。但18世纪初期,马来半岛的锡矿行业走向衰落。印度尼西亚的邦加岛(Pulau Bangka)和勿里洞岛(Pulau Belitong)成为东南亚锡矿的主要来源地。1740年前后,随着新的矿区被发现,马来半岛的锡矿行业重获新生。在此过程中,华人劳工做出了巨大的贡献,华人经营的锡矿数量大幅增长。19世纪二三十年代,马六甲、森美兰州和霹雳已经有华人经营的锡矿。到19世纪40年代,马来亚的西海岸已经形成了多个华人经营的锡矿中心,其中较为出名的有霹雳的拿律、马六甲的吉生、吉隆坡等地。19世纪60年代,华人经营的锡矿已经在马来半岛的锡矿业中占据了主要地位。③ 这一时期,在马来半岛经营锡矿的华人主要有两类,一类是华人劳工;另一类是华人投资商,他们主要将资金投在拿律、近打(Kinta)、巴生(Klang)和双溪乌绒(Sungai Ujong)等地,用于锡矿开发。在马来半岛经营锡矿的华人采用两种先进的锡矿开采技术,即露天开矿(lombong dedah)和水泵开矿(lombong pam)。前者相对安全,提高了锡矿开采产量;后者通过水轮(Roda Air)开矿,并且解决了水患的难题,提高了锡矿开采的效率。以霹雳的锡矿开采量为例,1850年,霹雳开采锡矿6 500吨,1881年增加到19 600吨,1904年进一步增加到50 000吨。④

---

① 韩方明:《华人与马来西亚现代化进程》,商务印书馆,2002年,第72—73页。
② [澳]米尔顿·奥斯本:《东南亚史》,郭继光译,商务印书馆,2012年,第99—100页。
③ 林远辉、张应龙:《新加坡马来西亚华侨史》,广东高等教育出版社,2008年,第161页。
④ Rabiatul Adawiyah Binti Zakaria, "Bijih Timah di Negeri Perak", July 10, 2014, http://ruby.my/2014/07/bijih-timah-di-negeri-perak/#.WbeKR9IdgZQ,访问时间:2017年7月8日。

在拿律,1878 年,开采锡矿 2 748 吨;1881 年增加至 4 728 吨,1883 年为 7 445 吨。① 虽然华人经营的锡矿对当地的锡矿业发展有重要影响,但由于当时的马来亚社会主要还是封建体制,苏丹是各土邦主要的统治者,因此华人锡矿企业实际上受到苏丹的控制,再加上英国殖民者的剥削,华人生产的锡矿产品都在英国人的控制之下出口到了欧美市场。除了锡矿业以外,华人也是当地种植业的主力军,参与经济作物的种植,种植作物包括豆蔻、丁香、胡椒、木薯、甘蔗、甘蜜等,但华人种植业规模较小,流动性较大。

新客华人的到来 19 世纪 70 年代后,马来半岛的华人大规模增加。但这些新移居的华人与此前到达马来半岛的峇峇有一些不同:他们大多不太熟悉马来亚当地的情况,主要讲华语,与华人交往较多,经济基础较差,文化层次较低,社会底层者居多。当地人称这些新来的华人为"新客"。由于"新客"注重与华人的交往,重视以地缘、血缘和业缘为纽带,因此自 19 世纪以来,马来半岛陆续成立一些华人的会馆和社团组织联络感情。这些会馆和社团组织也被称作三缘组织,即地缘组织、血缘组织和业缘组织。② 这些华人团体和组织成为"新客"最为突出的文化标志,也是当今马来西亚华人文化的代表。在以上三类组织中,地缘组织影响最大,如广东籍华人建立的惠州会馆和雷州会馆等。马六甲最早的惠州会馆创立于 1805 年,其前身为先贤李振发等创立的"海山公司",为同侨联络乡谊及憩息之所。槟州的惠州会馆创立于 1822 年,创办人为李亚兴。新加坡的雷州会馆在 1892 年 5 月 28 日成立,会馆最早设于樟宜,后迁到小坡和嘉华街。马六甲雷

马来西亚的锡制品(笔筒)

---

① Wong Lin Ken: *The Malayan Tin Industry to 1914*, Tucson: The University of Arizona Press, 1965, pp.84—85.
② 地缘组织是指各以中国国内原籍所在地的省、府、县、乡或村为名称和单位的组织,一般称为会馆,有的也称同乡会。血缘组织是指氏族宗亲的团体,一般称作馆、堂、总会,也有的称作宗祠。业缘组织是指各个行业团体。参见林远辉、张应龙:《新加坡马来西亚华侨史》,广东高等教育出版社,2008 年,第 257—267 页。

客家公会

州会馆创建于清光绪二十四年(1898年)5月,①由雷州人黄立庆、庄思洲及谢亚后等人发动同乡捐资筹建,是马来西亚成立最早的雷州会馆。会馆成立后成为旅马雷州侨胞联络乡谊的核心和当地雷籍华人追宗祀祖的组织,也是募捐济困、集资行善的机构。柔佛州雷州会馆的前身是"雷州帮"。1913年,定居柔佛州麻坡市的雷州人郑茂兰为更好地保护当地的雷州人和调解同乡之间的纠纷,组织了"雷州帮"。1918年,郑茂兰将雷州帮改名为"麻坡雷州会馆"。1932年2月21日,会馆向马来亚当局提呈新的组织章程,确立了"团结乡亲,共谋福利,栽培后进,贡献社会"的立馆宗旨,此后不断发展壮大。②据有关学者的统计,19世纪,华人在马来亚设立的地缘组织共有80多

---

① 也有说是在1890年,参见林远辉、张应龙:《新加坡马来西亚华侨史》,广东高等教育出版社,2008年,第262页。
② 何强:《雷州华侨史话》,广东徐闻县人民政府网站,2016年9月24日,http://www.xuwen.gov.cn/Today/about/wenhua/no5/20160924/147472293414679.html,访问时间,2017年8月9日。

个，形成了以福建、广府、潮州、客家和海南五大派别的格局。①

19世纪末20世纪初以后，华人中华总商会陆续建立。中华总商会是一个保护华商、协调处理华人商业利益的团体组织，在华人社会中影响较大。东马地区最早的中华总商会是沙捞越古晋中华总商会，马来半岛上成立较早的中华总商会有槟州中华总商会、雪兰莪中华总商会、新加坡中华总商会。槟州中华总商会创立于1903年，是20世纪初东南亚地区最早成立的商团组织之一，其宗旨是共谋改善及发展工商业；汇集、整理及传达商业资讯；调查及排解工商业纠纷；收集并编纂商业统计表；单独或与其他机构联合举办商展、研讨会及人力资源发展课程；协助慈善、文化及教育机构。②雪兰莪中华总商会成立于1904年，当时名为"商务局"，1915年改名为"中华商务局"，后改称雪兰莪中华总商会。③新加坡中华总商会成立于1906年，是新加坡历史悠久的商业团体，首任总会长为吴寿珍。该商会以促进工商业发展、经济繁荣、文化教育活动与社会服务为宗旨，为会员提供了一个利于经商与文教交流，并具有影响力的环球华商网络。④

随着华人组织团体的建立，马来半岛的华人人数也在不断增多。到1931年，海峡殖民地的华人移民已经达到663 516人，马来联邦的华人移民有711 540人，马来属邦的华人移民为330 857人，⑤上述华人移民中以福建

海南会馆

---

① 吴华：《新加坡华族会馆志》（第一册），新加坡南洋学会，1975年，第13页。
② 槟州中华总商会网站，https://www.pccc.org.my/index.php?route=information/information&information_id=15，访问时间：2017年8月7日。
③ 1983年，改名为吉隆坡暨雪兰莪中华工商总会，成为吉隆坡及雪兰莪地区华商的最高领导机构，也是马来西亚最活跃的商会之一。
④ 新加坡中华总商会网站，https://www.sccci.org.sg/zh/content/chambers-profile，访问时间：2017年8月7日。
⑤ *Malaysia Kita：Panduan dan Rujukan untuk Peperiksaan Am Kerajaan*, Petaling Jaya：International Law Book Services, 2007, p.278.

人和广东人居多。除马来半岛外,华人的足迹也遍布东马的沙巴、沙捞越,并逐渐成为东马来西亚地区除伊班族和卡达山族以外的主要族群。华人大规模进入沙巴地区大约是在19世纪后期,其中以华人劳工居多,主要从事农业活动。这些华人大多数也是福建人和广东人。1911年以后,沙巴地区的华人迅速增长。①在沙捞越地区,华人大约是在19世纪中期开始大规模移居,以福建人居多。19世纪末20世纪初,沙捞越的华人大幅增长。1857年时,沙捞越大约有1 400名华人,到1908年时华人已经增加至45 000人,占当地总人口的10%。②"二战"前夕,华人已经成为当地第二大族群。

槟州中华总商会

印度移民涌入 华人人口增加的同时,印度人也大规模来到马来半岛。据赵月珍教授的考证,自19世纪中叶后期,马来半岛的印度人开始大规模增加,至1957年马来亚独立前,马来半岛出现了大规模的印度人移民潮,但其中也有移民回流的现象。印度人的移民潮主要分为六个时期:第一时期为1840—1900年,这一时期来的印度人全是契约劳工,被卖到马来亚做苦役。第二时期为1901—1922年,这一时期,来到马来亚的印度人主要是合同工,这主要是因为1907年,因汽车充气橡胶轮胎的发明而导致橡胶价格大涨,马来亚橡胶园经济蓬勃发展,刺激了马来亚对印度劳工的巨大需求。为此,英国殖民政府直接参与招收印度劳工的移民事宜,并于1907年建立了"泰米尔人移民基金",加速引进印度劳工移民。③第三时期为1923—1929年,这一时期,马来亚的印度人移民达到高潮。第四时期为1930—1933年,这一时期,印度人的入境数量有所下降,出现低潮,入境

---

① *Malaysia Kita:Panduan dan Rujukan untuk Peperiksaan Am Kerajaan*,Petaling Jaya:International Law Book Services,2007,p.281.

② *Malaysia Kita:Panduan dan Rujukan untuk Peperiksaan Am Kerajaan*,Petaling Jaya:International Law Book Services,2007,p.280.

③ Michael R. Stenson,*Class,Race and Colonialism in West Malaysia:The Indian Case*,Vancouver:University of British Columbia Press,1980,p.18.

福建会馆

人数仅有 18.8 万人,但同期离境人数达到 37 万人。第五时期为 1934—1938 年,印度人的移民数量有所恢复。第六时期为 1939—1957 年,印度移民源源不断,其中又以 1952—1953 年最多。1957 年马来亚独立后,马来西亚、印度双方都对移民进行限制,移民浪潮基本结束。①

在以上几个时期中,有几个重要时间节点。一个是 1880 年。自 1880 年起,印度人开始大规模移居马来亚。另一个时间节点是 1911 年。在 1911 年以前,印度人主要集中在槟榔屿、马六甲、霹雳、雪兰莪、森美兰和彭亨等地。到 1911 年,除上述几个地方外,柔佛、吉打、吉兰丹、登嘉楼和玻璃市也开始出现印度人。1911 年以后,移居马来半岛的印度人规模显著增加。19 世纪末到 20 世纪中期,马来半岛的印度人出现了大幅增长的态势。19 世纪末,印度人在马来亚总人口中所占的比重不到 7%,但 1911 年已经上升至 10.1%,1931 年达到 14.3%。②1931 年,海峡殖民地的印度移民共有 132 277 人,马来联邦共有 379 996 人,马来属邦有 110 951 人③,其中 80% 为劳工。这些移民主要为泰米尔人和旁遮普人。同年,马来亚和新加坡的印度人共计 640 000 人,并且在槟榔屿,印度人的数量超过了马来人。④

---

① 赵月珍:《马来西亚的印度人》,载北京外国语大学亚非语系编《亚非语言文化论文集》,外语教学与研究出版社,2004 年,第 326—327 页。
② Kernial Singh Sandhu, *Indians in Malaya*, *Some Aspects of Their Immigration and Settlement* (*1786-1957*), London: Cambridge University Press, 1969, p.200.
③ *Malaysia Kita*: *Panduan dan Rujukan untuk Peperiksaan Am Kerajaan*, Petaling Jaya: International Law Book Services, 2007, p.279.
④ Masyarakar India di Malaysia, http://pmr.penerangan.gov.my/index.php/budaya/3243-masyarakat-india-di-malaysia.html,访问时间:2017 年 9 月 4 日。

从人员构成上看,移居马来亚的印度人主要是泰米尔人(orang Tamil)、锡兰人(orang Ceylon)和锡克人(orang Sik),也有少部分旁遮普人。与主要经营锡矿的华人不同,马来半岛的印度人大多是一些没有技能的劳工,主要从事种植业,成为种植园劳工,在甘蔗地、咖啡园、茶园、橡胶园工作。也有相当一部分的印度劳工负责修筑铁路、公路和电信网络等,还有少数的印度人受英国人雇用从事服务行业,如在医院做助手、在火车上从事服务工作等。一般而言,从事服务行业的印度人会讲英语,以锡兰人居多。此外,还有马拉雅兰人(Malayalees),他们大多被英国人雇用从事管理工作,替英国人管理地产和果园等。但印度人在马来亚的处境和待遇都不大好。相关资料显示,1911年,森美兰州印度劳工的死亡率达到19.56%,整个马来亚印度劳工的死亡率为6.29%。1786—1957年,有120万印度人因为疾病、劳累过度或营养不良而非正常死亡。①

印度人不仅对马来亚的经济建设作出了重要贡献,而且对马来亚的文化发展也产生了深远而重要的影响。在宗教信仰方面,马来亚的印度人多为泰米尔人,近80%的泰米尔人信奉印度教,这给以伊斯兰教信仰为主的马来亚带来了新鲜的气息。同时,印度人的节日也比较多,较为隆重的有大宝森节和灯节。大宝森节(Thaipusam)是泰米尔人的一个印度教节日,在每年泰米尔历的"泰月"(第十个月)满月时,即公历的1月或2月举行。大宝森节主要是庆祝湿婆和雪山女神的幼子战神穆鲁干(Murugan,也称为苏巴马廉)的生日。传说,战神穆鲁干在这一天得到了雪山女神的馈赠——一支长矛,最终消灭了魔鬼(Sooradman)。在大宝森节这一天,成千上万的印度人涌向印度教神庙,顶礼膜拜苏巴马廉神。更有甚者会在脸上和身上插上数枚银针,背着神龛步行到神庙,以求得神灵的宽恕。②灯节,也叫屠妖节,是印度人庆祝"以光明驱走黑暗,以善良战胜邪恶"的节日,在这一天,家家户户会点燃蜡烛,庆祝黑天神打败恶魔纳拉卡苏。此外,值得一提的是,马来半岛有的印度人还信仰伊斯兰教,即印度穆斯林。在马来半岛上,新加坡和槟榔屿是马来穆斯林最多的地方。其中,印度穆斯林于1949年在槟榔屿建立了槟榔屿印

---

① 罗圣荣、汪爱萍:《英国殖民统治时期马来亚的印度人移民》,《南洋问题研究》2009年第1期,第76页。
② 赵月珍:《马来西亚的印度人》,载北京外国语大学亚非语系编《亚非语言文化论文集》,外语教学与研究出版社,2004年,第333页。

度穆斯林联盟(Liga Muslim Pulau Pinang),该联盟主要作用是为当地的印度穆斯林谋取福利,阿布·巴卡尔(A.M. Abu Bakar)为联盟首任主席。

在建筑艺术方面,马来亚最为有名的印度文化遗产要数 1891 年建成的黑风洞。黑风洞位于吉隆坡北侧 13 千米处海拔 100 米以上之地,由 3 个主洞及 20 多处小洞穴构成,总计石灰岩面积达 255 公顷。其中,最大的洞被称作神庙洞,洞内天花板有 100 多米高,另有装饰华丽的印度教神龛。山脚下有两个洞穴寺庙,分别是洞窟艺术博物馆和艺术画廊洞穴,有许多印度教的神像和彩绘。最左侧是罗摩衍那洞(Ramayana Cave),其壁画和雕塑描述的是罗摩(Rama)国王的生平。① 除宗教和建筑艺术外,印度人对马来文化的影响主要表现在语言方面。首先,现代马来语和印度尼西亚语中有不少词语来自梵文。如 raja(国王)、kakak(姐姐)、bumiputra(土著)、negara(国家)、dewa-dewi(神)、tali(绳)、duta(大使)、purba(古代)、warna(颜色)、bahasa(语言)、guru(老师)、lupa(忘记)、isteri(妻子)等。其次,马来语和印度尼西亚语的一些语法也受到梵文的影响,如 serba-serbi(各种各样)这样的构词法是仿照梵文 vara-varin 的形式,类似的构词还有 sorak-sorai(喝彩)、porak-parik(乱七八糟)、gerak-gerik(行动)等。②

华人和印度人的到来给以马来人为主体的马来亚社会带来了深刻的变化,形成了以马来人、华人和印度人为三大主要族群的社会结构。在此结构中,马来人是主要群体,虽然其传统的封建社会结构一定程度上被英国殖民者所打破,马来苏丹的权力也受到一定程度的制约,但马来人在马来亚整个社会结构中仍处于核心地位,在马来联邦、马来属邦和海峡殖民地的政治事务中发挥着相对重要的作用。华人为第二大群体,主要在锡矿等经济、贸易领域发挥作用。虽然也有少数华人成为当地的族群首领,但他们难以进入马来联邦、马来属邦和海峡殖民地的管理层,对马来亚政治发展的影响较为有限。印度人居于三大族群的第三位,其在经济领域的影响较为突出,但对政治发展的影响作用也十分有限。大约从 20 世纪 60 年代开始,马来亚的印度人在经济、政治与社会生活中作为三大族群之一的作用已渐趋于微弱,甚至

---

① *Batu Caves*, From Wikipedia, https://en.wikipedia.org/wiki/Batu_Caves,访问时间:2017 年 7 月 8 日。
② 武文侠:《梵文对印度尼西亚文字产生和语言发展的影响》,载北京外国语大学亚非语系编《亚非语言文化论文集》,外语教学与研究出版社,2004 年,第 7 页。

可以说已经无足轻重。①但印度人的到来,使得马来亚的非马来族群比重不断攀升,这令自称"土著"的马来人颇为警惕和不安。1871年,马来亚的印度人和华人占总人口的45%。到1891年时,这一比重增加到51%,超过马来人的比重。1911年,印度人和华人在总人口中的占比虽然又下降至45%,但1911年后,这一比重不断攀升,到1941年时,华人与印度人已经占总人口的58%。1957年,马来亚独立时,马来人只占49.8%,非马来人的比重占50.2%。②马来人、华人、印度人之间关系错综复杂且十分微妙,这对后来马来西亚政治、经济和社会文化制度的建立产生了非常深远的影响。

四、英国的殖民影响

自1511年葡萄牙攻占马六甲起,到1957年马来亚联合邦独立,西方殖民者占领马来亚近450年。葡萄牙、荷兰虽最早抵达马来亚,但殖民时间相对较短(葡萄牙130年,荷兰150年),尤其是它们忙于殖民贸易,其殖民统治的影响主要集中在经济领域,对马来亚政治和社会的发展影响相对有限。英国在马来亚殖民的时间相对较长(约170年),其殖民统治对马来亚的政治、经济、社会带来了深刻的影响。在今天马来西亚的政治、经济和社会制度中,英国殖民统治带来的影响依然清晰可见。

说到英国给马来亚造成的殖民影响,第一需要探讨的是马来亚的版图问题。应当说,在西方殖民者入侵之前,马来半岛各地的各个土邦都有自己较为完整的政治和社会体系,它们相对独立,各自为政。在葡萄牙和荷兰殖民时期,葡、荷两国虽然占领了马来半岛的不少领土,但一直没有建立起一套相对统一的行政规划和管理体系。英国人入侵马来半岛后,先后建立了海峡殖民地、马来联邦、马来属邦三个行政单位。三大行政单位的设立使马来亚的民众开始有了模糊的联邦概念。此后,英国人又推动了遭到马来苏丹和传统精英广泛抵制的马来亚联盟,以及此后取得独立的马来亚联合邦的建立,这些都是英国人在对最初分散的马来亚领土进行整合上作出的贡献。最终,马

---

① 梁英明:《马来西亚种族政治下的华人与印度人社会》,《华侨华人历史研究》1992年第1期,第1页。
② 数据来源:Muhammed Abdul Khalid, *The Colour of Inequality, Ethnicity, Class, Income and Wealth in Malaysia*, Petaling Jaya: MPH Group Publishing Sdn Bhd, Septemberm 2014, p.37。

来亚作为一个独立国家在地图上出现了。马来亚独立后,同样是英国殖民地的沙巴、沙捞越、新加坡也被纳入马来亚联合邦,建立了马来西亚。马来西亚自此开始进入世界历史的版图。

在此过程中,新加坡的地位一直很特殊。新加坡原本与马六甲和槟榔屿一样,是海峡殖民地的一部分,但1867年成为英国的皇家殖民地(直辖殖民地),脱离了海峡殖民地,这就是1957年,当海峡殖民地、马来联邦、马来属邦联合组建马来亚联合邦时,新加坡并不包含在内的原因。太平洋战争时期,日本占领新加坡达3年6个月。1945年8月,英国重新管辖新加坡。1959年,新加坡取得自治地位。1963年,新加坡与沙巴、沙捞越一起与马来亚联合邦成立了马来西亚,摆脱了英国的统治。但1965年8月9日,新加坡又脱离马来西亚,独立建国。从进入海峡殖民地到离开海峡殖民地,从取得自治到进入马来西亚,再到离开马来西亚,新加坡与马来西亚如此错综复杂的关系与英国殖民者是分不开的。这也是迄今为止马来西亚与新加坡关系独特的根源所在。

第二,马来西亚的政治制度深受英国殖民的影响。英国殖民者入侵前,马来亚各土邦的政治体制相对完备,主要依托苏丹进行统治。苏丹是每个土邦的最高首领,掌控政治、经济、文化大权,负责维护国家的和平与安全。在苏丹之下,每个村设有村长(Penghulu),负责维持各村的治安。英国人进入马来亚后,对马来各土邦的最高统治者苏丹的权力进行了不同程度的限制。虽然在海峡殖民地、马来联邦和马来属邦,各苏丹的地位和权力略有不同,但在英国的殖民统治下,苏丹基本上已经从一个掌控政治、经济、文化大权的真正首领变成一个只掌管宗教事务的象征性首领,并且这一体制延续到了独立后的马来亚和此后成立的马来西亚。

独立后,由统治者会议选出的苏丹担任马来亚的最高元首,最高元首为虚位元首。而在最高元首之下,通过议会选出内阁,由内阁负责国家的运作,议会成为国家权力的中心。议会实行两院制,上议院一般不选举,议员由各州选派以及由最高元首委任。下议院通过选举,由得票最多的政党或政党联盟执政。这就是今天马来西亚的君主立宪制,这与英国的君主立宪制如出一辙。在马来西亚政治制度的形成过程中,巫统的作用需要格外重视。巫统虽说是马来人的执政党,或者说最早是马来人的一个政治组织,但其产生和发展壮大与英国殖民者分不开。巫统创立的直接原因就是英国人建立了马来亚联盟,而马来精英极力反对,随即组建自己的政治组织。此后,巫统发展成为马来亚的主要执政党,并且在与英国人的独立谈判中扮演主要角色。巫统虽然是在与英国人的激烈斗争中逐渐确立的,但最终也获得了英国人的认可。若是当年没有英国的殖民统治,如今马来西亚的政治制度和政坛结构或许要重新书写。

第三,英国的殖民统治导致了马来亚单一的经济结构。在英国人殖民马来半岛之前,当地的传统经济结构是自给自足的农业经济,此外还有较不发达的商业和锡矿业,以及少量的金矿业。英国殖民后,马来半岛的经济呈现出明显的殖民地经济特征,成为英国的工业产品倾销地和原料供应产地。主要经济部门被英国和西方资本控制。重要物产和资源大多输往英国和欧洲,对外贸易较为活跃,尤其是依赖马六甲港口的外贸比较发达。农业以种植业为主,是当地最主要的就业部门,绝大多数的马来人、华人和印度人从事稻米、橡胶和可可的种植。但农业的出口生产大于自给性生产,国内粮食长期供应不足,粮食作物生产能力低下。

与此同时,工业发展极为落后,不但工业门类较少,而且结构单一。采矿业虽比较发达,但主要是为殖民者服务。锡矿业和橡胶业是当时最主要的经济产业。1937年,橡胶和锡矿在马来亚的出口中占75.6%,[1]处于绝对主导地位,使马来亚成为世界最大的锡和橡胶生产和出口国。制造业仅有一些原料加工工业、消费工业和机械修理业。此外,大部分企业资金短缺、技术落后。第二次世界大战后到1957年马来亚联合邦独立前,外国公司控制了60%—70%的出口及75%的进口,控制着70%的橡胶园和60%以上的锡产业,以及大部分商业银行和主要的制造业和交通运输业。[2]正是因为经济结构单一,马来亚联合邦独立后,着力发展工业,1958年就颁布了《先导工业法》,但即便如此,到1960年,农业在马来亚的GDP中仍然占据较大比重,达43.716%;制造业仅占10.261%,[3]由此可见,马来亚依然是一个典型的农业国家。英国殖民时期形成的锡矿和橡胶工业为主导的经济结构,以及高度依赖外贸的经济模式至今仍未有根本性改变。此外,1913年英国殖民当局颁布的《土地保留法》(Enakmen Rizab Melayu 1913),规定土邦的土地为保留地,禁止以任何形式转让给华人、印度人或其他民族的人,将马来人固定在农

---

[1] 数据来源:Muhammed Abdul Khalid, *The Colour of Inequality, Ethnicity, Class, Income and Wealth in Malaysia*, Petaling Jaya: MPH Group Publishing Sdn Bhd, Septemberm 2014, p.45.
[2] 钟继军、唐元平编著:《马来西亚经济社会地理》,世界图书出版广东有限公司,2015年,第131页。
[3] 数据来源:世界银行。

业领域,主要从事稻米和作物种植。1933年《土地保留法》修订。

第四,英国人留下了诸多的社会和文化遗产。英国人在马来亚实行殖民统治约170年,给马来亚的社会和文化留下了诸多的印记,比如引进华人和印度人劳工,改变了马来亚的社会结构,再如设立教堂、开办英文学校、推广使用英语等。其中,最具有深远影响的就是上文提到的英国殖民者大量引进华人和印度人劳工,使得这个本来以马来人为主要群体的地方演变为一个马来人、华人和印度人三大族群共存的社会,并且这样的社会结构一直保留延续至今。但在此过程中,由于英国殖民者对马来人、华人和印度人实施分而治之的政策,加剧了马、华、印三大族群的矛盾,这使得族群矛盾最终发展成为马来亚独立后国家发展的主要矛盾。

在马、华、印的族群矛盾中,语言问题是一个核心问题。马来人非常看重语言,认为"语言是民族的灵魂"(Bahasa Jiwa Bangsa)。作为马来西亚的国语和官方语言,马来语是马来人身份的重要象征,也是马来文化的重要象征。如今,马来人在教育领域中强调得最多的就是马来语的教学和使用。是否教授马来语,以及在多大程度上教授马来语甚至成为区分"国民学校"和"国民型学校"的重要标志之一。然而,在实际生活中,越来越多的马来人不讲马来语,而英语的使用却越来越普及。马来人不能接受将华语和泰米尔语作为正式的官方交际用语,但可以接受将英语作为正式交际用语。这虽然跟英语是世界上最重要的语言之一有关系,但也跟英国人的殖民统治密不可分,是英国殖民者改写了马来语的书写方式,将马来语从加威文(tulisan Jawi)改写为拉丁字母,也是英国殖民者让马来人接受了英国的语言。从这个意义上说,英国人对现代马来语的形成有重要影响。

第五,英国在实行殖民统治期间,将马来亚纳入了英联邦体系,这使得马来亚在独立后的很长一段时期内始终跟随西方资本主义阵营的步伐,与英、美等西方国家关系密切,但与社会主义国家关系疏远。1957年8月马来亚联合邦独立后,随即与美国建立外交关系,并与英国签署了《英马防务协定》。《英马防务协定》可以看作英、马之间的一个军事同盟协定。在此协定之下,马来亚将自身的安全交给了西方,同时在意识形态上也倾向认同西方资本主义阵营,外交政策完全倾向西方,对社会主义阵营保持警惕。《英马防务协定》到期后,1971年底,马来西亚又与英联邦四国签署了所谓的《五国联防协定》,再次将国家的安全交由英联邦。直到1972年尼克松访华,中美关系改善,马来西亚才跟随美国的步伐开始与中国接触,并最终于1974年5月与中国建交。

作者点评

葡萄牙人攻占马六甲拉开了马来亚近代史的序幕。随着荷兰和英国殖民者抵达马六甲，西方殖民者对马六甲的政治、经济、文化影响在马来半岛全面显现出来，这不仅改变了马六甲的社会面貌，也奠定了今天马来亚政治社会的雏形。也正是因为西方殖民者的到来，天主教才得以在这个伊斯兰教占主导的地区传播开来。更为重要的是，英国殖民者在马来亚划定了海峡殖民地、马来联邦和马来属邦，这成为今天马来西亚地理版图的雏形。同时，英国殖民者还为马来亚设计了一套完整的政治体制，成立了马来亚联盟，削弱了马来苏丹的权力，这从根本上奠定了今天马来西亚的政治格局。然而，英国殖民者的统治引起了马来土著的不满，激起了强烈的马来民族主义。马来民族统一机构巫统就是因为对英国殖民者的强烈不满而成立的。巫统的成立改变了马来亚的历史，并在马来亚的独立及以后马来西亚的发展中发挥了主要作用。在西方殖民统治期间，在马来民族主义上涨的同时，大批华人来到马来亚。他们中的大多数是廉价的契约劳工，有些成为所谓的甲必丹。这些人的到来改变了马来亚社会的进程，也促进和形成了新的族群关系。英国人对马来人和华人、印度人实行分而治之的政策，他们在经济上利用华人和印度人，但在政治上培养马来人。马来人与华人、印度人的关系，尤其是马来人与华人的关系从此开始成为马来西亚社会发展的主要矛盾之一，深刻地影响着马来西亚政治、经济、文化、社会的发展。

值得注意的是，西方殖民统治时期，尽管英国的统治影响了马来亚的政治、社会和经济结构，但相比较而言，西方殖民者的统治对今天马来西亚外交的影响仅限于冷战初期。如在 20 世纪五六十年代，马来亚与英国签署了具有同盟性质的防务条约，70 年代马来西亚等几个英联邦国家又签署了所谓的《五国联防协定》。冷战结束后，马来西亚虽与英联邦国家保持友好合作关系，但其外交的重点却转向了东盟，中、日、韩等东亚大国和伊斯兰世界。为何今天的英国没有成为马来西亚外交的重点呢？这恐怕与马来西亚作为东南亚国家的地理定位和伊斯兰国家的身份定位有重要关系。作为东南亚国家，马来西亚自然会将东盟视为外交的基石，也会将东盟周边的中、日、韩作为外交的主要伙伴；而作为伊斯兰国家，马来西亚会倾向于选择与伊斯兰国家发展外交关系，支持伊斯兰国家的诉求。英国虽是老牌资本主义国家，但如今英国的地缘战略的重点也不在东亚。

第四章
日本统治下的马来亚

1941年12月，日本军队偷袭珍珠港，拉开了太平洋战争的序幕，并随即对马来亚展开了侵略攻势。由于英国守军受到财力、军备的限制，日军仅用了60天就占领了马来亚和新加坡。自1942年2月起，日军对马来亚实施军事统治，大肆掠夺马来亚的经济资源，挑唆马来人和华人，激发他们之间的矛盾，引发了马来亚的族群冲突。1945年，中、美、苏发动对日的最后决战，日本最终宣布投降。日本在马来亚的殖民统治虽然只有三年多，但给马来亚的政治、经济、社会带来了深远的影响。

一、日本占领马来亚

1931年9月，日本侵略者在中国东北发动"九一八事变"，侵占中国东北三省，建立伪满洲国傀儡政权，拉开了日军侵略东亚的序幕。1936年8月，日本广田内阁确定《国策基准》。《国策基准》所规定的大陆政策和海洋政策囊括了日本陆军的"北进论"和"南进论"，把南进、北进两方面作为向外扩张的基本国策，第一次明确地反映了日本海军力主向南扩张的要求。①1937年7月7日，"七七事变"爆发，日军发动全面侵华战争。但由于战略资源日趋枯竭，日本开始计划以南洋的物资，尤其利用南洋的油气资源来支持长期的侵略战争，东南亚由此进入日本的战略视野。1939年2月，日军占领南沙群岛，夺取了南海的制空权和制海权，对中南半岛的安

---

① 梁英明、梁志明：《东南亚近现代史》（上册），昆仑出版社，2005年，第396页。

全造成了威胁。①最初,日本希望将荷属东印度(即今天的印度尼西亚)作为其战略资源的后方供应基地,但随着1940年8月"大东亚共荣圈"的提出,日本对东南亚的诉求开始遍及包括荷属东印度在内的东南亚地区,如法属中南半岛殖民地、英属马来亚和缅甸以及英属婆罗洲等。所谓的"大东亚共荣圈"实际上是日军一个庞大的侵略计划,其侵略范围是以日本、伪满、中国为骨干,包括委任统治的原德属诸岛、法属中南半岛殖民地及附属诸岛、泰国、英属马来亚、英属婆罗洲、荷属东印度、缅甸、澳大利亚、新西兰、印度在内的广泛区域。②在这个计划中,占领马来亚、缅甸、菲律宾、印度尼西亚、泰国等东南亚国家是日本独霸西南太平洋的关键一环,日本自称是"亚洲的领袖和保护者"。"大东亚共荣圈"表面上以与东亚各国共享繁荣为宗旨,实际上是打着冠冕堂皇的口号,对东亚国家进行公然侵略和殖民统治,其真正目的是掠夺东南亚的煤炭、石油、橡胶,最终建立日本法西斯的新秩序。

日本入侵马来亚 依据"大东亚共荣圈"的计划,1940年9月22日,日本侵入中南半岛北部。1941年12月8日,日本突袭美国的太平洋军事基地珍珠港,揭开了太平洋战争的序幕。与此同时,日军兵分五路,向马来亚、泰国、菲律宾、关岛,以及中国香港地区分别展开进攻,占领了荷属东印度和缅甸。在短短的半年时间内(1941年12月8日—1942年5月),日本先后占领了马来亚、菲律宾、缅甸、印度尼西亚、英属婆罗洲等大部分东南亚地区,同时控制了泰国和法属中南半岛殖民地。③

在马来亚,来势汹汹的日本军队与英国守军进行了一场激烈的战争。当时,日本和英国的军队作战人数相当,驻守在马来亚和新加坡的英国陆军共有10万人,日本进攻马来亚的陆军共3个师团11万人,由陆军中将山下奉文指挥。但英国的武器装备较为落后,海军远东舰队虽配有12艘舰船,其中包括"威尔士亲王号"和"击退号"两艘大型战舰,但英军没有1辆装甲车和坦克,而且由于欧洲战场的牵制,英军在马来亚的空中力量只有141架非现代化飞机。其中也没有俯冲轰炸机和鱼雷轰炸机。而日本陆军航空兵拥有450架飞机、46艘海上舰艇和200辆装甲车。并且,日本军队是有备而来,他

---

① 王绳祖主编:《国际关系史·第六卷(1939—1945)》,世界知识出版社,1995年,第92页。
② 日本外务省编:《日本外交年表及主要文书(1840—1945)》(下卷),《文书》原书房,东京1978年版,第450页。
③ 泰国不是日本的殖民地,法国仍保留对法属中南半岛殖民地的宗主权。

们不仅明确了由北向南的进攻路线,从马来亚防守最为薄弱的马来半岛北部寻求突破,而且参战士兵已经事先进行了热带雨林和夜间训练。

1941年12月8日,日军在吉兰丹发起攻势后,英国守军迅速溃败。日军第五师团和近卫师团在泰国的宋卡和北大年登陆后直插泰马边境,向玻璃市和吉打逼近;第十八师则从吉兰丹的哥打巴鲁(也译作新山)登陆,占领哥打巴鲁机场,50架英国飞机被毁。12月9日,日军占领北大年机场、北海和亚罗士打。12月10日,英国的两艘主力舰"威尔士亲王号"和"击退号"从东海岸启程,前往关丹,准备参战。但由于缺乏空中力量的掩护,英军的两艘主力舰艇在未发一炮的情况下即在关丹外海被日军击沉,日军由此占领了哥打巴鲁等重要城镇。在哥打巴鲁,日军兵分两路,一路前往东海岸关丹,另一路向南,前往霹雳海(Sungai Perak)。12月11日,日军开始轰炸槟榔屿。12月13日,日军与英军在吉打河南面的古龙展开了阻击战。12月16日,日军占领槟榔屿。1942年1月7日,英军精疲力竭,最终在斯林河被击败。①1月9日,英军被迫从彭亨撤走。1月11日,日本占领吉隆坡。1月17日,日军在马来亚南部的柔佛麻坡与英澳联军展开激战。1月23日,麻坡陷落,英军开始从昔加末撤退。1月25日,英军在西部小港巴株巴辖被击退。此后,英军节节败退。1月30日,马来半岛全部沦陷,日军占领马来半岛。1月31日,英国撤出马来亚,退守新加坡。为了阻挡日军进攻新加坡,败退的英军炸毁了连接新加坡和柔佛的长堤。在马来半岛站稳脚跟后,日军开始向新加坡进军。2月8日,2.3万余日军强渡柔佛海峡,进攻新加坡,并很快修复了被炸毁的新加坡柔佛长堤。英国守军顽强抵抗,但无济于事,日本人迅速占领了武吉知马的粮库和油库。此时,英国守军的粮库只够维持7天的运转。2月13日,日军在强大火力的掩护之下,攻占新加坡市区。2月15日,由于新加坡港口水位降低,英国守军不得不投降。英国俘虏被监禁,亲国民党的华人,尤其是为中国抗日筹募基金捐款而出名的人惨遭杀害。②日本仅用了两个月的时间就占领了马来半岛全境,开始了对马来亚的殖民统治。

重划行政区域 从1942年2月15日到1945年8月15日,日本统治马来亚共三年半,给马来亚政治、经济、社会带来了深刻的影响。政治上,日本

---

① [英]理查德·温斯泰德:《马来亚史》,姚梓良译,商务印书馆,1974年,第481页。
② [美]约翰·F.卡迪:《东南亚历史发展》(下册),姚楠、马宁译,上海译文出版社,1988年,第714页。

废除了英国殖民地时代的马来亚行政区划,将马来亚分为8个省。在这8个省中,日本人担任最高行政长官,负责行政事务,统管全局。同时,日本将新加坡改称"昭南",设立为"特别市",由日本人担任市长,并下设总务、农生、经济、事业和警察等部门。在马来亚的8个省,拥有上层封建势力的马来人担任地方官员和警察,但这些官员没有实权,只是日本人的耳目和工具。[1]同时,日本在马来亚成立了"州顾问委员会"(Majlis Penasihat Negeri),该委员会由各族民众组成,马来苏丹担任委员会副主席,日本驻扎官担任主席,半数委员会成员由日本人指派。1942年3月,日本在马来亚设立军政最高指挥机关——马来军政监部,总部置于新加坡前海峡殖民地政府大厦。马来军政监部由日本第7军区管辖。从此,日本开始了对马来亚的军事统治。

为防止民众获取外界信息,日本政府加强舆论管控,1942年8月,日本政府决定禁止马来亚地区的民众收藏和使用短波收音机;9月,日本政府决定将英属婆罗洲(British Borneo)改名为北婆罗洲(North Borneo),马来各邦(Malay States)改为马来(Malai);[2] 11月,日本公布了《大东亚省官制》,规定在大东亚省设立四局,分别为"总务局""伪满洲事务局""中国事务局"和"南方事务局"。大东亚省成为日本对东南亚各占领区实施军政统治的中央机构。[3]

1943年,日本军政当局承认并保留了马来土邦苏丹的职位,任命马来苏丹为本邦的宗教领袖,并将其作为日本行政长官的宗教顾问。为防止当地民众的反叛和骚乱,日本组建了一支专门打击叛乱的军事部队,并成立了军事法庭,专门审理治安案件和军事安全案件,主审法官为日本法官。民事法院则负责审理民事和刑事案件,主审法官为马来人。除军事法庭和民事法院外,马来亚还设有伊斯兰教婚姻法院。从管辖级别看,马来亚的法院包括最高法院、高等法院和地方法院等。同年7月,日本政府将占领的马来亚和苏门答腊合并,首府设在昭南。同时日本与泰国签署联合公报,日本同意将马来亚的北部四州吉打、吉兰丹、玻璃市、登嘉楼划为泰国政府的领土,以换取泰国政府对日本统治马来亚的支持。8月,泰国和日本签订条约,泰国正式

---

[1] *Malaysia Kita*:*Panduan dan Rujukan untuk Peperiksaan Am Kerajaan*, Petaling Jaya: International Law Book Services, 2007, p.92.
[2] 陈鸿瑜:《马来西亚史》,兰台出版社,2012年,第246页。
[3] 毕世鸿:《太平洋战争期间日本对东南亚的经济统制》,社会科学文献出版社,2012年,第100页。

接管北方四州①。马来人对此极为不满,民族主义情绪异常高涨。9月,日本军政当局下令禁止在马来亚地区播放反日电影。年底,日军调整管辖范围,组建第29军,司令部设在马来亚霹雳州的太平,并将马来亚军政监部划归该军部管辖。②1944年,为加强日军在新加坡的防卫,日本将昭南市和新山州的军政机构划归军政总监部管辖。同年8月,反日的音乐也被禁止播放和收藏;两个月后,马来亚地区的娱乐场所被宣布为非法场所。

打造所谓的战略资源阵地 经济上,日本将东南亚国家作为其掠取战略资源的重要阵地,大肆夺取东南亚国家的橡胶、矿油、锡和铁矿。据日本学者的统计,1936年,日本自东南亚进口的资源中,橡胶共4.3万吨,占进口总量的68.5%;矿油48.3万升,占进口总量的66.1%;锡0.27万吨,占进口总量的50.8%;铁矿169万吨,占进口总量的44.7%。③而马来亚是一个盛产锡矿和橡胶的国度,锡和橡胶长期以来是马来亚两项最重要的出口产品,马来亚因此成为日本进行殖民掠夺的重要对象。

1941年底,日本制定了《南方经济对策纲要》。此纲要成为日本对东南亚国家实施经济统制的基本框架。依据此纲要,日本对东南亚实行战时经济垄断政策,主要通过对东南亚的经济统制直接霸占和掠取东南亚国家的经济资源,确保东南亚的物资供应,以满足"大东亚共荣圈"的资源需求。具体到马来亚而言,日本将马来亚和婆罗洲划定为甲地区。在此地区,日本要通过各种手段确保获得所需的战略资源,防止资源流向其他国家,以最大限度减轻日本的经济负担。1942年1月,日本内阁通过了《有关南方经济处理的文件》。此文件接纳了《南方经济对策纲要》的主要内容,并进一步明确说明要确保作战部队在当地的就地补给,鼓励既有企业与日方合作,以深入开发当地资源。日本通过组合或会社等方式占领当地企业,控制物资流通,重点对马来亚的锡和橡胶实行毁灭性开采,破坏英国殖民者在马来亚建立的贸易和经济制度。由于垄断政策,马来亚地区物价高企、民众缺衣少食、商品奇缺、粮食供应严重短缺,人民生活十分疾苦。虽然目前无法找到日本统治期间马来亚地区GDP和人均GDP的确切数据,但挪威中央银行的研究报告显示,

---

① 陈鸿瑜:《马来西亚史》,兰台出版社,2012年,第246页。
② 毕世鸿:《太平洋战争期间日本对东南亚的经济统制》,社会科学文献出版社,2012年,第122页。
③ [日]依田憙家:《日本帝国主义和中国(1868—1945)》,卞立强等译,北京大学出版社,1989年,第379页。

在日本占领马来亚期间,马来亚的GDP减少了一半或更多。"二战"前,马来亚经济依赖于橡胶和锡的出口,但日本占领马来亚后,橡胶和锡的产量大幅下跌。1942年,马来亚橡胶的产量仅仅是1937—1939年平均数的四分之一,而锡的产量只有1937—1939年平均数的三分之一。①

1943年5月,为适应新形势的需要,大东亚省联席委员会制定了更为细致的《南方甲地区经济对策纲要》。此纲要的核心依然是掠夺战略物资和开发当地的经济资源为战争所用,但纲要也明确提出要提高当地的自给力量,竭力维持当地民众的生活,以确保社会的稳定。这与《南方经济对策纲要》所规定的东南亚各占领区消费品必须参照日本本土的方针有较大不同。在此纲要指导下,日本在马来亚一方面继续大肆掠夺物质资源,另一方面开始采取相关措施防止通货膨胀,促进当地贸易、商业和金融业的发展。日本统治者设定了食品、粮食和其他生活必需品的法定价格,限制了大米、盐、肥皂、蔗糖、汽油和棉纱的价格变化。但事后的实践证明,日本所采取的上述措施并未从根本上控制住马来亚的物价。到1945年8月"二战"结束前,马来亚的货币供应量增加了25.1倍,而物价则增长了11 000倍。②

1943年8月,马来军政监部下发《有关修订橡胶收购目标文件》的通知,将在马来亚收购橡胶的目标提升到16万吨,其中企业种植园6万吨,土著种植园10万吨,而此前整个马来亚和苏门答腊的收购目标才15万吨。日本此举进一步加大了对马来亚橡胶的控制。在能源开发方面,虽然日军在东南亚的油气开发项目主要在荷属东印度,但在北婆罗洲,日军也积极参与了穆阿拉炼油厂的建设,并将穆阿拉炼油厂的原油运回日本本土。同时,日本三菱矿业在雪兰莪州经营煤矿,供应马来半岛的锡矿、发电厂、铁路部门和当地企业的用煤所需。在机械制造业方面,日本的企业负责马来亚的罐头、通信和海底电缆的经营。

在金融方面,日军统治初期,日本的横滨正金银行在东南亚地区发挥中央银行的作用,对东南亚占领区的金融进行严格管制。1942年5月,日军公布《对本邦汇款取缔规则》,正式实施外汇管制。1943年1月,日军成立马来

---

① Gregg Huff and Shinobu Majima, "Financing Japan's World War II Occupation of Southeast Asia", Norges Bank's Bicentenary Project Working Paper 2013-02, p.14.
② Gregg Huff and Shinobu Majima, "Financing Japan's World War II Occupation of Southeast Asia", Norges Bank's Bicentenary Project Working Paper 2013-02, p.18.

亚和苏门答腊银行协会,并命令马来亚各银行推出有奖定期储蓄存款业务,以大量吸收存款;3月,南方军公布了《南方占领区之间外汇管理规则》,进一步细化外汇管制措施。1944年2—3月,马来亚各银行推出了高额度的奖励储蓄,以100海峡美元为单位,年利率为2.5%,特等奖为1万海峡美元。同时,日本军政当局还强推所谓的"奖励储蓄运动",针对拥有1英亩以上面积土地的持有者,以10海峡美元/英亩的标准,强制其存款。①另一方面,日军在马来亚滥发军用票,造成严重的通货膨胀。仅新加坡地区,华人因军用票造成的损失就达2.7亿多元。日军投降后,军用票作废,很多民众因此破产。

日本占领马来亚期间发行的纸币

残酷的管制 在社会管理方面,日本人的统治极为凶残。据郭鹤年的回忆,在日本统治期间,日本人会对受害者施以各种酷刑,如宪兵队实施的"水刑",将一根管子硬塞到犯人的喉咙里,然后往里面灌水,直到犯人的胃部被撑得像足球一样大,然后再猛踢他的肚子。②同时,日本极力宣扬"马来亚是马来人的马来亚",对马来人和华人采取了不同的管理政策,激化了族群矛盾。对华人,日军进行残酷的甄别和屠杀,实施所谓的"大检证"和"大肃清"制度。所谓"大检证"就是将居民集中起来,逐个甄别,认为是抗日分子的就枪杀;所谓"大肃清"就是通过盘查和发放"良民证"的方式将华侨集中起来,

---

① 毕世鸿:《太平洋战争期间日本对东南亚的经济统制》,社会科学文献出版社,2012年,第166页。
② 郭鹤年口述,Andrew Tanzer编著:《郭鹤年自传》,商务印书馆(香港)有限公司,2018年,第36页。

然后集体杀害,肃清主要对象包括华侨义勇军、共产党员、抗日分子等。自1942年2月起,日军先后在新加坡、吉隆坡、槟榔屿、马六甲、新山、麻坡、马力四隆、文律以及森美兰的知知港和余朗朗村进行大检证、大肃清和大屠杀。日军在这些地方所屠杀的所谓反日华人总数在4万以上,①仅新加坡一个地方被杀害的华人就达2.5万—5万人之多。②还有的学者指出,在日本占领期间,日军直接屠杀了马来亚华侨10万人。加上因饥饿而死的华侨,华侨人口在日本统治期间一共减少了30万—50万人。③

据相关资料记录,日军所逮捕的敌对华侨主要是以下9类人士:(1)曾经在南洋华侨筹赈会中积极活动的人士;(2)曾经慷慨地捐助筹赈会的富裕人士;(3)南洋华侨救国运动领袖陈嘉庚的追随者以及校长、教员和律师;(4)海南人;(5)凡在抗日战争爆发以后来到马来亚的中国人;(6)凡是文身的男性;(7)凡是以义勇军身份为英军抵抗日军的人士;(8)公务员以及可能亲英的人士;(9)凡是拥有武器,并试图扰乱治安的人士。同时,日军强迫华侨交纳5 000万元现金进行赎罪,还美其名曰"奉纳金"。华人在日军的压迫下被迫变卖家产,在霹雳州,地产、房屋、汽车、矿区设备和珍珠宝贝被贱卖,④尽管这样,华人仍然难以凑齐5 000万元,不得不向华侨协会借款。不仅如此,日本企业还低价收购华人企业,垄断经济活动,致使不少华人企业倒闭,华人贸易遭到打压。盛产锡矿的霹雳州,在战前拥有锡矿470个,但日军殖民后,仅剩下30个。⑤

日本殖民者在对华人严厉镇压的同时,却对马来人和印度人较为看重,尤其是马来人。马来人会被日本人带回兵营,然后剃光头,在兵营做清洁工,如果表现良好,日本人会发给他们一把木制军刀,让他们当所谓的本地官员。⑥不少

---

① *Malaysia Kita*:*Panduan dan Rujukan untuk Peperiksaan Am Kerajaan*, Petaling Jaya:International Law Book Services, 2007, p.93.李思涵先生的研究认为,日军在这些地方屠杀的华人总数为15万人。参见李思涵:《1942年初日本军占领星州"检证"之役考实》,新加坡《南洋学报》第四十一卷,第一、二期,1987年3月。
② 李思涵:《1942年初日本军占领星州"检证"之役考实》,新加坡《南洋学报》第41卷,第1—2期合刊,1986年。
③ [马来西亚]甘德政:《不同的历史想象:马来西亚族群政治的起源》,《东南亚纵横》2018年第2期,第80页。
④ [英]理查德·温斯泰德:《马来亚史》,姚梓良译,商务印书馆,1974年,第488页。
⑤ 李郁:《日寇侵占丁加奴见闻录》,《大战与南侨》,第181—186页,转引自韩方明:《华人与马来西亚现代化进程》,商务印书馆,2002年,第120页。
⑥ 郭鹤年口述,Andrew Tanzer编著:《郭鹤年自传》,商务印书馆(香港)有限公司,2018年,第37页。

马来人被日军直接任命为当地的地方官员,成为名义上的执政者。但也有少数马来人被送到橡胶种植园做苦力。马来人由于受到相对较高的待遇,因此他们对自身的政治作用十分看重。马来人因此以所谓的执政者自居,而华人则是被压迫者,这无形中加剧了马来人与华人之间的族群矛盾,加之日军散布华侨掠夺马来人财富等言论,致使马来亚两大民族的矛盾越发尖锐。按照马来人的说法,日军对马来亚的殖民统治引发了马来人与华人之间的敌对。①美国学者则认为,日本人煽动了马来人对华人的种族仇恨。②对印度人,日军则鼓励马来亚的印度人关注印度国内的事务,积极促进印度人的反英民族主义,释放被俘虏的印度军人,倡导建立印度独立联盟、印度民族军和自由印度政府,但同时征集印度人修筑自曼谷经过北碧通往毛淡棉的"死亡铁路",修筑期间印度人死亡无数。

此外,日本殖民者在马来亚还大肆宣扬其大东亚共荣的理念,传播日本的语言和文化,推行日本教育,企图同化马来民众。在文化方面,日本竭力宣传所谓的"亚洲人的亚洲""亚洲人治理亚洲"的理念,向当地民众灌输大东亚文化共荣的思想,大力发展日本文化,压制当地民族文化。在教育领域,日本殖民者积极普及日语和日本文化,邀请马来亚的文化交流团访问日本。马来亚的华侨学校、华文教育受到严重践踏。一方面,华文学校数量大大减少。在新加坡,原有的数百所华文学校,仅仅有 25 所获准复办。同时,华文学校的名字,被改为以街道命名,如爱同学校改名为直路亚逸华文男校,端蒙华校则改名为丁路华文学校等,并且所有街道名改用片假名书写。另一方面,华文学校改为日语授课,教学课本由日本人编写,中文版的教材禁止使用。中文的教学每天仅有一小时。日语成为学校学习的主要科目,有时日本殖民者还会举行"学习和应用日语运动周",鼓励全社会学习日语。③同时,日本殖民者还广泛推行日本的社会风尚与习俗。日本的法定节假日,如国庆日"纪元节"、天皇诞辰日"天皇节"被定为法定的正式节假日;公元纪年被改为日本纪年;标准时间也被改为东京时间;举行集会、仪式时,与会者要向东京皇宫遥拜。④依

---

① *Malaysia Kita: Panduan dan Rujukan untuk Peperiksaan Am Kerajaan*, Petaling Jaya: International Law Book Services, 2007, p.93.
② [美]约翰·F.卡迪:《东南亚历史发展》(下册),姚楠、马宁译,上海译文出版社,1988 年,第 722 页。
③ 郑良树:《马来西亚华文教育发展简史》,外语教学与研究出版社,2007 年,第 60 页。
④ 梁志明主编:《殖民主义史·东南亚卷》,北京大学出版社,1999 年,第 487 页。

据东京时间,马来亚学生的上课时间一律改为上午十点,放学时间改为下午三点。而在华校每天上课前,学生都需要进行所谓的"遥拜",具体内容为全体师生面向东方进行宫城"遥拜",致以最高"敬礼"(深鞠躬),全体肃立,师生面向前方。①接受日本文化礼仪的"洗礼"。

二、马来亚的抗日运动

日本对马来亚的统治时间虽然不长,但日军的暴行和黑暗统治引起马来亚人民的激烈反抗,华人成为抗日的主力军。最初,反抗日军的是马来亚共产党和新加坡沦陷前夕被解散的"华侨义勇军"。实际上,早在日军占领马来亚之前,马来亚地区的华侨就掀起了抗日救国运动的浪潮。1919年"五四运动"后,新加坡和槟榔屿的青年学生和工人受到中国反日运动的鼓舞纷纷行动起来,捣毁日货,吉隆坡的华侨举行抗日示威游行。②1931年"九一八事变"后,新加坡中华总商会电告国民政府,要求奋起抗日。1937年"七七事变"后,新加坡和马来亚的华侨再次站到抗日的前沿,敦促国民政府坚决抵抗日本的侵略。据不完全统计,从1937年7月到1940年12月,英属马来亚的救国团体多达238个,英属北婆罗洲有8个。新加坡、马来亚是东南亚地区华侨团体最多、抗日力量最多的地区。③

华侨积极抗日 1941年12月,"太平洋战争"爆发当天,新加坡华侨当即成立星华救济会,开展救护和救济等工作,积极配合抗日。日军攻占马来亚后,新加坡和马来亚的华侨开始组成零星的抗日武装。1942年1月1日,马来亚共产党在雪兰莪组建了马来亚人民抗日军第一独立队,这是马来亚共产党成立的第一支抗日武装,此后,第二、三、四、五独立队分别在森美兰、柔佛的南部、北部和霹雳相继成立。2月1日,新加坡成立了华侨义勇军,义勇军共有7个连,负责人是英国军官。但由于抗日武装力量缺乏专业的军事素养和作战经验,加上武器弹药的短缺,在抗战的初期(1941—1942年),华侨的抗日力量并未对日军造成严厉的打击。相反,日军发动多次大规模的"围

---

① 郑良树:《马来西亚华文教育发展简史》,外语教学与研究出版社,2007年,第60页。
② 崔贵强:《海峡殖民地华人对五四运动的反响》,新加坡《南洋学报》第二十卷,第一、二合辑,1966年。
③ 林远辉、张应龙:《新加坡马来西亚华侨史》,广东高等教育出版社,2008年,第430页。

剿",重创了抗日游击队的有生力量。

在抗日斗争的第二阶段(1943—1944年),马来亚抗日人民军在继续引领抗日活动的同时,开始与英国军队开展合作。但义勇军的抵抗最终未能抵挡住日军对新加坡的占领。1943年,马来亚共产党重整游击队,建立游击队统一指挥部,正式组建了马来亚人民抗日军(Malayan Peoples' Anti-Japanese Army)。该抗日军队共有8个支队,且不断发展壮大,人数最多时达到1万余人,[①]主要在雪兰莪、森美兰、柔佛北部、柔佛南部、霹雳、彭亨东部、彭亨西部和吉打等地开展活动。同年2月,马来亚共产党制定了"抗日九大纲领",引领抗日活动。

九大纲领内容为:(1)将日本法西斯逐出马来亚,建立马来亚民主共和国;(2)建立由各民族普选的国家机构,保卫祖国,实施民主权利,改善民生,振兴工商业,建设各民族友爱、自由、幸福的马来亚;(3)开放人民言论、出版、组织、信仰的绝对自由,取消旧制度奴役人民的法令,释放囚犯和抗日俘虏;(4)救济失业难民,普遍加饷加薪,取消苛捐杂税、高利贷;(5)改人民抗日军为国防正规军,优待抗日士兵,抚恤抗日阵亡家属,救济残废伤兵;(6)以各民族语言实行普遍教育、发展民族文化;(7)没收德、日法西斯及其附属国的财产归国有,发还被日寇强收的人民和各友邦人民的财产;(8)实行关税自主,与各友邦建立友好条约和商务关系,承认友邦贸易自由;(9)联合苏联、中国,支持远东各个被压迫民族的独立运动,支持反法西斯斗争。[②]

联合抗日取得胜利 东南亚盟军司令部为抗日人民军提供了武器和弹药,抗日人民军的战斗力得到增强。1943年12月,马来亚共产党代表同英军代表签订军事协定,英军答应向抗日人民军提供武器和派遣军事顾问。[③] 英军与马来亚人民合作联合抗日的主要力量是马来亚"136部队"(the Malayan Section of Force 136)。"136部队"是英军在"二战"期间的一个特别行动执行局(Special Operations Executive),总部设在斯里兰卡,但活动范围主要是在东南亚。马来亚"136部队"成立于1942年,成员主要是英国军人和马来游击队,由英国人担任主要领导,但也大量招募华人士兵,最初成员140余人,其中华人50多人。祖籍福建的林谋盛(Lim Bo Seng)就是"136部

[①][③] 王绳祖主编:《国际关系史·第六卷(1939—1945)》,世界知识出版社,1995年,第538页。

[②] 罗武:《马来亚的反抗》,海泉出版社,1982年,第91页。

队"著名的抗日英雄。林谋盛 1909 年出生,早年经商。1941 年 12 月,日本入侵东南亚后,他出任新加坡华侨抗敌动员总会执委兼劳动服务团主任,并组织华侨抗日义勇军。新加坡沦陷后,林谋盛被抄家,8 名家属被捕。1942 年夏,林谋盛奉命前往印度,组织中国留印海员战时工作队,担任组训委员兼总务组长。不久,中英两国政府签署协议,由中国政府选派百人优秀青年参加组建"136 部队"。林谋盛被推举为"136 部队"马来亚华人区长,陆军上校衔。1943 年 11 月,"136"部队人员潜入敌后开展活动,给日军造成沉重打击。1944 年 5 月 27 日,林谋盛不幸被捕,但他坚贞不屈,最终于 6 月 29 日壮烈牺牲。①1944 年 12 月,"136 部队"在霹雳北部组建"忠诚马来军团"(Askar Melayu Setia)、在彭亨组建了"国家军"(Tentera Wataniah)。此外,北婆罗洲还有"神山游击队"(The Kinabalu Guerrillas),沙捞越有"沙捞越反法西斯同盟"等多支抗日力量。1945 年,马来亚共产党与东南亚盟军指挥部达成共同抗日原则协议,由锡兰运来武器 3 500 件,英军派遣 500 人,分散在抗日部队中担任指挥官和教官。②

自 1942 年至 1945 年,马来亚人民抗日军与日军作战 300 多次,击毙或打伤日军官兵 6 000 多人,有力地打击了日本侵略者,是马来亚抗日战争的主力。至 1945 年,马来亚抗日力量已经控制了马来亚全境。1945 年 8 月 6 日,美国在日本的广岛投掷原子弹,8 月 9 日,美国又在长崎投掷原子弹,同时苏联宣布对日作战。在美、苏、中等世界反法西斯力量的强大攻势下,日本最终宣布投降。1945 年 9 月 2 日,日本外相重光葵代表日本天皇和日本政府,日军总参谋长梅津美治郎代表日本大本营在东京湾美国的"密苏里号"战舰上签署投降书,盟军最高司令官麦克阿瑟代表盟国签字。1945 年 9 月 12 日,东南亚的日军在新加坡正式举行向英军投降仪式,由日军驻苏门答腊、爪哇、马来亚的第七军指挥官板垣征四郎向东南亚盟军统帅蒙巴顿投降。9 月 13 日,在吉隆坡的日军第 29 军以石黑贞藏司令为代表向英军司令劳伯兹投降。③至此,日本对马来亚的殖民统治宣告结束。

日本在马来亚的统治产生了深远的影响。其一,日本的入侵虽然给马来

---

① 抗日战争胜利后,中国国民政府追赠林谋盛为陆军少将。1946 年 1 月 13 日,英军将林谋盛遗体带回新加坡,并以军礼为他重新埋葬在麦里芝蓄水池(MacRitchie Reservoir),林谋盛的墓地至今保留于此。如今,新加坡海滨公园(Esplanade Park)内立有一座林谋盛纪念塔。
② 王绳祖主编:《国际关系史·第六卷(1939—1945)》,世界知识出版社,1995 年,第 538 页。
③ 陈鸿瑜:《马来西亚史》,兰台出版社,2012 年,第 252 页。

亚人民带来了沉痛的灾难,但日本人赶走了对马来亚实行殖民统治100多年的英国人,西方军队威望扫地,"英国人不可战胜"的神话迅速破灭,增强了马来亚人民争取自由和独立的信心。东南亚国家普遍产生了这样的认识,即亚洲人是可以战胜欧洲人的,①这也是战后东南亚国家至今仍看重日本的一个重要原因。其二,日军投降前夕,许诺马来亚在"大印度尼西亚"范围内独立,激起了马来亚人民极大的反英情绪和民族独立意识,使战后英国企图恢复和加强殖民统治的努力遭到挫败,马来亚民族运动达到高潮。1945年8月17日,印度尼西亚独立。受到印度尼西亚的影响,马来亚的左派组织,包括马来亚共产党、马来青年联盟和半岛印度尼西亚人同盟等组建了"马来青年国民党"(Parti Kebangsaan Melayu Muda),要求自治,争取政治权利,掀起了马来亚的独立浪潮。此后,马来亚的民族主义分子与重返马来亚的英国殖民者展开了激烈的斗争,并最终于1957年取得独立。其三,日本的殖民统治激化了族群矛盾,马来人与华人之间的隔阂和分歧进一步加深。"二战"结束初期,马来亚各地爆发马来人与华人的冲突,以至于英国殖民者不得不宣布进入紧急状态,以此维护当地的治安。这些都深刻影响了战后马来亚社会、政治、经济的发展。

作者点评

　　日本对马来亚的统治时间虽然较短,但在马来西亚历史上非常重要,是承上启下的关键阶段,对马来西亚的政治、经济、外交都产生了深远的影响。

　　说日本统治马来亚是承上启下,是因为日本侵略者的到达,结束了欧洲殖民者对马来亚的统治,开启了日本殖民的历程。虽然日本对马来亚的统治十分残酷,但马来人从日本人身上看到了黄种人战胜白人的可能性。尽管后来英国人重返马来亚,但凭着这种可能性,马来人得以最终赶走英国人,独立建国。正是因此,马来亚人在赶走日本人后仍看重日本。1981年,马哈蒂尔上台后,一度提出了以日本为中心的"向东看"政策;2018年,马哈蒂尔再度当选总理后,再次呼吁"向东看"。

　　另一方面,日本统治期间,华人组织,尤其是马来亚共产党参加了抗日斗争,这是马来亚抗日历史上的大事,但马来亚共产党的地位也因此引起争议。日本人极大地挑起了马来人与华人的族群矛盾。

---

① *Malaysia Kita: Panduan dan Rujukan untuk Peperiksaan Am Kerajaan*, Petaling Jaya: International Law Book Services, 2007, p.92.

第五章
马来亚独立历程

1945年"二战"结束,英国重返马来亚,开始了重建马来亚的进程。马来亚的独立进程也由此拉开序幕。1946年,在英国的推动下,马来亚联盟成立。但由于马来苏丹和政治精英的强烈反对,马来亚联盟最终流产,取而代之的是1948年成立的马来亚联合邦。在主要马来人政党巫统的领导下,1956年1月,马来亚的政治精英赴伦敦与英国政府展开了独立谈判,英国最终同意马来亚联合邦于1957年8月31日独立。

一、英国重建马来亚

1945年8月,日本投降后,英军重返马来亚,再次对马来亚进行殖民统治。与此前殖民政策略有不同,英国殖民者此次进驻马来亚后,注重重新规划和设计马来亚的政治制度,重点是整合分散的马来亚,让马来亚在英国的管辖下实现自治。

1945年8月15日,英国政府发布"1号宣言"(Proclamation No.1),授予东南亚最高盟军统帅成立军政府(British Military Administration)。依据宣言,东南亚最高盟军统帅为军政府的主要负责人,拥有完全的立法、司法、行政权,并负责马来亚及新加坡地区民众和财产的最终裁决。同时,宣言规定,日本殖民前的所有法律和习俗应得到遵守,民众的权利和财产应受到尊重。除军事法院外,当局成立的所有法院和仲裁庭中止工作,并废止日本军政府发布的所有宣言。①"1号宣言"成为英国军队在东南亚殖民的指导性文件。

组建马来亚联盟 实际上,英国对战后马来亚的安排早在1942年就已提上日程。当时,皇家殖民地办公室(Pejabat Tanah Jajahan)与战争办公室(Pejabat Perang)在伦敦展开磋商,决定在英国本土成立马来亚计划小组(Unit Perancangan Tanah Melayu),拉尔夫·赫恩(Ralph Hone)少将为马来亚计划小组主席,负责重组马来亚。英国希望将马来联邦、马来属邦和海峡殖民地中的槟榔屿、马六甲等组建为马来亚联盟,②新加坡则单独建立皇家殖民地。③1944年3月22日,英国当局组织召开"战时内阁(部长级)委员会有关马来亚和婆罗洲的第一次会议",讨论马来亚统一问题。1944年5月31日,战时内阁会议举行,会议通过了成立马来亚联盟的决议,并将建立宪法联盟,给予非马来人平等的公民权。④马来亚联盟在宪法之下,归英国管辖。1945年9月3日,英国军队在槟州登陆,拉开了英军重返马来亚的序幕。9月5日,英军抵达新加坡。9月12日,英国军政府在马来亚成立,总部设在吉隆坡。英国军政府的成立标志着战后英国对马来亚的殖民统治进入新的历史阶段。时任东南亚最高盟军统帅蒙巴顿将军为军政府主要负责人。拉尔夫·赫恩少将担任军政府马来亚首席民政事务官员,拉尔夫·赫恩的副手、民政事务副官麦克科隆(P. A. B. McKerron)准将负责新加坡事务,维兰(Willan)准将负责马来半岛事务,⑤吉隆坡的事务由民政事务总部直接负责。1945年10月10日,英国议会正式宣布组建马来亚联盟计划。次日,英国派遣的特使麦克米歇尔爵士(Sir Harold Mac Michael)抵达马来亚,负责与马来各邦苏丹谈判并签署建立马来亚联盟协定,落实马来亚联盟计划。从1945年10月20日到12月21日,柔佛、雪兰莪、彭亨、森美兰、霹雳、吉打、玻璃市、吉兰丹、登嘉楼九位苏丹先后与英国签署马来亚联盟协议,同意交出手

---

① *British Document On the End of Empire Vol.1*, edited by S. R. Ashton. London: University of London Press, 1995, 转引自: British Military Administration (Malaya), From Wikipedia, https://en.wikipedia.org/wiki/British_Military_Administration_(Malaya) # cite_note-Ashton-2。

② 马来亚联盟(Malayan Union),也译作马来亚联邦。

③ 又译作直辖殖民地。

④ 陈鸿瑜:《马来西亚史》,兰台出版社,2012年,第255页。

⑤ British Military Administration is Established, 15th Aug 1945, http://eresources.nlb.gov.sg/history/events/e8284ccf-66eb-4114-a9f5-edc04b974325 # 9,访问时间: 2016年12月8日。

中的权力。1946年1月6日,麦克米歇尔爵士在完成了谈判签约的使命后回到伦敦。1946年1月22日,英国政府在伦敦公布成立新加坡皇家殖民地和"马来亚联盟"白皮书。次日,麦克米歇尔爵士再次作为英国特使被派遣到马来亚。1月29日,英国任命麦克唐纳(Malcom MacDonald)为马来亚联盟总督长(Gabenor-Jeneral),爱德华·真特爵士(Sir Edward Gent)为总督(Gabenor)。1946年4月1日,马来亚联盟正式成立,爱德华·真特爵士宣誓就任总督。

英国主导成立的马来亚联盟,首都在吉隆坡,包括马来半岛的11个州,即柔佛、吉兰丹、吉打、森美兰、彭亨、霹雳、玻璃市、雪兰莪、登嘉楼、槟榔屿(包括威尔士省)和马六甲,这是今天马来西亚版图的雏形。但新加坡不在马来亚联盟范围内,这是因为英国人认为,新加坡地缘位置特殊,是英国的战略和军事基地,应单独成为一个地区。有关马来亚联盟的政治结构,白皮书规定:第一,马来亚联盟由英国派驻的总督管理。总督的主要职责是指导、协调和召集相关会议。第二,马来亚联盟设立立法机构和行政机构。第三,在马来各邦派遣英国的驻扎官出任邦议会主席,剥夺苏丹的政治权力。苏丹仅保留象征性地位,主管各自邦的宗教和习俗。各邦苏丹组建顾问委员会,在总督需要时为总督提供咨询。

再次占领东马与文莱 在沙捞越,1945年英国重回马来亚后,有关沙捞越地位的问题被提上日程。由于沙捞越苏丹维纳·布鲁克年岁已高,且其下仅有三个女儿,没有儿子可继承王位,加之沙捞越的经济和社会在战后恢复发展期间需要大量资金,维纳·布鲁克深感压力巨大,于是决定放弃沙捞越的统治权,将其交与英国。1945年10月,维纳·布鲁克与英国殖民部签署初步协议,计划将沙捞越让渡给英国。1946年2月,双方签署正式让渡协议。同年5月,沙捞越州议会通过让渡协议。7月1日,沙捞越正式割让给英国,成为英国的皇家殖民地。布鲁克家族统治沙捞越100多年(1841—1946年)的历史宣告终结。沙捞越被割让给英国的决定引起了其他王室成员和民众的强烈不满,沙捞越的王储维纳·布鲁克的侄子安东尼·布鲁克、伊班族的领袖敦·朱加(Tun Jugah)等精英极力反对英国接管沙捞越。尤其是当看到马来半岛的民众反对马来亚联盟时,沙捞越地区的反英情绪更加高涨。伊班族的代表缺席了英国驻沙捞越第一任行政长官的就职典礼。1949年12月,英国驻沙捞越第二任行政长官斯图尔特(Sir Duncan Stewart)被马来民族主义分子罗斯里(Rosli Dhoby)刺杀。1952年,英国在沙捞越颁布紧急状态法令,应对社会动乱。1957年4月,在英国的监管下,沙捞越先于当时的马来亚联合邦颁布了宪法,成立一个由45名议员组成的立法机构。1959年6月起,沙捞越开始出现政党,沙捞越人民联合党是当时的第一个政党。1959年底,沙捞越举行首次选举。

在北婆罗洲,日本投降后,英国殖民政府重新获得北婆罗洲及纳闽的统治权。1946年7月15日,纳闽重归英属北婆罗洲,沙捞越和北婆罗洲被合并为英国的直辖殖民地。爱德华·弗朗西斯·川宁（Edward Francis Twining）出任首任北婆罗洲总督。1947年10月16日,英国与美国签署协定,将北婆罗洲东北部的海龟群岛划归菲律宾。1950年10月,北婆罗洲成立行政和立法委员会。1957年,北婆罗洲的土著开始担任行政高官,获得一定行政实权。

"二战"后,英国重新统治文莱,并任命英国驻沙捞越的总督兼任驻文莱高级专员,管理文莱事务。英国计划将沙捞越、北婆罗洲和文莱合并,建立一个统一的婆罗洲联邦。但文莱反对建立婆罗洲联邦,希望摆脱英国的殖民统治。1950年,苏丹赛里夫汀继位后,组建了一个咨询委员会,并着手制定宪法。1959年3月,文莱就制定新宪法和恢复自治问题与英国展开谈判。英国最终与文莱签署《宪法协定》,同意给予文莱自治地位,但国防、外交、治安等权力由英国掌控。

二、巫统的成立

马来亚联盟的成立激起了马来人强烈的民族主义情绪。马来苏丹和马来民族精英对英国人的马来亚联盟计划极为不满,随即掀起了一场声势浩大的反马来亚联盟运动。

早在英国人酝酿马来亚联盟计划之初,马来亚民众就强烈反对建立所谓的马来亚联盟。1945年12月28日,马来半岛10 000名民众举行游行集会,反对马来亚联盟。在麦克米歇尔爵士与马来苏丹谈判签署马来亚联盟协议期间,马来各邦苏丹对建立马来亚联盟表达了不满。实际上,九位苏丹都不愿在协议上签字,但英国人指控苏丹与日本勾结,并威胁称如果不签署协议,他们将被赶下台,新的苏丹将继位。[1]霹雳苏丹表示:"签字是没有经过较好

---

[1] *Malaysia Kita：Panduan Dan Rujukan Untuk Peperiksaan Am Kerajaan*, Kuala Lumpur: International Law Books Services, 2007, p.99.

的考虑的,因为在火烧眉毛的气氛中,我被搅昏了,也因为我表白着对皇上效忠始终不渝的心意。"吉打苏丹称:"我被递交了一份限定时间的口头最后通牒,要是拒绝签订新的协定,即我所声称的投降文件,那么就会有一个继任者签字,而被任命为苏丹。"①马来苏丹最终在英国的要挟之下,被迫签署了马来亚联盟协议,但其心中的不满在随后的反英运动中表达了出来。1946年1月19日,在马来亚联盟白皮书公布前三天,"吉打马来人组织"发起反对马来亚联盟的大规模群众集会,50 000人在亚罗士打参加游行抗议。

1946年以来,多个马来人组织相继建立,较有影响力的有拿督·奥恩·贾拉法尔成立的马来半岛联盟(Gabungan Melayu Semenanjung)。马来精英们组织集会,商讨应对马来亚联盟的方案。1946年3月1—4日,由"雪兰莪马来协会"(Persatuan Melayu Selangor)在吉隆坡新村苏莱曼苏丹俱乐部举办"全马来亚马来民族大会"(Kongres Kebangsaan Melayu Se-Melaya)。会议共有41个马来人组织、200多名代表参会,拿督·奥恩·贾拉法尔被推举为大会主席。所有马来人组织的代表,包括2个孩子做了发言。

巫统成立 会议通过三项重要决议,一是成立一个强有力的政党"马来民族统一机构"(巫统),以加强马来人的团结;二是反对马来亚联盟,对抗英国殖民者;三是赈济马来民族教育。起初,会议并未引起英国人的重视,但由于会议要求马来各邦苏丹拒绝出席马来亚联盟首任总督的就职典礼,要求所有马来人在帽子上扎上白布条并在袖子上缠上黑布7天,要求联邦议会和各邦议会的所有马来议员抵制议会的会议,②这使得英国人感到前所未有的压力。与此同时,大会成立了一个五人委员会,成员包括拿督·奥恩·贾拉法尔、拿督·邦立马·布基特·甘丹(Dato' Panglima Bukit Gantang)、拿督·尼克·艾哈迈德·卡米勒(Dato' Nik Ahmad Kamil)、拿督·哈姆扎·阿卜杜拉(Dato' Hamzah Abdullah)、塞纳尔·阿比丁·艾哈迈德(Encik Zainal Abidin Ahmad),他们负责着手制定一个完整的政党章程,为巫统的成立做准备。

1946年5月11日,在柔佛新山的大皇宫,第三届"全马来亚马来民族大会"和巫统第一次最高会议举行。会议宣布英国人签署的马来亚联盟条约无效,要求取消马来亚联盟,同时通过巫统章程。马来亚历史上最重要的马来

---

① [英]理查德·温斯泰德:《马来亚史》,姚梓良译,商务印书馆,1974年,第501页。
② 陈鸿瑜:《马来西亚史》,兰台出版社,2012年,第260页。

人政党——巫统(United Malays National Organisation, UMNO)①正式宣告成立。巫统的成立使马来人有了自己的政党。从此,巫统成为马来民族精英反对英国殖民者、争取民族独立、推动国家政治发展的主要力量。依据巫统章程,巫统的最高权力机构为最高理事会(Majlis Tertinggi UMNO)。该理事会的组织机构分为三层:第一层是领导层,该层共由七人组成。其中,主席一人、署理主席一人、副主席五人。副主席五人中,有三人兼任巫统青年团(Putera UMNO)、巫统妇女组(Wanita UMNO)、巫统女青年团(Puteri UMNO)的主席。巫统的首任主席为该组织创始人拿督·奥恩·贾拉法尔。最高理事会的日常工作由巫统执行主席(Pengerusi)和执行副主席(Timbalan Pengerusi)负责。第二层为工作层,由三人组成,即巫统财政官、新闻官和秘书长,他们分别负责巫统的财务、新闻事务和日常事务。第三层为其他成员,共由37名巫统党员组成。巫统每年召开一次全国代表大会。在马来亚独立后,最高理事会成员同时也是联邦内阁成员,巫统主席担任政府总理并兼任执政联盟主席,署理主席一般为政府副总理。

巫统的决策机构和权力中心是最高执行委员会。委员由代表大会选举、巫统主席任命,两名副主席由巫统青年团和巫统妇女组主席兼任,其他三名副主席由代表大会选举产生。巫统在各州设有分部,地方机构分为州联络委员会、区部(按选区划分)和支部三级。②从历史发展的角度看,巫统青年团、妇女组、女青年团成立相对较晚。成立初期,巫统始终秉持马来人至上的理念,维护马来人权力,反对马来亚联盟是其基本诉求。

巫统成立后,马来民族主义情绪高涨,英国人也开始逐渐重视马来人的政治诉求,积极与马来民族分子磋商和沟通。1946年5月28—29日,英国保守党国会议员甘曼斯前往马来亚各地,与马来各邦苏丹、马来族群领袖以及巫统的领袖举行会谈。③但会谈期间,以霹雳苏丹为首的马来民族主义分子举行游行示威,要求废止马来亚联盟。6月2日,马来亚联盟与英国驻东南亚总专员麦克唐纳抵达吉隆坡,与各邦统治者举行会谈。6月29日,巫统向

---

① 巫统不是马来亚的第一个政党。按照马来人的说法,马来亚的第一个政党是1937年成立的马来青年协会(Kesatuan Melayu Muda),参见 *Malaysia Kita: Panduan dan Rujukan untuk Peperiksaan Am Kerajaan*, Petaling Jaya: International Law Book Services, 2007, p.177.
② 张锡镇:《当代东南亚政治》,广西人民出版社,1994年,第267页。
③ 陈鸿瑜:《马来西亚史》,兰台出版社,2012年,第261页。

麦克唐纳等官员提出了马来人的诉求和意见书。1946年7月2日,巫统大会发表声明,拒不承认马来亚联盟条约,反对马来亚联盟。与此同时,马来民族精英开始酝酿成立新的国家实体"马来亚联合邦"。

马华公会建立 在马来人高调反对马来亚联盟之际,马来亚地区的其他族群也积极表态,支持马来人反对马来亚联盟。1945年,由华人社会发起成立的马来亚民主联盟(Malayan Democratic Union)公开反对马来亚联盟,认为马来亚联盟不民主,且没有将新加坡纳入其中。[①]联盟主张通过选举建立自治政府,各民族享有平等的公民权。1946年6月,华人政治家陈祯禄(Tan Cheng Lock)从印度返回马来亚,着手推动马来亚自治。陈祯禄出生在马六甲,系第五代华人,祖籍福建漳州,早年接受英国教育,会讲英语和马来语。1902—1908年,陈祯禄在新加坡的莱佛士学院当了6年的院长。1916年,陈祯禄被委任为马六甲乡村局委员,开始了他的从政之路。1922年当选海峡殖民地立法议员后,陈祯禄致力于为海外华人争取平等权益,并多次抗议殖民地政府歧视华人的政策。

1946年12月,陈祯禄领导非马来人群体提出了反对马来亚联盟的政策主张。陈祯禄认为,马来亚联盟不可接受,应该废止英国与马来各邦苏丹签署的协议,取而代之的应是一个包括新加坡在内的马来亚,并且马来亚各族群应该拥有平等的公民权。1949年2月,在陈祯禄、梁宇皋、李孝式的共同努力下,马来亚华人组建了自己的政党马来亚华人公会(马华公会)。陈祯禄担任马华公会首任会长,梁宇皋担任马华公会首任秘书长。马华公会成立后致力于帮助当地华人改善生计,通过销售福利彩票解决华人新村的民生问题,[②]并积极参与马来亚的政治活动,维护华人政治利益,争取马来亚的民族独立。

印度人国大党建立 与此同时,印度人群体也积极推动马来亚自治,反对马来亚联盟。1946年8月,马来亚的印度人群体开始反对英国殖民统治,约翰·迪威(John Thivy)创立了马来亚印度人国大党(Malaysian Indian Congress)。约翰·迪威早期在马来亚霹雳州学习,后赴伦敦学习法律。在英国留学期间,曾与印度的圣雄甘地见面,深受甘地的影响。1932年迪威求学完成后回到马来亚,开始致力于印度的民族斗争。1946年,他模仿印度国

---

① *Malaysia Kita*: *Panduan Dan Rujukan Untuk Peperiksaan Am Kerajaan*, Kuala Lumpur: International Law Books Services, 2007, p.178.

② 黄家定:《华人社会与多元族群政治》,吉隆坡策略分析与政策研究所,2007年,第6页。

内的国民大会党(国大党)模式,创立了马来亚印度人国大党,但起初马来亚印度人国大党仍主要关注印度国内的民族独立斗争。1948年8月印度独立后,马来亚印度人国大党开始转向反对马来亚境内的英国殖民者,支持马来民族争取民族独立。尽管马来亚境内的多数印度人都支持马来亚联盟,但马来亚印度人国大党反对组建马来亚联盟。①

巫统、马来亚印度人国大党、马华公会相继成立后,马来亚地区的政治生态出现了新的变化。虽然上述三个政党之间利益诉求有所不同,如巫统主张维护马来人利益,认同"马来人的马来亚"理念,而印度人国大党和马华公会则致力于维护非马来人利益,主张非马来人也可以获得公民权,但以上三个政党在追求民族独立、实现马来亚自治这个根本利益上立场基本一致。三大政党之间这种复杂交错的利益关系深刻影响了此后马来亚政局的发展。

其他政党、组织涌现 20世纪50年代初,巫统内部出现新的变化。首任主席拿督·奥恩·贾拉法尔提出,应将巫统建立为一个开放、包容的多元族群政党,主张将巫统的名称马来民族统一机构(United Malays National Organisation)改为马来亚民族统一机构(United Malayans National Organisation),希望吸纳所有马来亚的民众参与。但此建议遭到巫统内部的激烈反对,反对者认为巫统应该坚持以维护马来人特权为主要任务。1951年8月26日,在各方的压力和反对之下,拿督·奥恩·贾拉法尔辞去巫统主席职务,离开巫统,创办了马来亚独立党(Independence of Malaya Party)。独立党的目标是建立一个以马来人为中心的可容纳各民族的政党,受到英国主要官员和多数马来人的支持。1952年,独立党在吉隆坡市政选举中失利,最终因未能得到华人的支持而解散。1954年2月,拿督·奥恩·贾拉法尔又创办国家党(Parti Negara)。国家党吸取了独立党的教训,转而争取马来人,致力于维护马来人的利益,实现马来亚的民族独立。拿督·奥恩·贾拉法尔离开巫统后,巫统主席一职由拉赫曼接任,拉赫曼在马来亚独立后成为马来亚的首任总理。在拿督·奥恩·贾拉法尔离开巫统的同时,巫统内部的保守派开始策划建立一个新的政党。1951年8月23日,马来亚乌里玛大会在吉隆坡举行,会议决定成立"全马来亚乌里玛协会"(Persatuan Ulamak Se-Malaya)。同年11月24日,"全马来亚乌里玛协会"更名为"全马来亚伊斯兰协会"

---

① Malaysian Indian Congress, From Wikipedia, https://en.wikipedia.org/wiki/Malaysian_Indian_Congress#cite_note-3,访问时间:2017年4月7日。

(Persatuan Islam Se-Malaya),多名巫统党员,包括宗教师艾哈迈德·福安的·哈山(Ahmad Fuad Hassan)都是"全马来亚伊斯兰协会"的成员。1955年,"全马来亚伊斯兰协会"正式注册成为政党,称"泛马伊斯兰教党"(简称"伊斯兰教党"),是迄今马来西亚最有影响力的伊斯兰教政党。伊斯兰教党主张严格遵守伊斯兰教法,建立伊斯兰国家,其主要支持力量来自马来半岛北部。该党的政策主张与巫统、马华公会和印度人国大党的政策主张分歧较大,这成为后来马来西亚政局发展演变的重要因素。

马来亚联盟的成立之所以引发马来民族精英的强烈不满,导致马来亚政治生态发生翻天覆地的变化,在马来人看来,主要原因如下:一方面,英国人在筹建马来亚联盟过程中,尤其是在起草《马来亚联盟宪法》时没有听取马来人的意见,也没有邀请马来人参与宪法的制定,这使马来人非常愤怒。另一方面,马来亚联盟剥夺了各邦苏丹的政治权力,苏丹的政治地位一落千丈,沦为英国殖民者的傀儡。苏丹大权旁落,使其无法保护马来人的特权和马来人的文化,这是对马来人传统政治生活方式的挑战。此外,英国人与马来亚各邦苏丹签署的马来亚联盟协议违背马来亚各邦宪法(Perlembagaan Negeri Negeri Melayu)。依据马来亚各邦宪法,苏丹在与英国人签署协议前应与各邦的高官显贵举行磋商。但各邦苏丹是在英国人的压力之下,在没有与高官显贵磋商且没有充分时间阅读所签协议的背景下签署的。再说,马来亚联盟给予非马来人公民权,这是对马来人土著地位的一种挑战。非马来人获得公民权可能使非马来人数量最终超过马来人,进而威胁到马来人的特权地位。[1]马来人甚至认为,非马来人获得公民权将导致"种族绝灭"。[2]巫统质疑非马来人对马来亚联盟的忠心,反对给予非马来人公民权;而非马来人则竭力维护自身族群的政治、经济和文化权利,尤其是力争公民权,这是巫统与马华公会、印度人国大党的主要分歧所在。

三、马来亚联合邦成立

早在英国人酝酿成立马来亚联盟期间,马来亚民族精英就主张建立联邦

---

[1] *Malaysia Kita*: *Panduan Dan Rujukan Untuk Peperiksaan Am Kerajaan*, Kuala Lumpur: International Law Books Services, 2007, p.105.
[2] [英]D.G.E.霍尔:《东南亚史》(下册),中山大学东南亚历史研究所译,商务印书馆,1982年,第942页。

制的国家,以使马来亚获得更多自治权。巫统成立之后,粉碎马来亚联盟、建立马来亚联合邦的目标被正式提上日程。

组建马来亚联合邦 1946年3月,在马来亚联盟成立前,马来各邦统治者就提出以联邦(Federation)代替联盟(Union)。①马来亚联盟成立后,马来苏丹、巫统、英国殖民者三方多次举行磋商,讨论建立联邦的可能性。联邦与联盟的主要区别在于在联邦之下,马来苏丹的权力、马来人的特权将得到维护。同时,联邦对公民权的限制条件增加,即居民需要在马来亚居住15到25年、宣布为永久居住,并且掌握马来语和英语。在行政体制上,联邦的最高行政长官是高级专员,而非总督,显示其权力来自马来苏丹而非英国王室。②1946年7月4日,马来苏丹、巫统和英国殖民者达成初步协议,宣布将以马来亚联合邦(Persekutuan Tanah Melayu)取代马来亚联盟。1946年11月6日,英国殖民者成立了一个专门委员会,负责制定《马来亚联合邦宪法》。11月23日,马来苏丹、巫统和英国殖民者三方举行会议,商讨《马来亚联合邦宪法》。1946年12月7日,英国皇家殖民地秘书正式对外宣布,马来亚联盟即将解散,取而代之的是马来亚各州联合邦(Persekutuan Negeri-Negeri Melayu)③。12月23日,制宪委员会在与相关各方磋商后,公布了建立马来亚联合邦的蓝皮书,主要内容如下:

其一,成立马来中央政府,但维持各邦的独立性,给予效忠马来亚的人民公民权,保障马来人的特殊地位。

其二,马来亚联合邦受英国保护,国王和各邦统治者拥有权力,经相互协商后可允许其他领地入邦。

其三,马来亚联合邦包括马六甲、彭亨等九个州,但不包括新加坡。

其四,联邦中央政府包括高级专员、联邦行政委员会、联邦立法委员会。各邦政府由统治者、州行政委员会和州立法委员会组成。设立统治者会议,每年至少与高级专员会谈三次。高级专员代表国家行使国防和外交权力,其被赋予的行政权须符合国王和各邦统治者赋予他的权力。

其五,未来,国王在各邦的管辖权应仅限于国防和外交,且须受枢密院的

---

① ② 芭芭拉·沃森·安达娅、伦纳德·安达娅:《马来西亚史》,黄秋迪译,中国大百科全书出版社,2010年,第318页。

③ *Malaysia Kita*:*Panduan Dan Rujukan Untuk Peperiksaan Am Kerajaan*, Kuala Lumpur:International Law Books Services, 2007, p.102.

约束。除伊斯兰教和马来风俗习惯外，统治者应接受高级专员的意见。各邦统治者须听取英国顾问的意见。

其六，拥有公民权的人包括：在马来亚联合邦出生，在过去15年内，连续在马来亚联合邦居住满10年的人；或是在过去20年，连续在马来亚联合邦居住满15年的移民。所有申请公民权的人需要有良好的品行，懂马来语和英语，并声明有长久居住之意，以马来亚为其故乡，并效忠马来亚。

其七，废止现行的马来亚联合邦枢密院令，由英国和单个统治者签订的协议取代前英国和所有邦的统治者签订的协议。①

从蓝皮书的内容看，英国殖民者向马来亚苏丹做出了一定妥协。苏丹在继续保留宗教和文化习俗权力的同时，可以通过统治者会议参与到国家政治事务之中，尽管其权力仍受到一定限制。英国统治者在行使行政权力的同时也需要符合苏丹赋予他的权力。在公民权方面，马来亚联合邦所设定的公民权条件远比马来亚联盟申请公民权的条件要高，这在一定程度上缓解了马来人的不满情绪，但引发了非马来人的不满。

1947年7月24日，英国政府在伦敦宣布建立马来亚联合邦的计划。1948年1月1日，马来亚收入税开始征收；1月21日，英国高级专员和马来亚各邦苏丹在吉隆坡签署了马来亚联合邦协议，马来亚联盟解散，《马来亚联合邦宪法》颁布。2月1日，马来亚联合邦正式成立。

维护马来人利益的联合邦宪法 《马来亚联合邦宪法》是马来西亚历史上一部非常重要的宪法，它构建了此后马来西亚的政治框架。宪法主要内容有11条：

1.马来亚联合邦将于1948年2月1日成立，包括玻璃市、吉打、霹雳、雪兰莪、森美兰、柔佛、彭亨、登嘉楼和吉兰丹，以及海峡殖民地的马六甲和槟榔屿。新加坡仍是英国的皇家殖民地。2.英国高级专员领导马来亚联合邦政府。3.为协助英国专员工作，成立工作会议委员会（Majlis Mesyuarat Kerja）②和联邦法律委员会（Majlis Undangan Persekutuan）。工作会议委员会由17人组成。联邦法律委员会由75人组成，英国专员任主席。4.建立统治者会议，

---

① Keesing's Contemporary Archives, Feb.15-22, 1947, p.8441,转引自陈鸿瑜：《马来西亚史》，兰台出版社，2012年，第262—263页。
② 英文文献认为，马来亚联合邦的两个机构：一个是行政委员会，一个是立法委员会。此处采用的是马来文文献的说法。

给予英国专员提供咨询意见。5.每个州成立州法律会议委员会（Majlis Mesyurawat Undangan Negeri），其作用与联邦法律委员会类似，由各州苏丹任主席。6.设立州务大臣一职，以取代英国驻扎官。7.扩大州政府的权力，覆盖有关财政、地方政府、卫生、宗教和土地事务。8.自《马来亚联合邦宪法》实施起，以下人员可自动成为马来亚联合邦的公民：(1)马来各州的所有公民；(2)在槟榔屿和马六甲出生的所有英国人，需在联合邦内的任一地区连续居住满15年；(3)在联合邦任一地区出生的英国人，或其父亲出生在联合邦的任一地区或在相关地方连续居住满15年；(4)已经在联合邦出生的所有人，且需会讲马来语，践行马来文化和习俗；(5)已经在联合邦任一地区出生的所有人，或其父亲在联合邦的任一地区出生或在相关地方连续居住满15年。9.申请公民权者，必须宣誓效忠马来亚，并且要有良好的品行、会讲马来语和英语，符合申请公民权的条件，条件包括：(1)在马来半岛出生的人，在申请公民权之前的12年间至少有8年在马来半岛居住；(2)移居到马来半岛的人，在申请公民权之前的20年间至少有15年在马来半岛居住。10.高级专员全权负责保护马来人的特权和其他各族群的利益。11.马来苏丹是其所在州的统治者。①

从马来亚联合邦的筹建到《马来亚联合邦宪法》的公布，再到马来亚联合邦的最终建立都引发了马来亚民众尤其是非马来人的不满。1946年11月19日，马来亚共产党、马来亚国民党等组织举行会议，商讨成立一个反对马来亚联合邦的联合阵线。以陈祯禄为首的代表提出了三项原则：一是马来亚联合邦应该包括新加坡；二是联合邦的中央政府和州政府应该由民选产生；三是在马来亚永久居住并效忠马来亚的人享有平等的公民权。②1946年12月14日，马来亚民主联盟领导成立了联合行动委员会，后扩展为全马来亚联合行动委员会（All-Malaya Council of Joint Action）。委员会成员包括了当时马来亚和新加坡的一些政治团体，如马来亚国民党、新加坡自由工会、海外华人英国人协会、马来亚印度人国大党、雪兰莪印度人商会等，总人数达50万人之多。全马来亚联合行动委员会以反对马来亚联合邦

---

① *Malaysia Kita*：*Panduan Dan Rujukan Untuk Peperiksaan Am Kerajaan*, Kuala Lumpur: International Law Books Services, 2007, pp.106-108.

② Yeoh, Kim Wah, *Political Development of Singapore*, 1945-1955, Singapore: Singapore University Press, 1973, p.320.

为主要目标,主要诉求是马来亚联合邦政府取消与马来人的所有协议,承认全马来亚联合行动委员会是马来所有族群的合法代表,并且应由它与政府磋商宪法问题。

1946年12月起,反对马来亚联合邦的游行、示威不断。马来人、非马来人举行了集会、罢工、罢市、游行等反对活动。1947年10月,马来亚和新加坡全境爆发了总罢工,整个1947年罢工人数超过了35万,以此抗议建立马来亚联合邦。1947年9月21日,全马来亚联合行动委员会与分离出去的马来亚国民党另组的一个行动委员会共同起草了《人民宪法建议》(People's Constitutional Proposals)。①《人民宪法建议》除了坚持陈祯禄主张的三项原则外,主要内容还包括:马来统治者通过民选产生的理事会行使对人民的主权权力;马来统治者通过特别理事会管控马来的宗教和习惯;马来语为官方语言;任何获得公民权的人都应赋予"马来人"(Melayu)的称谓;马来政府和英国政府共同负责国防和外交事务。《人民宪法建议》遭到英国政府的反对,但马来亚民众的强烈反对最终导致英国殖民政府不得不宣布马来亚全国进入紧急状态。

四、紧急状态

说到紧急状态,就不得不提起马来亚共产党(Parti Komunis Malaya)。但马来亚共产党在马来西亚属较为敏感话题,争议颇大,有关马来亚共产党的官方历史文献难以获得。中外及马来西亚学者有关马来亚共产党历史的阐释也不尽相同。本节力图从现有文献中尽可能还原马来亚共产党的历史。

马来亚共产党的成立与发展 马来亚共产党前身是南洋共产党。20世纪20年代初期,在马林等一批共产国际活动家的推动下,共产主义思想开始在马来亚地区兴起,并逐渐传播开来。但也有学者认为,马来半岛最早的共产主义活动源于印度尼西亚。②1927—1928年,中国共产党领导的海陆丰起

---

① 韩方明:《华人与马来西亚现代化进程》,商务印书馆,2002年,第146页。
② Khoo Kay Kim, "Tanah Melayu: Satu Kajian Politik: 1900-1941", dalam Zainal Abidin bin Abdul Wahid(Ed.), *Sejarah Malaysia Sepintas Lalu*, Kuala Lumpur, Dewan Bahasa dan Pustaka, 1971, ms 99.

义和广州起义失败后,一些中国的共产党员为躲避国民党的追捕,来到了新加坡和马来半岛,建立了中共南洋临时党支部,①此后改名为中共南洋临时工作委员会和南洋共产党临时委员会。南洋共产党②建立后,总部设在新加坡。1930年4月30日,南洋共产党在森美兰州瓜拉比拉村召开第三届党员代表大会,决定解散南洋共产党,改组成立马来亚共产党。马来亚共产党是由马来裔、华裔和印度裔的无产阶级共同组成的政党。黎光远为马来亚共产党第一任总书记、吴清为组织部部长、傅大庆为宣传部部长。马来亚共产党由中央执行委员会(Central Executive Committee)领导,该委员会共有12—15名委员,其中6名委员组成政治局。政治局负责在中央执行委员会休会期间领导马来亚共产党。在各个州,马来亚共产党还建有州中央执行委员会(State Central Executive Committee)。

成立初期,马来亚共产党共有成员15 000人,③支持者达到10 000人。在与殖民者斗争的过程中,马来亚共产党遇到不少挫折,尤其是高层领导更迭不断。如黎光远担任马共总书记仅两周即被逮捕入狱,坐牢两年后被驱逐到中国,遭中国国民党政府杀害。④黎光远被捕后,林庆充继任总书记,但一年后辞职。1931—1935年,马来亚共产党历经符鸿纪、何文汉、欧德修、李启新、陈良等五任总书记。

马来亚共产党与英国的较量 尽管领导层更迭,但马来亚共产党领导的工人运动却如火如荼地进行着。1934年,马来亚共产党领导的工会总同盟成立。当地华侨在工会同盟的领导下掀起了一场轰轰烈烈的反对英国殖民者的工人运动。1934年4月,吉隆坡英国铁路管理处非法解雇了几名铁路工人,激起了铁路工人的愤怒。1 800多名工人随即发起总罢工,要求英国殖民者保障工人的合法权利。新加坡和马来亚的大批工人加入了罢工。至当

---

①④ 于洪君:《马来亚共产党及其武装斗争的兴起与沉寂》,《当代世界与社会主义》(双月刊)2015年第2期,第43页。

② 从目前笔者掌握的文献看,有关南洋共产党成立的时间,各方说法不一。马来学者撰写的文献认为,南洋共产党成立于1927年,如马来西亚国民大学历史、政治与战略研究中心高级讲师理查尔·雅库(Rizal Yaakop)博士的论文"Malaysian Communist Party (Mcp), Explaining its Early Political Orientation"。也有中文文献认为,南洋共产党成立于1928年,如陈鸿瑜的《马来西亚史》。另有陈晓律的《马来西亚:多元文化中的民主与权威》(四川人民出版社,2000年)。本文采用马来学者的观点。

③ Azlan Tajuddin, *Malaysia in the World Economy (1824-2011)*, Maryland, Lexingtong Books, 2014, p.123.

年5月,罢工最终发展成为马来亚历史上最大规模的罢工。①同年,马来亚5 000多名煤矿工人举行武装起义,反对英国殖民者的压迫,并建立了苏维埃政权,但此政权仅仅坚持了一个星期便失败了。

1935年,马来亚共产党领导层做出调整,曾担任马共槟州地委书记的蔡白云当选总书记,共产国际派至马来亚的代表莱特(Lai Teck)担任蔡白云的副手。莱特的到来对马来亚共产党后来的发展产生了巨大而深远的影响。莱特是化名,其真名已无从考证。后来,莱特被英国安全机构雇用,成为英国人的间谍,在新加坡和马来亚活动,并成功潜入了马来亚共产党。1931年,莱特又受共产国际的委派成为共产国际潜伏在马来亚共产党的间谍。1935年,莱特当选马来亚共产党的中央委员。在成为蔡白云的副手后,莱特开始采用各种伎俩操控马来亚共产党,并利用英国警方的帮助,打击党内的对手,出卖了总书记蔡白云,致使蔡白云被英国殖民当局逮捕入狱。蔡白云被捕后,杨少民继任总书记。

1936年,新加坡罐头厂的工人发起大规模罢工,要求英国政府提高工人工资,实施社会保险。此罢工遭到英国当局的残酷镇压。随后,20万工矿工人举行了反迫害大罢工。此轮罢工影响甚大,波及城乡各地,延续9个多月,并最终取得胜利,给予英国人沉重的打击。1936—1940年,马来亚和新加坡各地的工人罢工此起彼伏,一浪高过一浪。1939年4月,莱特当选马来亚共产党的总书记。莱特上任后,主张开展公开、合法的斗争,对英国人采取不抵抗政策,但工人运动依然此起彼伏。1940年5月1日,新加坡5万工人举行了盛大的示威游行,进一步激化了英国人与马来亚共产党的矛盾。马来亚共产党因此也成为英国殖民者的眼中钉。

1941年,日本侵入马来亚后,为了对付日本人,英国殖民者转变策略,开始与马来亚共产党合作抗日,并同意马来亚共产党参与未来马来亚的政治设计。②马来亚共产党组建马来人民抗日军,积极抗日。1945年,日本投降后,英国重返马来亚,再次开启殖民统治。马来亚共产党为争取国家独立积极斗争,站到了英国人的对立面。双方的矛盾日益激化。

1947年3月,马来亚共产党总书记莱特被刺杀,陈平随即接替莱特担任

---

① 林远辉、张应龙:《新加坡马来西亚华侨史》,广东高等教育出版社,2008年,第403页。
② Barbara Waston Andaya and Leonard Y. Andaya, *A History of Malaysia Second Edition*, Palgrave, 2001, p.269.

总书记,成为任期最久(1947—1989年),也是历史上马来亚共产党的最后一任总书记。陈平于1924年生在马来联邦霹雳州实兆远的一个中产阶级家庭,祖籍是中国福建省福州的福清,父亲王声标是霹雳州的商人。早年,陈平在实兆远的中国学校学习汉语,积极投身抗日救国运动,领导了多个抗日组织。因抗日有功,英国政府曾给陈平颁授英帝国官佐勋章(OBE)。1940年,陈平加入马来亚共产党,后成为马来亚共产党在霹雳州怡保地区的区委委员。1947年担任总书记后,陈平主张通过武装起义夺取政权,引导工人进行"暴力活动"①。这进一步加剧了马来亚共产党与英国殖民者的矛盾。

从1947年开始,马来亚共产党大规模开展宣传活动,工人运动也日益增多,与劳资有关的暴力事件呈现上升趋势,袭击采矿区和种植园管理人员的事件时有发生。②与此同时,1947年后,马来亚的经济形势开始变得紧张。由于日本殖民期间大肆掠夺马来亚的自然资源,大面积的橡胶园最终被遗弃、矿区被关闭,马来亚的经济变得脆弱不堪。1947年中旬,马来亚的橡胶价格下降、工人工资降低、失业率上升、通货膨胀加剧,企业工人生活压力增大,工人与雇主的矛盾激化。在此背景下,殖民政府加强了对劳工的控制,但此举激起了劳工的强烈不满,罢工和游行不断。

实施紧急状态 1948年,工人运动日益高涨。罢工工人与殖民政府的冲突十分激烈。在柔佛的一个种植园,罢工工人与警察发生冲突,7位警察被打死,另有10人受伤。③同年6月初,马来亚的职工工会遭到霹雳州欧洲橡胶园主唆使的暴徒袭击。随后,马来亚人民抗日军领导的游击队与暴徒发生冲突,导致3名欧洲橡胶园主死亡。英国殖民政府以此为借口,开始大肆镇压共产党。6月23日,英国政府颁布实施《紧急状态条例》,在马来亚联合邦和新加坡实施紧急状态,④并成立了专门的警察部队保护锡矿和土地的安全。《紧急状态条例》授权殖民政府可以在不审判的情况下,抓捕和扣留马来

---

① Barbara Waston Andaya and Leonard Y. Andaya, *A History of Malaysia Second Edition*, Palgrave, 2001, p.271.
② Barbara Waston Andaya and Leonard Y. Andaya, *A History of Malaysia Second Edition*, Palgrave, 2001, p.272.
③ Hua Wu Yin, *Class and Communalism in Malaysia: Politics in a Dependent Capitalist State*, London: Marram Books, 1984, p.87.
④ Malaysia Kita, *Panduan Dan Rujukan Untuk Peperiksaan Am Kerajaan*, Kuala Lumpur: International Law Books Services, 2007, p.112.

亚共产党。马来亚共产党被宣布为非法组织，马来亚国民党、马来亚民主同盟停止活动，英国殖民当局悬赏 25 万美元抓捕陈平。但据兰德公司的研究报告，当时警察部队仅有 1 万人，而马来亚共产党的游击队员有 1.2 万人。①

1948 年 12 月，陈平发表《马来亚革命战争的策略问题》一文，主张进行农村游击战，以迫使英国人撤出农村地区。不过，在紧急状态令实施后，英国政府向澳大利亚、斐济、肯尼亚和尼泊尔的军队求援，大规模地逮捕和屠杀马来亚共产党及其支持者，马来亚共产党的行动受到限制。到 1948 年底，共有 1 779 名同情共产党的人士被监禁，数百人被驱赶出境。②在英国殖民者的打压之下，马来亚共产党领导的工人运动随即进入低潮，被迫转入丛林。他们在丛林中建立根据地，积极发动民众运动，开始了游击战。

1950 年 2 月，英国对马来亚共产党的"围剿"进入高潮。2 月也被称作"围剿月"③。同年 3 月，英国政府任命哈罗格·布里格斯为"紧急事态军事行动"的指挥官。布里格斯上台不久，推出了所谓的"布里格斯计划"，以重点打击马来亚共产党游击队。为了切断民众对马来亚共产党的支持和援助，布里格斯采取大规模转移民众的政策，即将相当于当时马来亚人口十分之一（50 万）的民众转移到远离马来亚共产党游击队的"新村"。"新村"由警方 24 小时监管，安全防范措施十分严密。部分"新村"还建有防御工事，以严防民众逃窜和共产主义势力的渗透。英国殖民者为"新村"的民众提供水、电等基础设施保障，并给他们提供医疗和教育服务。

在整个紧急状态时期，马来亚共建设了 450 个新村，转移民众 470 509 人，其中绝大多数为华人。较为有名的"新村"有 15 个，包括吉隆坡的陆佑新村（Loke Yew New Village）等。1949 年，马来亚华人公会成立后，首要的任务就是致力于改善和提高"新村"地区民众的生活水平和福利。"新村"的建设给马来亚带来的危害是巨大的。一方面，"新村"的建立实际上是将马来人和华人进行了所谓的分而治之，加剧了马来人与华人的隔阂；另一方面，"新村"的出现进一步凸显了马来亚共产党的负面形象，强化了马来亚当局对马来亚共产党作为"政权颠覆者"的错误认知。

---

① R.W. Komer, *The Malayan Emergency in Retrospect: Organization of a Successful Counterinsurgency Effort*, R-957-ARPA, February, 1972, p.11.
② Barbara Waston Andaya and Leonard Y. Andaya, *A History of Malaysia Second Edition*, Palgrave, 2001, p.272.
③ 张锡镇：《当代东南亚政治》，广西人民出版社，1994 年，第 60 页。

1951年10月6日,英国驻马来亚最高专员亨利·葛尼爵士被杀。1952年1月22日,丘吉尔任命杰拉德·邓普勒(Sir Gerald Walter Robert Templer)爵士为英国驻马来亚高级专员,负责处理紧急状态事务。唐纳德·麦克吉·李福瑞(Donald MacGilivray)任副高级专员。2月7日,邓普勒抵达吉隆坡。上任后,邓普勒重点对马来亚共产党进行军事打压,注重开展情报工作。邓普勒认为,解决马来亚共产党的叛乱,关键不是派遣更多的军队深入丛林"剿匪",而是要赢得民心。为此,他首先给予260万马来民众以公民身份,同时要求"新村"的建设要能吸引民众,以获得更多民众支持。对所谓的共产党叛乱分子,邓普勒设定诱降、严打两个方案。在英国人的严厉打压之下,马来亚共产党被迫撤退。1953年,马来亚共产党第十纵队历经一年多,从彭亨州斯文丹撤退至泰国南部的哈拉村(Kampung Hala),而陈平则撤退到勿洞,建立指挥所。①据英国当局的统计,截止到1953年1月,英国军警共杀死3 510名华侨,②而从1948年6月紧急状态开始到1953年初,被英国殖民当局拘禁和驱逐的华侨达24 036人,③不少华人的房屋被烧毁,华侨的学校被封闭。1953年9月,英国人将未受到游击队影响的地区设定为"白色区域",放松监管和宵禁。

五、走向独立

尽管英国殖民当局对马来亚共产党实行严厉打击,但英国对马来亚的政策是希望马来亚能够在英国的安排下实现自治。早在1948年马来亚联合邦建立后,英国殖民当局便开始稳步推进各项安排,如颁布实施地方选举法令,陆续举行地方选举,设立马来亚联合邦行政机构和立法机构,任命行政和立法机构成员等。

几次重要的选举 1951年12月1日,槟州举行了首次民主选举。这是英国重返马来亚以后,也是马来亚联合邦建立以来,马来亚的首次民主选举。在此次选举中,马来人政党巫统仅获得1个席位。1952年2月,吉隆坡市政

---

① 陈鸿瑜:《马来西亚史》,兰台出版社,2012年,第397页。
② Richard Clutterbuck, *Conflict and Violence in Singapore and Malaysia 1945-1983*, Boulder, Colo.: Westview Press, 1985, p.177.
③ Victor W. Purcell, *Malaya: Communist or Free?* Stanford University Press(1955),转引自林远辉、张应龙:《新加坡马来西亚华侨史》,广东高等教育出版社,2008年,第502页。

槟州市政厅

议会举行选举,这是1955年马来亚联邦选举前,最重要的一次地方选举。本次选举将要竞选12个议席。马来亚执政党巫统和华人执政党马来亚华人公会采取联合竞选策略,组建联盟党参选。依据巫统与马华公会签署的结盟协定,巫统不在马华公会的选区参选,马华公会也不在巫统的地盘竞选,以避免相互竞争。2月16日,吉隆坡选举举行,68%的选民进行了投票。选举结果显示,巫统与马华公会组建的联盟党赢得了12个席位中的9个,获得大胜。

1952年吉隆坡市政选举后,新山、乔治城、马六甲等5个地方也举行了选举。除乔治城的选举外,巫统与马华公会的组合均取得较好成绩。不同族群之间的政党结盟由此成为马来亚政治生态的特殊产物,也成为此后马来西亚政治结构中不可或缺的组成部分。在20世纪50年代初期,联盟党成为马来亚影响最大的政治势力。联盟党随即与英国殖民政府谈判,要求最迟在1954年举行联邦立法会议(Majlis Undangan Persekutuan)选举,并且民选议员必须在联邦立法会议中占大多数。

1953年7月27日,英国殖民者同意联盟党的上述请求,成立联邦立法会议选举委员会,开始就联邦立法会议选举做准备。1954年1月,选举委员会就联邦立法会议发布报告,就联邦立法会议选举提出两种意见。一种认为,联邦立法会议应由92人组成,其中44人由民选产生。马来亚独立党等多数政党为该派代表。另一种认为,联邦立法会议应由100人组成,其中60人由民选产生,且在当年11月举行选举。巫统和马华公会组建的联盟党为该派代表。经过各方反复商讨,1954年4月27日,英国驻马来西亚高级专员邓普勒与殖民部部长阿兰·雷诺克斯·波德达成协议,发布白皮书,规定联邦立法会议共设99名委员,其中52名由民选产生、43名由任命产生、3名为现职官员和主席。联邦立法会议委员任期4年,高级专员有权随时解散。①5月31日,唐纳德·麦克吉·李福瑞出任英国驻马来亚高级专员。

从1952年底到1954年,在一些的地方市政议会选举中,联盟党赢得268个市政议会席位中的226席,②实力日益稳固,吸引了印度人政党的关注。1955年联邦立法会议选举前,马来亚印度人国大党最终决定加入联盟党。马来人和华人的政党联盟发展壮大,从此前的两个政党增加到三个政党,分别代表马来人、华人、印度人三大族群。除马-华-印联盟外,1955年大选前,马来亚联合邦较有影响力的政党还有泛马伊斯兰教党、工人党(Parity Buruh)、国家党(Parti Negara)和人民进步党(Parti Progresif Rakyat)。在以上几个政党中,马-华-印联盟的实力最强,共派出35个候选人竞选。35个候选人中,巫统有18个、马华公会有15个、印度人国大党有2个。③巫统主席东姑·拉赫曼担任马-华-印联盟主席。1955年6月2日,马来亚联合邦立法会议解散;7月27日,选举开始,各政党为52个席位展开角逐。选举结果公布后,马-华-印联盟获得52个席位中的51个,赢取了80%的选票支持;泛马伊斯兰教党获得另外的1个席位。马-华-印联盟获得压倒性的胜利,再次表明不同族群政党间的结盟符合马来亚的社会和政治生态。

选举结束后,7月31日,巫统主席东姑·拉赫曼当选马来亚联合邦首席部长,并在英国高级专员的授权下组建了内阁。这是马来亚历史上的首个民选政府,开创了马来亚历史的先河。拉赫曼内阁共设17个部长职位,其中马

---

① 陈鸿瑜:《马来西亚史》,兰台出版社,2012年,第397页。
② "The Malayan Emergency 1948-1960", 21 September 2011, http://www.malaysiahistory.net/index.php?option = com_content&view = article&id = 162,访问时间:2017年5月7日。
③ *Malaysia Kita*: *Panduan Dan Rujukan Untuk Peperiksaan Am Kerajaan*, Kuala Lumpur: International Law Books Services, 2007, p.110.

来亚人担任11个部长,英国人担任6个部长。内政部和教育部分别设立副部长职位,农业和渔业部、卫生部以及工程部分别设立部长助理职位。拉赫曼担任首席部长兼任内政部部长,巫统副主席阿卜杜勒·拉扎克·侯赛因担任教育部部长。巫统是首届内阁中担任部长(8个)最多的政党,其次是马华公会(2个)和印度人国大党(1个)。

8月4日,内阁名单获得马来统治者会议批准。英国驻马来亚高级专员李福瑞在其官邸正式对外公布内阁成员名单。8月9日,内阁成员在马来亚首席大法官普利萨斯(Prethaser)的见证下宣誓就职。

几次重要的谈判 尽管马来亚联合邦仍在英国人的殖民统治下,但组建了政府后的马来亚联合邦更加团结。马来亚的精英在拉赫曼的领导下与英国展开了独立谈判。拉赫曼向英国殖民部部长波德提出如下要求:一是大赦马来亚共产党,尽早结束紧急状态;二是联邦立法会议议员在两年内实现全部民选,并改为两院制;三是马来亚联合邦在4年之内实现独立;四是修改宪法、公民权法令;五是英国人须将财政权移交政府,取消英国驻马来亚高级专员的否决权;六是马来亚联合邦独立后,仍是英联邦成员。①

如何处理马来亚共产党问题成为马来亚联合邦独立前面临的一个重要问题。8月21日,联邦立法会议举行首次会议。拉赫曼呼吁成立马来亚宪法改革委员会,敦促英国人尽早将财政和国防权力移交马来人,以实现马来亚的主权独立。9月,马来亚联合邦政府和新加坡政府发布对马来亚共产党的特赦宣言,要求马来亚共产党主动投降。自愿投降的人,此前在共产党指导下犯下的罪行不会受到检控。投降对象可以是普通民众在内的任何人。安全部队不会全面停火,不过对于有意投降的人,可以安排局部停火。政府会对投降的人展开调查,协助表现忠诚的人在社会中重新获得正常身份,帮助其与家人团聚。但投降的人的自由会受到限制,假若他们提出前往中国的请求,政府会慎重考虑。②特赦宣言发布后,投降的马来亚共产党成员极少。到9月10日,仅有4名马来亚共产党成员投降;到10月7日,共有21人投降,包括6名马来人。③

---

① 陈鸿瑜:《马来西亚史》,兰台出版社,2012年,第283页。
② The Malayan Emergency 1948-1960, 21 September 2011, http://www.malaysiahistory.net/index.php?option=com_content&view=article&id=162,访问时间:2017年5月7日。
③ Tunku Abdul Rahman Putra, *Malaysia the Road to Independence*, Petaling Jaya: Pelanduk Publications, 1984, pp.72, 76.

1955年12月28—29日,马来亚联合邦与马来亚共产党在吉打州的华玲举行谈判,史称"华玲谈判"。出席谈判的马来亚共产党代表有总书记陈平、宣传部部长陈田及拉昔·迈丁。马来亚联合邦的谈判代表有首席部长拉赫曼、马华公会总会长陈祯禄和新加坡首席部长大卫·马绍尔(David Marshall)。谈判在华玲的一所英语学校举行。谈判一开始,双方就陷入僵局。马来亚共产党要求政府承认其为合法政党,让马来亚共产党参与政治进程,并且在缴械投降后,政府应确保马来亚共产党人员的自由和安全,不被拘留和审讯。但马来亚联合邦政府拒绝承认马来亚共产党为合法政党,拒绝给予投降后的共产党成员完全的自由。马来人认为,马来亚共产党需要先缴械投降,否则一切无从谈起。拉赫曼更是直截了当地称,"陈平是共产党,而我是反共分子,我们两人是永远无法共事的。基于这一立场,我们终止了会谈"①。陈平断然拒绝政府先缴械投降的条件,最终双方谈判破裂。谈判结束后,英联邦国家纷纷向马来亚派出援军,应对可能出现的突发局势。

与马来亚共产党的谈判破裂后,拉赫曼政府开始转向与英国人的谈判。1956年1月7日,英国殖民部与拉赫曼达成两项协议:一是英国将与马来亚签署国防协议,负责马来亚的国防,并援助550万英镑,协助马来亚发展武装力量。此外,英国还将额外援助13万英镑,发展马来亚海军和地方武装。二是英国将继续经济援助马来亚,以保障马来亚的经济发展。1957—1961年的前三年,英国将每年援助马来亚300万英镑;后两年,英国将每年援助200万英镑或免息贷款。②

1月18日—2月6日,英国驻马来亚高级专员李福瑞和拉赫曼、拉扎克等马来亚联合邦政府官员赴英国谈判,谋求马来亚联合邦独立。此次会谈围绕马来亚联合邦宪法的制定问题展开。马来亚政府要求英国殖民当局组建一个独立的制宪委员会来负责制定马来亚联合邦宪法,以实现马来亚的自治和独立。双方谈判取得以下成果:英国女王伊丽莎白二世和马来亚的各邦苏丹同意组建制宪委员会。英国殖民政府同意马来亚在1957年8月独立,建立民主政府。马来亚独立后仍属于英联邦。设立财政部部长和国防部部长,取代财政司和防务司,财政部部长和国防部部长由马来人担任。英国政府有

---

① [英]布赖恩·拉平:《帝国斜阳》,钱乘旦、计秋枫、陈仲丹译,上海人民出版社,1996年,第219—220页。
② 陈鸿瑜:《马来西亚史》,兰台出版社,2012年,第285页。

权设立军队,英国将保留在马来亚联合邦的军队,保护马来亚的安全和英国在本地区的利益。①

独立前的最后准备 3月21日,里德委员会成立,负责制定马来亚联合邦宪法。里德委员会由英国的常任上诉法官威廉姆·里德勋爵领导,其他成员包括由英国女王伊丽莎白二世和马来亚的各邦苏丹任命的英联邦国家的四位专家和名人,包括英国律师艾沃·詹宁斯爵士(Sir Ivor Jennings)、澳大利亚人威廉·约翰·麦凯尔(Sir William John McKell)、印度的大法官马力(Hakim B Malik)以及巴基斯坦的大法官阿卜杜勒·哈密德(Hakim Abdul Hamid)。其中,艾沃·詹宁斯爵士在宪法界和国际学术界享有崇高的声誉,1954—1955年他曾担任巴基斯坦的宪法顾问,承担巴基斯坦宪法的起草工作。而威廉·麦凯尔则是后来澳大利亚的总督。

5月—6月,里德委员会的五位成员先后抵达吉隆坡,开始制宪工作。从6月—10月,里德委员会先后拜访英国驻马来亚高级专员,马来各邦苏丹和统治者,英国驻扎官、顾问官等官员,共举行118次会议,向不同的组织和个人,包括马-华-印联盟党及马来亚统治者会议等收集了131份备忘录,听取了各层人士的意见和建议,完成了宪法起草的准备工作。从里德委员会收集到的意见看,公民权问题是争执最多的问题。

经过多番研究和讨论,里德委员会认为,在独立日前已经获得公民权的人可自动获得公民权;在独立日当天或之后出生在马来亚联合邦的人,应通过一定的法律程序取得公民权,而非简单依据出生地原则,不考虑出生时间、地点、国籍直接获得公民权;在独立日之前出生在马来亚,目前已经居住在马来亚的人,满足一定条件才可获得公民权。条件包括一是年满18岁,二是掌握马来语,三是有良好的性格品行,四是在过去7年中在马来亚居住满5年,且宣称将在马来亚联合邦永久居住,并宣誓效忠马来亚联合邦。②

除公民权问题外,马-华-印联盟党还提出了以下主要诉求:一是建立一个中央政府,管辖马来亚联合邦的所有州;二是巫统建议马来亚联合邦独立后,使用"马来西亚"作为国家的名字,而马华工会则坚持使用"马来亚"作为

---

① *Malaysia Kita*:*Panduan Dan Rujukan Untuk Peperiksaan Am Kerajaan*, Kuala Lumpur: International Law Books Services, 2007, p.115.
② *Report of The Federation of Malaya Constitutional Commission 1957*, London, Her Majesty's Stationery Office, Eight Shillings Net, Colonial No.330, pp.17-19.

马来西亚独立广场上的石刻画

国家的名字;三是建立最高元首和副最高元首机制以替代英国高级专员;四是保留统治者会议;五是建立两院制的议会;六是实施三权分立的体制;七是将伊斯兰教作为马来亚联合邦的官方宗教;八是将马来语作为马来亚联合邦的国语;九是保留马来人的特殊地位。①

1957年2月21日,里德委员会向英国政府提交了制宪报告书。制宪报告书共分12章,即"总论""历史背景""公民权""议会和行政机构""立法和行政部门的分权""司法机构""财政""公共事务""基本权利""马来各州""海峡殖民地""建议要点汇总"。制宪报告书的主要内容除了上文提到的公民权问题外,也涉及马来语的国语地位、伊斯兰教的官方地位、马来人特权、马来各邦苏丹的政治权力、两院制议会等。有关马来亚联合邦的领土,报告书建议将马来半岛9个州及马六甲和槟榔屿全部纳入。马六甲和槟榔屿将成为马来亚联合邦的两个州,其首长称作州元首,由国家元首任命。至于新加坡,经过谈判,英国同意新加坡参加马来亚联合邦,并且从1958年实行内部自治。英国虽然取消了新加坡宪政的最高权力,但通过内部治安委员会继续控制新加坡局势,尤其是控制新加坡的对外事务和对外防御。新加坡政府保证"照顾种族和宗教上的少数"。英国与新加坡协商后同意任命一个出生于马来亚的马来人担任新加坡的国家元首。②

有关政治制度问题,报告书建议采用英国的议会内阁制,即国家元首为虚位元首,依资历从9个苏丹中选出;内阁总理③掌握实权,由获得下议院信

---

① *Malaysia Kita*: *Panduan Dan Rujukan Untuk Peperiksaan Am Kerajaan*, Kuala Lumpur: International Law Books Services, 2007, pp.113-114.
② [英]理查德·温斯泰德:《马来亚史》,姚梓良译,商务印书馆,1974年,第511页。
③ 君主立宪制国家,一般将内阁的最高行政长官称首相。马来西亚当地华人也称其内阁最高行政长官为首相,但本书沿用中国习惯称呼,即总理。

吉隆坡独立广场旁的苏丹阿都沙末大厦

任的人员担任；国会采用两院制，下议院议员5年一选，国家元首有权解散下议院；上议院议员一部分由国家元首任命，另一部分由各州议会推选，每3年改选一半。

颁布宪法 然而，在里德委员会广泛征求意见和提交制宪报告书之后，马来亚地区的诸多团体和个人表达了不同意见。如"马来亚联合邦华人商业协会"（Kesatuan Perdagangan Cina PTM）反对给予马来人特权，"马来亚全泰米尔组织"（Persatuan Tamil Seluruh Malaya）要求在马来亚联合邦出生的泰米尔后裔自动获得公民权，"海峡殖民地华人英国组织"（Persatuan British Cina Negeri-Negeri Selat）要求马六甲和槟州继续作为英国的皇家殖民地，巫统则反

2007年修订的《马来西亚联邦宪法》

对给予英联邦民众双重国籍(即英联邦民众可以自动获得马来亚联合邦的国籍)①。几经沟通,最后各方有所妥协。5月1日,马来亚各邦苏丹、马-华-印联盟政府、英国驻马来亚高级专员、马来亚联合邦的内阁秘书长和最高检察长组成工作委员会,审阅制宪报告书,并提出宪法草案。6月27日,马来各邦苏丹在吉隆坡集会,表示接受新的宪法。7月3日,《马来亚联合邦宪法》正式对外公布,11日和31日,马来亚联合邦议会及英国国会分别通过宪法;8月5日,马来各邦苏丹和英国高级专员签署马来亚联合邦协定。从此,新的协定取代了1947年签署的马来亚联合邦协定。8月27日,《马来亚联合邦宪法》正式生效。依据新的协定,马来亚联合邦于1957年8月31日独立。

作者点评

马来亚独立的进程具有鲜明的特征。

一是和平独立。马来亚联合邦的独立没有经过激烈的战争,而是马来人与英国人和平协商的结果。和平独立意味着马来人接受了英国人为其设立的政治制度。君主立宪制得以最终成为马来亚联合邦的根本政治体制。同时英国人还在马来半岛引入了联邦体制,明确了中央和地方的关系。从后来的历史发展看,君主立宪制符合马来亚的国情,维护了马来苏丹的权力,有助于促进马来亚的政治和社会稳定,是一个成功并且成熟的政治制度。

二是马来人与华人的相互妥协。马来亚联合邦的独立是马来人与华人相互妥协的产物。马来人同意给予华人公民权,接纳华人为马来亚联合邦的公民,但作为交换,华人同意马来人享有所谓的马来人特权。这个看似普通的交易,自谈判之日起就深深地影响着马来亚政治、经济和社会的发展。加之,在马来亚独立前,马来人与华人、印度人结盟,组建"联盟党",形成了具有马来亚特色的政治制度。时至今日,这种基于族群结构的政治体制依然是马来西亚政治的基石,而马来西亚政治和社会发展的核心也依然聚焦于马来人与华人的关系,这是马来亚独立进程留下的重要遗产。

三是英国当局实施紧急状态。早在1948年,也就是马来亚联合邦独立

---

① *Malaysia Kita：Panduan Dan Rujukan Untuk Peperiksaan Am Kerajaan*, Kuala Lumpur：International Law Books Services, 2007, p.114.

的9年前，英国殖民当局就在马来亚实施了针对马来亚共产党的紧急状态。这个紧急状态一直延续至马来亚联合邦独立之后的1960年。虽然马来亚联合邦的独立进程没有受到紧急状态的根本影响，但在紧急状态下，马来亚联合邦对有关马来亚共产党的定性和评价至今仍很深刻，影响着马来人对待马来亚共产党的态度。

第六章

拉赫曼执政时期的马来西亚

1957年8月,马来亚联合邦取得独立。拉赫曼当选马来亚联合邦首任总理。在拉赫曼的领导下,1963年9月,马来亚联合邦与沙巴、沙捞越、新加坡合并,组建了马来西亚。马来亚独立以及马来西亚的组建有独特的国内和国际背景。从国内看,西方列强的殖民使得马来人与华人的关系复杂交织,这后来成为马来西亚政治、经济、社会发展的主要推动力之一。1965年新加坡从马来西亚的分离以及1969年"5·13"事件的爆发是马来人与华人矛盾积累到一定阶段所致。从国际看,马来亚的独立和马来西亚的诞生都是在美苏两大阵营对抗的背景下实现的。由于马来亚是英国的殖民地,因此独立后,马来亚的经济、军事、外交深受西方阵营的影响,这也引起了周边国家的担忧,直接导致了印度尼西亚、菲律宾与马来西亚的对抗,以及马来亚向西方阵营一边倒的外交和对中国采取的敌视态度。

一、马来亚联合邦独立

马来亚独立 1957年8月30日夜,马来亚民众聚集在独立广场,见证英国向马来亚联合邦的权力交接仪式。8月31日零时零分,象征英国权力的米字旗从吉隆坡苏丹阿卜杜勒·萨玛德建筑上徐徐降下。马来亚联合邦国旗升起,并奏响马来亚联合邦国歌《我的祖国》(Negaraku),在场民众高呼"独立"。马来亚联合邦首席部长拉赫曼随即发表独立讲话,称"这是马来亚人民生活中最伟大的时刻":

一颗新星,一颗自由之星在东方的天空升起,新的希望变成了现实,夙愿终究变成了现实。

马来亚联合邦将作为一个独立的主权国家，加入英联邦，将会在自由的国家共同体中找到正确方向。我们必须坚定决心，鼓起勇气，为创造世界的福祉发挥作用。马来亚是一个小国，但是资源丰富，可以为英联邦国家的经济稳定提供保障。

年轻人拥有精彩的未来，因为你们出生在一个自由的国度……你们是国家的主人，国家的未来在你们。马来亚这颗新星是升起还是陨落取决于你们。我们必须确保让马来亚成为我们引以为豪的家。

我们的子孙后代将记住1957年，这是马来亚历史上最光辉的一年。马来亚将依赖全民族的团结，打造一个和平、幸福、安康的国家。①

8月31日上午，英国女王伊丽莎白二世的代表格罗斯特公爵亨利王子（Henry）代表英国政府来到吉隆坡，在吉隆坡默迪卡体育场举行交权仪式。马来亚各邦苏丹或首领、马来亚联合邦政府成员、外交使节等出席交权仪式。出席交权仪式的外交使节包括泰国国王和王后，日本皇储和公主，格罗斯特威廉姆王子，南非、印度、巴基斯坦、越南、锡兰、缅甸、柬埔寨等国总理，新加坡首席部长，香港地区总督，澳大利亚、新西兰和加拿大等国的高级专员，英国驻马来亚前高级专员夫妇，以及美国总统艾森豪威尔的代表国务卿杜勒斯。

8月31日上午9:30，东姑·拉赫曼从亨利王子手中接过英国向马来亚联合邦交接统治权的诏书，并宣读。随后，拉赫曼宣读了"独立宣言"，宣布马来亚联合邦独立，并举行了升旗仪式，鸣响21响礼炮。拉赫曼称，马来亚的各州柔佛、彭亨、森美兰州、雪兰莪、吉打、玻璃市、吉兰丹、登嘉楼、霹雳，以及原海峡殖民地的马六甲、槟州于1957年8月31日起组成新的联合邦，即马来亚联合邦，英国对马来亚的统治权终止，《马来亚联合邦宪法》是马来亚的最高法律，马来亚联合邦以议会民主制为基础，实行君主立宪制，②拉赫曼成为马来亚联合邦的首任总理。

拉赫曼，全名东姑·阿卜杜勒·拉赫曼（Tunku Abdul Rahman），1903年

---

① Tunku Abdul Rahman Putra, *Malaysia the Road to Independence*, Petaling Jaya: Pelanduk Publications, 1984, pp.225-229.
② Tunku Abdul Rahman Putra, *Malaysia the Road to Independence*, Petaling Jaya: Pelanduk Publications, 1984, pp.233-234.

2月出生于吉打州,是吉打州第二十五世苏丹阿卜杜勒·哈密德·哈利姆·沙之子,母亲是泰国人。拉赫曼早期在曼谷求学,后赴剑桥大学深造。1925年,拉赫曼从剑桥大学毕业,后在父母的要求下重返英国学习法律专业。1930年5月,拉赫曼参加法律专业考试,但名落孙山。1931年,拉赫曼返回马来亚,在吉打州公共服务局就职,1938年担任南吉打州公共防务局副局长。1939年,拉赫曼再次参加英国律师的资格考试,最终通过。20世纪40年代后,拉赫曼逐步走向政坛。1949年,拉赫曼担任巫统吉打州主席。1951年,拿督·奥恩离开巫统后,拉赫曼获得57张支持票,当选巫统主席。1954年联盟党成立后,拉赫曼出任联盟党主席。

  1955年,拉赫曼作为马来亚联合邦谈判理事会代表,率团赴伦敦与英国人就马来亚独立问题举行谈判。同年,拉赫曼出任马来亚的首席部长兼任内政部部长。1956年,拉赫曼出任国内安全和国防部部长。1957年马来亚联合邦独立后,拉赫曼担任联合邦首任总理。1963年9月,马来西亚成立,拉赫曼担任马来西亚的首任总理(Perdana Menteri),并兼任文化、青年和体育部长,直到1970年退位。拉赫曼被誉为马来西亚的国父,1990年12月逝世,享年87岁。据郭鹤年的回忆,拉赫曼是一个有礼有节的人,很精明,有识别对手是否值得信任的能力。拉赫曼善于运筹帷幄,知道如何派遣部队,到投入战争时,会把具体的策划交给他的副手拉扎克。①

  新宪法确立权力框架 1957年的《马来亚联合邦宪法》共183条,分为15章,主要内容如下:一是国家政治制度问题。马来亚实行君主立宪制度,君主即最高元首,拥有联合邦的最高权力。最高元首拥有立法、司法和行政的最高权力,是联邦武装部队的最高总司令,有权委任武装部队参谋长、警察总监及武装部队委员会的成员。正副最高元首由统治者会议(由世袭苏丹和州长组成的行政机构)按照年龄、就任年代轮流秘密投票选出,任期5年,不得连任。最高元首有权任命获得大多数下议员信任的下议员为总理,总理主持内阁工作。最高元首根据总理建议,从国会两院的议员中任命内阁部长,内阁集体对国会负责。若总理不再得到下议院多数议员的信任,除最高元首应要求总理解散议会外,总理也应提出内阁集体辞职。联合邦立法权属于国会,经国会两院通过,并经最高元首同意的法案可成为法律。

---

① 郭鹤年口述,Andrew Tanzer编著:《郭鹤年自传》,商务印书馆(香港)有限公司,2018年,第232页。

国会由最高元首及两院,即上议院和下议院组成。上议院有32名议员,其中22名由各州议会选出,其余由最高元首任命。下议院共100名议员,由小选区制选举产生。此外,最高元首还有权任命联邦法院的大法官、高级法院的法官,任命审计长、总检察长等。同时,最高元首还是其所在州、联邦直辖区以及马六甲、槟榔屿、沙巴和沙捞越州的宗教首领。州政府拥有若干立法权和行政权,州的最高行政权属于苏丹(有苏丹的9个州由世袭产生)或州元首(没有苏丹的4个州由最高元首任命),州务大臣(有苏丹的9个州)或首席部长(没有苏丹的4个州)辅佐苏丹或州元首主持州政府的工作。各州苏丹同时是本州的宗教首领。

二是国家宗教和语言问题。伊斯兰教是联合邦的官方宗教,但其他宗教也可以采取和平与和谐的方式在联邦境内任何地区开展活动。苏丹是其所在州的伊斯兰教领袖。最高元首是联邦直辖区的伊斯兰教领袖。国会应立法,就伊斯兰教事务的管理做出规定,并成立一个委员会,就伊斯兰教事务向最高元首提出建议。当统治者会议同意将任何宗教行为、典礼或仪式在全国推广施行时,各州统治者必须以伊斯兰教领袖的身份授权最高元首为其代表。马六甲、槟州的宪法应赋予最高元首为该州的伊斯兰教领袖地位。

马来语为国语,其字体为罗马字母,但不得禁止或阻止任何人使用(官方活动除外)、教授或学习任何其他语言。自独立日后的十年期间,及其后在国会另行规定以前,在国会两院、各州立法议会,以及其他一切官方活动均可使用英语。

三是对公民权问题做了严格规定,即不在联合邦出生,但在1957年8月31日及以前即已居住于联合邦的人,应具有公民资格。其他符合相关条件的可以申请获得公民权。申请公民权的条件相当繁杂,但基本条件有如下几条:在提出申请获得公民权之前的若干年内,在联合邦居住累计满一定年限;且愿意在联合邦长期定居;宣誓效忠马来亚联合邦,不效忠其他国家;品行良好;通晓马来语。联合邦政府有权剥夺公民的权利。宪法同时规定,公民享有同其他英联邦国家的公民同等的英联邦公民的身份。此外,宪法也赋予马来人诸多特权,尤其是为马来人预留了所谓的"马来人保留地"。这是马来人特权的一个集中表现。依据宪法,所谓"马来人保留地",即指专为马来人或保留地所在州的土著居民保留的土地。条文规定,在独立日前夕按当时施行的法律为马来族保留地的任何州土地,均可以依据该法律继续作为马来族保留地,直至州立法机关另行立法规定时为止。

在宪法制定过程中,1957年8月4日,统治者会议选举出了马来亚联合邦第一任最高元首和副最高元首。森美兰州苏丹阿卜杜勒·拉赫曼当选最高元首。阿卜杜勒·拉赫曼于1895年8月出生,是森美兰州首任苏丹阿特纳的次子。联合邦的副最高元首为雪兰莪州苏丹希沙姆丁·阿南·沙。希沙姆丁·阿南·沙于1898年5月出生,是苏丹阿劳丁之子。

1959年8月19日,马来亚联合邦举行了独立以来的首次选举。当时,整个马来亚设立了104个选区,选举下议院104个席位(席位后来增加了4个)。8月20日,103个选区的选举结果公布,由巫统领导的联盟党获得了103个国会席位中的73席,反对派共获得30席。9月30日,第104个选区的结果揭晓,联盟党胜选。最终,联盟党获得104个国会席位中的74席,占总席位数的71.1%,负责组成内阁。拉赫曼、拉扎克继续担任马来亚联合邦的总理和副总理。

二、组建马来西亚

在马来亚联合邦取得独立之时,新加坡、沙捞越及北婆罗洲、文莱均为英国的殖民地,且拥有一定的自治权。英国在1945年日本投降后,恢复了对新加坡的殖民统治,并将其名称由"昭南岛"改为"新加坡"。1946年,新加坡从海峡殖民地分离出来,成为英国的直辖殖民地。1957年马来亚联合邦独立后,拉赫曼总理开始酝酿以马来亚为主体,包括新加坡、北婆罗洲、①沙捞越、文莱在内的"大马来西亚",欲将英国在马来亚和婆罗洲的殖民地都纳入其中,这一试图改变东南亚版图的计划导致了东南亚国家之间的紧张关系。

1961年5月27日,拉赫曼在新加坡出席午餐会时,首次公开提出建立一个由马来亚联合邦、新加坡、沙捞越、北婆罗洲和文莱组成的"马来西亚联邦"。1963年2月—4月间,由原英格兰银行(Bank of England)行长科博德(Cobbold)领导的"科博德委员会"赴沙捞越、北婆罗洲等地开展游说工作,先后与4 000多人会晤交流,进行各种解释和劝说。8月1日,马来亚当局和英国政府接受了"科博德委员会"的建议,决定于8月31日组建马来西亚。②

---

① 1963年8月31日,北婆罗洲成为马来西亚一个独立州,改称沙巴。
② Kerajaan Malaysia, *Malaysia 1976: buku rasmian tahunan* (jilid kesepuluh), Percetakan Semenanjung Malaysia, Kuala Lumpur, 1979, p.12.

新加坡加入马来亚 对于组建"马来西亚联邦"的计划,新加坡、北婆罗洲、沙捞越和文莱反应不一。1959年,新加坡实现自治,成为自治邦,但英国保留国防、外交、修改宪法、宣布紧急状态等权力。李光耀为自治邦首任总理。以李光耀为首的人民行动党表态支持与马来亚合并,组建新的国家,从而彻底摆脱英国的殖民统治。人民行动党力推全民公投,以决定新加坡是否与马来亚合并。但以社会主义阵线、劳动社会主义党、工人党、联合人民党、人民党为代表的势力认为新加坡不应依附在亲英的马来西亚政权之下,反对与马来亚合并。反对派组成"联合行动理事会",声称与马来亚合并就是让渡主权,而主权的转移和让渡违背联合国大会《关于授权殖民地国家及民族独立之宣言》的基本精神。

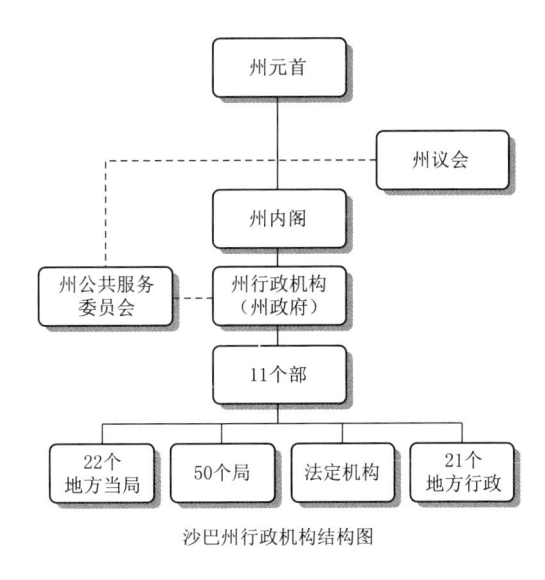

沙巴州行政机构结构图

在几度博弈和较量之后,1962年9月1日,新加坡在反对和质疑声中举行了全民公投。公投一共设置了三个选项:选项一是支持合并,但新加坡获得劳工、教育和其他议定事项的自主权;并保留现有的语言政策,即英语、马来语、华语和泰米尔语为官方语言;同时,新加坡公民自动成为马来西亚公民;新加坡在马来西亚国会中应占有15个席位。选项二是支持全部及无条件的合并,新加坡应以一州的地位,根据马来亚联合邦宪法,与其他十一州在平等基础上进行合并;英语是其唯一的官方语言;在新加坡出生的人及其后裔自动成为马来西亚的公民;新加坡在马来西亚国会中获得一定比例的席位。选项三是支持新加坡加入马来西亚,但加入条件应不逊于北婆罗洲和沙捞越;在新加坡出生的人及其后裔自动成为马来西亚的公民。由于公投没有设置反对与马来亚联合邦合并的选项,因此反对派只能在公投当天投出空白票以示反对。据官方统计,公投当天共有143 007张空白票投出,占总票数的25.48%;有效票数414 959张,仍占总票数的73.89%;废票数为0.63%。在有效票数中,选择"选项一"的共有397 626张票,占95.82%。依据公投结果,新加坡最终选择与马来亚联合邦合并。

北婆罗洲、沙捞越加入马来亚 北婆罗洲、沙捞越对加入马来亚联合邦犹豫不决,态度复杂。上述两地虽为英国殖民地,但拥有一定的自主权,人民生活相对安逸,不论是民众还是政府官员,都担心会受到马来西亚的统治,致使其既得的政治、经济、社会和教育利益遭受损失。尤其是这两个地区的政治领袖更是对拉赫曼为何要组建马来西亚有些摸不透。北婆罗洲的多数领导人也反对加入马来亚,拿督·G.S.桑丹就是其中之一。他主张北婆罗洲自治,而非被其他国家所管制。1961年6月,为说服沙捞越和北婆罗洲加入马来亚,拉赫曼总理专程与沙捞越和北婆罗洲领导人举行磋商,双方决定成立"马来西亚团结咨询委员会"。参加该委员会的包括马来亚联合邦、沙捞越、北婆罗洲和新加坡的政府代表。

1961年8月26—27日,英国政府派出后来在马来西亚担任内政和外交部部长的穆罕默德·加扎利·沙菲前往北婆罗洲做说服工作。沙菲的工作最终让"联合卡达山民族阵线"领导人相信加入马来西亚将更加有利于维护卡达山民族的利益。1961年10月9日,北婆罗洲的30余名代表前往吉隆坡与拉赫曼会晤,商谈加入马来亚的相关事宜。双方达成共识,要忘记纷争,致力于为民众谋福利。当晚,北婆罗洲政府代表唐纳德斯蒂芬斯和穆斯塔法表示将致力于在马来西亚框架内推动实现北婆罗洲的独立。这是北婆罗洲代表在马来西亚计划提出后罕见的正面表态,一定程度上表明了北婆罗洲可以接受与马来亚联合邦合并。与此同时,英国当局同意联合国真相调查团进入北婆罗洲进行民意调查。

但北婆罗洲要与马来亚联合邦合并,还面临一个棘手的问题,即北婆罗洲的主权问题。1878年,菲律宾的苏禄王国曾与英国签署协定,规定以每年5 000美元的租金,将北婆罗洲"租借"给英国。1962年6月,正当北婆罗洲表态有意加入马来西亚时,菲律宾突然向英国提出,当年的协定只是租约,即菲律宾收受的是租金,而非将北婆罗洲割让给英国,菲律宾仍然拥有对北婆罗洲领土的主权。此后,菲律宾与英国就北婆罗洲的主权问题举行了会谈,但并未达成任何共识。1963年6月,菲律宾、印度尼西亚、马来亚三国外交部部长在马尼拉开会,达成《马尼拉协定》,规定北婆罗洲可以与马来亚合并,但不能损害菲律宾对北婆罗洲的主权的声索。菲律宾可以通过国际法等和平方式对北婆罗洲的主权提出异议。印度尼西亚、马来亚、菲律宾三国将依据《联合国宪章》和《万隆会议宣言》,努力解决争议。[①]《马尼拉协定》的签署

---

① 陈鸿瑜:《马来西亚史》,兰台出版社,2012年,第313页。

并未从根本上解决北婆罗洲问题,只是在一定程度上缓解了各方的分歧。北婆罗洲问题的负面影响在马来西亚成立后进一步显现。

在沙捞越,沙捞越民众和官员反对与马来亚联合邦合并的情绪尤为高涨。沙捞越保守党领导人敦·朱加认为沙捞越和北婆罗洲在与马来亚联合邦合并之前要加强合作。但一些地方的村长和官员支持与马来亚合并。1962年2月18日,沙捞越古晋市达雅克族协会举行会议,讨论与马来亚联合邦合并问题。会议决定婆罗洲上的三个邦国,即沙捞越、北婆罗洲和文莱应该先联合起来,实现自治以后,再考虑与马来亚合并。正在政府高层商讨方案时,沙捞越人民联合党申请举行大规模的和平示威,反对马来西亚计划,诗巫的19个工人社团举行大集会,以中华商会为首的9个社团在美里举行集会,古晋的工商团体也反对马来西亚计划。3月16日,沙捞越人民联合党举行伊班党员代表会议,通过决议坚决反对与马来亚合并。为缓解民众的抵触情绪,马来亚联合邦政府和英国当局做了大量劝说和解释工作。英国通过联合国派出真相调查团到沙捞越等地进行民意调查。但联合国调查团的进入遭到当地民众的极力反对,至少3 000名民众在机场举行示威,反对与马来亚合并。英国派出军舰在北婆罗洲海域巡航,英国海军陆战队也在新加坡整装待发,准备应对突发的混乱。紧张局势一直持续到1963年下半年。1963年7月,沙捞越派代表到伦敦签署了《马来西亚协定》,但直到9月4日,沙捞越立法委员会才依据联合国调查团对多数沙捞越民众的调查,同意组建马来西亚。

文莱反对加入马来亚 在文莱,苏丹大力支持组建马来西亚,并于1957年8月马来亚独立后就与马来亚保持积极的沟通。1959年11月,文莱借巨款给马来亚,以加强两国穆斯林之间的合作。但文莱一些人士也反对与马来亚合并。如,部分王室成员和上层人士认为,文莱与马来亚合并后,文莱苏丹无法享受最高元首的地位,且文莱的财富会被补贴给北婆罗洲、沙捞越。文莱人民党认为,与马来亚合并后,文莱会被进一步控制,其独立的地位将丧失,会使文莱殖民地化。人民党主张建立包括文莱、北婆罗洲和沙捞越在内的婆罗洲联邦。值得注意的是,正在讨论是否与马来亚合并时,文莱国内发生了民众袭击马来亚驻文莱官员的事件。民众认为,马来亚派遣大量官员和教师到文莱,让文莱人失去了很多就业和晋升的机会。[①]

---

① 刘新生、潘正秀编著:《文莱》,社会科学文献出版社,2005年,第53页。

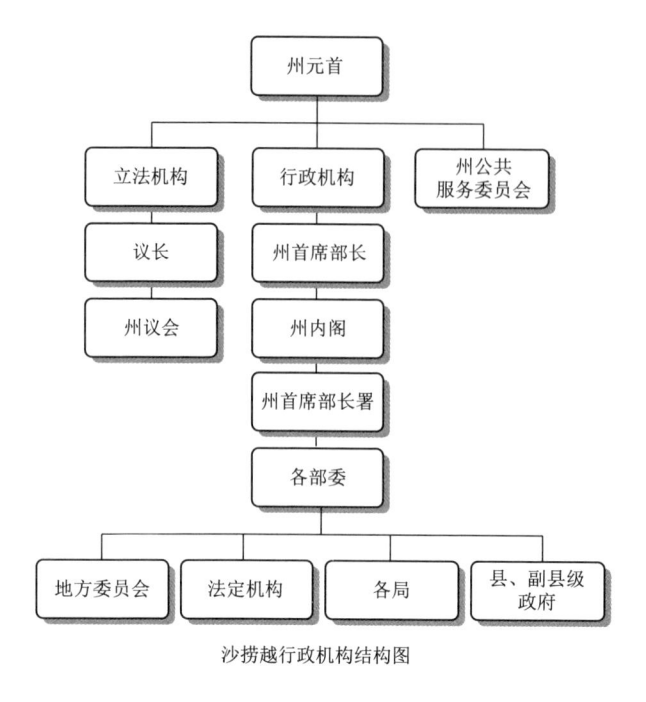

此后，人民党借机扩大影响，力图通过在议会的多数席位阻止与马来亚合并。文莱苏丹与人民党就此问题展开了博弈。人民党积极推动地方选举。1962年8月，人民党在地方议会选举中获得55个席位中的54个议席，并控制了全国立法委员会33个席位中的16个，掌握了中央和地方的立法权力。随后，人民党力推修宪，主张组建婆罗洲联邦，并与北婆罗洲和沙捞越的几个政党组建"反马来西亚同盟"。苏丹毫不示弱，不但推迟召开立法院会议，而且派出代表团积极与马来亚当局沟通和磋商。

沙捞越行政机构结构图

苏丹与人民党的矛盾不断恶化。

1962年12月8日，人民党发起政变，逮捕了英国驻文莱的高级专员及苏丹政府的多名官员。人民党领导人阿扎尔里自称"加里曼丹联邦政府总理"。[①]此后，文莱全国进入紧急状态，苏丹请求英国派兵镇压暴乱。人民党的政变最终被英国镇压下去，苏丹随即宣布取缔人民党。人民党的政变很大程度上影响了北婆罗洲和沙捞越的民意，上述两个地区一夜之间转而支持组建马来西亚。

1963年以后，文莱苏丹多次派人前往马来亚就组建马来西亚问题进行实质性谈判。马来亚欢迎文莱前来合并，但双方在石油收入和文莱苏丹的地位方面产生了严重的分歧。文莱希望永久保留石油收入，但马来亚希望在文莱加入10年后就接管其石油收入。在苏丹问题上，马来亚主张文莱苏丹在统治者会议中排名最后，但文莱认为应该按苏丹的登基时间进行排序。双方就上述两个问题僵持不下。1963年6月19日，马来亚政府向文莱发出最后通牒，要求文莱就是否与马来西亚合并在48小时内做出决定。最终，文莱选择放弃合并。

---

① 刘新生、潘正秀编著：《文莱》，社会科学文献出版社，2005年，第55页。

马来西亚成立 经过多番磋商和谈判,1963年7月,马来亚联合邦、新加坡、北婆罗洲和沙捞越在伦敦签订了成立马来西亚的《马来西亚协定》,英国当局的代表也在协定上签字。协定共分11个部分,包括《马来西亚法案》,沙巴、沙捞越、新加坡的章程,对外防务和相互援助协定,1963年的北婆罗洲秩序,沙巴、沙捞越、新加坡的官员组成协定,马来亚联合邦和新加坡政府有关共同财务的协定,新加坡关税法,有关新加坡广播和电视的协定等。1963年7月31日,英王正式批准通过《马来西亚协定》。但由于联合国方面未能在8月31日前公布沙巴、沙捞越民众对组建马来西亚态度的最终调查报告,马来西亚的成立被迫推迟至9月16日。1963年9月16日,

马来西亚的国花大红花(扶桑,也称朱槿)

马来亚联合邦最终与新加坡、沙巴和沙捞越组建成立马来西亚。拉赫曼和拉扎克分别担任马来西亚的总理和副总理,巫统领导的联盟党继续掌控国家政权。

三、马来人与华人的矛盾

拉赫曼执政期间,政府注重经济发展和社会公平。但由于马来人与华人的族群矛盾根深蒂固,经济的稳定发展未能掩盖胶着的族群矛盾。马来人与华人的关系始终左右着国家政治生活以及经济和社会发展,成为马来西亚国家发展的核心问题。

经济领域的差异 1957年独立时,马来亚的经济以农业为主,依赖初级产品出口。锡和橡胶是主要的大宗出口商品。但随着锡矿出口价格波动,马来亚的锡产业受到严重打击,经济增长面临困境。为此,马来亚政府制订了两个马来亚计划(1956—1960年、1961—1965年)和一个马来西亚计划(1965—1970年),推动产业结构调整,促进经济多样化,尤其是鼓励制造业

发展,摆脱锡、橡胶等初级产品贸易衰退的困境,解决严重的失业问题,减少对英国工业品的依赖。①1958 年,政府颁布《新兴工业法》,鼓励替代进口贸易,对从事替代进口的企业实施税收减免优惠。如规定从事替代进口的企业,包括本国企业和外国企业,可在 2—5 年内享受豁免 40% 的公司所得税的待遇;成立金融公司,为制造业发展提供中长期贷款。在《新兴工业法》的指导下,马来亚的产业结构开始发生改变,一些新兴的工业部门逐渐发展起来,经济保持了稳定的增长。

1960 年,马来亚的 GDP 总量达到 19.2 亿美元,1965 年已增加至 29.6 亿美元,GDP 增速 7.685%,人均 GDP 已由 1961 年的 225.6 美元增加至 308.9 美元。②1958—1968 年,西马的新兴工业部门发展了 140 家,投资总额为 4.45 亿林吉特。③制造业在 GDP 中的比重上升。1968 年,为进一步刺激经济发展,马来西亚政府颁布了《投资鼓励法》,采取诸多优惠政策,鼓励外商加大对马来西亚的投资,以扩大制成品的出口。1968 年,马来西亚的 GDP 总量已达到 33.3 亿美元,GDP 增速则为 7.978%,人均 GDP 增加到 321.0 美元。④

这一时期,尽管马来西亚的经济实现了稳定增长,尤其是制造业取得了较大发展,但经济的发展并未改变马来人与华人的就业困境和收入差距。1957 年,西马地区从事农业的马来人有 526 323 人,而从事农业的华人只有 184 937 人。1967 年,西马地区从事农业的马来人有所减少,但仍有 473 718 人,占西马农民的 68.69%;而从事农业的华人则减少至 135 177 人,占西马农民的 19.59%。1957 年,西马地区从事行政管理以及销售的马来人分别为 4 254 人和 21 403 人,而这一时期从事行政管理的华人多达 14 956 人,从事销售的华人则有 110 562 人。10 年之后的 1967 年,西马地区从事行政管理的马来人有 7 817 人,但同期从事行政管理的华人则增加至 22 744 人;从事销售的马来人为 34 793 人,华人为 113 263 人。⑤

围绕教学用语的博弈 马华两族的发展差距不仅表现在经济领域,教育

---

① 覃主元等:《战后东南亚经济史(1945—2005 年)》,民族出版社,2007 年,第 303 页。
②④ 数据来源:世界银行。
③ 覃主元等:《战后东南亚经济史(1945—2005 年)》,民族出版社,2007 年,第 305 页。
⑤ 以上数据来源:Donald R. Snodgrass, *Inequality and Economic Development in Malaysia*, KL: Oxford Univeristy Press, 1980, p.38。转引自廖小健:《战后马来西亚族群关系:华人与马来人关系研究》,暨南大学出版社,2012 年,第 72 页。

文化领域也有所体现,突出表现在华文教育的地位问题上。实际上,马华两族在教育文化领域的矛盾早在马来亚独立前就已经凸显。1951 年,英国殖民当局发布了《巴恩报告书》。该报告书建议国家应该建立国民小学,将英语和马来语作为教学媒介语。此项建议实际上否认了华语和泰米尔语作为教学媒介语的可能,对华文学校和泰米尔文学校造成了严重的打击。华人社会作为反击,成立了方吴委员会,针锋相对地发表了有关华文教育的报告书。该报告书的核心是要求坚持民族语言教育,保留华文学校将华语作为教学媒介语的权利。

与此同时,1951 年 12 月 26 日,马来亚联合邦华校教师总会(下文简称"教总")成立,开始不断争取华文教育应有的平等地位。1952 年,殖民当局颁布了《1952 年教育法令》,1954 年又出台了《1954 年教育白皮书》。教育法令进一步明确只有英语和马来语才能作为媒介语,教育白皮书也强调应在各学校设立以英文为媒介语的英文班级,逐步将所谓的国民型小学(以华语和泰米尔语为媒介语的华文学校和印度学校)发展为国民学校(以马来语为媒介语的马来文学校)。《1952 年教育法令》出台后,华人社会反响强烈。1953 年华人成立了"马华公会华文教育中央委员会"(下文简称"中委会"),以此争取华文教育的权利和地位。《1954 年教育白皮书》出台后,华人社会再次强势反击,成立了马来亚联合邦华校董事联合会总会(董总),捍卫华文教育。由于华人社会的强烈反对和政府的财力限制,《1952 年教育法令》和《1954 年教育白皮书》都没有最终实施。

1956 年,马华印联盟联合赢得第一次大选后,执政当局开始策划推出新的教育政策。以时任教育部部长拉扎克为首的教育政策委员会成立,负责制定新的教育政策,建立国家统一的教育体制。在这个 15 人的委员会中,华人仅有 5 人,马来人仍然占据压倒性地位。1956 年 5 月,在经过多番的调研和博弈之后,新的教育政策指导性文件《拉扎克报告书》出台。与此前的《巴恩报告书》相比,《拉扎克报告书》虽仍然坚持以马来语和英语为教学媒介语,但对其他语言的使用做了一定妥协,即规定马来语为主要的教学媒介语,但允许保留以其他语言为媒介语的学校。以马来语为教学媒介语的学校成为国民学校(Sekolah Kebangsaan),以华语、英语和泰米尔语为教学媒介语的学校成为国民型学校(Sekolah Jenis Kebangsaan)。国民学校可获得政府的全部津贴和资助,国民型学校只能获得部分或不能获得政府的津贴和资助。不过,《拉扎克报告书》仍然把建立单一的国民教育体系、在全国学校开设以马来语为核心的课程以及使马来语成为教学主要媒介语作为教育改革的最终目标。《拉扎克报告书》一定程度上满足了华人社会的诉求,但对于政府致力于推动建立单一的国民教育体系,华人社会仍旧表示不满。此后,政府以《拉扎克报告书》为模板,制定了《1957年教育法令》。新的教育法令基本采纳了《拉扎克报告书》的建议,核心内容仍然是马来语应是各学校主要的教学媒介语,但允许其他学校的存在,这给华校的存在和发展留下了一定的空间。

1960年6月,阿卜杜勒·拉赫曼·达立布出任马来亚教育部部长。上台后,达立布随即提出应重新反思《拉扎克报告书》和《1957年教育法令》。他认为为了团结各族人民,马来亚应取消所有以母语为媒介语的小学,取而代之的应是国民学校(马来语为媒介语)和国民型学校(英语为媒介语)。1960年8月3日,新的教育政策指导文件《达立布报告书》出台。该报告书的核心要义仍然是巩固马来语作为主要教学媒介语的地位,推动马来语作为国语在全国学校的普及和发展。此外,该报告书还主张小学实行免费教育,加强职业教育和对师资的培训,开设伊斯兰教育课程(前提是有15个学生愿意),强调提高学生的3M教育,即读(membaca)、写(menulis)、算(mengira)技能。

但与此前几个报告书相比,《达立布报告书》对以非马来语为教学媒介语的学校采取了更加严格的措施:一是明确政府将从1962年开始取消对不遵行现行教育制度的学校提供津贴和资助。此举意味着华文学校除非改制(即改为以马来语为教学媒介语的国民学校),否则可能面临财政上的困难。二是建议中学的考试只能使用英文和马来语出题,并从1961年起相继取消华文学校的初中和高中会考。此举意味着华文学校除非接受马来语和英语教育,否则学生将失去通过考试获得进一步学习深造的机会。《达立布报告书》出台后,华人社会表达了极度的愤怒,采取了广泛的抵制和反对。全国的华文学校团体举行社团代表大会,要求董教总①和中委会为华人维权。教总主席林连玉呼吁华人积极筹办文化独立中学,结果被吊销教师注册证。为争取华文作为官方语言,确保华文教育得到延续,1964—1965年,华人社会在教总的召集下,向拉赫曼总理提出请求,要求政府将华文列为官方语言之一,但遭到拉赫曼总理的婉拒。同时,教总发起了马来西亚华人注册社团代表大会,再次向拉赫曼总理提呈将华文列为官方语言的谅解备忘录,但此备

---

① 董教总,即董总(马来西亚华校董事会联合总会)与教总(马来西亚华校教师会总会)的合称。

忘录并未引起官方的足够重视。相反，1967年3月8日，马来西亚国会正式通过《1967年国语法案》(Akta Bahasa Kebangsaan 1963/67)。法案共十一个部分，重要内容包括国语为官方语言、英语可继续使用以及英语可在国会和州议会使用等，明确规定马来语为唯一官方语言。此法案的出台实际上是对华人社会争取华文作为官方语言的一个回击，加剧了马来人与华人的矛盾。

华人欲创办自己的大学 不仅如此，1967年9月，马来西亚教育部再次实施新政，规定只有拥有剑桥普通教育文凭或马来西亚教育文凭方可出国留学。① 一般情况下，华校学生无权参加剑桥或马来西亚教育文凭考试，只拥有华校颁发的文凭，因此如果依照上述规定，华校学生无法获得出国留学资格。在此背景下，董教总开始策划设立华人自己的大学，即"独立大学"(Merdeka University)。1967年底，创办独立大学的建议首次在马六甲召开的高师职总中委会会议上提出。1968年4月14日，董教总召开独立大学发起人会议，共199个注册社团的700余名代表参会。会上成立了"独立大学筹备工作委员会"，并公布了《独立大学宣言》。依据会议精神，华人社会创办的独立大学旨在培养专门人才，为华人青年学子谋出路，促进各民族的文化交流。

华人社会上下对建立华人自己的大学表示全力支持，教总主席沈慕羽宣布教总赞助10万林吉特作为独立大学基金。但这一计划遭到马来人的强烈反对。教育部部长佐哈里明确表示，创办华文大学与政府的政策背道而驰。《马来西亚独立报》甚至批评，独立大学是政治上的一项阴谋。巫统青年团更是指责创办华文大学是沙文主义行动的开始。值得注意的是，华人最大政党马华公会也反对创办独立大学，但向政府提呈备忘录，建议扩大马来亚大学中文系，或是建立一所华人的高等学府，即后来以第一任总理拉赫曼命名的"拉曼学院"，② 取代独立大学。1969年，拉曼学院最终成立，但独立大学计划被政府否定。而另一方面，马来人则坚持维护马来语的国语地位，积极创办代表马来民族的高等学府。"5·13"事件后(详见后文)，国家行动委员会颁布《1969基本(高等学府)条例》，规定高等教育机构的设立必须得到教育部

---

① 胡春艳：《抗争与妥协：马来西亚华人社会对华族母语教育政策制定的影响》，暨南大学出版社，2012年，第119页。
② 拉曼学院(Tunku Abdul Rahman College)，如果严格按照音译，应翻译为拉赫曼学院，但此处沿用马来西亚华人的惯用译法。

部长的批准,否则为违法行为。①1970年5月,另一所以马来语为教学媒介语的马来西亚国民大学(UKM)正式成立,这是对华人创办独立大学的又一次严厉打击。从《达立布报告书》到《1967年国语法案》再到马来西亚国民大学的成立,华人在争取维护自身语言和教育文化权利的过程中屡遭重创,马来人与华人的矛盾也因此积淀下来。

四、"一边倒"的对外政策

马来亚是英国的殖民地。1957年马来亚联合邦独立后,其内政外交仍深受英国的影响。在拉赫曼执政时期,受冷战的影响,马来西亚奉行亲西方的"一边倒"外交战略,与英联邦国家关系密切。②同时,由于1963年马来西亚的成立引发了马来西亚与周边国家关系的紧张,调整和改善与周边国家关系也成为这一时期马来西亚外交的一个重点。

与英国为盟 在1957年马来亚联合邦独立前,马来亚面临复杂的国内外环境。在国际上,1953年9月,赫鲁晓夫担任苏联最高领导人后,苏联与美国展开了全面冷战。美国总统艾森豪威尔则推出"新面貌"战略,主张更大程度依靠核武器对抗美国的敌人。1955年,华沙条约组织建立,美苏两大阵营全面对抗局面形成。1957年8月,马来亚联合邦独立。当时,在马来亚周边有以华人为主要人口的新加坡、东南亚的第一个社会主义国家越南民主共和国(1945—1976年)以及与苏联结为盟友的中国。作为老牌资本主义国家英国的殖民地,马来亚深受西方意识形态的影响,对以苏联为首的社会主义阵营非常戒备。在国内,马来亚共产党在争取民族独立过程中异常活跃,引起政府的警觉。同时,马来人与华人的关系错综复杂。联合邦宪法所赋予的马来人特权实际上并不被华人认可。华人依然在争取自身的政治、经济和文化权利,但马来人则坚持建立马来人的马来亚。双方的矛盾难以调和,冲突一触即发。在此背景下,拉赫曼政府认为,美、苏两国的角力和分歧对社会主义阵营和非社会主义阵营具有重要意义。美、苏之间的敌对是导致本地区政

---

① 胡春艳:《抗争与妥协:马来西亚华人社会对华族母语教育政策制定的影响》,暨南大学出版社,2012年,第121页。
② Corrado G.M. Letta, *Malaysia-Europe: Strategic Partnerships for the Pacific Century*, Kuala Lumpur: Ministry of Foreign Affairs, Malaysia, Vol.1, 2008, p.28.

治权力格局动荡的一个重要因素。马来亚不会选择倒向苏联,因为当局认为共产主义是马来亚国家安全的最大威胁,①拉赫曼本人也对共产主义深恶痛绝。②为此,拉赫曼最终制定了以防范国内骚乱和共产主义渗透为重点的外交政策,选择与英国保持密切合作,希望通过英国的支持保卫国家的主权和安全。1957年10月12日,马来亚与英国签署了防务协定(Perjanjian Pertahanan Tanah Melayu-British),但此协定的签署遭到国内民族主义者和国会的强力抵制,拉赫曼不得不以辞职相要挟,才迫使协定在国会获得通过。英马防务协定实际上是一个双边军事同盟条约。依据协定,英国要保证刚刚独立的马来亚领土完整,并对付马来亚受到的外部攻击,为马来亚提供安全保护,澳大利亚和新西兰则协助英国保护马来亚。作为回报,马来亚给予英国诸多特权,如在政府机构中为英国人预留一些职位,在橡胶、锡矿等工业中为英国人预留一些投资份额。英国、澳大利亚和新西兰则依据协定在马来亚的紧急状态时期(1948—1960年)为马来亚提供了保护。1963年9月16日,马来西亚成立,《英国马来亚防务协定》更名为《英国—马来西亚防务协定》(Perjanjian Pertahanan Malaysia-British),继续发挥作用。英国在1963—1966年印度尼西亚与马来西亚的军事对抗中为马来西亚提供了必要的军事援助。但英国与马来西亚的安全合作持续时间并不长,1967年,英国从苏伊士运河以东地区实施全面的防务撤退,同时放弃了对马来西亚的安全保护。《英国—马来西亚防务协定》随后也被《五国防务协定》(Five Power Defence Arrangements)所取代。

拒绝加入《东南亚条约组织》 拉赫曼政府虽然奉行亲西方的政策,但对发展与美国的关系较为警惕。早在马来亚独立前的1954年9月8日,美国就拉拢英国、法国、澳大利亚、新西兰、泰国、菲律宾、巴基斯坦等国在菲律宾马尼拉签订《东南亚条约组织》(Southeast Asia Treaty Organization)。1955年2月19日,条约生效,东南亚条约组织正式成立,总部设在泰国曼谷。③马来亚认为,东南亚条约组织成员广泛,且很多国家不在亚洲。如果马来亚加入东南亚条约组织,一旦该组织卷入战争,那么马来亚必须参战,但马来亚不想

---

① *Malaysia Kita: Panduan dan Rujukan untuk Peperiksaan Am Kerajaan*, Petaling Jaya: International Law Book Services, 2007, p.486.
② 郭鹤年口述,Andrew Tanzer 编著:《郭鹤年自传》,商务印书馆(香港)有限公司,2018年,第232页。
③ 1977年6月30日解散。

卷入战争,因此没有加入该条约组织。1957年8月31日,马来亚联合邦独立,美国国务卿杜勒斯致函拉赫曼总理,承认马来亚政权,马来亚联合邦与美国正式建交。但独立初期,马来亚与美国始终保持一段距离。直到1963年9月,美国力挺拉赫曼组建马来西亚,双方关系才有所加强。1964年,美国在东马的古晋设立领事职位。加上1948年在吉隆坡设立的领事职位,美国在马来西亚共设有两个领事职位。①1966年10月30日—31日,美国总统约翰逊访问马来西亚,这是美国总统首次访问马来西亚。约翰逊对于到访马来西亚非常高兴,对马来西亚予以高度肯定。他认为马来西亚是东南亚的地缘政治核心,自1951年以来,马来西亚发展迅速、社会和谐,②在减少族群紧张关系方面做出了积极努力。同时,美国也格外注意意识形态输出。约翰逊夸奖马来西亚与美国一样推崇"个人主动性"理念(the concept of personal initiative),即每个人都应该是自由地追求最美好的生活,肯定马来西亚政府在消灭国内共产主义力量方面的努力。③美国表示愿意为马来西亚提供军事训练,加强军事合作。马来西亚则认为,美国实施的保护地区安全的政策有助于维护马来西亚的安全。④

与印度尼西亚、菲律宾交恶 除了发展与西方国家的关系外,拉赫曼政府外交的另一重点是发展与东南亚国家的关系。拉赫曼主张与东南亚国家联合,以维护地区稳定,实现经济发展。1958年,正当东南亚条约组织欲在东南亚地区安全中发挥重要作用之时,拉赫曼总理提出东南亚国家应该建立一个自己的地区组织,维护自身安全,发展经济。1961年7月,在拉赫曼的推动下,东南亚联盟(Association of Southeast Asia)成立,成员包括马来亚、菲律宾和泰国。东南亚联盟强调各国应加强经济合作,相对淡化政治合作,外交部部长会议是其最高权力机构。但由于马来亚与菲律宾在沙巴问题上的

---

① *History of the U.S. and Malaysia*, US Embassy in Malaysia, https://my.usembassy.gov/our-relationship/policy-history/io/,访问时间:2017年11月15日。

② Shein Shanin, *President Lyndon B. Johnson's Visit to Malaysia in 1966*, http://english.astroawani.com/malaysia-news/president-lyndon-b-johnsons-visit-malaysia-1966-34750, April 26, 2014,访问时间:2017年11月15日。

③ *559-Remarks Upon Arrival at Subang Airport, Kuala Lumpur, Malaysia*, http://www.presidency.ucsb.edu/ws/?pid=27969, October 30, 1966,访问时间:2017年11月15日。

④ *Malaysia Kita: Panduan dan Rujukan untuk Peperiksaan Am Kerajaan*, Petaling Jaya: International Law Book Services, 2007, p.487.

争执,东南亚联盟最终夭折。1963年7月,在马来西亚成立前夕,印度尼西亚总统苏加诺与马来亚、菲律宾领导人聚首,商讨建立一个地区组织,共同解决地区安全问题。三国发表《马尼拉宣言》,宣布成立"马菲印多"(马来亚、菲律宾、印度尼西亚)组织。但该组织同样因为印度尼西亚反对组建马来西亚,以及马来西亚与菲律宾之间的沙巴问题,在仅仅成立一个多月后就宣布解散。尽管两次推动地区合作的尝试都宣告失败,但拉赫曼政府仍然致力于推进地区国家间的合作。

1963年9月16日马来西亚成立后,马来西亚与周边国家的关系进一步恶化。

首先是印度尼西亚与马来西亚进行军事对抗,中断了外交关系。实际上,早在拉赫曼总理提出组建马来西亚之初,印度尼西亚就对马来西亚抱有戒心。印度尼西亚总统苏加诺认为,马来西亚组建之后将对印度尼西亚形成半包围,因此反对。1963年1月20日,印度尼西亚副总理兼外交部部长苏班德里约宣布实施"对抗马来西亚"(Konfrontasi)政策,派遣陆军8 000余人驻扎在加里曼岛印度尼西亚边境一侧,并组建游击队前往沙捞越和北婆罗洲从事反对马来亚的活动。同时,印度尼西亚海军在廖内群岛集结,空军负责苏门答腊和苏拉威西等地的巡逻,其间与英国派驻沙捞越和北婆罗洲的安全部队发生了冲突。

1963年2月13日,苏加诺总统谴责英国殖民者企图利用马来西亚包围印度尼西亚,并认为马来西亚的成立将阻碍地区组织的发展。1963年4月12日,北婆罗洲发生反对组建马来西亚的刺杀行动,60名自称印度尼西亚志愿军的武装分子袭击德比都警局,一名警长被杀。9月15日,印度尼西亚召回驻吉隆坡大使;9月17日,马来西亚与印度尼西亚正式断绝外交关系。此后,印度尼西亚从婆罗洲频繁派出军队在沙巴、沙捞越边境滋事,并在马来半岛大肆开展破坏活动。印度尼西亚与马来西亚的对抗持续了三年多,直到1966年苏哈托执掌政权后,两国关系才有所缓和。1966年8月11日,两国正式签署和平协议,结束了军事对抗。1967年8月31日,印度尼西亚与马来西亚正式恢复外交关系。

其次是菲律宾与马来西亚的断交。早在1962年,菲律宾总统马卡帕加尔就做出表态,认为沙巴是菲律宾的一部分,不应被马来亚联合邦吞并,反对组建马来西亚。1963年9月15日,菲律宾召回驻吉隆坡大使;9月16日,马来西亚正式成立;次日,菲律宾宣布与马来西亚断绝外交关系;9月24日,菲律宾关闭了驻吉隆坡的使馆。但此次断交时间并不长。1964年3月,菲律宾在吉隆坡设立总领事馆;5月,双方外交关系得以恢复;6月,菲律宾总统马卡帕加尔在日本参加会议,并作为调停人,斡旋马来西亚与印度尼西亚之间的分歧。1965年,马科斯当选菲律宾总统,马来西亚希望与马科斯达成某种妥协,以彻底解决沙巴问题。但受制于国内的压力,双方在沙巴问题上没有取得突破性的进展。1966年,菲律宾虽表态承认马来西亚,但沙巴问题仍在持续发酵。

新加坡脱离马来西亚 新加坡与马来西亚的关系较为复杂。早在新加坡有意加入马来西亚之际,华人与马来人的矛盾就浮出了水面。1957年独立时,马来亚联合邦共有627.88万人。其中,马来人共有312.55万人,占总人口的49.78%,华人共233.38万人,占总人口的37.17%。① 马来人与华人的人口占总人口的比重相差较小。在马来人看来,马来人是土著,即大地之子(bumiputra)。马来人才是国家的主人,马来亚联合邦应该是马来人主导下的国家。因此,马来人对华人的心态从一开始就较为防备,而对于新加坡这样一个以华人为主的国家加入马来西亚,多数马来人是心存疑虑的。只不过考虑到如果让新加坡独立在马来西亚之外,马来西亚可能面临更大的风险,因此以拉赫曼为首的领导人才考虑让新加坡加入马来西亚。在新加坡加入马来西亚后,新加坡的主要华人政党民主行动党开始在马来西亚政治生活中发挥越来越突出的作用,进而激化了马来人与华人的矛盾。

1964年4月,民主行动党作为华人代表,参加了马来西亚国会的选举,虽然民主行动党仅获得1个席位,但拉赫曼反对新加坡政党参选。此后,双方的矛盾不断加剧,最终引发两次种族冲突。第一次是在1964年7月21日。当时,马来人举行游行,庆祝伊斯兰教先知穆罕默德的诞辰,但一些激进人士呼吁打倒华人,反对民主行动党,致使马来人与华人发生斗殴,局势一度十分混乱,新加坡被迫宣布进入紧急状态才最终控制局势。骚乱造成20余人死亡,500多人受伤,3 568人被捕。第二次是在1964年9月初,华人与马来人再度发生冲突,一名三轮车夫和一名汽车司机遭到袭击,此后,新加坡实施戒严,逮捕了700余人。此次冲突导致13人死亡,近80人受伤。两次华人和马来人之间的种族骚乱使马来西亚当局和新加坡政府的关系日趋紧张。双方领导人也开始重新思考新加坡的地位问题。

---

① 数据来源:马来西亚人口普查统计。

1964年12月，拉赫曼发表讲话，称新加坡脱离马来西亚可以缓解马来西亚国内的政治和种族矛盾。次年1月，双方领导人就新加坡脱离马来西亚问题举行了磋商。李光耀一度提出建立联合政府，但遭到拉赫曼拒绝，因为双方在究竟是"马来人的马来西亚"还是"马来西亚人的马来西亚"这个核心问题上难以达成一致，矛盾难以调和。并且，民主行动党还希望在马来西亚联盟党中取代马来西亚华人公会代表华人利益，这也引发了马来西亚华人的不满。

　　1965年，民主行动党组织了"马来西亚团结大会"，联合沙巴、沙捞越的政党，呼吁建立"马来西亚人的马来西亚"，进一步恶化了双方关系。巫统的右翼分子公开要求逮捕李光耀。1965年8月7日，拉赫曼告知李光耀，马来西亚当局目前只有两个选择：一是对新加坡政府或新加坡领袖采取镇压措施，二是同不再效忠马来西亚中央政府的新加坡州政府断绝关系。在此背景下，李光耀最终接受了马、新分家的事实。8月9日上午10点，马来西亚国会下议院举行会议，以126∶0票通过宪法修正案，同意新加坡脱离马来西亚。下午两点半，法案送交上议院三读。上议院的一读从两点半开始，到四点半三读通过。最高元首随即批准宪法修正案生效。马来西亚非常罕见地在不到24小时之内完成了宪法所规定的所有程序。新加坡由此脱离了马来西亚。自1965年8月9日起，新加坡成为一个独立的共和国。

　　推动建立东盟　　随着新加坡的独立，以及1965年苏哈托主政印度尼西亚、菲律宾马科斯上台执政，马来西亚与新加坡、印度尼西亚、菲律宾的关系出现了明显转机。在经历了多年的对抗之后，马来西亚、印度尼西亚、菲律宾、新加坡终于回到谈判桌前共同商讨解决分歧，维护地区和平稳定。1967年8月8日，上述四国以及泰国的外交部部长在泰国首都曼谷举行会议，发表《东南亚国家联盟成立宣言》，即《曼谷宣言》，正式宣告东南亚国家联盟(东盟，Association of Southeast Asian Nations)成立。这是东南亚地区成立的第三个地区组织，也是迄今为止东亚地区一支重要的战略力量。

　　东盟是在东南亚联盟基础上发展而成的，东盟的成立从某种程度上说是马来西亚与印度尼西亚多次博弈和较量的结果。拉赫曼总理称，东盟是从他所创建的东南亚联盟发展而来，印度尼西亚把它扩大并改变了名字。① 随着东盟的成立，1967年8月29日，东南亚联盟解散。东盟的成立一定程度上缓

---

① Dato Abdullah Ahmad, *Tenku Abdul Rahman and Malaysia's Foreign Policy 1963-1970*, Kuala Lumpur, Berita Publishing SDN BHD, 1985, p.67.

和了成员国间的关系,但马来西亚与菲律宾之间有关沙巴的争议一直在持续。1968年4月—11月,马来西亚与菲律宾两国在泰国曼谷举行多次对话磋商,希望妥善解决沙巴问题,但局势进一步恶化。1968年11月29日,菲律宾关闭了在吉隆坡的使馆,马来西亚也关闭了驻马尼拉的使馆,两国再次因沙巴问题断交。此次断交持续一年。1969年12月,东盟外长会议举行,两国外长宣布恢复正常的外交关系,但沙巴问题始终没有得到解决,这对未来的马菲关系影响深远。

加入伊斯兰会议组织(OIC) 1969年9月,伊斯兰国家会议在马来西亚首都吉隆坡举行,与会领导人同意建立伊斯兰会议组织。马来西亚总理拉赫曼被任命为OIC的首任秘书长。OIC共有创始成员国25个,是20世纪70年代新泛伊斯兰主义兴起的重要标志,也是由主要伊斯兰国家政府支持成立的国际组织。OIC会议一般由成员国元首和政府首脑出席会议,在伊斯兰世界有重要影响。该组织宪章规定,组织将致力于促进成员国之间的团结,加强彼此在经济、社会、文化、科学等领域的合作;努力消除种族隔离和种族歧视,根除一切形式的殖民主义;共同努力保卫圣地,支持巴勒斯坦人民恢复合法权利和解放家园的斗争,采取必要方式支持建立在公正基础上的世界和平和安全;支持穆斯林捍卫尊严、独立和民族权利的斗争,促进成员国与其他国家间的合作和谅解。[1]马来西亚积极参与OIC的活动,是OIC四个联系小组的成员。

五、"5·13"事件及拉赫曼下台

1963年马来西亚成立后,马来西亚国内民族主义情绪高涨,马来人与华人之间的矛盾进一步激化。双方之间不可调和的分歧最终以流血冲突的形式爆发出来,这就是被载入史册的"5·13"事件。

1969年全国大选 1965年新加坡退出马来西亚后,马来西亚的政治生态发生了微妙的变化,主要表现为两个政党的崛起。一个是民主行动党(DAP),它成立于1966年3月18日,[2]创办人之一是后来担任新加坡总统的

---

[1] 吴云贵、周燮藩:《近现代伊斯兰教思潮与运动》,社会科学文献出版社,2007年,第260页。

[2] 1966年3月18日,以民主社会党注册;1966年10月11日,改名为民主行动党。

奈尔。该党是以华人为主的多民族政党,其前身是新加坡民主行动党在马来半岛的分部,奉行社会民主、社会正义、社会自由以及多元种族主义和世俗主义,主张建立马来西亚人的马来西亚。该党未加入联盟党,属于反对党。另一个是民政党(Gerakan),成立于1968年3月24日,创办人为阿拉塔斯、林苍佑、陈志勤、王赓武等人。该党的主要支持者为华人,但崇尚多元民族主义,反对各种宗教上、种族上、思想上、文化上、政治上、阶级上或语言上的激进。其政治主张与民主行动党相同,即建立一个马来西亚人的马来西亚。民政党也属于反对党。民主行动党和民政党的成立在很大程度上对联盟党产生了冲击,尤其使最大华人政党马华公会失去了部分华人的支持。起初,华人主要依靠马华公会表达利益诉求,但自民主行动党和民政党成立后,相当一部分华人开始转向支持民主行动党和民政党,以争取华人社会的教育和政治权利。另一方面,两个政党有关建立"马来西亚人的马来西亚"的政治主张与传统马来精英建立"马来人的马来西亚"的主张针锋相对,无疑加剧了种族间的对立。这些变化致使联盟党在1969年5月大选中失去大量选票。最终,"5·13"事件爆发。

1969年5月10日,马来西亚举行全国大选。这是马来西亚成立以后的第二次全国大选,也是沙巴、沙捞越参与的首次选举。在1964年的选举中,沙巴、沙捞越未参加选举,但联盟党获得104个国会席位中的89席,占国会总席位的85.58%;而反对党仅获得15个席位,占国会总席位的14.42%。这是1957年马来亚独立以来,反对党获得席位最少的一次。但在1969年5月的选举[①]中,联盟党和反对党的得票数发生了较大幅度的变化。联盟党仅获得66个国会席位,得票率也大幅下降。其中,巫统获得51个席位、马华公会获得13个席位、印度人国大党获得2个席位。反对党获得38个国会席位。[②]其中,民主行动党获得13个席位,泛马伊斯兰教党获得12个席位,民政党获得8个席位,人民进步党获得5个席位。更为严重的是,在马来人聚集的选区,巫统并未获得更多选票,相反民主行动党和民政党的华人候选人获得了选票。

依据选举结果,联盟党虽然继续获得执政权,但自1955年以来首次失去了国会2/3的多数席位,无权推动宪法修正案,引发了执政者的强烈担忧。在州议会选举方面,民政党获得了槟州的执政权,泛马伊斯兰教党则获得了

---

① 沙巴和沙捞越的投票分别推迟到1970年6月4日和7月4日。
② 韩方明:《华人与马来西亚现代化进程》,商务印书馆,2002年,第236页。

吉兰丹州的执政权。在登嘉楼州,联盟党获得13个席位,泛马伊斯兰教党获得11个席位,二者旗鼓相当。在雪兰莪州,联盟党仅获得28个席位中的14个,民主行动党获得9个,民政党获得4个,独立议员获得1个。这也是自1957年独立以来,联盟党在州议会选举中最为惨痛的一次经历。

"5·13"事件 1969年5月11—12日,选举结束后,民主行动党和民政党举行了庆祝选举胜利的大游行。游行过程中,示威者出现一些过激的言行,引发了马来人的不满和愤怒。5月13日,民主行动党和民政党的游行队伍经过雪兰莪州首席部长哈伦·伊德里斯的官邸时,要求其搬出官邸,激化了双方的矛盾。与此同时,支持巫统的巫青团团员也在哈伦·伊德里斯的官邸集合,准备举行胜利游行。两派人员的聚集并引发了大规模的流血冲突。①5月13日晚上7时20分,副总理兼内政部部长拉扎克宣布对首都吉隆坡和雪兰莪州实施戒严,随后霹雳州、森美兰州和柔佛州也实施戒严。马来西亚当局调派了5 000余名军警维持首都秩序。5月16日,最高元首伊斯迈尔·纳西努丁宣布全国进入紧急状态,颁布紧急状态法令,国会和州议会停止工作,同时实行全国新闻审查,取消所有外国记者的宵禁通行证,要求记者采用官方提供的新闻稿及统计数据。马来半岛西海岸的雪兰莪、霹雳、森美兰州、吉打、槟州和马六甲实施全日宵禁。所有对外海空交通暂时中断,报纸也停刊数天,直至5月20日才恢复正常社会秩序。②5月18日,当局在吉隆坡成立难民中心处置受伤和无家可归的民众。"5·13"事件造成的后果非常严重。据马来西亚官方公布的数据,自5月13日到6月30日,共有196人在冲突中死亡,其中华人143人、马来人25人、印度人13人、其他15人。因枪击受伤的有180人,被其他武器打伤的有259人,被逮捕的有9 143人,大多数为华人。221辆汽车和753栋房屋被毁坏。③

拉扎克掌权 实施紧急状态期间,政府成立国家行动委员会(National Operations Council),负责维护国家安全和稳定,副总理拉扎克任国家行动委员会主任、执行主任是陆军中将易卜拉欣。除拉扎克外,国家行动委员会成员还包括内政部部长伊斯迈尔、财政部部长陈修信、三军总司令东姑·奥斯曼·吉瓦、国家总警长丹·斯里·萨兰、外交部常务秘书丹·斯里·卡扎

---

① 有关"5·13"事件过程的不同版本参见韩方明:《华人与马来西亚现代化进程》,商务印书馆,2002年,第237—241页。

②③ 陈鸿瑜:《马来西亚史》,兰台出版社,2012年,第367页。

里·沙菲、新闻和广播部部长哈姆扎，以及工程、邮政和电信部部长敦·桑班丹。国防部、警察局、检察院为协作单位。拉赫曼身为总理，却未成为国家行动委员会的成员，主要原因是反对派认为拉赫曼的政策过于软弱才使华人得势、马来人利益受损。拉赫曼被排除在国家行动委员会之外后其权力受到明显削弱，副总理拉扎克开始逐渐掌控局势。

5月16日—18日，国家行动委员会授权警方逮捕了百余名国会议员、州议员和共产党嫌疑分子。局势逐步稳定下来。7月1日，马来西亚伊斯兰教事务国家委员会(Majlis Kebangsaan bagi Hal Ehwal Agama Islam Malaysia)成立，负责处理国内伊斯兰教事务；同日，国家团结局(Jabatan Perpaduan Negara)成立，负责促进社会团结等事务。此后，政府开始进一步扶持马来人，捍卫马来人的利益。如第一个五年计划(1966—1970年)专门拨款用以促进马来人经济发展，尤其是促进农村地区的发展。但与此同时，巫统内部的权力斗争加剧。1969年6月5日，马哈蒂尔、纳西尔、加法尔·巴巴公开表示应该将马华公会排除在联盟党之外。此后，马哈蒂尔继续向拉赫曼逼宫，要求其就"5·13"事件引咎辞职，此要求得到了相当数量的民众和政党支持，并形成一股强有力的反政府势力。支持者包括后来担任马来西亚副总理的学生领袖安瓦尔。1969年底，巫统召开会议，剥夺马哈蒂尔巫统最高理事会成员资格，并将其开除出党。支持马哈蒂尔的大学生发起了反政府游行。马哈蒂尔随后出版《马来人的困境》一书，继续批评拉赫曼政府，但此书最终被禁止发行。

1970年1月，国家协商委员会成立。该委员会仍由副总理拉扎克领导，成员共65人，包括政党、宗教、教育、新闻、工会等各方面代表。国家协商委员会的成立旨在推动种族间的合作，促进社会整合。8月31日，拉扎克领导的国家行动委员会宣布以"国家原则"(Rukun Negara)为国家意识形态，促进民族和谐，整合分裂的社会。所谓"国家原则"，即为维护马来西亚这个多元民族国家的团结，政府所采取的一系列措施须符合维护国家统一、团结的原则，这些原则包括五个方面：一是建立一个团结的马来西亚，二是维护一种民主的生活方式，三是建立一个公平繁荣的社会，四是确保以自由的方式面对丰富多样的文化传统，五是建立一个科技发达的进步社会。为实现以上目标，马来西亚民众宣誓遵循以下原则，即信奉上苍、忠于君主和国家、维护宪法、尊崇法治、培养优良品德。①国家原则要求民众尊崇伊斯兰教，强调忠诚

---

① Kerajaan Malaysia, *Malaysia 1976: buku rasmian tahunan* (jilid kesepuluh), Percetakan Semenanjung Malaysia, Kuala Lumpur, 1979, p.541.

于马来君主,并将法治放在突出位置,同时强调个人要注重培养良好的品行,这样有助于维护国家稳定、促进民族团结。拉扎克在"5·13"事件后掌控了国家政权,拉赫曼总理在各方压力之下于1970年9月退位,拉扎克接替拉赫曼成为马来西亚第二任总理。

作者点评

拉赫曼是马来西亚历史上最具影响力的政治人物。在其执政期间,马来西亚发生了三件惊天动地的大事:一是马来亚联合邦摆脱英国的殖民统治取得独立,拉赫曼因此被称为"独立之父"。二是组建马来西亚,马来亚的版图进一步扩大。拉赫曼成为马来西亚的首任领导人。三是爆发"5·13"事件。"5·13"事件的爆发有历史的必然性,但也有人包括后来的马来西亚总理马哈蒂尔,指责事件的爆发是因为拉赫曼的政策过于倾向华人。拉赫曼因此饱受争议,最终交权下台。毋庸置疑,"5·13"事件改变了马来西亚的历史进程,也反映了马来西亚政治和社会的矛盾面。这一矛盾从马来亚联合邦独立建国一直持续至今。只不过在不同的时期,矛盾的主要方面有所不同。

此外,拉赫曼执政时期,马来西亚的外交政策也别具特色。与后来的拉扎克、侯赛因、马哈蒂尔、阿卜杜拉·巴达维、纳吉布等几位领导人相比,拉赫曼时期的外交明显向欧美国家"一边倒",这是英国殖民统治和冷战的影响所致。这种"一边倒"让英联邦国家成为马来西亚外交的重要地缘战略区。也正是因为"一边倒",这一时期中国与马来西亚的关系没有取得实质进展。

另一方面,由于拉赫曼积极推动构建马来西亚,引起了周边国家的不满。在20世纪60年代,马来西亚与菲律宾、印度尼西亚之间出现了外交关系紧张、断交,乃至军事对峙的局面,这在拉赫曼之后的马来西亚历届政府中均未出现过。由于马来西亚与印度尼西亚、菲律宾的紧张关系,东南亚国家有关地区合作的几次尝试都因此夭折。拉赫曼下台后,马来西亚与菲律宾、印度尼西亚的关系缓和,东盟最终成立。东盟的成立是东南亚地区的重大事件,至今仍具有非常重要的政治影响。

第七章
拉扎克与侯赛因·奥恩时期的马来西亚

"5·13"事件后,马来民族主义情绪高涨。马来西亚政府采取多项重大举措维护马来人的特权,保障马来人在政治、经济、文化等领域的权利。政治上,马来西亚重组执政联盟,建立了以巫统为核心的"国民阵线",马来人成为国家的权力核心。经济上,马来西亚政府颁布"新经济政策",提出重组社会、消除贫困的目标,马来人的经济地位由此得以改善,并获得了诸多特权。文化上,政府实施国家文化政策,并出台内阁教育报告书,全面巩固和提升马来文化、伊斯兰教和马来语的地位。马来西亚进入了新的历史时期。

一、贾拉法家族

1970年9月22日,阿卜杜勒·拉扎克·侯赛因(Abdul Razak Hussein,简称"拉扎克")接替拉赫曼出任马来西亚第二任总理。提起拉扎克总理,就不得不说到其姐夫侯赛因·奥恩(简称"侯赛因"),即马来西亚的第三任总理,两人是连襟,侯赛因与拉扎克都与马来西亚有名的贾拉法(Jaafar)家族密不可分。

贾拉法家族是马来西亚最有影响力的政治势力,至今仍然非常活跃,对马来西亚的政治、社会发展有重要影响。贾拉法家族的源头应该从贾拉法·穆哈默德(Jaafar Bin Haji Muhammad)说起。贾拉法·穆哈默德1838年出生于新加坡,是柔佛王室和马六甲王室的后代,早期接受英文和马来文教育。1886年,柔佛苏丹阿布·巴卡尔·达恩·易卜拉欣(Abu Bakar Daeng Ibrahim)任命贾拉法·穆哈默德为柔佛州的州务大臣(1886—1919年)。贾拉法·穆哈默德深受苏丹信任,每当苏丹有公务活动外出时,他就会被苏丹任命为摄政王,负责管理柔佛州事务。贾拉法·穆哈默德共有五位妻子,六个子女,其中的三个儿子和一个侄子后来都担任了柔佛州的州务大臣,包括后来的马来亚民族独立先驱、马来民族主义之父奥恩·贾拉法(Onn Jaafar)。

巫统创始人奥恩·贾拉法 奥恩·贾拉法于1895年出生于柔佛,最初是一个专门报道和撰写马来人疾苦的记者,民族主义情绪较高。后来,因为发表有关谴责柔佛州苏丹易卜拉欣虐待马来人的言论,被易卜拉欣逐出柔佛州,直至1936年才受邀返回。在英国殖民时期,为反对英国人炮制的"马来亚联盟",1946年5月1日,奥恩·贾拉法与阿卜杜勒·马立克等人共同创建至今仍是马来西亚核心执政党的"马来民族统一机构"(United Malays National Organization,巫统),并担任首任巫统主席。

日本殖民时期,奥恩·贾拉法被日本军事管理局任命为柔佛的食品监控官。[1]1947年,奥恩·贾拉法出任柔佛州大臣,走上其父亲的道路;1948年,奥恩·贾拉法领导马来民族精英建立了马来亚联合邦。据郭鹤年的回忆,奥恩·贾拉法是一个天生的政治家,具有演说天赋,能够用马来语和英语演讲。他很精明,有教养,气质非凡,有强大的伟人气场。[2]20世纪50年代初,奥恩·贾拉法因不满巫统过分强调族群主义,呼吁接纳非马来人为党员,建议将巫统改名为"马来亚民族统一机构"(United Malayans National Organization),但遭到反对。1951年,奥恩·贾拉法果断离开巫统,创建了跨族群的马来亚独立党和帮助马来人发展经济的农村工业发展局。1954年,奥恩·贾拉法又创建国家党,倡导种族团结。1962年,奥恩·贾拉法病逝,但其庞大的家族仍在深刻影响马来西亚。奥恩·贾拉法为柔佛州的发展和马来亚民族的独立做出了巨大的贡献,是马来亚历史的开创性人物。如果当初奥恩·贾拉法没有毅然离开巫统,那么作为巫统主席的他将顺理成章地成为马来亚历史上的首任总理,马来亚历史或将因此改写。

两位重要的总理:拉扎克与侯赛因 贾拉法家族的第二代包括两位重要人物:一位是马来西亚的第二任总理拉扎克,另一位是第三任总理侯赛因·奥恩。但从人物关系上,应该先从侯赛因·奥恩说起。侯赛因·奥恩(Hussein

---

[1] 郭鹤年口述,Andrew Tanzer 编著:《郭鹤年自传》,商务印书馆(香港)有限公司,2018年,第40页。

[2] 郭鹤年口述,Andrew Tanzer 编著:《郭鹤年自传》,商务印书馆(香港)有限公司,2018年,第238页。

Onn)系奥恩·贾拉法之子,1922年2月12日出生于柔佛州。侯赛因·奥恩早先在新加坡学习,1940年回国参军,后赴印度军事学院学习,并加入印度军队到中东参战,直到"二战"爆发。其丰富的从军经历被英国人相中,英国人任命其为马来亚警察招募和训练中心的教官。1945年,侯赛因·奥恩回到马来亚,任柔佛新山警察局的指挥官,1946年加入马来亚公务局(Malayan Civil Service),后又被调到雪兰莪州任职。1948年,侯赛因·奥恩与苏海拉·诺阿(Tun Suhaila Noah)结为夫妻。苏海拉·诺阿是马来亚下议院首任议长和内政部部长穆哈默德·诺阿·奥马尔(Tan Sri Haji Mohamad Noah Omar)的女儿。

1949年,侯赛因·奥恩出任巫统首任青年团主席,1950年担任巫统秘书长。正当侯赛因·奥恩要在巫统大显身手之时,却于1951年跟随父亲离开巫统,加入了马来亚独立党。此后,侯赛因·奥恩赴英国学习法律,回国后在吉隆坡担任律师。1968年,侯赛因·奥恩返回巫统。拉扎克上台后,侯赛因担任教育部部长。1972年,侯赛因在巫统代表大会中当选巫统副主席。1973年8月,他被巫统最高理事会任命为署理主席,以接替8月2日逝世的副总理敦·伊斯迈尔(Tun Ismail)医生,并晋升为副总理兼贸易与工业部部长。侯赛因·奥恩之所以能够如此快地晋升副总理跟其人品和性格有关。据郭鹤年的回忆,侯赛因·奥恩是一个诚实的人,拥有高尚的人格,关注马来人利益,对华人也比较热情。①1976年,拉扎克总理去世后,侯赛因·奥恩出任马来西亚第三任总理,1981年退位。退位后,侯赛因·奥恩仍关心政治和马来人的疾苦,建立了侯赛因·奥恩眼科医院,并在1987年巫统危机期间,退出马哈蒂尔领导的巫统A队,支持首任总理拉赫曼领导的巫统B队,反对马哈蒂尔。到1990年侯赛因·奥恩病逝,他仍未重新加入巫统。

侯赛因·奥恩的妹夫拉扎克,1922年出生,他的妻子拉哈·诺阿(Tun Rahah Mohammad Noah)也是穆哈默德·诺阿·奥马尔的女儿。拉哈·诺阿(1933年出生)与侯赛因·奥恩的妻子苏海拉·诺阿(1931年10月26日出生)是姐妹关系。拉扎克早年在新加坡学习,后来留学英国学习法律,成为律师。在英国学习期间,加入了英国的工人党,担任大不列颠马来协会的学生领袖。1950年,拉扎克从英国返回后,加入马来亚公务局,后成为巫统青年团领袖;33岁时,拉扎克担任彭亨州州务大臣。1955年,他参加全国大选

---

① 郭鹤年口述,Andrew Tanzer编著:《郭鹤年自传》,商务印书馆(香港)有限公司,2018年,第242页。

并赢得一个国会席位,随后他出任教育部部长,其间提出了著名的《拉扎克报告书》,奠定了马来西亚的教育体系。

　　1951年,拉扎克担任联邦立法会议议员。1955年大选后,拉扎克成为拉赫曼的副手,并在内阁中出任教育部部长。1956年,拉扎克陪同拉赫曼作为谈判代表,赴伦敦参加与英国的独立谈判。1957年,马来亚独立后,拉扎克出任副总理兼国防部部长,此后担任过国防部部长和乡村发展部部长。1969年"5·13"事件后,拉扎克担任国家行动委员会负责人,开始接管国家权力。1970年9月,拉赫曼下台后,拉扎克出任马来西亚第二任总理兼国防部部长和外交部部长。1971年,拉扎克当选巫统主席。在总理任期内,他制定保护马来人特区的新经济政策,建立执政联盟国民阵线,倡议关于实现东南亚中立化的《吉隆坡宣言》。贾拉法家族的第二代,即拉扎克、侯赛因两位总理虽然仅仅统治马来西亚11年,但他们对马来西亚的政治制度、经济制度、社会制度、文化制度、外交政策带来了全面、深刻、根本性的影响。拉扎克被誉为马来西亚的发展之父,是一位讲求效率、工作勤奋的官员,①十分关注马来人的利益。

敦·拉扎克纪念馆一景

①　Gordon P. Means, *Malaysian Politics*：*The Second Generation*, Singapore：Oxford University Press Pte. Ltd., 1991, p.19.

第六任总理纳吉布 贾拉法家族的第三代,也有两位重要人物,即马来西亚第六任总理达图·斯里·穆罕默德·纳吉布·敦·拉扎克(简称"纳吉布")和后来担任青年体育部部长、教育部部长、内政部部长和国防部部长的希山慕丁·侯赛因(简称"希山慕丁")。

纳吉布是第二任总理拉扎克的长子。纳吉布1953年7月24日生于彭亨州。在其父亲和姨父执政期间,纳吉布已小有名气。他1974年获得英国诺丁汉大学经济学学士学位,后回国,先后在马来西亚国家银行和马来西亚国家石油公司工作,担任马来西亚国家石油公司的公共事务经理。1976年1月,纳吉布的父亲拉扎克去世。纳吉布随即参加国会补选,补缺其父亲逝世后的国会席位,年仅23岁当选国会下议员,成为马来西亚历史上最年轻的下议员。1978年,25岁的纳吉布出任能源、电讯和邮电部副部长,是马来西亚历史上最年轻的副部长,这也是纳吉布首次进入马来西亚内阁。此后,纳吉布历任彭亨州州务大臣,文化、青年和体育部部长,国防部部长,教育部部长等职。1988年起,其历任巫统青年团主席、巫统副主席等职。2004—2009年,纳吉布担任副总理、巫统署理主席。2009年4月就任马来西亚第六任总理,巫统主席,2013年5月连任。

未来的希望——希山慕丁 希山慕丁·侯赛因,即奥恩·贾拉法的孙子、侯赛因·奥恩的长子、纳吉布的表弟,先后担任马来西亚青年体育部部长、教育部部长、内政部部长和国防部部长。希山慕丁1961年8月5日出生于雪兰莪,妻子玛尔希娜(Marsilla Tengku Abdullah)是彭亨州的公主。在其姨父和父亲主政马来西亚期间,希山慕丁先后在瓜拉加沙马来学院(Malay College Kuala Kangsar)、圣约翰学院(St. John's Institution)、爱丽丝史密斯国际学校(Alice Smith School)、乔汀汉学院(Cheltenham College)学习。1984年,希山慕丁毕业于威尔士大学,获得法学学士学位,后又赴伦敦进修,主修商法和企业法,1988年在伦敦经济学院获得法律硕士学位,1989年回国后,加入巫统,1995年当选议员,1998年成为巫统青年团领袖。马哈蒂尔执政时期出任国际贸工部秘书长,1999—2004年当选青年体育部部长,2004—2009年当选教育部部长,2009—2013年任内政部部长、巫统副主席,2013—2018年担任国防部部长,其中2013—2014年还兼任代理交通部部长。

二、新经济政策

"5·13"事件后,马来西亚的政治、经济、社会都发生了巨大的变化。政府采取了诸多新政调整种族关系和社会结构,新经济政策(Dasar Ekonomi Baru)就是经济领域最重要的举措。

1969年种族冲突后,马来西亚的经济增长率降至4.889%。社会贫困率居高不下,种族就业结构极不平衡,种族之间收入差距依然较大,这使得政府开始考虑制定新的经济发展政策。据马来西亚官方的统计数据,1970年,西马地区马来人的贫困率高达64.8%,马来人家庭月均收入172林吉特。华人的贫困率为26.0%,家庭月均收入394林吉特。印度人的贫困率为39.2%,家庭月均收入304林吉特。其他族群的贫困率为49.39%。[1]从就业结构看,1970年,从事第一产业和第三产业的马来人远远多于华人,而华人在第二产业主要行业的从事人数明显多于马来人。具体而言,从事农业、林业和渔业的华人为293 000人,而马来人高达925 400人;从事服务业的华人为188 500人,马来人为256 100人。从事矿业和采石业的华人有56 100人,马来人为21 100人;从事商业的华人为192 600人,马来人仅为69 300人。[2]

从公司股份情况看,1971年,土著个人以及信托局所拥有的股份为2.79亿林吉特,仅占股份总数的4.3%;非土著持股22.32亿林吉特,占股份总数的34.0%;外国人控股40.51亿林吉特,占股份总数的61.7%。

为了扶持土著经济,支持马来人的发展,消除社会贫困,马来西亚政府在1970年启动了第一个远景规划纲要(the First Outline Perspective Plan),颁布了新经济政策。此经济政策计划实施20年,主要依托四个马来西亚计划,即第二个马来西亚五年计划(1971—1975年)、第三个马来西亚五年计划(1976—1980年)、第四个马来西亚五年计划(1981—1985年)以及第五个马来西亚五年计划(1986—1990年),这四个计划跨越了拉扎克、侯赛因和马哈蒂尔三位总理主政时期。

---

[1] Muhamad bin Idris, "Malaysia's Development Philosophy and the Affirmative Action", Feb, 2020, https://www.ekonomi.gov.my/sites/default/files/2020-02/Malaysia's_Development_Philosophy_And_The_Affirmative_Action.pdf,访问时间:2023年6月20日。

[2] 以上数据来源:《星洲日报》1975年12月2日,第1版,转引自韩方明:《华人与马来西亚现代化进程》,商务印书馆,2002年。

新经济政策两大目标 依据第二个马来西亚五年计划,新经济政策的核心目标是促进国家发展和各族群团结,消除经济发展差距。具体目标有两个:一是不考虑种族因素,为各族群提供更多的就业机会,提高马来西亚民众的收入,进而减少甚至消除贫困。二是重组马来西亚社会,以减少和消除族群之间的经济差异。为实现以上两大主要目标,马来西亚政府为此设定了具体的经济指标,即从1971到1990年的20年中,马来西亚国内生产总值年均增长8%,贫困率从49.3%减少至16.7%。马来西亚各族群的股权占有比例为:马来人提升到30%,非马来人(主要是印度人和华人)保持在40%,外国人30%。在就业方面,全国的就业人口比例要反映族群人口的比例,马来人占53%,华人占35%,印度人占10%。其中,马来人在第一产业中的比重从67.6%减少至61.4%,在第二产业中从38%增加至51.9%,在第三产业中从37.9%上升到48.4%。①

新经济政策所指的消除贫困包括消除城市和农村的贫困。②政府着力解决八大问题:一是为所有失业人员提供就业机会;二是增加民众的收入和企业的产量;三是促使劳动力向高产出的产业转移;四是减少城市、农村和联邦直辖区之间的族群收入差异;五是促进农村现代化;六是建立土著公司和商业集团;七是建立反映马来西亚族群结构的工作氛围;八是通过教育、培训、健康项目和基础设施建设提高人民生活水平。其中,消除农村的贫困为政策重点。政府确定农民、割胶工人、割椰子工人、渔民、园林工人、新村的村民和民工为主要扶贫对象。具体扶贫措施是通过建立大量的独立法人机构,如联邦土地发展局(FELDA)、橡胶业小园主发展局(RISDA)、联邦土地联合开发和复耕局(FELCRA)、慕达农业发展局(MADA)、渔业发展局(MAJUIKAN)、国家稻米局(LPN)等促进相关行业发展。其中,联邦土地发展局早在1956年就已建立,但在新经济政策实施后其作用更加凸显,发展局主要通过实施一系列政策推动棕榈油和橡胶的种植。

在重组社会方面,如前所述,新经济政策着力促使各族群的持股比例实现"三、四、三"的目标,即土著占30%,本国非土著占40%,外国人占30%。为此,政府将工作集中于五个领域:一是促进农村地区的现代化,大力推动绿

---

① 覃主元等:《战后东南亚经济史(1945—2005年)》,民族出版社,2007年,第306—307页。
② 本章有关新经济政策的介绍主要参考:*Dasar Ekonomi Baru*,http://pmr.penerangan.gov.my/index.php/component/content/article/88-dasar-dasar-negara/237-dasar-ekonomi-baru-.html,访问时间:2016年12月5日。

色革命,改善水利灌溉设施,提高栽种技术,制定橡胶生产标准,鼓励民众种植经济作物,提高生产率和穷人的生活水平;二是推动经济持续增长,以减少劳动力结构的失衡,确保至1990年时,劳动力人口能够反映族群结构;三是增加马来西亚民众在公司中的持股比例和对经济的贡献度;四是建立一个土著的工业和贸易社群,以促使1990年土著的持股比例达到30%,同时建立人民信托局(MARA)、土著银行、发展银行、国家股份信托公司等;五是通过新的区域发展规划,实现落后地区的发展。为切实提高马来人在国民经济中的地位,政府采取了诸多措施扶助马来人,如继续推行《马来人土地保留法》,禁止非马来人租购马来人的"保留地"。

第二个马来西亚计划实施以来,50%以上的农业开支用于垦殖移民运动。1970—1983年,政府共开发土地983 408公顷,其中95%分给马来人和马来人的企业机构。1970—1987年,马来西亚政府共实施了422项垦殖计划,开发土地76万公顷,安置移民111 728人,其中95%以上是马来人。[1]此外,马来人在教育领域也享受优先待遇。如政府对马来人和非马来人的学生比例有明确的名额要求,华文和泰米尔文的教育发展受到限制。

着力发展工业 与此同时,马来西亚还颁布实施了新的工业法,提出以出口为导向的工业化方针,侧重发展以出口为主的劳动密集型加工工业。1971年,政府颁布《自贸区法令》(Free Trade Zone Act),在雪兰莪、槟州、马六甲、柔佛等地设立12个自贸区,区内大部分为外资企业。此后,马来西亚的出口贸易得到极大发展,尤其是电子电器行业、汽车制造业等。1976年马来西亚实施《工业协调法》,规定工人25人以上、资本25万元以上的制造业企业,必须让土著控股30%,所雇用的工人中,土著应占50%。

但在整个20世纪70年代,马来西亚经济和社会结构仍处在调整的初级阶段,新经济政策开始发挥一定作用,但成效并不明显。1973年,马来西亚GDP增速达11.71%,但1974年和1975年连续两年下降。[2]1974年GDP增速降至8.31%,1975年则仅为0.802%,经济增长几近停滞。1976年,经济增长重回高点,达11.56%,但1977年和1978年又出现增长连续放缓趋势。1977年GDP放缓至7.756%,1978年为6.652%。1979年又略有回升。进入20世纪80年代后,马来西亚的经济仍然起伏不定,增速持续放缓,并最终走向负增长。

---

[1] 韩方明:《华人与马来西亚现代化进程》,商务印书馆,2002年,第260—261页。

[2] 除特别标注外,本章节的经济数据均来自世界银行。

马来西亚的华人商铺

新经济政策成效显著 在人均 GDP 方面,1970 年以来,马来西亚人均 GDP 持续增长。1970 年,马来西亚人均 GDP 仅为 354 美元;1975 年增至 755 美元;1977 年首次超过 1 000 美元,达 1 019 美元;1980 年时,已增加至 1 770 美元。从各族群家庭的收入看,1970—1979 年间,三大族群的收入都有不同幅度的增加,其中马来人家庭收入年均实际增长率为 6.7%,华人为 5.9%,印度人为 4.9%。华人对马来人的收入差距(以倍率计算)从 1970 年的 2.23 缩小到 1979 年的 1.92,印度人对马来人的差距则从 1.62 缩小到 1.57。[1]

从产业结构看,由于政府大力发展工业,三大产业的结构出现明显变化,农业在国民经济中的比重持续下降。新经济政策实施后,农业在 GDP 中的比重从 30.8%(1970 年)减少至 22.2%(1980 年),制造业在 GDP 中的比重从 13.4%(1970 年)增加至 20.5%(1980 年),服务业在 GDP 中的比重变化相对

---

[1] 马来西亚政府:《马来西亚第四个五年计划:1981—1985 年》,吉隆坡,1981 年,第 56 页。

较小。其中,以装备为主的电子电器业和石油化工行业有长足的发展。马来西亚经济开始逐渐摆脱过度依赖农业的局面。

但我们也应当看到,在马来西亚经济得到一定发展的同时,新经济政策在整个20世纪70年代也出现了一定的负面效应,主要表现为华人经济受到了相当程度的冲击。如1970—1980年间,华人商店占全国零售商店的比例由75%下降到56%。不少华人商店改为与土著合营;1974—1975年,华人锡矿企业在竞争中倒闭170多家,一些知名的华人企业家开始向海外寻求业务发展。[1]

三、国民阵线的成立

"5·13"事件后,马来政治精英意识到马来人作为马来西亚土著,其政治、经济、文化权利受到严重冲击,这令执政者感到十分担忧。为巩固和提升马来人的政治地位,团结更多的马来族支持者,以拉扎克为首的政府组建了新的执政联盟"国民阵线"(国阵),重新规划了马来西亚的政治版图。

1970年9月,拉扎克出任马来西亚第二任总理,伊斯迈尔担任副总理。新的权力结构建立后,马来政治精英开始全面反思"5·13"事件,并采取多项措施维护和捍卫马来人的政治权利,较为主要的措施有两项。

修订宪法 拉扎克政府修订诸多法律,以保障敏感的族群问题不被炒作,维护各族群间的团结与和谐。在所修订的法律中,最为重要的是对宪法的修订。1971年2月,国家紧急状态解除,国会和各州议会开始恢复工作。拉扎克政府随即在国会提起宪法修正案,这是1957年马来亚独立以来,政府向国会提起的最重要的一份议案,引起了各方的关注。由于不少马来政治精英认为,"5·13"事件的发生是反对派讨论和炒作一些敏感问题(马来人特权、马来人与华人关系等)所致,因此为避免敏感问题在往后的大选中被讨论和炒作,政府特意制定了宪法修正案,以授权相关机构在必要时采取更多措施维护国家稳定和社会和谐。

此轮修正案涉及诸多条款,包括第10条(言论、集会和结社自由)、第63条(国会特权)、第72条(国会议员的权利)、第152条(国语)、第153条(马来人和沙巴、沙捞越土著特权)、第159条(宪法修订)等。[2]修改后的宪法条

---

[1] 韩方明:《华人与马来西亚现代化进程》,商务印书馆,2002年,第269页。
[2] 有关此次宪法条款修订的具体内容可参见:In Won Hwang, *The Malaysia State under Mahathir*, Thailand: Silkworm Books, 2003, pp.104-106。

款授权国会可以立法禁止民众讨论某些敏感问题,包括国语、马来人特权、马来统治者地位问题等,限制国会议员和州议员以及普通民众讨论四大敏感问题,同时取消国会在讨论敏感议题时的豁免权,即议员在国会或州议会中不得辩论敏感问题。有关最为敏感的国语问题,原条款规定没有任何人或机构可以禁止他人使用、教授或学习其他语言(除非是官方目的)。修正案明确了所谓的"官方目的"是指在中央政府或州政府内,以及一些公共机构,包括最高元首、州元首、中央政府和州政府、地方政府以及法定机构在行使法定权力时,只能使用国语。有关各族群最为关心的马来人特权问题,宪法修正案明确马来人以及沙巴和沙捞越的土著享有同等的权利,同时授权最高元首行使权力,以保障马来人及沙巴和沙捞越土著获得教育、培训、奖学金以及经营许可等权利。

以上条款的修订进一步巩固了马来人的特权,华人社会对此颇为不满。1971年2月23日,民主行动党马六甲州的国会议员林吉祥在国会发表讲话,称限制民众和议员讨论敏感话题不能被接受,因为政府可以限制民众在公共论坛、公共会议、广播电视和政治家在国会及州议会讨论敏感话题,但不能禁止民众在咖啡屋、商店、街头和私宅中讨论敏感话题,除非马来西亚变成一个警察国家,雇用一半的民众去监听和报告另一半人的谈话。同时,林吉祥表示华人社会支持将马来语确定为国语,但是担心政府将马来语作为一种工具,最终去同化和消灭其他的语言和文化。华人社会呼吁宪法保障其他族群使用和学习自己语言的权利,认为马来语的国语地位不能冲击其他族群语言的官方语言地位。①

除宪法修订案外,拉扎克政府还修订了"1948年的煽动法"。修订后的"煽动法"规定,马来西亚任何政党和个人不得提及任何容易激起种族情感的敏感问题,包括马来语的国语地位、马来人特权以及马来统治者的主权等。凡是公开讨论上述问题的均属违法,初犯最高惩罚三年监禁或5 000美元罚款。②

组建国民阵线 "5·13"事件后,拉扎克意识到团结马来人,加强各政党

---

① Lim Kit Siang, *Constitution Amendment Bill 1971*, Feb.23, 1971, Bibliotheca Lim Kit Siang, https://bibliotheca.limkitsiang.com/1971/02/23/constitution-amendment-bill-1971/,访问时间:2017年2月1日。
② 张锡镇:《当地东南亚政治》,广西人民出版社,1994年,第155页。

的联合,尤其是捍卫马来人在国家政治生活中的主导地位已刻不容缓。为此,拉扎克政府开始与主要的反对党接触和磋商,希望将反对党拉入执政联盟,以巩固执政地位。1972年,拉扎克与两个主要反对党,即人民进步党和民政党举行磋商,并最终与两党达成联合协议。人民进步党和民政党同意与巫统领导的联盟党组成联合州政府,共同管理霹雳州和彭亨州。人民进步党与民政党则成为拉扎克政府在联邦议会的政治盟友。非马来人政党被成功拉入联盟政府。此后,拉扎克将注意力转向马来人的反对党,即伊斯兰教党,希望也能将该党拉入执政联盟体系。

伊斯兰教党创立于1951年,是马来西亚最有号召力的宗教性政党,主张建立政教合一的伊斯兰教国家,推崇伊斯兰教法,其口号是建立"马来人的马来西亚"。自成立以来,该党对马来西亚政治局势的发展有较大影响力。1959—1978年,伊斯兰教党在吉兰丹州执政,并不时因宗教问题与中央政府发生争执,对巫统的统治构成一定挑战。1973年1月,拉扎克政府多次与伊斯兰教党谈判。伊斯兰教党举行大会讨论与拉扎克政府合作问题,大会最终以190票赞成、94票反对、19票弃权,同意伊斯兰教党与拉扎克政府的合作。①在沙巴、沙捞越,拉扎克政府同样与当地的政党达成了联盟合约。

1972—1973年,马-华-印联盟中的马华公会出现内讧,新生一代与保守一代在捍卫华人利益问题上出现严重分歧。新生一代希望马华公会在维护华人利益方面更加积极进取,不能唯巫统马首是瞻。对于是否加入即将成立的国民阵线,马华内部也是呈现三派意见:一是反对组建国民阵线,二是要求退出政府,三是加入国民阵线。经磋商和博弈,马华公会最终同意加入国民阵线,拉扎克组建国民阵线的计划得以顺利推进。1973年1月1日,拉扎克正式将人民进步党、民政党、伊斯兰教党,以及沙巴、沙捞越的政党与马-华-印联盟党合并,组建新的执政联盟机构,即"国民阵线"。1973年8月,侯赛因接替伊斯迈尔·阿卜杜勒·拉曼出任副总理,并担任巫统署理主席。1974年6月1日,国民阵线申请注册成为政党,正式成为马来西亚的执政联盟,拉扎克担任执政联盟首任主席,侯赛因担任副主席。此时的国民阵线一共有九个政党,即巫统、马华公会、印度人国大党、沙巴联盟、沙捞越土著保守党、沙捞越人民联合党、人民进步党、民政党、伊斯兰教党,其中巫统

---

① Gordon P. Means, *Malaysian Politics: The Second Generation*, Singapore: Oxford University Press Pte. Ltd., 1991, p.30.

是九个政党的核心。国民阵线力图将马来西亚主要的政党势力都囊括在内,但西马地区仍有一个非马来人政党——民主行动党游离在执政联盟之外。

依据章程,国民阵线有四大宗旨:一是发展和维护马来西亚的团结;二是实现物质和精神的发展,维护伊斯兰教作为国教的地位,但允许信奉其他宗教,同时要维护和践行国家原则;三是努力建立一个公平合理的社会;四是密切国民阵线各成员党之间的关系。① 国民阵线的核心权力机构是"最高理事会"。最高理事会由每个成员党派出的 2 名代表组成。下设主席 1 人,一般由巫统的主席兼任;署理主席 1 人,一般由巫统的署理主席担任,另设若干个副主席,由每个成员党的主席担任。此外,还设有秘书长、执行秘书、财政官、青年团主席、妇女组织主席、战略沟通局长等职位。

1974 年全国大选 国民阵线成立后,拉扎克政府立即投入全国大选。1974 年 7 月 31 日,国会解散。8 月 24 日,全国大选投票开始,这是马来亚独立以来的第四次全国大选,也是国民阵线组建以来的首次选举。此次选举,除执政联盟以外,主要的反对党有林吉祥领导的民主行动党、沙捞越国民党和马来西亚社会公正党。投票当天,共有 222 万选民参与投票,投票率高达 75.1%,其中有效选票 2 116 916 张。依据选举委员会公布的投票结果,国民阵线取得压倒性胜利,共获得 1 287 400 张选票,占投票总数的 60.81%,共计 135 个国会席位,占国会席位总数 154 席的 87.66%。在国民阵线中,巫统获得的席位最多,共计 62 个国会席位,占国会总席位数的 40.26%,其次是马华公会、伊斯兰教党和沙巴联盟。马华公会获 19 个席位,伊斯兰教党和沙巴联盟均获得 13 个席位。反对党方面,总计获得 19 个国会席位,其中民主行动党和沙捞越国民党均获得 9 个席位,马来西亚社会公正党获得 1 个席位。其余反对党或独立候选人均未能在选举中获得国会席位。值得注意的是,华人反对党民主行动党虽然在反对党中得票较多,但其所获得的国会席位比上次大选减少 4 席。其与沙捞越国民党最终成为国会最大反对党,其党魁成为反对派领袖。

大选后,拉扎克组建内阁。拉扎克本人担任总理、外交部部长和国防部部长。后来对马来西亚发展产生重大影响的几个政治人物就是在拉扎克任

---

① "Perlembagaan Barisan Nasional", http://www.barisannasional.org.my/informasi/perlembagaan,访问时间:2017 年 2 月 9 日。

内获得提拔和重用的,比如侯赛因·奥恩和马哈蒂尔,这两人后来先后担任马来西亚第三任和第四任总理。阿卜杜勒·加法尔·巴巴担任农业和乡村发展部部长。穆萨·希塔姆担任初级工业部部长。这两人后来都是马哈蒂尔内阁的副总理。在本届内阁中,巫统中有 13 人担任部长、11 人担任副部长,牢牢掌控政权。马华公会仅有 3 人入选,分别担任卫生部部长、劳工和人力部部长以及住房与新村部部长。传统上一直由马华公会担任的财政部部长一职则被巫统收入囊中。印度人国大党仅 1 人入阁,担任新闻部部长。在副部长职位上,马华公会获得 3 个,而印度人国大党没人当选副部长。

政坛的新变化　　在马来半岛,学生运动逐渐兴起。从 1974 年到 1976 年,马来亚大学学生会、全国穆斯林学生联盟、马来语协会、马来西亚伊斯兰青年运动等学生社团组织不断举行游行示威,马来亚大学、马来西亚国民大学、马来西亚理工大学、马拉工艺学院等成为学生游行集会的主要战场。①学生游行示威的诉求很多,但大多是一些关于民生问题的诉求,如要求政府未来有效解决贫困农民饥饿问题等。面对学生的游行示威,马来西亚教育部采取了严厉的措施。依据国内安全法,示威集会的学生领袖被捕,其中包括后来成为马来西亚副总理的安瓦尔。教育部部长马哈蒂尔警告称,如果学生进一步介入政治示威活动,其奖学金将被取消。②1975 年 4 月,马来西亚政府颁布实施高等院校法案修正案,防范高校学生参与政治活动。

在东马,国民阵线在 1974 年沙捞越的地方议会选举中获得 48 个席位中的 30 个,赢得多数席位。反对党沙捞越国民党仅获得 18 个席位,但由于沙捞越国民党在国会选举中获得 9 个席位,与民主行动党一道成为国会最大的反对党,因此沙捞越国民党在中央和地方均显现出较强的影响力,威胁到国民阵线领导的沙捞越政府,对沙捞越的政治稳定造成冲击。1974 年 10 月 30 日,拉扎克政府援引国内安全法逮捕了沙捞越国民党的副主席、国会反对派领导人黄金明。③后经过几番谈判,沙捞越国民党最终加入国民阵线,沙捞

---

① Gordon P. Means, *Malaysian Politics: The Second Generation*, Singapore: Oxford University Press Pte. Ltd., 1991, pp.36-37.
② Gordon P. Means, *Malaysian Politics: The Second Generation*, Singapore: Oxford University Press Pte. Ltd., 1991, p.37.
③ "Sarawak Party Leader Seized", *The Age* (Australia), 31 October, 1974. Retrieved 22 May, 2017.

越局势得以稳定。沙捞越国民党的要员也在内阁中担任了相应的职务。在沙巴,1974年全国大选后,拉扎克邀请沙巴首席部长穆斯塔法·哈伦担任国防部部长,但遭到穆斯塔法拒绝。穆斯塔法希望能够留在沙巴担任领导人。1975年,中央政府与沙巴关于财政收入分配和油气资源问题矛盾加剧。穆斯塔法随即指示沙巴民族统一机构(USNO)分析沙巴从马来西亚分离出去的可能性。中央政府高度重视沙巴的分离倾向。拉扎克总理要求穆斯塔法立即辞职,并指示沙巴民族统一机构的副主席哈里斯·萨赖组建新的政党,即沙捞越联合人民党。在中央政府的压力之下,1975年10月,穆斯塔法同意提前退休。沙巴局势回归稳定。

侯赛因上台　由于操劳过度,1975年底,拉扎克总理身体出现明显不适,患上了白血病,且病情较为严重,不得不休假前往英国治疗。在其休假期间,侯赛因代行总理职务。1976年1月14日,拉扎克在伦敦去世,享年54岁。这对刚刚成立不久的国民阵线无疑是一次沉重的打击。拉扎克去世的同一天,副总理侯赛因就任马来西亚第三任总理。侯赛因虽出身名门,但由于早年跟随父亲离开巫统,因此在巫统内部,鼎力支持侯赛因的人其实并不多,相反反对者大有人在。加之,侯赛因患有心脏病,身体状况不佳,因而更不被看好。1976年3月,侯赛因任命马哈蒂尔为副总理,这一举措引发较大争议。当时,马哈蒂尔虽为巫统副主席,但他在1975年赢得巫统副主席时得票数远低于加法尔·巴巴和东姑·拉扎利·哈姆扎。①按照惯例,加法尔·巴巴应当选副总理,但侯赛因最终选择马哈蒂尔,这意味着侯赛因与国父拉赫曼的决裂。②马哈蒂尔当选副总理,实际上成了侯赛因的接班人。已经退位的拉赫曼对此深表不满,利用自身的影响力不断在《星报》上发表专栏抨击时政;落选副总理的加法尔·巴巴也拒绝在侯赛因内阁中担任任何职务。

侯赛因上台后,主张严厉打击腐败,对贪腐的官员"零容忍"。哈伦·伊德里斯成为侯赛因上台后严打的首位重要官员。1977年,时任巫青团主席和雪兰莪州州务大臣的哈伦·伊德里斯在人民合作银行(Bank Kerjasama

---

① 加法尔·巴巴838票,东姑·拉扎利·哈姆扎642票,马哈蒂尔474票,哈伦427票。参见Gordon P. Means, *Malaysian Politics: The Second Generation*, Singapore: Oxford University Press Pte. Ltd., 1991, p.78。

② 马哈蒂尔曾被拉赫曼开除党籍。

Rakyat)担任主席。哈伦与当时人民合作银行的董事总经理阿布·曼瑟·巴希尔以及总经理伊斯迈尔·丁伪造会议纪要,将银行股票抵押给花旗银行(First National City Bank),获取 Tinju Dunia 有限公司的信用证,以便在吉隆坡组织阿里与伯纳格之间的世界重量级拳王争霸赛。哈伦的行动致使银行损失 790 万林吉特。①法院最终判处哈伦 4 年监禁和 15 000 林吉特的罚款。侯赛因随即将哈伦从巫统除名。哈伦也因此从雪兰莪州州务大臣的位子上退下来。

与此同时,马来西亚的局势也在发生微妙变化。在东马,1976 年,沙捞越举行地方选举,中央政府扶持的沙捞越国民党获得 28 个席位,击败了由穆斯塔法领导的沙捞越民族统一机构,主政沙捞越。随后,国民阵线吸纳沙捞越国民党成为成员,进一步巩固执政根基。与此同时,沙巴联盟解体,沙巴民族统一机构加入国民阵线。国民阵线在东马的统治进一步稳固。然而,在西马的吉兰丹、马六甲、霹雳等州反对侯赛因政权的浪潮高涨。1977 年,巫统与伊斯兰教党在吉兰丹州出现分歧。伊斯兰教党虽为国民阵线的一员,但实际上对国民阵线对吉兰丹州事务干预过多颇为不满。1977 年,巫统支持的吉兰丹州的州务大臣纳西尔(Nasir)与伊斯兰教党主席阿斯利(Asri)在土地财政问题上发生争执。纳西尔下令冻结伊斯兰教党伐木土地经营权,并指控州经济开发公司和农业发展董事会涉嫌贪污腐败。②伊斯兰教党则指责纳西尔未能保护该党的利益,要求其下台。纳西尔与伊斯兰教党的矛盾最终引发大规模的街头示威抗议。当年 10 月,阿斯利在州议会发起对纳西尔的不信任投票,纳西尔则宣布解散州议会。吉兰丹州进入政治危机。随后,侯赛因总理派遣副手马哈蒂尔赴吉兰丹化解危机。但马哈蒂尔先后提出的两套解决方案都被伊斯兰教党否决,中央政府不得不向吉兰丹州发出最后通牒。11 月 8 日,担任最高元首的吉兰丹苏丹宣布吉兰丹州进入紧急状态。9 日,议会通过《1977 吉兰丹紧急状态权力法案》授权中央政府接管吉兰丹州事务。紧急状态期间,纳西尔仍然担任州务大臣,但权力受到一定的限制。12 月,伊斯兰教党被国民阵线开除,并加入了反对党阵营。次年,巫统在吉

---

① "Not the First Scandal to Strike Bank Rakyat", August 31, 2016, http://www.freemalaysia-today.com/category/nation/2016/08/31/not-the-first-scandal-to-strike-bank-rakyat/,访问时间:2017 年 5 月 22 日。
② Gordon P. Means, *Malaysian Politics: The Second Generation*, Singapore: Oxford University Press Pte. Ltd., 1991, p.62.

兰丹州的选举中赢得23个席位,伊斯兰教党仅获得2个席位。巫统获得了在吉兰丹的执政权。

1978年大选巫统权力进一步巩固　1978年7月,马来西亚举行了第五次全国大选。这次大选对上任不久的侯赛因而言至关重要,因为此时的国民阵线内部发生了较大的变化,尤其是伊斯兰教党的退出将分散相当数量马来人的选票,可能对巫统的执政地位构成实质性冲击。大选当天,共有约360万民众参加投票,投票人数占总人口的75.3%,其中有效选票3 473 430张,废票或空白票123 302张。国民阵线获得1 987 907张选票,占选票总数的57.23%,共计131个国会席位,占国会席位总数的85.06%,超过2/3,继续执政。其中,巫统获得70个席位,成为大选的最大赢家,比上届大选增加8个席位;马华公会获得17个席位,沙巴民族统一阵线获得9个席位,沙捞越国民党获得9个席位。

反对党方面,华人反对党民主行动党仍然得票最多,获得16个国会席位,而从国民阵线中分离出去的伊斯兰教党仅获得5个席位,沙捞越人民机构获得1个国会席位,独立候选人获得1个席位。民主行动党成为国会最大反对党,侯赛因领导的国民阵线获得组阁权。此届内阁共设22个部长职位,侯赛因担任总理,马哈蒂尔担任副总理兼贸工部部长。其余重要部门部长,如内政部部长、国防部部长、外交部部长、司法部部长、财政部部长等由马来人担任,华人和印度人仅获得5个部长职位,其中4个由华人担任。在副部长职位中,马来人获得22个副部长中的14个,华人获得6个,印度人获得2个。

从1974年和1978年两届大选可以看出,由拉扎克组建的国民阵线牢牢掌控了国家政权,马来人政党的影响力全面扩大,巫统作为马来西亚核心执政党的地位得以巩固。但国民阵线建立后,华人和印度人政党受到了不小的冲击。马华公会已不再是执政联盟中唯一代表华人势力的政党,其影响力受到民政党的冲击;印度人国大党在1974和1978年选举中表现平平,1974年仅获得4个席位,1978年减少至3个席位。从反对党阵营看,反对派各党在两次大选中始终处于分散状态,没有形成一个统一的反对党联盟,这无形中削弱了对国民阵线的影响。尽管民主行动党在1978年成为国会最大反对党,但反对派阵营中的马来人势力伊斯兰教党在宗教政策、政治意识形态等方面与民主行动党分歧较大,马来人和华人之间的矛盾和斗争在反对派阵营中蔓延开来,这对此后的马来西亚政治产生了深刻的影响。

四、外交政策的调整和中国与马来西亚建交

20 世纪 70 年代以来,随着国际格局的演变,尤其是 1972 年尼克松访华后,马来西亚开始调整一边倒向西方资本主义阵营的外交政策,与中国积极接触,并最终正式建立了外交关系。同时,马来西亚也仍然重视发展与东南亚国家关系,依托东盟处理柬埔寨问题,致力于维护地区的和平稳定。

20 世纪 70 年代,国际格局出现了明显的阶段性变化:1972 年 5 月、1974 年 6 月,美国总统尼克松两次访问苏联;1973 年 6 月,勃列日涅夫访问美国。美苏领导人就经贸、安全问题达成一系列协议,美苏两大阵营出现缓和势头。与此同时,第三世界国家在国际关系中的地位和作用进一步增强。尤其是 1971 年 10 月,中国恢复联合国合法席位;1972 年 2 月,尼克松总统访华,中国在国际关系中的重要性和影响力凸显。中美苏战略三角关系以及苏联与越南关系的走近在很大程度上影响了马来西亚的外交政策。在此背景下,马来西亚顺势改变了亲西方的外交政策。拉扎克总理认为,马来西亚不支持任何一个大国,应在大国之间保持中立,不插手其他国家事务。马来西亚的外交政策从注重自我的军事防卫转向全方位的安全防卫,根本目标是维护政局稳定,保护边界安全。[①]

1971 年 11 月 27 日,东盟外交部长会议在马来西亚首都吉隆坡举行。马来西亚、印度尼西亚、菲律宾、新加坡、泰国外交部部长出席会议。作为东盟轮值主席国,马来西亚总理兼外交部部长拉扎克针对美苏两大阵营的冷战局势,提出了大国不应干涉东南亚事务以及东南亚地区应成为和平、合作之地域的主张,受到东盟国家的认同。东盟外交部长会议最终通过《和平、自由、中立区宣言》,申明中立是东南亚国家的目标。东盟国家应致力于推动实现这一目标,以确保实现东南亚地区的持久和平,实现国家独立、经济发展,提高人民生活水平。与此同时,马来西亚也加入了不结盟运动,以实际行动践行中立外交的主张。

中国与马来西亚建交 1972 年起,马来西亚开始与社会主义国家发展

---

① *Malaysia Kita*: *Panduan dan Rujukan untuk Peperiksaan Am Kerajaan*, Petaling Jaya: International Law Book Services, 2007, pp.488-489.

外交关系。1972—1973年,马来西亚与蒙古、朝鲜、越南民主共和国、德意志民主共和国建交。1974年5月28日—6月2日,受中国国务院总理周恩来的邀请,马来西亚总理拉扎克率代表团访问中国,这是中国与马来西亚关系史上的大事,也是中国与东盟国家正式接触的开始,更是马来西亚外交关系史上的重要里程碑。实际上,早在拉扎克正式访问中国前夕,中国与马来西亚之间的接触和交流就已经进行。1970年底至1971年初,马来西亚首都吉隆坡发生严重水灾,当时中国红十字会立即向马来西亚发出慰问电,并向灾民捐赠了50万元人民币的救济物资,表达了对马来西亚民众的友好感情。

1971年5月,应中国春季出口商品交易会和中国对外贸易企业公司的邀请,马来西亚借参加中国出口商品交易会之名,派遣由马来西亚国有企业集团主席、商业联合会主席、土著银行总经理东姑·拉扎利率领的19人贸易代表团访问中国,希望以经贸交流为先锋,打开中国和马来西亚合作的大门,与中国探讨出口橡胶和棕榈油的可能性。拉扎利向中国领导人传递了拉扎克总理的口信,希望中国和马来西亚可以通过民间交往、发展双边贸易增进相互了解,并最终正式建立外交关系。周恩来总理与李先念副总理在会见马来西亚代表团时,正式使用了"马来西亚"的国名,以表示对马来西亚的认可。周恩来指出,任何一个国家的事务,只能由该国的人民自行解决,其他国家不能干涉,中国和马来西亚两国政府应促进民间交流,推动两国关系发展。①中方希望两国在平等、尊重、互惠互利的基础上发展贸易关系。马来西亚随即决定取消对中国出口橡胶的禁令,中国向马来西亚订购了15万吨橡胶。东姑·拉扎利访华后,中国和马来西亚建立了正式的贸易关系,民间的接触和交流显著增加。

仅仅三个月后,1971年8月22日,中国首个贸易代表团访问马来西亚。当时中方代表团团长是中国化工进出口公司总经理张光斗。中方代表团一共访问马来西亚六天,与拉扎克总理和马来西亚商务部部长举行了会谈。②8月27日,马来西亚商务部长为中国代表团饯行。次日,中国国际贸易促进委员会与马来西亚国有企业集团发表联合公报。经过商谈,中方同意向

---

① 马来西亚—中国总商会:《一带一路:中国崛起与世界联通时代的马来西亚》,马来西亚—中国总商会,2015年,第80页。
② 马来西亚—中国总商会:《一带一路:中国崛起与世界联通时代的马来西亚》,马来西亚—中国总商会,2015年,第81页。

马来西亚购买橡胶、棕榈油和木材,马来西亚则同意向中国进口消费品和轻型机械等。

1971年9月底至10月初,中国邀请马来西亚代表团参加在北京举行的亚非乒乓球友好邀请赛。1971年10月25日,马来西亚政府在第26届联合国大会上,支持恢复中国在联合国合法席位的提案,进一步推动了中国和马来西亚建交进程。1972年5月,马来西亚医疗代表团访问北京;同年9月,马来西亚乒乓球队再次访华。此后,马来西亚羽毛球代表队两次访华。从1973年6月至1974年4月,中国驻联合国代表黄华与马来西亚驻联合国代表扎卡利亚在纽约先后就中国和马来西亚建交问题举行了14次会谈。双方围绕先建交还是先解决政治分歧这一话题产生了不同意见。会谈的重点集中在台湾问题、马来亚共产党问题、华人华侨问题,以及"中国"在马来语中如何翻译的问题上。几经会谈后,马来西亚总理拉扎克终于踏上了前往中国的行程。

1974年拉扎克总理访问北京期间,与毛泽东主席举行了会晤,并向他转达了马来西亚政府最良好的祝愿。周恩来总理、李先念副总理和拉扎克总理就双边性、区域性和国际性的各种问题进行了广泛的会谈。两国总理一致认为,近年来亚洲形势发生了有利于各国人民的深刻变化,中、马两国关系正常化符合两国人民利益。为此,两国领导人同意自1974年5月31日《联合公报》公布之日起,正式建立外交关系。两国政府将按照国际惯例,在各自首都为对方大使馆的建立和履行职务提供一切必要的协助,并按实际情况尽早互换大使。两国政府认为,一个国家的社会制度,只能由这个国家的人民自己选择决定,他们反对任何国家或国家集团在世界上任何地区建立霸权和势力范围。任何外国的侵略、干涉、控制、颠覆,都是不能允许的。马来西亚政府承认中华人民共和国政府为中国的唯一合法政府,并支持中国政府关于台湾是中华人民共和国领土不可分割的一部分的立场。马来西亚政府决定关闭在台北的领事馆。同时,中华人民共和国政府也承认马来西亚政府,并尊重马来西亚的独立和主权。两国政府声明不承认双重国籍。根据这一原则,中国政府认为,凡已自愿加入或已取得马来西亚国籍的中国血统的人自动失去中国国籍。而自愿保留中国国籍的侨民,中国政府根据其一贯的政策,要求他们遵守马来西亚政府的法律,尊重当地人民的风俗习惯,与当地人民友好相处,并依法保护他们的正当权利和权益。①

---

① 《中华人民共和国政府和马来西亚政府联合公报》1974年5月31日。

外交三原则 1976年1月,拉扎克去世,侯赛因出任总理;1978年9月,侯赛因当选巫统主席。在侯赛因执政期间,马来西亚延续了拉扎克时期的中立外交政策,主张与所有国家发展外交关系,明确马来西亚外交坚持三个原则:一是相互尊重,二是不干涉内政,三是确保领土完整。

依据上述原则,马来西亚积极发展与东南亚国家关系,维护东南亚的和平稳定成为马来西亚外交的主要任务之一。而这一时期,越南入侵柬埔寨,使之成为影响东南亚局势稳定的主要威胁。1975年,越南、老挝、柬埔寨三国抗美战争结束后,越南的地区霸权主义迅速发展,它自恃为东南亚头号军事强国,胁迫柬埔寨和老挝同它建立"特殊关系",从而实现其蓄谋已久的由它控制和支配整个中南半岛的计划。[1]1976年,马来西亚与统一后的越南社会主义共和国正式建交,两国互设大使。1977年10月,越南总理范文同访问马来西亚,两国领导人举行会晤。越南总理表达了愿与东盟交好的意愿,希望与东盟探讨《和平、自由、中立区宣言》,并声称不支持马来西亚和泰国境内的共产主义者,马来西亚领导人则表达了向越南提供经济和技术援助的意愿。

1977年底,越南向柬埔寨发动军事进攻,企图称霸中南半岛。尽管此轮入侵在次年1月即宣告失败,但中南半岛局势的动荡引发了马来西亚的担忧,越南与马来西亚的关系出现裂痕。马来西亚认为自己应成为东盟与越南之间的桥梁,促进越南与东盟的沟通,以维护东南亚的和平稳定。1978年6月,越南加入苏联主导的经互会;11月,越南与苏联签订"友好合作条约";12月25日,越南出动20余万地面部队,大举入侵柬埔寨,并于1979年1月7日占领了柬埔寨首都金边;10月,越南支持的韩桑林政权,即"柬埔寨人民共和国"建立。越南入侵柬埔寨改变了东南亚地区的战略格局,东盟国家与越南、老挝、柬埔寨人民共和国形成两个对立阵营。马来西亚高度关注柬埔寨局势,认为越南对柬埔寨的军事入侵破坏了柬埔寨领土完整,违反国际法,威胁马来西亚的国家安全。[2]马来西亚反对韩森林政权,承认波尔布特政权,积极推动东盟发挥作用,主张和平解决柬埔寨问题。马来西亚要求越南接受

---

[1] 王绳祖主编:《国际关系史·第十卷(1970—1979)》,世界知识出版社,1995年,第159—160页。

[2] *Malaysia Kita:Panduan dan Rujukan untuk Peperiksaan Am Kerajaan*,Petaling Jaya:International Law Book Services,2007,p.492.

东盟的《和平、自由、中立区宣言》，维护地区稳定。

但越南认为《和平、自由、中立区宣言》是针对共产党政权的，越南难以接受。在马来西亚、新加坡等国的推动下，东盟在越南入侵柬埔寨后发表声明，谴责其将局势升级、扩大。东盟要求各方遵守《联合国宪章》和《万隆宣言》，敦促联合国安理会讨论柬埔寨问题。与此同时，马来西亚与越南之间的难民问题浮出水面。由于越南战争的影响，大量越南难民自1975年起逃至马来西亚寻求避难，两国关系开始紧张。依据马来西亚政府的统计，截至1978年11月，共有19 000名越南难民逃至马来西亚。时任副总理的马哈蒂尔一度扬言要授权军警射杀登陆的越南难民。马哈蒂尔的言论引发了极大的争议，使他备受指责。此后，侯赛因总理出面平息了所谓射杀难民的风波，授权内政部设立联邦第七行动队处理难民问题，并在联合国的帮助下设立了难民营接收难民。

除关注柬埔寨局势、发展与越南关系外，侯赛因总理在任期内还有一次重要的访问，即率团访问中国。1979年5月2日至9日，侯赛因总理正式访华，这也是马来西亚历史上第二位到访中国的总理。中国领导人与侯赛因总理会晤，双方就中南半岛问题、东盟和中国的发展问题、经济合作问题交换意见。侯赛因称，马来西亚对东南亚局势密切关注，愿意为维持地区的和平与稳定而不懈努力。

与英国维持友好关系　　与西方国家关系方面，马来西亚继续与英国保持密切关系。1971年，此前签订的英马防务协定到期，同时由于英国自身经济和军事实力的衰落，英国决定从马来西亚和新加坡撤军，并重新探索与马来西亚和新加坡的安全合作模式，希望建立一个"松散的协商政治框架"，以此维持英国在东南亚的存在。1971年4月15—16日，马来西亚、英国、澳大利亚、新西兰、新加坡五国国防部部长举行会晤，签署《五国防御协定》（FPDA）。11月1日，《五国防御协定》生效，五国联防组织正式建立。《五国防御协定》实际上是一个类似军事同盟性质的条约。它规定任何签约国一旦受到攻击，成员国应相互协商，采取反击行动。五国定期召开军方高层会议和联合空间防卫会议，成立五国海军顾问团，建立新加坡、马来西亚联合防空系统。该组织每三年定期召开国防部长会议，会议在马来西亚和新加坡轮流举行，两国也将坚持举行一年一度的联合军事演习。联防军由澳大利亚空军少将负责指挥，指挥基地设于马来西亚北海空军基地。北海空军基地由澳大利亚皇家空军所控制，直到1988年控制权才转移到马来西亚皇家空军的手中。

1972—1981年的十年间,五国联防军举行了多次联合演习,规模不断增大,演习的复杂程度也不断增加。

五、宗教与族群问题凸显

"5·13"事件后,马来西亚社会发生了显著变化。马来民族主义泛起、伊斯兰复兴运动高涨,维护马来人的地位和社会权利成为拉扎克和侯赛因两届政府的要务。1971年,国家文化政策的颁布以及1979年内阁教育报告书的公布标志着马来人的社会地位进一步巩固。

20世纪60年代末70年代初,随着第三次中东战争的爆发,尤其是耶路撒冷阿克萨清真寺被烧毁,伊斯兰世界充满愤怒和不满的情绪。伊斯兰复兴运动由此在伊斯兰世界全面展开。在东南亚,伊斯兰复兴运动首先在马来西亚展开。1969年"5·13"事件爆发后,马来民族主义情绪高涨。穆斯林为捍卫自身的宗教、文化、经济和政治利益,在全国掀起了轰轰烈烈的伊斯兰运动。一些穆斯林开始谴责华人的价值观,主张一切回归伊斯兰教,发展纯洁的伊斯兰教。在民间,以"奥尔根之家""马来西亚伊斯兰青年运动"为代表的非政府组织日渐活跃,对马来西亚的社会发展产生了重要的影响。

伊斯兰非政府组织兴起 奥尔根之家(Darul Arqam)于1968年由宗教师安萨里·穆罕默德(Ashàari Muhammad)创建,是马来西亚一个伊斯兰教的非政府组织。组织的名字"奥尔根"取自先知穆罕默德的朋友。早期穆罕默德在麦加传教时,奥尔根曾将自己的房子借给穆罕默德进行传教,后来两人交好。奥尔根之家主张复兴伊斯兰教信仰和价值观,要穆斯林在日常生活中全面实践伊斯兰教,认为穆斯林在教育、经济、生活方面应严格遵守《古兰经》和《圣训》,强调学习、认识和笃信伊斯兰教教义,要求穆斯林自我约束、自我修正,建立严格以伊斯兰教为基础的个人和家庭生活。安萨里·穆罕默德认为,建立一个伊斯兰政权首先需要建立一个伊斯兰社会,而建立一个伊斯兰社会必须从个人开始伊斯兰化,然后是家庭,最后才能实现社会的伊斯兰化。

奥尔根之家在马来西亚有广泛的群众基础,最初其追随者是吉隆坡地区的低收入人群,后来成员逐步扩大到各个阶层,包括知识分子、专业人士、行政人员等,其中多数追随者为中下层民众。成立之初,该组织较为低调,活动不多。但自1970年起,奥尔根之家通过在私宅、大学、学校、清真寺、办公室等地方公开演讲的方式对外宣教,并出版发行书籍、杂志、报纸和视频材料等。1973年,奥尔根之家中心成立。1979年,奥尔根之家开始对外宣扬伊斯兰教教义,扩大国际影响,并在印度尼西亚、泰国、菲律宾、文莱等16个国家设立分支机构。其主要活动涵盖了宣讲、教育、经济、医疗卫生、文化宣传等。20世纪80年代起,该组织致力于教育和经济活动,它不仅有自己的教育体系,建立了学校,还在马来西亚和国外开设了多家工厂、商场、饭店和书店等,①对马来西亚的教育和经济发展做出了一定的贡献。但此后奥尔根之家由于批评政府,并介入暴力组织的活动最终被马来西亚政府解散。

马来西亚伊斯兰青年运动(Angkatan Belia Islam Malaysia)成立于1969年8月,1971年正式注册,是马来西亚伊斯兰复兴运动中一个非常重要的非政府组织。该组织由马来西亚国民大学的伊斯兰研究系创立,创建者是知名的伊斯兰教学者阿卜杜勒·瓦哈布·扎卡里亚,首任主席为拉扎里·拿瓦威,首任秘书长是后来对马来西亚政坛产生深远影响的马来西亚副总理安瓦尔·易卜拉欣。马来西亚伊斯兰青年运动主要是为从大学或学院毕业的、积极参加宣教的学生提供一个在毕业后继续参与伊斯兰活动的平台,主张建立一个建在伊斯兰原则之上的社会,②反对世俗化和西方化,鼓励开展宣教运动,呼吁回到正确的伊斯兰教教义之路上来。同时,该组织笃信伊斯兰教,要求穆斯林自我约束、自我克制,谴责政府的腐败和滥权,认为只有伊斯兰教才能解决马来西亚的种族问题。该组织也针对穷人开展慈善和教育,推广伊斯兰文化。

马来西亚伊斯兰青年运动的主要任务和目标是建立和发扬符合《古兰经》和《圣训》理念的伊斯兰,向全社会各阶层民众进行宣教,并在国际会议中代表马来西亚的穆斯林青年表达心声。自成立之日起,该组织不断发展完善,出版了马来文刊物《论道》(Risalah)和英文刊物《观点》(Perspective),并建有学校、伊斯兰领袖训练营和伊斯兰学习小组。此外,该组织还有一个活动中心,名叫"你的大学"。这是一所私立学校,专门为穷人提供教育,为马来西亚伊斯兰青年运动提供财政支持,为吸收新会员提供招募场所,并出版发行书籍等。③

---

① 范若兰等:《伊斯兰教育东南亚现代化进程》,中国社会科学出版社,2009年,第224页。
② 廖大珂、辉明:《论马来西亚伊斯兰复兴运动的组织》,《南洋问题研究》2012年第4期,第93页。
③ 许利平:《当代东南亚伊斯兰发展与挑战》,时事出版社,2008年,第132页。

在创建初期,该组织影响较小,但自1974年,安瓦尔当选该组织主席后,马来西亚伊斯兰青年运动逐步活跃,致力于举办各种讨论会和公开讲演,出版发行书籍和杂志,在青年人中有较大影响力。1974年12月,马来西亚伊斯兰青年运动在吉隆坡组织千名学生举行反饥饿、反贫困的示威游行,遭到政府镇压。当局依据内安法逮捕了1 169名学生,[①]被捕人员包括安瓦尔和多名学生领袖。

伴随着伊斯兰教的复兴,马来西亚的穆斯林在教育和文化领域的诉求不断增多,不少诉求在政府的支持下变成了现实,其中最具代表性的就是高等院校的增加和教育政策的修订。在1969年"5·13"事件之前,马来西亚只有一所大学,即马来亚大学。但"5·13"事件之后,随着马来民族主义的发展,一批代表马来人利益的高等院校建立,如马来西亚科学大学(1969年)、马来西亚国民大学(1970年)和马来西亚农业大学(1972年),这些学校都将马来语作为教学媒介语,以捍卫马来语的国语地位。其中,最值得一提的是马来西亚国民大学。马来西亚国民大学成立于1970年5月18日。实际上早在英国殖民时期,马来统治者和民族主义者就提出了专门为马来人建立一所高等学府的想法。1968年,包括马哈蒂尔在内的马来民族精英组建了一个专门委员会,为建立国民大学献计献策。"5·13"事件后,马来民族主义情绪高涨,为马来人建立高等学府的倡议最终得以实施。1970年5月,马来西亚国民大学创建,时任总理拉扎克担任国民大学的首任校长。国民大学的建立使马来人捍卫马来语的国语地位、维护马来人教育文化权益的夙愿变为现实。与此同时,1970年11月,马来亚大学宣布将马来语作为唯一的官方语言,学校未来的发展方向是所有科目都用马来语教学。1972年,马来亚大学增开工程学预科班,招收马来学生学习,为马来人就业提供支持。同年,土著信托局下属的学校增加到13所,全部招收马来学生。

教育、文化政策的新变化　　在大力兴办高等教育的同时,1971年,马来西亚还举办了国家文化大会,提出了所谓的国家文化政策理念(gagasan Kongres Kebudayaan Kebangsaan)。该理念认为国家文化政策应有三大支柱。

一是国家文化应以本地区的原住民文化为核心。所谓本地区是指马来世界,包括印度尼西亚、马来西亚、泰国、新加坡、文莱、中南半岛的一部分以

---

① 曹庆锋:《马来西亚伊斯兰复兴运动研究》,博士学位论文,中央民族大学,2013年,第49页。

及南太平洋岛国。①这些地区的语言、地理、自然资源、艺术具有相似性,马来文化、马来传统在此发展壮大,形成了所谓的马来波利尼西亚文明。马来文化是本地区文化的核心,因此国家文化应以马来文化为核心。

二是其他适合的文化因素可以被接纳为国家文化。这里所说的其他文化因素是指华人文化、印度文化、西方文化以及其他可以被接受的文化。但是其他文化融入国家文化需满足一个条件,即不能与宪法、国家原则以及伊斯兰教作为国家官方宗教相抵触。这实际上是对其他文化进行了一定的限制,表明马来文化和伊斯兰教的核心地位不容动摇。

三是伊斯兰教是国家文化形成的重要元素。马来人认为宗教是人类生活的指导,宗教文化涵盖了人类生活的方方面面,因此宗教应该成为人类完美生活的基础。由于伊斯兰教是官方宗教,且本地区的大部分民众都信奉伊斯兰教,认同伊斯兰的价值观,因此,伊斯兰教应成为国家文化的重要组成部分。

以上三个政策理念最终被政府吸纳,成为国家文化政策。国家文化政策的颁布进一步巩固了马来文化和伊斯兰教的地位,马来人作为国家主人的地位进一步凸显。为了配合落实国家文化政策,文化、青年体育部被赋予了新的职能,即除了为青年人组织文化艺术活动外,还要维护以本地区原住民文化为核心的国家文化政策。此外,政府还成立了国家图书馆和马来西亚手工艺品发展局。

与此同时,马来西亚政府开始着手修订教育政策,以进一步保护马来人在教育领域的权益。1971年,马来西亚的国立大学开始以族群人口的比例作为招收学生的依据,实行所谓的"配额制"。1972年2月,马来西亚上议院通过《1972年教育修正法案》,提出废除所有全津贴学校的董事部,授权教育部部长决定所有全津贴学校和全津贴教育机构董事部的关闭日期和方式,并且教育部部长有权征用学校的土地。②1972年11月,教育部颁布董事部新规,授权教育部部长委任全津贴学校或教育机构的董事部成员,州教育局局长有权出席董事部会议,并掌控财政大权。新规的颁布一定程度上将华文和

---

① A, Aziz Deraman, *Tamadun Melayu dan Pembinaan bahasa Malaysia*, Kuala Lumpur: Dewan Bahasa dan Pustaka, 2002, p.67.
② 胡春艳:《抗争与妥协:马来西亚华人社会对华族母语教育政策制定的影响》,暨南大学出版社,2012年,第141—142页。

泰米尔语学校的命运交到了教育部部长手中,引起了华人社会的不满,但这仅仅是开始。1974 年,马哈蒂尔出任教育部部长。10 月,政府成立了一个以马哈蒂尔为主席的检讨教育政策内阁委员会,提出反思和研究国家的教育政策的想法,并明确进一步完善落实教育政策,以适应国家发展的需要,尤其是满足劳动力的需要,建立民族身份认同,促进国家团结。

在此思想的指导下,1979 年,马来西亚《内阁教育报告书》出台。该报告书提出马来西亚政府将实施以下政策,以实现新的教育目标:(1)马来语是主要媒介语言;(2)所有国民型学校要安排相同的课程,并且课程应以马来西亚的相关需要为导向;(3)对所有学校实行相同的考试制度;(4)理顺教育管理规章;(5)遵循团结、平衡和全面的教育制度,提升教育质量;(6)提供 9 年基础教育;(7)遵循公平分配、关照乡村弱势群体的原则,设立民主的教育制度,以保障民众获得高品质的教育机会;(8)依据以读、写、算为基础的小学新课程,引进教育制度;(9)扩大基础教育和职业教育;(10)为大学的文学和科学专业提供多样化的教育设备,以满足学生学习的需要;(11)加强道德教育、心灵教育和纪律教育;(12)马来语和英语是各类学校的必修课,进一步发展华文和泰米尔文等其他语言的教学;(13)鼓励开展能够加强纪律性的课程活动,如组建军队和警察干部班等活动。

在政府相关政策的支持下,1971—1980 年,马来人的小学、中学和高等教育获得了极大发展。国民小学从 1970 年的 4 277 所增加至 1980 年的 4 519 所,在校人数也从 1970 年的 1 046 513 人增加至 1980 年 1 353 319 人。与此同时,政府大量增设马来中学。1957 年以前,马来亚没有马来中学,而仅仅到 1974 年,新经济政策实施三年后,马来中学就多达 324 所。[①]高等教育方面,1970 年,西马的马来人毕业生为 1 万人,到 1980 年时,马来人毕业生已经增加至 3.9 万人。[②]在奖学金方面,1974—1975 年,马来亚大学共提供了 4 930 份奖学金,其中马来学生获得 3 505 份,占71%。[③]

创办独立大学遭遇挫折 正当马来人大力推进国文教育和马来文化之时,华人也在积极争取自身利益,但未能如愿以偿。典型的例子就是华人社

[①] 韦红:《东南亚五国民族问题研究》,民族出版社,2003 年,第 122 页。
[②] 廖小健:《战后马来西亚族群关系:华人与马来人关系研究》,暨南大学出版社,2012 年,第 133 页。
[③] 华人社会资料研究中心:《检讨马来西亚教育》,马来西亚雪兰莪中华大会堂,1990 年,第 12 页。

会建立独立大学的梦想再次遭遇挫折。1971年,马来西亚政府颁布《1971大学与大专法令》,规定所有大学或大专学院必需得到最高元首和国会的批准才可以创办。这一做法给华人创办独立大学又加上了一个紧箍咒。但是华人社会并未放弃努力。1974年,独立大学有限公司第一届会员大会召开,林晃升被选为主席。1977年8月10日,华人社会依据1971年法案,向最高元首提起请愿,要求建立属于华人的独立大学。9月,独立大学的理事决定在全国华人社团发起签名。11月,马华公会中央委员会成立"研究独立大学问题特别小组"。12月底,独立大学有限公司一共获得4 238个注册社团及政党的签名盖章。①1978年1月,华人社会向最高元首、内阁总理、教育部部长及国会提交了由4 238个团体签名的请愿书。9月,教育部部长慕沙·希塔姆做出正面回应,拒绝华人社会建立独立大学的诉求,同时政府援引内安法禁止独立大学计划发起的"全国华人注册社团代表大会"开展相关活动。1979年2月,独立大学收到最高元首有关拒绝建立独立大学的正式复函。1980年9月,独立大学将政府拒绝建校一事告上法庭,希望法庭裁决政府拒绝华人社会创办大学这一行为违反宪法。

作者点评

拉扎克和侯赛因执政时期,马来西亚正处于过渡转型阶段。说其为过渡转型阶段,主要是因为"5·13"事件后,马来西亚的政治和社会矛盾异常尖锐。新上任的拉扎克政府为巩固巫统的统治、缓和社会矛盾,进行了大刀阔斧的改革,包括成立国民阵线、推动实施新经济政策、颁布国家文化政策等。这种改革对当时的马来西亚而言确实是过渡转型,因为没有人知道在马来人与华人矛盾异常尖锐的情形之下,这样的改革能否取得令人满意的效果。但后来的历史发展证明,国民阵线的政党联盟符合马来西亚的国情,新经济政策改善了马来人的经济状况,是一项较为成功的经济政策。马来西亚在拉扎克和侯赛因的十年改革中找到了符合自身国情的发展道路,为后来马哈蒂尔时期马来西亚经济的腾飞奠定了坚实的基础。在外交方面,拉扎克和侯赛因时期,马来西亚一改向西方国家"一边倒"的政策,与中国建交,这是马来西亚和中国历史上的大事,也是马来西亚外交战略的一次重大转型。中国进入马来西亚的地缘政治视野,并最终发展成为马来西亚重要的战略伙伴,这对中

---

① 郑良树:《马来西亚华文教育发展简史》,外语教学与研究出版社,2007年,第124页。

国与马来西亚的关系、中国与东盟的关系而言都具有划时代的意义。

另一方面,拉扎克与侯赛因的执政也拉开了马来西亚家族政治的序幕。如果要追根溯源,拉扎克与侯赛因家族的关系要从巫统创始人贾拉法算起。从巫统创立至2018年,贾拉法、拉扎克、侯赛因、纳吉布等几代人影响了马来西亚数十年。

不过,在拉扎克和侯赛因执政时期,马来西亚的社会问题和族群问题进一步凸显,主要表现为伊斯兰运动的高涨和国内教育改革引发华人社会的不满。伊斯兰问题与华人教育问题一直都是马来西亚社会发展面临的主要问题。面对上述两大难题,拉扎克和侯赛因政府努力平衡各方利益、管控矛盾分歧,为马来西亚社会的和谐发展做出了巨大的贡献。

第八章
马哈蒂尔执政前期的马来西亚

1981年是马来西亚历史发展进程中的重要年份。这一年,马哈蒂尔出任马来西亚总理,开启了马来西亚的"马哈蒂尔模式"。医生出身的马哈蒂尔在马来西亚政治、经济和社会发展都处于困境的时候挺身而出,凭借强硬的作风和过人的智慧,带领马来西亚一步步走向辉煌,使马来西亚进入了崭新的阶段。然而,也正是在马哈蒂尔的执政之下,马来西亚的政治斗争、社会矛盾不断加剧,这在1981—1989年表现得尤为突出。

一、马哈蒂尔的总理之路

马哈蒂尔是马来西亚的传奇人物,也是对马来西亚国家发展最有影响力的政治家和思想家。早在担任总理之前,马哈蒂尔就对马来西亚的政治发展产生了一定影响。担任总理之后,马哈蒂尔则带领马来西亚走向了辉煌,成功跻身"亚洲四小虎"之列。本节将重点介绍马哈蒂尔的生平,尤其是他登上总理宝座的艰难之路。

从医起家 马哈蒂尔全名敦·马哈蒂尔·宾·穆罕默德医生(Tun Dr. Mahathir bin Mohamad),1925年12月20日生于马来西亚吉打州的首府亚罗士达市甘榜锡比廊霹雳小镇上的一个绅士家庭。有意思的是,有关马哈蒂尔的出生日期,不同的文献有不同的说法。一些文献认为应该是1925年7月10日,还有一些文献认为是1925年12月20日。①根据维基百

---

① 可参见马来西亚的相关网站,如 Y.A.B TUN DR. MAHATHIR BIN MOHAMAD (1981—2003), http://pmr.penerangan.gov.my/index.php/maklumat-kenegaraan/232-yab-tun-dr-mahathir-bin-mohamad-1981-2003.html,访问时间:2017年9月2日。

科,马哈蒂尔的出生日期是7月10日,马哈蒂尔传记的作者巴里(Barry Wain)也认为12月20日是一个随意确定的日期。①马哈蒂尔的家庭出身不错,其父亲穆罕默德·宾·伊斯干达(Mohamad bin Iskandar)出生自槟州,有印度裔血统,是英文学校教授英语的老师,曾担任过亚罗士达英语学校(现名为苏丹阿卜杜勒·哈米德学院,Maktab Sultan Abdul Hamid)的首任校长。穆罕默德·宾·伊斯干达教过的学生很多,可谓桃李满天下。马来西亚第一任总理拉赫曼就是其中之一。②马哈蒂尔的母亲旺·丹巴婉·宾蒂·旺·哈纳菲(Wan Tempawan binti Wan Hanafi)来自吉打,是一名虔诚的伊斯兰教徒,有贵族血统,是武吉拉达拿督·天猛公库落旺苏的后裔,与吉打前州务大臣旺·马特·沙曼(Wan Mat Saman)有远亲关系。马哈蒂尔是家中9个孩子中最小的一个,颇有灵气。据说,马哈蒂尔出生后,当地一名精通占星学的华人教师就预言马哈蒂尔将来能够成为马来西亚的统帅。③

马哈蒂尔自小接受马来学校的教育,后来在其父亲任教过的亚罗士达英语学校学习。他学习非常用功刻苦,并逐渐对宗教学产生浓厚兴趣。年轻时的马哈蒂尔非常喜欢思考,具有批判精神,曾在中学时写出《马来人的伦理法则和价值系统》的论文,专门论述伊斯兰教对马来人的影响。1948年,马哈蒂尔考取马来亚大学,在医学院学医。1953年毕业后,马哈蒂尔投身医学界,在槟州的一家医院行医,与大学同学西蒂·哈斯玛(Siti Hasmah Mohamad Ali)结为伉俪。1954年,马哈蒂尔开始在亚罗士达、兰卡威、玻璃市等地的医院做医疗官员。1957年,马哈蒂尔在亚罗士达兴办第一家马来诊所——马哈诊所(MAHA Klinik),经常给穷人免费看病。对于从事的医学工作,马哈蒂尔有独到的看法,他认为"当医生不仅是最佳的职业选择,也是深入开展政治斗争的最好依托。因为医生生活在民众之中,为民治病,与群众的关系如鱼水相连,将有助于我们把握社会发展的方向,推进我们民族主义胜利事业向前发展"。④如此深刻的认识使得马哈蒂尔虽在医界行医,但始

---

① *Mahathir Mohamad*, From Wikipedia, https://en.wikipedia.org/wiki/Mahathir_Mohamad,访问时间:2017年9月2日。

② Y.A.B TUN DR. MAHATHIR BIN MOHAMAD(1981—2003), http://pmr.penerangan.gov.my/index.php/maklumat-kenegaraan/232-yab-tun-dr-mahathir-bin-mohamad-1981-2003.html,访问时间:2017年9月2日。

③ 骆永昆、陈庆鸿:《"第三世界代言人"马哈蒂尔》,载中国现代国际关系研究院世界人物研究中心《影响当今世界的重要思想人物》,时事出版社,2013年,第414页。

④ 张永和:《马哈迪传》,广州出版社,1995年,第100页。

终保持高远的政治志向和抱负,并最终走上弃医从政的道路。

个性突出的马哈蒂尔 马哈蒂尔与政治的渊源可以从 20 世纪 40 年代算起,当时大学还没毕业的马哈蒂尔就参加了反对日本侵占马来亚的游行示威。此后在自办诊所期间,马哈蒂尔经常参加巫统的政治活动,被当地民众亲切地称为"巫统医生"①,深受民众的喜爱。但马哈蒂尔与拉赫曼的关系并不密切。1957 年马来亚独立前后,马哈蒂尔极力反对政府给予非马来人公民权,而且就此事公开批评时任总理拉赫曼。此时的马哈蒂尔已经展现出一个马来民族主义者的形象。不仅如此,马哈蒂尔还对拉赫曼总理西化的生活方式意见较大,两人的矛盾在 1959 年大选前后进一步公开化。1959 年,马哈蒂尔当选巫统吉打州的主席,但拉赫曼总理对马哈蒂尔执掌吉打州并不放心,这令马哈蒂尔颇为失望。也正因为如此,马哈蒂尔没有获得巫统的提名而错过了 1959 年的全国大选。

五年之后,1964 年,马哈蒂尔获得政党提名,第一次参加了国会选举,并成功当选国会议员,开启了他的政治生涯。1965 年,马哈蒂尔又当选马来西亚驻联合国的代表,成为全国瞩目的政治新星。在马来西亚与新加坡分离的问题上,马哈蒂尔反对李光耀对马来人和马来文化的蔑视,坚定捍卫马来人利益,抨击社会主义阵线和人民行动党的"华人沙文主义",指责人民行动党自私、傲慢。②马哈蒂尔这种强烈的马来民族主义精神,获得了巫统高层的认可。马哈蒂尔也因此跻身巫统的决策机构——最高理事会。

然而,正当马哈蒂尔欲大展鸿图之时,却在 1969 年全国大选中被伊斯兰教党的候选人优素福(Yusof Rawa)以 989 票的微弱优势击败。大选之后随之而来的是震惊全国的"5·13"事件,马来西亚社会矛盾迅速激化。面对突如其来的变故,马哈蒂尔与拉赫曼总理的矛盾更加凸显。马哈蒂尔写信指责拉赫曼政府给予华人太多利益,进而让马来人的经济利益被边缘化,要求拉赫曼辞职下台。马哈蒂尔的言行激怒了拉赫曼总理。1969 年 7 月 12 日,马哈蒂尔因不遵守党内纪律被开除出党。当局对马哈蒂尔发出了逮捕令,但此后接管政权的拉扎克阻止了对马哈蒂尔的逮捕。马哈蒂尔"被贬"后,回到吉

---

① DR 后来成为马哈蒂尔头衔中不可或缺的称号,但 DR 并不是"博士",而是"医生"。
② Ahmad Faisal Muhamad, "The Struggle for Recognition in Foreign Policy: Malaysia under Mahathir 1981-2003", A thesis submitted for the degree of Doctor of Philosophy in International Relations, London School of Economics and Political Science, 2008, p.92.

打州行医。1970年,在几经深思之后,马哈蒂尔写下了影响马来西亚社会发展的名著《马来人的困境》(*The Malay Dilemma*),但此书由于涉嫌抨击拉赫曼政府一度被禁止发行。

然而,马哈蒂尔的政治生涯并未就此中断。1970年9月,拉扎克接替拉赫曼出任马来西亚第二任总理后,马哈蒂尔的政坛之路迎来转机。1972年3月7日,马哈蒂尔受邀回归巫统,进入巫统最高理事会,并于1973年当选上议员。随后在1974年的国会选举中,马哈蒂尔击败对手,当选吉打州古邦巴素区(Kubang Pasu)的国会议员,并成功进入内阁,出任教育部部长。由于马来西亚的特殊国情,教育问题,尤其是用何种语言教学在马来西亚是影响政治和社会稳定的大事。正是因为如此,教育部部长在马来西亚显得格外重要,他在某种程度上是国家政治和民族关系的稳定器。马哈蒂尔在近50岁时当选教育部部长,足以显示他出众的实力和对政治、社会的把控能力。在教育部部长任期内,马哈蒂尔提出了政府监管大学的理念,并授权教育部对学生进行监管,以避免高校介入政治。1975年,马哈蒂尔又在党内谋得高职,当选巫统副主席。此时的马哈蒂尔在政坛上已经逐步站稳脚跟。

受侯赛因重用进入政坛高层　　1976年,马来西亚政坛突然发生变故,拉扎克总理去世。侯赛因·奥恩出任马来西亚第三任总理。侯赛因的上任开启了马哈蒂尔政治生涯的新篇章。侯赛因上任后,马哈蒂尔在较大的反对声中被任命为内阁副总理,成为仅次于侯赛因总理的政府主要官员。同时,马哈蒂尔继续兼任教育部部长,两年后又调任贸工部部长。担任贸工部部长期间,马哈蒂尔实施了大力发展重工业的政策,支持国有企业发展,鼓励制造业,尤其是汽车制造业的发展,创立了马来西亚DRB-HICOM公司,政绩显著。在巫统党内,马哈蒂尔继续担任巫统的副主席。此时的马哈蒂尔位高权重,成为总理的人选。

1981年6月,马哈蒂尔在巫统大会上当选巫统主席和总理,接替了身体状况欠佳的侯赛因。穆沙·希塔姆(Datuk Musa bin Hitam)以722票比517票击败东姑·拉扎利·哈姆扎(Tengku Razaleigh Hamzah),当选巫统署理主席和副总理。7月,马哈蒂尔宣誓就任内阁总理,成为马来西亚历史上的第四位总理。马哈蒂尔随即组建了其任期内的第一个内阁。在此内阁中,马哈蒂尔担任总理兼任国防部部长;穆沙·希塔姆担任副总理兼内政部部长,外交部部长为拉扎利·沙菲(Ghazali Shafie),财政部部长为东姑·拉扎利·哈姆扎,教育部部长为苏莱曼(Sulaiman Daud),李三春(Lee San

Choon)任交通部部长,三美威鲁(Tun Samy Vellu Sangalimuthu)任工程部部长,阿卜杜拉·艾哈迈德·巴达维(Abdullah Ahmad Badawi)任不管部部长(Minister without Portfolio)。本届内阁也被称作"双 M 内阁"(MM：Mahathir-Musa)同时,马哈蒂尔释放了依据内安法被关押的 21 名嫌疑人。

从 1964 年第一次参加国会选举到 1981 年出任内阁总理,马哈蒂尔仅用了 17 年的时间便登上了政治生涯的巅峰。但马哈蒂尔这一路走来并不顺利,他在国会选举中初露头角时就遭遇挫败,并且遇上了极具考验政治立场的"5·13"事件。此后,马哈蒂尔与巫统高层领导矛盾尖锐,并最终被开除出党。回归巫统后,虽然当选副总理和巫统副主席,但马哈蒂尔面临的却是穆沙·希塔姆、东姑·拉扎利·哈姆扎、拉扎利·沙菲等强劲对手。侯赛因虽最终选定马哈蒂尔为接班人,但马哈蒂尔深知,只有平衡各方权力关系才能稳定局势。于是,马哈蒂尔邀请穆沙·希塔姆、东姑·拉扎利·哈姆扎、拉扎利·沙菲等人进入内阁,并为其安排了相应的职位。这 17 年的政治经历对马哈蒂尔来说充满了波折和考验,但也丰富了其政治斗争的经验,成为其执掌马来西亚的宝藏。然而,马哈蒂尔面临的挑战和考验远未结束。自 20 世纪 80 年代起,穆沙·希塔姆、东姑·拉扎利·哈姆扎不断向马哈蒂尔的权力发起冲击,最终导致了巫统的危机。

二、宪法危机与巫统的分裂

马哈蒂尔上台后,国内局势并不稳定。其麾下的几员大将,如穆沙·希塔姆、东姑·拉扎利·哈姆扎、拉扎利·沙菲等,与马哈蒂尔的政见分歧逐渐凸显。矛盾的激化最终导致了马来西亚历史上最激烈的党内斗争,并致使巫统分裂。马来西亚核心执政党出现了建党以来最严重的危机。与此同时,内阁总理与最高元首和皇室之间的矛盾也在马哈蒂尔担任总理后浮出水面。

马哈蒂尔赢得执政后首次选举　1982 年 4 月,马来西亚举行独立以来的第六次全国大选,这也是马哈蒂尔总理任内举行的第一次全国大选。此次大选对马哈蒂尔和巫统领导的国民阵线都是极大的考验。本次选举计划选出 154 个国会议席,除了沙巴、沙捞越之外,马来西亚的 11 个州议会也同期举行选举。大选前,国民阵线内的主要政党较为团结,但各党派内部的矛盾暗流涌动。巫统在马哈蒂尔领导下逐渐稳定下来,但几个主要官员之间的矛盾没有得到根本解决,保守派与新生代的分歧凸显。马华公会在党主席李三春的领导下走向团结,但署理主席曾永森(Michael Chen Wing Sum)不满李三春的领导,在1979年与李三春竞争党主席失败后转投民政党。印度人国大党在新党主席三美威鲁的领导下更加团结一致。三美威鲁是颇受欢迎的领导人,他1974年当选议员,在侯赛因执政期间担任地方政府与房屋部副部长。1979年起,三美威鲁担任国大党主席和工程部部长。从此后的历史发展看,三美威鲁的上台开启了国大党稳定的30年发展进程。反对党方面,伊斯兰教党继续鼓吹其政治口号,与巫统建立世俗国家的政治主张针锋相对。为赢得选举,马哈蒂尔与穆沙·希塔姆提出了"廉洁、高效、值得信任"的口号,并抨击两大反对党民主行动党和伊斯兰教党有秘密的选举协定。在投票前,巫统并没有赢得国会绝对多数席位的把握。

然而,选举结果显示,此次共有25个政党参加选举,约430万人参加投票,投票率高达75.4%。选举结果是执政联盟国民阵线共获得154个国会席位中的132个,占据了绝对多数席位。其中,巫统获得70个席位,为国民阵线中获得席位最多的政党。其次是华人政党马华公会,共计获得24个议席,沙巴人民统一阵线获得10个席位,土著保守联合党(United Traditional Bumiputera Party)获得8个席位,沙捞越国民党获得6个席位,沙捞越联合人民党获得5个席位,民政党获得5个席位,印度人国大党获得4个席位。反对党中,民主行动党为最大反对党,但仅获得9个席位,其次是伊斯兰教党获得5个席位,另外独立人士获得8个席位,共计22个席位。

在州议会选举中,国民阵线在11个州议会都获得了多数席位,共计281个席位,占312个席位的90%,而反对派仅获得31个席位。① 其中,在柔佛的议会选举中,国民阵线获得全部席位;在彭亨的议会选举中,国民阵线获得32个席位中的31席;在雪兰莪、森美兰州、马六甲和吉打,反对党仅获得2个席位。伊斯兰教党仅仅在吉兰丹的州议会选举中获得10个席位(1978年选举仅获得2个席位),对国民阵线构成一定挑战,但国民阵线在该州获得26个席位,赢得多数。

1982年大选最终有惊无险,马哈蒂尔领导的巫统不仅巩固了政权,而且给反对党予以沉重的打击。巫统的政权稳定了,但巫统内部的矛盾并未化解。副总理穆沙·希塔姆与马哈蒂尔之间的矛盾开始显现。穆沙·希塔姆

---

① Gordon P. Means, *Malaysian Politics: The Second Generation*, Singapore: Oxford University Press Pte. Ltd., 1991, p.89.

生于1934年,虽然比马哈蒂尔年龄小,但其经历非常丰富,具有开阔的国际视野。他是英国萨塞克斯大学的硕士和名誉博士,以及美国俄亥俄大学的名誉博士,曾在英联邦议会协会(Commonwealth Parliamentary Association)和联合国教科文组织任职。

穆沙·希塔姆在巫统中有较大影响力,早在20世纪60年代就曾担任巫统的代理秘书长。穆沙·希塔姆与马哈蒂尔对当时的政局有相同的见解,也曾经因批评拉赫曼政府被逐出党。拉扎克和侯赛因担任总理时,穆沙·希塔姆进入巫统最高理事会,并担任巫统副主席。在当选副总理和署理主席后,穆沙·希塔姆在党内和党外的影响力急剧提升。穆沙·希塔姆的支持者认为穆沙·希塔姆与马哈蒂尔一样是双M领导层之一,并非政府的"二把手"。而穆沙·希塔姆也对马哈蒂尔将颇有影响力的巫统副主席东姑·拉扎利·哈姆扎留在内阁表示担忧,担心其未来的总理地位受到挑战。①

然而,在1982年大选后的新内阁中,东姑·拉扎利·哈姆扎继续留任了财政部部长,而后来成为马哈蒂尔接班人的阿卜杜拉·艾哈迈德·巴达维从不管部部长转任总理府部长,后来的副总理安瓦尔·易卜拉欣则在此时当选了总理府副部长。

任内首次修宪 1983年,马哈蒂尔执政进入第三个年头。此时,新的问题开始浮现。苏丹过多干涉州政府事务,自1978年以来,霹雳、柔佛、彭亨州等几个州的州务大臣的任命均受到苏丹的阻挠。马哈蒂尔担心苏丹权力过大,进而制约中央政府。而时任最高元首的彭亨苏丹艾哈迈德·沙(Ahmad Shah)即将于1984年退位,未来的两任最高元首很可能由柔佛苏丹伊斯干达(Iskandar)或霹雳苏丹阿兹兰·沙(Azlan Shah)担任。柔佛苏丹和霹雳苏丹性格较为独立,不易合作,②他们上任后可能会利用最高元首的权力与马哈蒂尔领导的中央政府相抗衡,削弱内阁总理的政治权力。为了制约最高元首,1983年8月,马哈蒂尔在国会推动了宪法修正案。此次修正案内容较多,其中涉及最高元首和各州苏丹的条款是,如果议会提交的议案在提交给最高元首后的15天之内没有收到回复,那么该议案将被视为获得通过,可以立法。同时,宣布全国紧急状态的权力将由最高元首转至内阁总理手中,且

---

① In Won Hwang, *Personalized Politics: The Malaysian State under Mahathir*, Thailand: Silkworm Books, 2003, p.129.
② 韩方明:《华人与马来西亚现代化进程》,商务印书馆,2002年,第282页。

不需要咨询内阁或国会的意见。紧急状态的时间期限没有限制。除了上述条款外，宪法修正案动议还包括以下内容：一是将国会议席由目前的 154 个增加至 177 个；二是国会议员在被定罪或是上诉失败的 14 天后自动丧失议员资格，若请求宽赦，其资格则于请求被拒绝后宣告丧失；三是废除所有民事案件向英国枢密院上诉的途径，并将联邦法院改名为最高法院，最高法院成为马来西亚的最高上诉法院。①

此次提出的宪法修正案遭到多方面的反对。在执政联盟内部，华人政党马华公会和民政党保持沉默，但在反对党方面，民主行动党批评马哈蒂尔集大权于一身，其主要领导人之一的林吉祥认为宪法修正案没有任何作用，并且修正案不仅对皇室的权力提出了挑战，而且对议会内阁制的政府体制构成了挑战。②由于巫统领导的国民阵线在国会拥有绝对多数席位，因此宪法修正案在国会获得了通过。但当修正案提交到最高元首和各苏丹手中时，皇室成员一致表示反对。1983 年 9 月，最高元首彭亨苏丹艾哈迈德·沙由于心脏病发作，拒绝签署法案和外交文书；副最高元首森美兰州苏丹加阿法尔(Tuanku Ja'afar)也拒绝代理行使国家权力。一时间，最高元首和各州苏丹拒绝签署所有法案，马来西亚的立法工作陷入瘫痪状态，宪法危机爆发。

10 月，统治者会议召开，最高元首和各苏丹一致反对宪法修正案。11 月 7 日，马来西亚首任总理、国父拉赫曼发表文章，称一场危机正在人民中间特别是马来人中间掀起，撕碎了他们对统治者的忠诚和对巫统的忠心。他们极力反对修正案，③并呼吁政府寻找一个妥协的路径，化解危机。11 月 20 日，巫统最高理事会派出加法尔·巴巴(Abdul Ghafar Baba)、哈伦·伊德里斯(Dato Harun Idris)、优素福(Marina Yusof)、卡马鲁丁·马特·伊沙(Kamaruddin Mat Isa)、穆斯塔法·加法尔(Dato Mustafa Jabar)五人代表团与统治者会议沟通，向统治者会议讲解宪法修订的原因，但没有取得任何结果，最高元首依然不同意宪法修订案。其间，大批民众走向街头，开始游行示威，反对修订宪法，支持维护马来统治者的权力。其中，吉兰丹、登嘉楼、柔佛、沙捞越、森美兰州的示威规模较大。支持政府的民众也在马哈蒂尔的故乡吉打州

---

① 陈鸿瑜：《马来西亚史》，兰台出版社，2012 年，第 422 页。
② Gordon P. Means, *Malaysian Politics: The Second Generation*, Singapore: Oxford University Press Pte. Ltd., 1991, p.115.
③ 韩方明：《华人与马来西亚现代化进程》，商务印书馆，2002 年，第 285 页。

举行游行,声援政府。紧张局势一时令各方都倍感压力。在这千钧一发之际,马哈蒂尔与最高元首及各州苏丹进行了秘密磋商。12月15日,统治者会议最终同意副最高元首森美兰州苏丹加阿法尔的意见,即要求马哈蒂尔将宪法修正案退回国会重新讨论,最高元首批准法案的时间期限从宪法修正案提出的15天延长至30天。

1984年1月,国会举行特别会议,再次讨论宪法修正案。新修正案内容最终修订为:涉及财政的议案提呈最高元首30天后,不论最高元首是否批准,都将自动成为法律。不涉及财政的议案在提呈最高元首要求其批准时,若最高元首在30天内将议案退回国会,则表明其反对法案。但若国会经三分之二多数通过法案,再次提呈批准时,最高元首需要在30天之内批准,否则30天后,该法案将自动成为法律。紧急状态的宣布权以及恢复原宪法条文的权力,由最高元首掌握,但需咨询内阁的意见。至此,由宪法修正案引发的危机终于得以缓解。

巫统内讧 虽然危机暂时解除了,但在宪法危机期间,马哈蒂尔政府内部出现了微妙的变化。这些变化逐渐影响政局的发展,并愈演愈烈,最终导致了巫统的分裂。当时,有民众走向街头支持马来苏丹,反对政府的宪法修正案。有传言称,这些所谓的苏丹支持者中包括东姑·拉扎利·哈姆扎。随后,政府的发言人发布了一张所谓的内阁"忠诚人员"名单。在这份名单中,忠诚的人员有新闻部部长穆罕默德·阿迪布(Mohd. Adib Mohd. Adam)、总理府副部长安瓦尔·易卜拉欣、土地与地区发展部部长莱斯·亚迪姆(Rais Yatim)、公共企业部部长拉菲达·阿齐兹(Rafidah Aziz)、国家与乡村发展部部长萨努西·朱力德(Sanusi Junid)以及总理府部长阿卜杜拉·艾哈迈德·巴达维。而传言中与马哈蒂尔"对着干"的东姑·拉扎利·哈姆扎,以及在危机中支持政府的穆沙·希塔姆都不在名单之上。①之后,那些所谓的"不忠诚人员"都被革职,巫统最高理事会人员也做了调整。东姑·拉扎利·哈姆扎也被警告:所谓的"不忠诚人员"不要在1984年的巫统党内选举中竞选署理主席职位。

但东姑·拉扎利·哈姆扎并没有屈服于马哈蒂尔的压力,毅然决然地参加了巫统署理主席的竞选。最终一共有三个人参加署理主席竞选,即东姑·

---

① Gordon P. Means, *Malaysian Politics: The Second Generation*, Singapore: Oxford University Press Pte. Ltd., 1991, p.116.

拉扎利·哈姆扎、穆沙·希塔姆、哈伦·伊德里斯。选举结果为：穆沙·希塔姆获得 774 票，蝉联署理主席；东姑·拉扎利·哈姆扎获得 501 票；哈伦·伊德里斯获得 34 票。而马哈蒂尔在无人挑战的情况下，蝉联巫统主席宝座。东姑·拉扎利·哈姆扎的失利加剧了巫统的分裂。不过，马哈蒂尔并未弃用东姑·拉扎利·哈姆扎，而是将其从财政部调到贸工部担任部长，财政部部长由赛努丁（Daim Zainuddin）接任。同时，安瓦尔·易卜拉欣从总理府副部长升任青年、文化、体育部部长，而后又转任农业部部长；阿卜杜拉·艾哈迈德·巴达维则升任教育部部长。穆沙·希塔姆内阁职务不变，但此时，马哈蒂尔、东姑·拉扎利·哈姆扎与穆沙·希塔姆的关系进入微妙状态。

1986 年 2 月，副总理穆沙·希塔姆突然向马哈蒂尔提交辞职信，要求辞去巫统署理主席以及内阁副总理和内政部部长职务，理由是他对马哈蒂尔失去了信任，并厌恶了金钱政治，对巫统滥权表示不满。但此后不久，在几位高官的劝说下，穆沙·希塔姆又表示自己仅辞去内阁职务，保留党内职务。马哈蒂尔与穆沙·希塔姆的矛盾开始公开化，"一山不能容二虎"的言论开始传播开来。对此，马哈蒂尔曾声称："选择穆沙·希塔姆为副手是人生中的一大错误。穆沙·希塔姆操之过急，都不愿等到我退位。"①5 月，马哈蒂尔任命巫统副主席加法尔·巴巴为内阁副总理，填补穆沙·希塔姆留下的空缺。安瓦尔·易卜拉欣调任教育部部长。

8 月，全国大选举行。与上次大选不同的是，此时的马哈蒂尔面临更加严峻的局面。一方面，巫统内部出现分裂，马哈蒂尔的权威受到挑战；另一方面，执政联盟中另一个主要政党马华公会的党主席陈群川（Tan Koon Swan）深陷失信丑闻。1985 年底至 1986 年初，陈群川控制的新泛电公司（Pan-Electric Industries）倒闭。新泛电公司因欠下 750 亿美元的信用贷款，被新加坡和吉隆坡股票交易所停牌，而陈群川也被新加坡高级法院指控犯有 14 项欺诈与失信罪，遭法院判处两年刑期及罚款 50 万新加坡元。陈群川被捕入狱后，林良实成为马华公会新的党主席。

反对党方面，伊斯兰教党继续高举宗教大旗，声称伊斯兰教党一旦执

---

① "Dr Mahathir: My First Failure Was Musa Hitam", 25 Feb., 2016, http://www.thestar.com.my/news/nation/2016/02/25/dr-m-first-failure-was-musa-hitam/#WcWeI0oLihTCEJbm.99，访问时间：2017 年 10 月 13 日。

政,将强化马来人特权,维护马来人的特殊地位。伊斯兰教党成为与巫统争夺马来人选票的主要政治力量。民主行动党则批评政府采取的新经济政策将土著和非土著割裂。与此同时,1985年,马来西亚民族主义党成立(Parti Nasionalis Malaysia),该党主张建立马来西亚人的马来西亚,致力于推动社会的公平、进步和一体化。工人协会以及中产阶级是该党的主要支持者。马来西亚民族主义党与伊斯兰教党及其他两个小党,即社会主义民主党(SDP)、马来西亚人民社会主义党(PSRM)结盟。但民主行动党因为反对伊斯兰教党的政治主张未加入反对阵线,①这对国民阵线而言可能是一个好消息。

1986年全国大选 选举结果显示,巫统领导的国民阵线获得177个国会席位中的148席,赢得多数席位。其中,主要执政党巫统获得了83个席位(巫统共竞选84个席位,仅1个席位失利)、马华公会获得17个席位、沙巴统一党获得10个席位、印度人国大党获得6个席位。反对派方面,所有反对党共计获得29个席位。其中,高调派出98个人参选的伊斯兰教党仅获得1个席位,可谓大败而归。民主行动党获得24个席位,继续成为国会的最大反对党,另外4个席位由独立人士获得。在州议会选举中,国民阵线获得了351个席位中的299个席位,其中巫统获得235个席位,马华公会获得44个席位,印度人国大党获得12个席位,民政党获得13个席位。民主行动党仍然是反对党中在州议会获得席位最多的政党,共获得37个席位,伊斯兰教党位居第二,仅获得15个席位,反对派共计赢得52个州议席。

尽管巫统成为国会选举和州议会选举的最大赢家,但在槟州的州议会选举中,巫统、民主行动党以及民政党的得票非常接近。巫统获得12个席位、民主行动党获得10个席位、民政党获得9个席位。依据选举结果,执政联盟赢得槟州的执政权,巫统作为最大党派,槟州的州首席部长应该由巫统成员出任,但由于槟州以华人人口占多数,因此槟州本能地反对由巫统即马来人担任州首席部长。并且自1957年独立以来,槟州的首席部长就一直由华人政党领袖担任。在此背景下,执政联盟中仅获得9个席位的民政党要求担任槟州首席部长一职,并且以加入反对党相要挟。实际上,早在1959年,槟州的州议会选举就出现过类似的局面。当时巫统获得槟州的10个席位,马华

---

① Gordon P. Means, *Malaysian Politics: The Second Generation*, Singapore: Oxford University Press Pte. Ltd., 1991, p.184.

公会仅获得6个席位,而反对党马来亚劳工党获得7个席位,但最终马华公会获得了槟州首席部长一职。如今,历史重演,巫统最终放弃了槟州的首席部长一职,由民政党主席林苍佑(Lim Chong Eu)担任。这也是林苍佑自1969年大选以来第四次连任(1974年、1978年、1982年、1986年)槟州首席部长。槟州维系了华人首席部长主政的政治格局,这也是马来西亚唯一由非马来人担任主要领导的州。

大选过后,马哈蒂尔组建了其担任总理后的第三届内阁。在本届内阁中,主要官员如下:马哈蒂尔担任总理,兼任内政部部长和司法部部长;副总理加法尔·巴巴兼任国家和乡村发展部部长,并代理房屋与地方政府部部长;阿卜杜拉·艾哈迈德·巴达维担任国防部部长;纳吉布·敦·拉扎克担任青年体育部部长;安瓦尔·易卜拉欣担任教育部部长;东姑·拉扎利·哈姆扎担任贸工部部长;赛努丁担任财政部部长,莱斯·亚迪姆担任外交部部长。这份内阁名单可以说囊括了当时马来西亚政坛的关键人物,其中的阿卜杜拉·艾哈迈德·巴达维、纳吉布·敦·拉扎克后来成了内阁总理,而安瓦尔·易卜拉欣则是后来的内阁副总理,但即使这样的安排也并没有化解此前穆沙·希塔姆辞职留下的隐患。同时,东姑·拉扎利·哈姆扎这位最为资深的巫统副主席并未在巫统党内和内阁中谋得更高职位,这似乎预示着一场危机即将到来。

巫统一分为二 1986年底,马来西亚国内传言四起,称东姑·拉扎利·哈姆扎将与穆沙·希塔姆结盟,并在来年的巫统党内选举中对抗马哈蒂尔。据悉,东姑·拉扎利·哈姆扎准备在来年的巫统党内选举中竞选巫统主席,挑战马哈蒂尔,而穆沙·希塔姆则准备竞选巫统署理主席,挑战加法尔·巴巴。①尽管此时东姑·拉扎利·哈姆扎与穆沙·希塔姆否认双方即将结盟,但巫统内部已经开始形成两个派别。一派以马哈蒂尔为首,当地媒体称之为A队;另一派以东姑·拉扎利·哈姆扎为首,称为B队。

1987年4月11日,东姑·拉扎利·哈姆扎宣布参加巫统党主席的选举。4月24日,巫统党内选举举行。最引人注目的党主席选举在马哈蒂尔和东姑·拉扎利·哈姆扎之间展开。现任署理主席穆沙·希塔姆与加法尔·巴巴则竞争署理主席职位。副主席共有六位候选人参选,即旺·慕克

---

① Gordon P. Means, *Malaysian Politics: The Second Generation*, Singapore: Oxford University Press Pte. Ltd., 1991, pp.200-201.

达·艾哈迈德、阿卜杜拉·艾哈迈德·巴达维、安瓦尔·易卜拉欣、莱斯·亚迪姆、拉姆利·阿·达里布(Ramli Ngah Talib)、哈伦·伊德里斯。另外,还有69个候选人竞选最高理事会成员。在主席和副主席的候选人中,A队的主要支持者是加法尔·巴巴、安瓦尔·易卜拉欣、旺·慕克达·艾哈迈德、拉姆利·阿·达里布;B队的主要支持者有穆沙·希塔姆、阿卜杜拉·艾哈迈德·巴达维、莱斯·亚迪姆、哈伦·伊德里斯。而在最高理事会成员的候选人中,共有34个人支持A队,35个人支持B队,可谓旗鼓相当。

选举结果显示,马哈蒂尔领导的A队取得了胜利。马哈蒂尔本人获得了761票,赢得51.45%的选票,连任巫统主席;东姑·拉扎利·哈姆扎以43票之差败北。在署理主席职位上,A队的加法尔·巴巴获得739票,B队的穆沙·希塔姆以40票之差落败。尽管双方票数差距较小,但A队在两个重要职位上的选举取得全胜。在副主席职位上,A队也占据了明显优势。A队的旺·慕克达·艾哈迈德和安瓦尔·易卜拉欣以935票和850票当选副主席,B队仅有阿卜杜拉·艾哈迈德·巴达维1人当选。与此同时,A队共有16人成功跻身最高理事会,而B队仅有9人在最高理事会成员选举中胜出。此选举结果与B队的预期差距太大,引起了B队支持者的不满,有人甚至怀疑大选中有人舞弊。

选举结束后,马哈蒂尔异常强势,不但拒绝与B队握手言和,还积极改组内阁,撤换了与其"唱反调"的官员。1987年5月20日,内阁大幅改组。B队的支持者被踢出内阁。公共企业部部长拉菲达·阿齐兹(Rafidah Aziz)接替了与马哈蒂尔公开竞选党主席的东姑·拉扎利·哈姆扎,出任贸工部部长,纳披萨·奥马尔(Napsiah Omar)出任公共企业部部长;联邦直辖区部部长阿布·哈山·奥马尔(Abu Hassan Omar)接替莱斯·亚迪姆出任外交部部长,并取消联邦直辖区部;新闻部部长东姑·艾哈迈德·里特豪登(Tengku Ahmad Rithauddeen)接替阿卜杜拉·艾哈迈德·巴达维出任国防部部长;穆罕默德·拉哈马特(Mohamed Rahmat)出任新闻部部长;穆斯塔法·穆罕默德(Mustaffa Mohammad)接替沙希尔·阿卜杜勒·萨玛德(Shahrir Abdul Samad)出任社会福利部部长;穆罕默德·优素福·穆罕默德·努尔(Mohamed Yusof Mohamed Noor)接替阿卜杜勒·阿吉部·艾哈迈德(Abdul Ajib Ahmad)出任总理府部长。与此同时,马哈蒂尔也对州政府的官员作出了相应的调整。

内阁改组并不意味着马哈蒂尔的胜利,而是导致了一场新的危机。

1987年6月,在东姑·拉扎利·哈姆扎的领导下,巫统的12名要员①与巫统B队其他成员因质疑1987年巫统党内选举的合法性,向吉隆坡高等法院提起诉讼,要求法院宣判巫统全国代表大会选举无效,理由是巫统有30个支部尚未注册登记,就派遣代表出席代表大会,并且党支部的代表产生方式违反社团法规定。②巫统B队将党选结果诉诸法院,引起了政治、法律界的轰动。马哈蒂尔总理随即炮轰司法部门,国内政治气氛非常紧张。

9月26日,巫统成立了一个由5人组成的"统一委员会",负责推动各派间的谈判和磋商。被马哈蒂尔开除出内阁的前国防部部长、巫统最高理事会成员阿卜杜拉·艾哈迈德·巴达维担任"统一委员会"主席,负责两派之间的斡旋,以促进两派和解,维护巫统的团结。9月30日,吉隆坡高等法院决定给予原被告双方两周的时间,以达成和解。马哈蒂尔总理也亲赴吉兰丹,与B队领导人东姑·拉扎利·哈姆扎会晤,但未达成任何共识。10月1日到10月14日,巫统两派在"统一委员会"的调和下进行了两周的沟通,但B队坚持要重新选举,而A队则要求B队先撤回诉讼,两队最终未能达成一致,庭外调解失败。10月19日,原告方宣布等待法院的最终判决。

巫统被判非法 由于此案对马来西亚政坛影响巨大,吉隆坡高等法院高度重视,派出了在马来西亚法律界颇具影响力的知名法官哈伦·哈希姆(Harun Hashim)主审此案。哈伦·哈希姆1929年出生于爱丁堡,父亲M.M.哈希姆(M. M. Hashim)也是法官。1943年,哈伦赴印度卡拉拉邦的塔拉凡客大学(现在称卡拉拉邦大学)读书,学习马拉雅拉姆语(Malayalam)、印地语和法语,此外他还会讲泰米尔语和广东话。毕业后,哈伦到马来西亚工作,在吉兰丹州的地方法院做一名推事。此后,他再次前往英国,在著名的林肯律师学院(Lincoln's Inn,也译作林肯公会)学习法律,并于1958年获得英国律师头衔。1962年,哈伦回国从事司法和法律工作,在马来西亚国家检察总署担任副检察官和联邦律师,不久升任地方法院院长,担任吉打和玻璃市州的法律顾问。1967年,哈伦被委以重任,出任新成立的反贪污局局长。由于工作出色,1971年,哈伦晋升高等法院法官,1980年担任工业法院院长,1985年返回高等法院工作,次年便晋升最高法

---

① 此后,侯赛因·宾·马纳布(Hussain bin Manap)退出,共11人。
② 陈鸿瑜:《马来西亚史》,兰台出版社,2012年,第426页。

院的法官。1994年哈伦退休,2000年被吉隆坡透明与诚信协会授予国家诚信奖章,这是后话。①

当时,在哈伦接手案件前后,马哈蒂尔总理持续不断地给法院施压。但哈伦不畏压力,秉公执法,在经过7个月的审理后,最终于1988年2月4日作出判决:巫统是非法社团。这是一个震惊马来西亚全国的判决!"巫统非法",这意味着马来西亚的执政党是非法组织。执政党非法,这在世界历史上都极为罕见,就连反对派本身也感到惊讶。但哈伦的判决完全依据1966年的社团法,用他自己的话说就是"非常遗憾,但我不得不在法律中找到结果……国会想让每个人都遵守社团法……法律是严肃的,有清晰的条款,巫统是非法的社团"。②哈伦之所以能够在各方压力之下依法作出判决,完全是出于尊重法律的本真之心。他曾说,"法官的职责就是主持正义……为受害者,也为被控告者主持正义。议会制定法律,而法官解释法律","当你是正确的,或认为自己是正确的时候,你应该仗义执言,诚实地面对自己"。③

围绕重组巫统的博弈 随着法院判决的出台,巫统各派开始了新的博弈。2月8日,巫统两位前主席拉赫曼和侯赛因随即组建新的政党——"马来西亚巫统"(UMNO Malaysia),以取代非法的巫统。"马来西亚巫统"的主要支持者是巫统B队,但它邀请了马哈蒂尔总理担任党主席。2月9日,马哈蒂尔组建"巫统88"(UMNO 88),拟申请注册为新的政党,替代巫统。然而,"马来西亚巫统"和"巫统88"最终因没有获得内政部的批准,未成为合法的政党,理由是旧巫统的登记尚未注销④。

一周之后,马哈蒂尔总理在最高元首柔佛苏丹伊斯干达的支持下,再次申请组建新的政党"新巫统"(UMNO Baru)。2月15日,新巫统获得批准,并依法登记成为合法政党,成为旧巫统事实上的继承者。旧巫统的资产转移至新巫统名下。新巫统也在同一天加入国民阵线。至此,巫统党争暂时消停

---

①③ Lakshmi Natarajan, "Harun a fearless champion of justice", October 1, 2003, *The Malaysia Bar*, http://www.malaysianbar.org.my/in_memoriam/harun_a_fearless_champion_of_justice.html,访问时间:2017年10月8日。

② Gordon P. Means, *Malaysian Politics: The Second Generation*, Singapore: Oxford University Press Pte. Ltd., 1991, pp.218-219.

④ In Won Hwang, *Personalized Politics: The Malaysian State under Mahathir*, Thailand: Silkworm Books, 2003, p.161.

下来。5月,马哈蒂尔要求巫统B队的国会议员加入新巫统,否则将被开除国民阵线。与此同时,马哈蒂尔继续对法院施压,要求当时的最高法院院长穆罕默德·萨勒·阿巴斯(Tan Sri Mohammad Salleh bin Abas)辞职下台。①8月8日,包括萨勒在内的三名最高法院法官被革职。最高法院派出3名法官和2名高等法院法官审查巫统党争案件,并最终驳回了反对派的上诉,结束了双方在法律上的纷争。10月30日,新巫统举行第一次党代表大会,马哈蒂尔决定以旧巫统的成立日期5月11日作为新巫统的周年纪念日,同时新巫统最高理事会成员的任期将在1990年12月31日中止,这与旧巫统最高理事会成员的任期时间一致。马哈蒂尔此举一方面是希望新巫统继承旧巫统的遗产和传统,另一方面是希望民众能够接受新巫统,并逐渐将新巫统的"新"字抹去。

然而,反对派也不示弱。东姑·拉扎利·哈姆扎领导的反对派建立了新的政党,即"46精神党"(Parti Melayu Semangat 46),并于1989年5月5日获得社团注册许可,6月3日成为政党。46精神党,顾名思义,就是为纪念1946年成立的巫统,并希望将巫统的精神和传统发扬光大。该党以马来民族主义、伊斯兰主义和保守主义为意识形态。东姑·拉扎利·哈姆扎担任主席,苏哈密·卡马鲁丁(Suhaimi Kamaruddin)担任秘书长,莱斯·亚迪姆担任副主席,伊布拉欣·阿里(Ibrahim Ali)担任青年团长,拉哈曼·奥斯曼(Rahmah Osman)为妇女团主席。从人员构成看,46精神党与马哈蒂尔领导的新巫统针锋相对,势不两立。但此前一直站在马哈蒂尔对立面的前副总理穆沙·希塔姆却未加入46精神党,而是重新回归了新巫统,并于1989年9月被任命为马来西亚驻联合国特使(任期:1990—1991年)。

为与新巫统抗衡,46精神党自建立之初就积极谋划与反对派各党结盟,并最终组建了"乌玛团结运动"(Angkatan Perpaduan Ummah)。"乌玛团结运动"应该是马来西亚历史上第二个反对党联盟,成员包括伊斯兰教党、46精神党、泛马来西亚伊斯兰阵线(BERJASA)、马来西亚穆斯林人民党(HAMIM)以及马来西亚印度人穆斯林大会(KIMMA)。华人反对党民主行动党并未加入该联盟,这在一定程度上使"乌玛团结运动"的实力大打折扣。但反对党的联合对新巫统领导的国民阵线构成了一定的挑战。1989年6

---

① 穆罕默德·萨勒·阿巴斯要求最高法院的全部9名法官于1988年6月13日审查吉隆坡高等法院对巫统党争案件的判决,被指责在处理巫统党争案件上有偏见。

月,登嘉楼州的德鲁巴素(Teluk Pasu)举行议席补选。结果,伊斯兰教党在46精神党的支持下赢得了3 671个席位,超过国民阵线的3 530个席位,以微弱的优势赢得了胜利。①这是伊斯兰教党历史上第一次在议席补选中击败国民阵线的候选人。然而,在1989年8月柔佛州的议席补选中,46精神党输给了国民阵线。

三、经济衰退与复苏

自1981年马哈蒂尔接任总理以来,马来西亚的经济出现了较大幅度的波动,并出现了历史上的首次负增长。在此期间,马来西亚实施了两个五年计划,经济衰退得到遏制,国家工业化进程加速,并在20世纪80年代末被世界银行列为中等收入国家。②

"四五计划"的成效　1981年,马来西亚发布第四个五年计划(1981—1985年)。然而,"四五"计划实施时,马来西亚面临的外部环境并不乐观。1979年,全球经济增速为4.164%,但1980年下降至1.99%,1981年进一步下滑至0.342%。③受此影响,马来西亚经济也出现下滑。1980年,马来西亚的GDP增速从前一年的9.349%下降至7.44%,1981年进一步下滑至6.94%。为此,政府认为,20世纪80年代,马来西亚经济将面临比前一个十年更加严峻的形势,设定未来五年(1981—1985年)GDP年均增速7.6%④的目标,并大力发展投资,关注城乡地区的基础设施建设,推动工业化由劳动力密集型转变为以资本和技术为基础。从资金投入角度看,政府分配1 026亿美元用于投资,其中285亿美元投入公共领域。932万美元用于支持全面就业、提高收入、为低收入群体提供住房;564万美元用于公路、港口、机场、电信等基础设施建设;300万美元用于教育和培训。⑤从发展区域看,槟榔屿被

---

① In Won Hwang, *Personalized Politics: The Malaysian State under Mahathir*, Thailand: Silkworm Books, 2003, p.182.
② 覃主元等:《战后东南亚经济史(1945—2005年)》,民族出版社,2007年,第315页。
③ 数据来源:世界银行。
④ "Part two: Overall Targets and Perspective (1981-1990)", Malaysia Economic Unit, p.156.
⑤ J. Victor Morais, *Mahathir: A Proflie in Courage*, Petaling Jaya: Easetern Universities Press (M) SDN. BHD, 1982, pp.203-204.

划为高技术区,霹雳被定位为采矿和制造业区,玻璃市和吉打州为农业、制造业和服务业区,雪兰莪、吉隆坡、森美兰州以及马六甲为工业区,柔佛为农业和工业区,彭亨为林业、农业和制造业区,登嘉楼为油气和联合重工业区。①从具体政策看,政府重点推进以下五项工业发展政策和七项重点政策。五项工业发展政策:重视发展重工业;以发展民间资本投资为中心;分散工业地区;发展小型工业;全面发展边远地区工业。1981 年 11 月,马来西亚重工业公司(Heavy Industries Corporation of Malaysia, Hicom)成立,专门负责落实政府的新政策,以建立石化、钢铁、水泥、纸品、机械设备、工程、交通设备、建筑材料等产业为目标。②

同时,政府实施七项重点政策:一是尽可能更加有效地使用资金、人力资源和其他自然资源;二是通过内外市场机遇实现经济多元化,巩固经济发展;三是提高生产力;四是恢复和开垦土地,提高农民生活水平,大力发展农业;五是减少收入差距和族群、行业间的差距;六是鼓励将 70% 的股权资金用于民生;七是确保工业发展。需要特别指出的是,尽管马来西亚面临的经济形势较为困难,但政府仍然重视国防的投入,拨款 937 万美元用于国防和安全。马哈蒂尔认为,国家必须维护好自己的独立和主权。鉴于其他国家的政治动荡以及外部势力入侵柬埔寨、阿富汗和越南,马来西亚需要加强防务,提高维护国内安全的能力。③此外,政府还特别重视在"四五"计划内推动完成几个重大工程项目,如在登嘉楼、霹雳、沙巴和沙捞越建立水电设施;建立槟州大桥;在 25 个地区建立医院,在全国建立 3 家综合医院等。

然而,政府的精心规划未能确保经济实现稳定高速发展。在内外压力冲击下,1982 年,经济出现大幅下滑。这一年,马来西亚 GDP 增速为 5.94%,比 1981 年减少 1%。纺织业、化工业、运输装配、橡胶制品等行业普遍减产,其中轮胎减产 24.5%。④同期,马来西亚出口 281 亿林吉特,进口 290 亿林吉特,逆差 9 亿林吉特,⑤这也是马来西亚历史上首次出现贸易逆差。同年,土

---

① 芭芭拉·沃森·安达娅、伦纳德·安达娅:《马来西亚史》,黄秋迪译,中国大百科全书出版社,2010 年,第 376 页。
② Hal Hill, "Tham Siew Yean and Ragayah Haji Mat Zin", *Malaysia's Development Challenges*, Routledge, 2012, p.84.
③ J. Victor Morais, *Mahathir: A Proflie in Courage*, Petaling Jaya: Easetern Univeristies Press (M) SDN. BHD, 1982, p.203.
④ 数据来源:马来西亚财政部。
⑤ 覃主元等:《战后东南亚经济史(1945—2005 年)》,民族出版社,2007 年,第 311 页。

著财政银行(Bank Bumiputra Finance)丑闻曝光,约25亿美元流失,该行高级审计员加利尔·伊布拉欣(Jalil Ibrahim)于1982年7月被枪杀。①另一方面,政府积极发展制造业,马来西亚内阁通过了国家汽车工程这一计划,着手推动国产汽车工业的发展。实际上,早在1979年,时任副总理的马哈蒂尔就提出了建立本国汽车装备制造业的意见。

1983年,马来西亚经济好转,GDP增速升到6.25%,GDP总量也首次突破300亿美元,人均GDP突破2 000美元。对外贸易大幅增加,出口额达328亿林吉特,进口额为308亿林吉特,顺差近200亿林吉特。②1983年,农林渔业出现负增长,当年增速仅为-0.6%。但制造业增速为7.9%,建筑业增长10.4%,电力煤气供水增长10.7%,矿业采掘业增长15.7%,③成为当年马来西亚经济增长的主要支柱。

与此同时,马哈蒂尔积极推动国产汽车行业发展,并取得阶段性成果。1983年5月,马来西亚成立了国内第一家国有汽车工业公司——"宝腾(Proton)"。宝腾汽车公司是一家经营汽车设计、制造、配送和销售的汽车公司,是多元重工业公司(DRB-HICOM)旗下的全资子公司,也是马来西亚乃至东南亚汽车行业新发展的标志。此后,宝腾汽车公司与日本三菱汽车公司开展合作,宝腾汽车开始引进日本先进的汽车工艺和生产技术生产第一代国产轿车。

1984年,马哈蒂尔政府颁布实施第一个国家农业政策。该政策的主要目标是增加农业收入,提高农业对国家经济发展的贡献率,为农业部门的综合发展制定框架。主要内容包括:开垦新的土地、恢复和合并小型果园、建设水利设施等,通过改组小型农场把农民组织起来,发展现代化商业庄园。主要发展方向是增加和扩大农产品出口。为落实相关政策,政府实施了几个重点工程,如由联邦土地发展局及橡胶业小园主发展局等政府部门负责的土地开垦及棕榈油、可可、橡胶的出口,由橡胶业小园主发展局负责的柔佛州的橡胶种植,由联邦土地联合开发和复耕局负责的在吉打、吉兰丹和登嘉楼州的传统乡村发展项目,由沙捞越联邦土地联合开发和复耕局负责的在沙捞越的

---

① Chung Kek Yoong, *Mahathir Administration: Leadership and Change in a Multiracial Society*, Petaling Jaya: Pelanduk Publications(M) Sdn Bhd, p.32.
② 第四个马来西亚五年计划(1981—1985),大马经济网,2008年11月14日,http://www.malaysiaeconomy.net/my_economy/prev_5years_plan/opp123/2010-11-13/7762.html,访问时间:2017年8月9日。
③ 李延凌等:《战后东南亚政治与经济研究》,广西人民出版社,1997年。

土地恢复项目。当年,马来西亚的经济增速攀升至7.76%,为"四五"计划实施以来的最高增速。对外贸易也进一步大幅增加,出口额为386亿林吉特,进口额为330亿林吉特,顺差扩大至56亿林吉特。马来西亚的出口总额在东南亚国家中名列前茅。

经济衰退下的汽车行业 然而,政府的改革措施未能阻挡经济的衰退。1985年,马来西亚经济全面衰退,GDP增速出现了历史上的首次负增长,为-1.12%。矿业采掘业、制造业、建筑业、服务业也全面负增长,仅有农林渔业和电力煤气供水保持正增长。其中,制造业增长-3.825%,①严重拖累经济发展。由于大宗商品价格下降,马来西亚传统的经济支柱锡矿和橡胶也失去了在世界市场上的主导地位。②不过,这一年,马来西亚的汽车制造业进入了新的发展阶段。1985年7月9日,马哈蒂尔总理苦心经营多年的宝腾汽车公司终于生产出马来西亚第一辆国产汽车宝腾③萨卡(Proton Saga)。"Saga"一词来源于一种在马来西亚常见的种子——海红豆。当时,马来西亚的退役军人伊斯迈尔·贾阿法(Ismail Jaafar)以此种子命名了宝腾的第一款车,获得马来西亚总理马哈蒂尔的认可。马哈蒂尔宣称:"Saga汽车不仅代表着品质高贵,还象征着我们这个高贵的民族。"这个佩戴着马来西亚星月国徽的标志,成为马来西亚第一个民族汽车品牌。④宝腾萨卡汽车上市后,第一个面向的海外市场是柔佛海峡对岸的新加坡。1986年,仅仅一年的时间,宝腾萨卡就售出了10 000辆,随后便推出了宝腾萨卡1.5 L轿车和斜背式车身小客车模型。在经济衰退的背景下,宝腾汽车的发展成为马来西亚经济发展的亮点。

同样是在1985年,马哈蒂尔政府发起了私有化运动,明确私有化旨在减轻政府庞大的公共服务和基础设施投资所带来的财政和管理负担,促进竞争,提高效率,刺激私人企业投资,加速经济发展,减少官僚和垄断性公共部门的规模,进一步加强马来人的经济地位和作用。⑤为实现以上目标,政府采

---

① 数据来源:世界银行。
② Chung Kek Yoong, *Mahathir Administration: Leadership and Change in a Multiracial Society*, Petaling Jaya: Pelanduk Publications(M) Sdn Bhd, p.36.
③ 也译作普腾。
④ 《温室中成长的民族汽车工业》,南博网,http://www.caexpo.com/special/economy/mlxyauto/3.html,访问时间:2017年8月9日。
⑤ 袁珠盈:《马哈蒂尔与马来西亚的经济发展(1981—2000)》,硕士论文,云南师范大学,2001年,第36页。

取了多种手段,如出售国有股权和资产,实现部分或全部私有化,再如实施许可证经营模式,允许私人部门经营政府垄断的行业等。

新的工业政策 为进一步推动工业化,1986年出台的第五个五年计划(1986—1990年)重点发展工业,并特别重视汽车行业的发展。与此前的"四五"计划相比,"五五"计划更加注重鼓励各州之间联合发展工业,创造与私人企业相结合的二次产业中心,推动各州之间实现资源的有效配置。与此同时,政府还修订了投资奖励办法,对外资公司雇用员工做出如下规定:

一是如果外资达到50万林吉特时,公司内的重要职位可以考虑由外国人担任;

二是对于需要专业知识及实际经验的主管级岗位,外国人可以担任,但最长不超过10年,并要训练马来西亚人接任;

三是对于需要专业技术及经验的非主管级职位,外国人可以担任,但最长不超过5年,并要训练马来西亚人接任;

四是必须尽可能训练马来人及其他族群的人,使组织内各阶层中各色人种均匀分布。①

与此同时,马来西亚政府制订了工业发展十年规划,即《马来西亚中长期工业基本计划概要(1986—1995年)》。该规划将制造业作为今后发展的主要目标,重点发展以本国资源为基础的劳动密集型产业,如橡胶、石油和非重金属矿业,建立和发展知识、技术密集型产业,鼓励和促进出口。此外,政府进一步实行私有化政策以减轻政府的经济负担,缩小具有垄断倾向的公共部门的规模,促进市场竞争,提高效率,从而加速经济增长。②正是在以上政策的激励下,1986年马来西亚的经济有所恢复,GDP增长1.15%,但失业率升至8%,③公共债务占GDP的比例高达103.4%。④从1984—1986年,马来西亚的总体出口价格指数降低了30%,尤其是锡矿和棕榈油的出口价格降低

---

① 陈鸿瑜:《马来西亚史》,兰台出版社,2012年,第380页。
② 钟继军、唐元平编著:《马来西亚经济社会地理》,世界图书出版广东有限公司,2015年,第134页。
③ Hal Hill, "Tham Siew Yean and Ragayah Haji Mat Zin", *Malaysia's Development Challenges*, Routledge, 2012, p.85.
④ Hal Hill, "Tham Siew Yean and Ragayah Haji Mat Zin", *Malaysia's Development Challenges*, Routledge, 2012, p.87.

得更为明显。直到 1987 年,马来西亚经济才开始缓慢复苏。当年,GDP 增速回升至 5.39%,1988 年达到 9.9%,呈现大幅上升的势头。1988 年,人均 GDP 总量也重新达到 2 071 美元,恢复到经济衰退前的水平。1989 年,GDP 增速继续保持高位,达 9.06%,GDP 总量达到 388 亿美元,也是 20 世纪 80 年代以来的最高值。

新经济政策目标基本实现 马哈蒂尔执政的第一个十年(1981—1990 年)也是新经济政策实施的最后十年。尽管在这十年中,马来西亚的经济出现了明显的波动,甚至是衰退,但总体看,经济发展还是取得了明显的成就,新经济政策的目标基本实现:

其一,经济保持中高速增长。1981—1989 年,GDP 年均增速 5.7%,在东南亚国家中表现突出,这为新经济政策的实施奠定了一定基础。国民生产总值也从新经济政策实施时的 38.64 亿美元(1970 年)增加到 440.24 亿美元(1990 年),增加近 10 倍。人均 GDP 从 1970 年的 357.66 美元增加到 1990 年的 2 440.59 美元。[1]

其二,经济结构得到合理的调整。依据世界银行的数据,1960 年时,马来西亚农业占 GDP 的 43.7%,工业仅占 GDP 的 24.7%,是典型的农业国家。1980 年,马哈蒂尔上台前夕,农业占 GDP 的比重减少至 23.0%,工业在 GDP 中的比重增加至 41.79%,马来西亚经济依赖农业的格局有较大改变。到第五个五年计划(1986—1990 年)结束时,农业占 GDP 的比重已经下降至 15.217%(1990 年),工业在 GDP 中的比重则为 42.20%。[2]制造业成为经济发展的主要支柱。其中,电子电器产业发展最快,成为制造业中最大的产业,其出口量占制成品出口总额的一半以上,半导体金属的产量和出口仅次于美国和日本,居世界第三位。槟榔屿成为世界电子工业的重要生产基地之一。[3]除电子电器产业外,钢铁工业、交通运输业和汽车业都是工业体系中发展较快的产业,尤其是基础设施得到明显改善。以公路为例,1965 年,马来西亚的公路总长

---

[1] 数据来源:世界银行,https://data.worldbank.org/indicator/NY.GDP.PCAP.CD?locations=MY;https://data.worldbank.org/indicator/NY.GDP.MKTP.CD?locations=MY,访问时间:2017 年 11 月 15 日。

[2] 数据来源:世界银行,https://data.worldbank.org/indicator/NV.AGR.TOTL.ZS?locations=MY;https://data.worldbank.org/indicator/NV.IND.TOTL.ZS?locations=MY,访问时间:2017 年 11 月 15 日。

[3] 覃主元等:《战后东南亚经济史(1945—2005 年)》,民族出版社,2007 年,第 310 页。

15 256 千米，①到 1990 年时，公路总长已增加到 64 445 千米，为东南亚国家中交通基础设施较好的国家。

其三，对外贸易增长迅速，马来西亚逐渐从一个自给自足的国家转变为对外部市场依赖较大的国家。1960 年，马来西亚的货物和服务出口贸易仅有 12.35 亿美元。1970 年，新经济政策启动时，货物和服务出口贸易增加至 17.71 亿美元。自 20 世纪 70 年代出口工业化战略实施后，货物和服务出口贸易额激增。1980 年，该贸易额达到 141.36 亿美元，突破了 100 亿美元。1987 年，货物和服务出口贸易额突破 200 亿美元，到 1990 年时，已经增加至 327.83 亿美元。②货物出口的商品由原来的橡胶、锡矿、棕油等初级产品逐渐转变为以电子电器产品等工业制成品为主。工业品出口占马来西亚出口总额的 44%。③

其四，各族群收入提高，马来人的贫困率降低、股权比例上升、就业状况改善。1970 年，马来人家庭的月收入为 172 林吉特，华人为 394 林吉特，印度人为 304 林吉特。1990 年时，马来人家庭的月收入增加至 940 林吉特，华人为 1 631 林吉特，印度人为 1 209 林吉特。④与此同时，马来人的贫困率大幅下降。1970 年，马来人的贫困率为 64.8%，1990 年已降至 23.8%，乡村的贫困率也从 1970 年的 58.7% 减少至 1990 年的 21.8%。⑤而政府最为关注的马来人股权问题也得到了明显改善。1971 年，土著在马来人企业股本的所有权仅为 4.30%，1988 年时该数据增加至 19.40%。⑥与此同时，马来人的就业状况也出现了变化。1970 年，在中产阶级的职位中（专业、技术、行政、管理、牧师、销售），马来人的比例仅为 13%，但到 1990 年已经增加至 27%。在制

---

① G. Naidu, "Infrastructure Development in Malaysia", March 2008, p.213, in Kumar, N (ed.), *International Infrastructure Development in East Asia-Towards Balanced Regional Development and Integration*, ERIA Research Project Report.
② 数据来源：世界银行，https://data.worldbank.org/indicator/NE.EXP.GNFS.CD?locations = MY，访问时间：2017 年 11 月 5 日。
③ *Malaysia Kita：Panduan dan Rujukan untuk Peperiksaan Am Kerajaan*, Petaling Jaya：International Law Book Services, 2007, p.316.
④ 廖小健：《战后马来西亚族群关系：华人与马来人关系研究》，暨南大学出版社，2012 年，第 128 页。
⑤ 廖小健：《战后马来西亚族群关系：华人与马来人关系研究》，暨南大学出版社，2012 年，第 129 页。
⑥ *Malaysia Kita：Panduan dan Rujukan untuk Peperiksaan Am Kerajaan*, Petaling Jaya：International Law Book Services, 2007, p.322.

造业领域,马来人占比从1970年的11.4%增加至1990年的19.5%。①

四、族群矛盾升温

自新经济政策实施以来,尤其是1981年马哈蒂尔执政后,马来西亚的社会发生了深刻的变化。马来人的地位得以改善,伊斯兰复兴运动也进入新的阶段。但马来人与华人的矛盾加剧,双方在政治、经济、文化各领域的分歧加深,竞争愈加激烈。马来西亚政府一度对华人发起"茅草行动"(见下文)。两大族群的关系进入了自1969年"5·13"事件以来的最低点。

推进马来西亚特色的伊斯兰文化、经济建设 伊斯兰教是马来人的宗教,也是马来西亚联邦的宗教。自1957年独立以来,伊斯兰教就在联邦宪法中占据了特殊地位。20世纪60年代末以来,受到世界伊斯兰复兴运动的影响,马来西亚本土掀起了伊斯兰复兴运动。到马哈蒂尔执政时期,马来西亚的伊斯兰复兴运动已经上升到政府层面。马哈蒂尔认为,伊斯兰教是一种可以推动国家现代化和发展的信仰体系和生活方式,一种能够鼓舞和支持理性、科学和技术的价值观,一种鼓励人民勤奋工作,促进各民族、各宗教和谐相处的伦理观。②他还认为,真主安拉拥有无穷的智慧,能够赐予伊斯兰国家无尽的财富,这些财富可以用于提升民众的生活水平。不过穆斯林的团结必须通过政府的努力来实现。如果一个伊斯兰国家的某个组织反对政府,那么该国的穆斯林就会分裂。最终,反政府的组织就会邀请域外力量干涉内政,就像今天的阿富汗一样。③

正是在此种认识的指导下,马来西亚政府积极推进伊斯兰意识形态建设,以巩固伊斯兰教在马来西亚的地位。在巫统和内阁,伊斯兰成为政治生活中必不可少的要素。如政府部门和穆斯林雇员每周五12:30—14:30要离开办公室去做祷告。政府公务人员要听有关伊斯兰知识的讲座。④同时,政府组织召开"伊斯兰教思想发展"学术研讨会,广泛听取各方有关发展伊斯兰

---

① 芭芭拉·沃森·安达娅、伦纳德·安达娅:《马来西亚史》,黄秋迪译,中国大百科全书出版社,2010年,第375页。
② 许利平等:《当代东南亚伊斯兰发展与挑战》,时事出版社,2008年,第62页。
③ J. Vicotr Morais, *Mahathir: A Profile in Courage*, Eastern Universities Press (M) Sdn. Bhd., 1982, pp.217-220.
④ 范若兰:《马来西亚伊斯兰教复兴运动试析》,《东南亚研究》1998年第1期,第11页。

的建议。1984年,马哈蒂尔宣布将政府机构伊斯兰化(Islamise government machinery),重点是向政府机构和公务人员灌输伊斯兰价值观。此外,政府还扩建伊斯兰事务部大楼,专门设立了伊斯兰公共图书馆、伊斯兰展览厅等。

马哈蒂尔之所以主张在政府部门极力强化伊斯兰意识形态和价值观,主要是希望抵御西方国家对伊斯兰教的误读,树立正确的伊斯兰教理念,牢记正义的伊斯兰教原则。所谓正确的伊斯兰教理念,就是穆斯林要发扬"伊斯提哈德"(独立判断),根据发展的环境重新解释《古兰经》和《圣训》,要结合时代特点与时俱进地研究伊斯兰教。而正义的伊斯兰教原则,即将合适的东西放到正确的位置,其中有三层含义:一是将某个人放到与其能力匹配的位置,二是依据情境或人们所能接受的情形来做决策或给予处罚,三是将财富和资产给予那些确实应得的人。①

在经济领域,马哈蒂尔政府大力推动伊斯兰金融行业的发展。所谓伊斯兰金融,即依据沙里亚法,根据伊斯兰金融原则运行的金融系统。一般而言,伊斯兰金融机构都设有由伊斯兰教法官或权威专家沙利亚顾问委员会。沙利亚顾问委员会主要负责监督相关伊斯兰金融机构运行是否符合伊斯兰金融原则。通常,伊斯兰金融原则包括禁止收取和支付利息;交易不准涉足烟、酒、武器以及色情、赌博等;强调"风险共担,利益共享",即赢利时,交易者参加分享收益,亏损时,也要分担风险;禁止不当得利和投机行为。

马来西亚于20世纪80年代开始引进伊斯兰金融,1983年,马来西亚颁布伊斯兰银行方案(Islamic Banking Act 1983)。同年7月1日,第一家伊斯兰银行马来西亚伊斯兰银行有限公司(Bank Islam Malaysia Berhad)在吉隆坡成立,该银行也成为东南亚最早的一家伊斯兰银行。马哈蒂尔总理在马来西亚伊斯兰银行成立仪式上发表讲话,称伊斯兰银行的成立是穆斯林的骄傲,它表明伊斯兰融入经济领域并不会引发经济灾难。②此后,伊斯兰金融市

---

① Mahathir Mohand, "Islam: a Just Religion", Koleksi Ucapan Tun Dr. Mahathir Mohamad, Prime Minister Office of Malaysia, Jan., 2003.
② Excerpt of speech by YABhg Tun Dr. Mahathir Mohamad, in his capacity as the Prime Minister of Malaysia then, commemorating the official launch of Bank Islam's operations (1 July 1983), http://www.bankislam.com.my/home/corporate-info/about-us/corporate-profile/,访问时间:2017年11月15日。

场不断扩大。1984年,伊斯兰经济基金会成立。1985年7月22日,马来西亚伊斯兰保险公司(Syarikat Takaful Malaysia)正式运行,①马来西亚国家银行行长兼任伊斯兰保险公司董事长。1989年,马来西亚通过《银行和金融机构法案》,鼓励伊斯兰金融发展。但总体看,20世纪80年代的马来西亚伊斯兰金融系统发展较为缓慢。

在教育领域,马来西亚政府在各类院校积极推进伊斯兰文化教育。1980年,马来西亚政府投资兴建伊斯兰师范学院。1982年1月,马哈蒂尔总理在访问阿拉伯联合酋长国期间,提出建立国际伊斯兰大学的构想。此后,马来西亚总理府、教育部及多位高校的副校长组建委员会,筹备建立国际伊斯兰大学。1983年5月,马来西亚国际伊斯兰大学(Universiti Islam Antarabangsa Malaysia)正式建立,马来西亚第三任总理侯赛因出任首任校长。当时,国际伊斯兰大学共设5个院系,即法学院、经济学院、基础研究中心(Centre of Fundamental Studies)、古兰经语言小组(Quranic Language Unit)、英语小组等,②教学语言为英语和阿拉伯语。1983年7月,马来西亚国际伊斯兰大学接收了第一批来自马来西亚和世界各地的150余名学生。1988年,后来担任马来西亚副总理的安瓦尔担任该校校长。

民间伊斯兰活动再度活跃　在政府积极推动伊斯兰文化发展的同时,马来西亚民间的伊斯兰活动也异常活跃。其中,影响力较大的伊斯兰组织是"马来西亚伊斯兰青年运动"和"伊斯兰姐妹组织"(Sister in Islam)。经过前一阶段的发展,20世纪80年代,"马来西亚伊斯兰青年运动"创办了小学和中学。到1986年时,该组织已经拥有成员4万人,成为协调马来西亚伊斯兰青年组织复兴计划的总部,是当时马来西亚最具影响力的伊斯兰组织,在马来西亚的伊斯兰青年群体中颇受欢迎。该组织培养出不少名人志士,除曾担任该组织第二任主席的前副总理安瓦尔之外,还有伊斯兰教党的领导人法德兹·穆罕默德·诺尔(Dato' Ustaz Haji Fadzil bin Muhammad Noor)、阿卜杜勒·哈迪·阿旺(Abdul Hadi Awang)等。在青年学生倡导复兴运动的感召和影响下,20世纪70年代末,大批马来西亚穆斯林主动到清真寺和礼拜室

---

① 马来西亚伊斯兰保险公司1984年11月29日成立,1985年7月22日投入运行,参见:http://www.takaful-malaysia.com.my/corporate/aboutus/Pages/companybg.aspx,访问时间:2017年11月15日。
② "History of the Founding of the IIUM", http://www.iium.edu.my/about-iium/iiumhistory,访问时间:2017年11月15日。

祷告,学习伊斯兰教教义、教法知识,背诵《古兰经》。他们中男子大多穿穆斯林长袍,女子佩戴面纱等穆斯林服饰,社会生活日益伊斯兰化。①

"伊斯兰姐妹组织"于1987年成立,创建之初仅有8名成员,②该组织致力于维护伊斯兰社会中妇女的权益,主要成员包括律师、社会活动家、记者、分析师等,旨在促进性别平等、公正、自由和伊斯兰尊严,使妇女成为变革的倡导者。③其创办人是再娜·安瓦尔(Zainah Anwar)女士。此人是穆斯林女权运动的倡导者和维护者,出身于知识分子家庭,早年在马来西亚柔佛州求学,喜爱英语文学,后获得美国波士顿大学法学院的硕士学位。再娜·安瓦尔认为,伊斯兰是正义的。她曾举例说,如果家里着火,妇女是否要征得丈夫同意后才能逃跑?如果要征询丈夫的同意,那么这不是伊斯兰,因为伊斯兰是正义的、公平的。④

在再娜·安瓦尔的领导下,伊斯兰姐妹组织的工作聚焦法律层面,主要是挑战那些以伊斯兰名义进行的立法和国家政策,以保护妇女权益。其主要活动有两项:一是提供法律服务,如提供法律咨询,对离婚,妻子和孩子的生活费、抚养费等事宜友情提供法律咨询,并就一些法律问题进行解答;二是提供公共教育,如开设培训班,培训基层妇女领袖、政策拟定者、记者等,或是召开各种研讨会,举办有关伊斯兰问题的讲座等。此外,伊斯兰教党在20世纪80年代也逐渐趋向保守,批评马来民族主义,提出建立伊斯兰国家的主张,成为在穆斯林群体中较有影响力的政党。

教育领域的斗争 伴随伊斯兰的复兴而来的是马来民族主义的高涨。而马来民族主义的高涨加剧了马来人与华人的矛盾。两族的矛盾突出表现在教育领域。自20世纪80年代初,马来西亚政府在全国各小学大力推广"3M"(阅读、书写、计算)制度,即从1983年起,全国各小学的课程全面实施改革,将6年的教育课程分为两个阶段,旨在提高小学生的阅读、书写和计算能力。依据该项计划,全国各小学的许多课程必须使用马来语课本,改用马

---

① 曹庆锋:《马来西亚伊斯兰复兴运动研究》,博士学位论文,中央民族大学,2013年,第49页。
② 许利平:《当代东南亚伊斯兰发展与挑战》,时事出版社,2008年,第112页。
③ 参见"伊斯兰姐妹组织"官方网站,http://sistersinislam.org.my/page.php?36,访问时间:2017年11月15日。
④ *Zainah Anwar*, From Wikipedia, the free encyclopedia, https://en.wikipedia.org/wiki/Zainah_Anwar,访问时间:2017年11月14日。

来语教学,甚至连音乐教材也规定马来歌曲必须占50%。①"3M"制度的出台无疑是对华文学校和华文教育的严厉打压,这令华人社会非常不满。然而,这仅仅是个开始。1981年9月,华人社会极为关注的华文独立大学诉讼案在吉隆坡高等法院开庭审理,但以独立大学的败诉收场。1982年2月15日,独立大学将此案上诉到最高法院(Mahkamah Agung),希望最高法院给予一个公正的判决。1982年7月6日,最高法院的5位法官对独立大学诉讼案进行了严肃的审理。其中4位法官认为如果独立大学建立,那么它将成为一个公共机构。华文将理所当然地成为"为了官方目的而使用的语言",这与联邦宪法第152条相冲突。另一位华人法官则认为独立大学并非一个公共机构,使用华文并不违反宪法。最终,最高法院以4∶1的多数票驳回独立大学的上诉,且不准上诉至英国枢密院(Majlis Privy)②。

华人社会梦寐以求的华文独立大学最终胎死腹中。独立大学的败诉对华人社会伤害较深。已故的董总主席林晃升在其1993年出版的《独大史料集》的献词中这样评价:"倡议创办独立大学及它所取得的巨大支持,体现了我族热爱民族教育与自力更生的传统精神。它引起的争议,是坚持民族权益者与各种妥协派、机会主义者及种族主义者的斗争;它的禁止,说明我国民族语文与教育受到压制的事实;它的诉讼,显示出独立大学理事会伸张民权的决心与法治精神;它的败诉判决使保护各族语文地位的有关宪法条文露出破绽,是我国民权运动的一项胜利。"③

---

① 马来西亚华校董事联合会总会出班组编:《董总三十年》(下册),马来西亚华校董事联合会总会,1987年,第667—668页。
② 1985年1月1日以前,马来西亚的法院系统为三级,即英国枢密院委员会(Majlis Privy)、最高法院(Mahkamah Agung)、马来亚和婆罗洲高级法院(Mahkamah Tinggi Malaya dan Mahkamah Tinggi Borneo)。1985年1月1日,最高法院取代英国枢密院委员会负责处理国内的上诉案件,马来西亚的法院系统从三级减少为两级,即最高法院和马来亚及婆罗洲高级法院。1994年,最高法院改名为联邦法院(Mahkamah Persekutuan),同时设立上诉法院(Mahkamah Rayuan)。至此,马来西亚的法院体系恢复为三级,即联邦法院、上诉法院和马来亚及婆罗洲高级法院。联邦法院是马来西亚的最高级别司法机构。相关内容参见马来西亚联邦法院官方网站,Mahkamah Persekutuan, http://www.kehakiman.gov.my/node/36。
③ 林晓画:《马来西亚华教领袖林晃昇》,《海外华人》2003年第3期,转引自胡春艳:《抗争与妥协:马来西亚华人社会对华族母语教育政策制定的影响》,暨南大学出版社,2012年,第154页。

面对马来西亚政府以单一种族的立场处理教育问题,华人社会表达了极为不满的情绪。1983年3月27日,华人社团在槟州举行全国华人文化大会,要求政府公平、公正地对待华人的文化诉求。会议讨论并通过了《国家文化备忘录》,备忘录认为"我们的国家文化,其基本特征是多元的文化形式、共同的价值观与本地色彩;我们各族文化的优秀因素是国家文化的基础;科学、民主、法治精神与爱国主义思想是建立共同文化价值观的指导思想;国家文化应基于民族平等的原则,通过民主协商来建设。在建设过程中,应重视文化发展的自然规律,而不应人为干预;建设国家文化的过程也是各族文化相互交流,去芜存菁,吸收外来文化优秀因素,建立共同价值观的过程;政府应一视同仁、平等对待、发展各民族文化,并大力促进他们的交流"①。

1985年10月,雪兰莪中华大会堂、马来西亚华校董事联合会总会、马来西亚华校教师会总会等25个华人团体在吉隆坡代表全国5 000多个华裔社团发表《马来西亚全国华团联合宣言》,表达了华人社会对当前政治、经济、文化政策的不满。该宣言称,大马华人社会对种族极化的严重性深感不安,认为这主要是政府"土著利益至上"的一些政策及行政偏差所造成的,它们侵蚀和剥夺了其他种族的政治、经济、社会、文化、语言及教育领域的基本权利。同时,华人社会对贫富差距的日益扩大表示关注,对政府政策过分偏重马来人而忽略了其他种族中的贫穷问题和其他经济领域感到忧虑,认为政府基于单一种族利益的政策严重地侵犯了其他种族的基本人权,是国民团结的最大障碍。由此,宣言提出了有关政治、经济、文化的63项建议,包括废除土著与非土著的区别,推行"共同课程纲要,多种语文源流"的政策等。②

此后,为贯彻落实该宣言,华人社会于1986年成立了全国华团民权委员会,推广民主、人权的思想教育,明确落实华团宣言第一阶段的九大目标:废除土著与非土著的区分,反对土著利益至上的经济政策;严厉取缔非法移民,以维持社会安全;选区划分必须遵从"一人一票"的公平民主原则,使各区选民数目大致相同;文化资产的制定必须符合马来西亚社会的多元性本质;公平对待各源流学校及各族语言;建立廉洁有效率的行政体系,严厉处罚贪污者;全面发展新村,把新村发展纳入国家发展主流;尽快批准符合条件的公民

---

① 何国忠:《马来西亚华团领袖(华裔)与文化中国》,2007年,马来亚大学中国研究所论文No.2007-12,第5—6页。
② 马来西亚华校教师会总会:《马来西亚全国华团联合宣言》(1985年)。

权申请书;重新检讨违反基本人权的法令。①

"茅草行动" 然而,华人社会的努力并未收到成效。相反,1987 年爆发的"茅草行动"将马来人和华人的关系进一步推向了崩溃的边缘。1987 年 8 月,马来西亚教育部派遣 200 名不懂华语的马来公务员到多所华文小学任职,②有的还担任诸如校长、副校长之类的重要领导职位,引起华人社会的强烈不满。其中,槟州情况最为严重,该地区 90 所华文小学中,有 29 所学校的 67 个高级行政职务由不懂华语的人担任。③随后,槟州、马六甲等地的华人社团通过不同的形式向教育部表示抗议,并举行抗议大会。董教总在致教育部的公函中指出,华文学校的媒介语是华文,而教育部派遣不懂华文的人主管学校事务,不符合逻辑,如不及时纠正,将威胁到华文小学的生存。④10 月 4 日起,雪兰莪、吉隆坡、马六甲等地不断举行抗议大会,近 2 000 人参加会议,反对教育部的行动。但教育部部长安瓦尔表示,将继续执行政府的决定,不会撤回向华文小学派遣马来公务员的命令。10 月 6 日,马华公会署理总会长李金狮、教育部副部长云时进与教育部部长安瓦尔举行磋商。10 月 7 日,董教总再次向教育部提交备忘录,要求政府纠正错误,否则将举行罢课。

10 月 8 日,由华人社团和华人政党策划的全国华团政党联合行动委员会成立,以捍卫华文小学。10 月 9 日,马华公会总会长林良实会见马哈蒂尔总理,再次就华文小学问题磋商,但并无结果。同日,民主行动党国会议员黄生财医生、国会议员陈国伟及其他 8 名党员,在马来亚大学门口抗议马来亚大学评议会就马来亚大学文学院选修课一律改用马来语授课,遭警方逮捕。在同日被捕的还有因集会示威反对印度尼西亚非法移民的民主行动党秘书长林吉祥、民主行动党柔佛州主席宋新辉、马六甲州州议员郭金福等。⑤10 月

---

① 马来西亚全国华团民权委员会:《贯彻华团联合宣言第一阶段九大目标》,马来西亚雪兰莪中华大会堂,1986 年,第 4 页。
② 余彬:《主权和移民:东南亚华人契约性身份政治研究》,暨南大学出版社,2014 年,第 48 页。有关马来西亚教育部向华校派遣的马来公务员数量问题,目前,不同文献数据不一。如本书此处引注的数量是 200 人,但也有人认为是 54 人,参见陈鸿瑜:《马来西亚史》,兰台出版社,2012 年,第 440 页。还有人认为是 100 人,参见 Harold A. Crouch, *Government and Society in Malaysia*, Cornell University Press, 1996, pp.107-109。需要特别指出的是陈鸿瑜在《马来西亚史》的第 441 页中,同样提到 100 人这个数据。
③④ 胡春艳:《抗争与妥协:马来西亚华人社会对华族母语教育政策制定的影响》,暨南大学出版社,2012 年,第 154 页。
⑤ 陈鸿瑜:《马来西亚史》,兰台出版社,2012 年,第 440 页。

11日,以雪兰莪中华大会堂为首的全国15个华团领导机构,连同3个以华人为主的政党在吉隆坡天后宫举行大集会,4 000多人出席。多位华人社团领袖、政党人物在集会上表达了对政府的强烈不满。会议通过5项决议案,要求政府解决华文小学的问题。马华公会、民政党及华人反对党民主行动党与董教总决定,从10月15日起华文小学将罢课3天。①

10月13日,在马华公会和民政党的压力下,内阁最终决定与董教总和华人社团协商解决此事。10月14日,内阁成立以安瓦尔为主席的五人委员会处理华文小学事件,但次日依然有3万多学生举行了罢课。在此过程中,华人的媒体舆论战也在如火如荼地进行,《星洲日报》《南洋商报》大面积持续报道华文小学事件,力挺华人社会。然而,华人社会的抗议并未让马来西亚政府作出妥协。相反,政府态度非常坚决,巫统党内一些官员甚至呼吁如果教育部部长顶不住压力就引咎辞职。②10月17日,时任巫统青年团团长的纳吉布在吉隆坡组织捍卫马来人权益大集会,1.5万人参加集会,③其中包括巫统的多位重要部长和官员。与此同时,巫统宣布将于11月1日在吉隆坡默迪卡体育场举行50万人大集会以维护马来人利益。10月24日,马华公会署理总会长李金狮被雪兰莪州苏丹剥夺拿督(Dato)及雪兰莪皇室效忠勋衔(Setia Mahkota Selangor),马来人与华人的矛盾一触即发。

10月27日,政府展开"茅草行动"(Operasi Lalang),大规模逮捕、审讯、扣留异议人士。至11月20日,超过100名马来西亚公民在内安法令下被捕。其中,30多人在甘文丁扣留营被扣留超过一年,同时,英文报《星报》、中文报《星洲日报》及马来文报《祖国日报》遭停刊三个月。④被捕的人员既有华人政党和社团的,如马华公会党员、民主行动党秘书长林吉祥及其儿子林冠英,民政党党员、董教总主席沈慕羽,也有巫统的党员,如巫统国会议员易卜

---

① 苏俊翔:《马哈迪:我没策划茅草行动》,《联合早报》2017年10月22日,http://www.zaobao.com.sg/realtime/world/story20171022-804941,访问时间:2017年11月15日。
② 胡春艳:《抗争与妥协:马来西亚华人社会对华族母语教育政策制定的影响》,暨南大学出版社,2012年,第159页。
③ 余彬:《主权和移民:东南亚华人契约性身份政治研究》,暨南大学出版社,2014年,第48页。
④ 《马来西亚公民组织之茅草行动三十周年联合声明》,马来西亚华校教师会总会网站,2017年10月30日,http://web.jiaozong.org.my/index.php?option=com_content&task=view&id=3719,访问时间:2017年11月15日。

拉欣·阿里、巫统青年团教育局主任兼州议员哈密·易卜拉欣,以及伊斯兰教党的党员。①同时,警方下令禁止所有集会,包括巫统原定于11月1日的50万人集会。"茅草行动"是继1969年"5·13"事件后,马来西亚最严重的一次族群冲突。此次冲突虽未造成大规模的流血和人员伤亡,但政府援引内安法抓扣异议人士在华人社会留下了非常消极的影响。华人社会至今对"茅草行动"都心怀怨言。

在"茅草行动"爆发30周年之际,民主行动党秘书长林冠英直言不讳,表明1987年10月27日永远都是马来西亚史上黑暗的一天,因为国民阵线竟用内安法令来扣押平民百姓。②华人团体更是公开发布声明,表达不满。2017年10月,由隆雪华堂民权委员会、隆雪华堂青年团、赵明福民主基金会、马来西亚人民之声发起,淡米尔研究学院等77个团体联名签署、发布了《马来西亚公民组织之茅草行动三十周年联合声明》。声明称"茅草行动"旨在镇压和恐吓华人,借此扭转巫统党争的焦点,政府打压异议分子的行动是1988年狙击司法体系、革除大法官及最高法院法官的前奏。为此,华人社团提出三点要求:

其一,要求废止未审讯扣留[《2012年安全罪行(特别措施)法令》《防范罪犯法令》《国家安全理事会法令》和《防范恐怖主义法令》],恢复马来西亚的法治,迈向维护人权的良善治理。

其二,要求前首相马哈蒂尔作出公开道歉。

其三,要求彻查在内安法令下所有遭受酷刑对待者之指控,并要求相关人士对此负责。③

同时,声明还指出"茅草行动"之所以爆发是因为当时巫统正面临分裂,马哈蒂尔身为内阁总理在巫统党争中仅以微弱优势险胜东姑·拉扎利·哈姆扎后,出现权力危机。巫统党员入禀法庭,要求宣判党选违法。如果判决对马哈蒂尔不利,那么马哈蒂尔只能下台。因此,为设法脱困,马哈蒂尔制造

---

① 陈鸿瑜:《马来西亚史》,兰台出版社,2012年,第441页。
② 《指示警方坚持这么做 马哈迪:没策划茅草行动逮捕异议分子》,《联合早报》2017年10月23日,http://www.zaobao.com.sg/news/sea/story20171023-804990,访问时间:2017年11月15日。
③ 《马来西亚公民组织之茅草行动三十周年联合声明》,马来西亚华校教师会总会网站,2017年10月30日,http://web.jiaozong.org.my/index.php?option=com_content&task=view&id=3719,访问时间:2017年11月15日。

了一场全国危机,团结巫统对外抵抗共同的"敌人",而这个假想敌就是华人社会。①

五、开启全方位外交

1981年马哈蒂尔上台后,马来西亚政府延续和平、自由、中立化的外交路线,继续将对东南亚的外交作为外交政策的基石,把推动和平解决柬埔寨问题作为外交的主要任务。与此同时,马来西亚积极调整外交战略,推出"最后买英国货"(Buy British Last)和"向东看"(Dasar Pandang Ke Timur)政策,马英关系进入历史低谷期,马来西亚与东亚国家关系进入新时代。此外,马来西亚与伊斯兰世界的关系深入发展,在国际多边舞台上与伊斯兰国家展开了富有成效的合作。

积极推动解决柬埔寨问题 20世纪80年代,柬埔寨局势持续发酵。马来西亚高度关注中南半岛局势,积极推动东盟参与解决柬埔寨问题。1981年7月,东盟参加在纽约举行的由联合国发起的柬埔寨国际问题会议。参加会议的除东盟外,还有以乔森潘为代表的民主柬埔寨,宋双为首的高棉人民解放全国阵线,西哈努克亲王领导的争取柬埔寨独立、中立、和平与合作民族团结阵线的代表。会议要求各方立即停火、外国部队从柬埔寨撤出,以确保联合国监督下的柬埔寨选举不受干扰。

在马来西亚等各方势力的努力推动下,1982年6月22日,柬埔寨三方在马来西亚首都吉隆坡达成协议,签署了《民主柬埔寨联合政府成立宣言》。7月9日,西哈努克亲王发表声明,宣告柬埔寨联合政府成立,内阁核心成员包括民主柬埔寨主席诺罗敦·西哈努克亲王、负责外交事务的民主柬埔寨副主席乔森潘以及总理宋双。联合国大会维护了民主柬埔寨在联合国的合法席位。②民主柬埔寨联合政府成立后,柬埔寨局势有所缓和。马哈蒂尔主张将越南、老挝、柬埔寨三国拉入东盟,以缓和东盟与中南半岛其他国家的关系,实现东南亚局势的稳定。1985年4月,在万隆会议30周年纪念之际,马

---

① 《马来西亚公民组织之茅草行动三十周年联合声明》,马来西亚华校教师会总会网站,2017年10月30日,http://web.jiaozong.org.my/index.php?option=com_content&task=view&id=3719,访问时间:2017年11月15日。
② 《1982年6月22日民主柬埔寨联合政府成立》,人民网,1982年6月22日,http://www.people.com.cn/GB/historic/0622/6605.html,访问时间:2017年11月15日。

来西亚和印度尼西亚在东盟国家的支持下,提出"毗邻对话"方案。依据该方案,民主柬埔寨联合政府、越南、柬埔寨人民共和国三方将举行对话,东盟作为协调人。同时,该方案建议外国部队撤出,派驻联合国控制与监督委员会,推动民族和解,柬埔寨在联合国监督下举行选举和自决。但柬埔寨人民共和国是否参加"毗邻对话"引起争议。1985年8月,中南半岛国家举行外长会议,发表联合公报,强调了柬埔寨人民共和国的参会意愿,并为越南撤军列出了时间表。1987年7月,以马来西亚、印度尼西亚为首的东盟继续向相关方施压,以期尽快举行谈判。此后,在东盟、中国及国际社会的各方努力之下,1991年10月,《柬埔寨和平协议》终于在巴黎正式签署,柬埔寨问题最终得到解决。

调整与英、美的关系 20世纪80年代以前,马来西亚与英国的关系较为紧密,两国不仅签有防务条约,而且两国领导人之间保持着较好的关系。但20世纪80年代后,两国关系急转直下。1981年,英国政府大幅提高外国留学生学费,这对1.3万名在英国留学的马来西亚学生造成极大影响。一时间,吉隆坡举行了大规模的反对英国的示威游行。马来西亚与英国的关系恶化。同年,英国在马来西亚的最大投资商英国橡胶公司牙直利(Guthrie)将自己的子公司卖给了马华公会的控股公司。此行为违背了新经济政策有关马来土著必须在公司中拥有30%股权的原则,引起马来西亚政府的不满。作为反制,马来西亚国家投资公司在伦敦证券交易市场花费巨资收购了英国橡胶公司牙直利。①此后,英国政府修改了证券交易管理条例。

1981年10月,马哈蒂尔发起"最后买英国货"运动,抵制英国的货物。马哈蒂尔称,"马来西亚只有在绝对需要时才会购买英国货物……否则,马来西亚将购买非英国货物"。马来西亚政府明确表示马来西亚与英国的关系不会再像此前一样发展。在"最后买英国货"政策的指导下,马来西亚与英国签订的合同及从英国的进口都必须首先获得总理府的批准。同时,相关部门还要向总理府提交替代英国进口产品的清单,以便总理府决策。与此同时,马来西亚国防部也积极响应"最后买英国货"政策,时任国防部部长纳吉布表示,国防部将严格执行内阁的决定,不再向英国购买军备。②在多边舞台上,

---

① "Buy British Last Policy of Mahathir", *Searching in History*, January 1, 2014, https://searchinginhistory.blogspot.com/2014/01/buy-british-last-policy-of-mahathir.html,访问时间:2017年11月15日。
② Umberto Pascali, "Buy British last! Malaysia Fighting for Its Development", Washington, D.C.: *Executive Intelligence Review*, Volume 21, Number 11, March 11, 1994, p.13.

马来西亚也抵制英国主办的国际会议。

1981年,马哈蒂尔抵制英联邦国家首脑会议,这让英国政府颜面扫地。1982年,马哈蒂尔政府宣布接管英国驻马来西亚高级专员公署所在地喀考莎山(Carcosa Hill),①令马来西亚与英国关系进入冰点。为缓和与马来西亚的关系,英国首相玛格丽特·希尔达·撒切尔(撒切尔夫人,Margaret Hilda Thatcher)派出外交大臣和国防大臣前往马来西亚谈判,两国签订协议,马来西亚从英国购买51辆装甲车,双边关系出现回暖迹象。1983年3月,撒切尔夫人邀请马哈蒂尔访问英国,磋商双边关系。马哈蒂尔应邀到访。两国领导人就马来西亚在英国留学生的学费等敏感问题举行磋商,英国同意设立1.6亿美元基金,用以资助马来西亚留学生。马哈蒂尔访问伦敦后,两国关系有所缓和。1983年4月,马哈蒂尔撤回了"最后买英国货"的命令。

但1983年11月,马哈蒂尔再次抵制英联邦国家首脑会议。1984年5月,英国决定将喀考莎山归还马来西亚,马来西亚则同意为英国驻马来西亚高级专员公署重新选址。②1985年4月,撒切尔夫人回访马来西亚。这也是历史上英国首相首次访问马来西亚。撒切尔夫人对马来西亚、马哈蒂尔总理及马来西亚与英国的关系大加赞赏,两国领导人对加强外交关系达成共识。同年,马哈蒂尔出席了英联邦国家首脑会议。1989年,马来西亚作为东道主主办了英联邦国家首脑会议。两国关系全面恢复。

在与美国关系方面,1982年10月和1984年1月,马哈蒂尔总理两次访问美国。两国领导人就地区与国际局势交换意见,但双方在中东问题上意见分歧较大。不过,马哈蒂尔看重美国的经济,称美国经济的恢复和发展不仅对马来西亚,而且对发展中国家都十分有利,马哈蒂尔希望加强与美国的友好合作关系,以实现互利共赢。③多边层面,马来西亚主要通过东盟与美国保持接触。美国视东盟为其对东南亚政策的中心支柱。④在越南入侵柬埔寨问

---

① 喀考莎为时任马来联邦驻扎官弗兰克·斯维特曼的官邸。

② "Buy British Last Policy of Mahathir", *Searching in History*, January 1, 2014, https://searchinginhistory.blogspot.com/2014/01/buy-british-last-policy-of-mahathir.html,访问时间:2017年11月15日。

③ *Remarks of the President and Prime Minister Mahathir bin Mohamad of Malaysia Following Their Meetings*, January 18, 1984. Online by Gerhard Peters and John T. Woolley, The American Presidency Project. http://www.presidency.ucsb.edu/ws/?pid=39917,访问时间:2017年11月15日。

④ Pamela Sodhy, "Malaysia and the United States in the 1980s", *Asian Survey*, Vol.27, No.10, p.1076, October, 1987, University of California Press.

题上,美国认同东盟的立场,认为东盟是防范和限制苏联、共产主义在东南亚扩张的工具,①而马来西亚也将防范共产主义威胁作为主要的外交任务。两国在此问题上有重要共识,这也成为双方开展合作的战略基础。不过,两国在对中国的认知上有些分歧。马来西亚对中国的防范较强,但美国在20世纪80年代不是简单将中国视作敌人,相反正在积极加强与中国的关系。

在经济领域,20世纪80年代中期以后,马来西亚与美国的贸易关系加强,马来西亚对美国的贸易顺差态势不断扩大。1985年,马来西亚与美国的双边贸易额为38.4亿美元,其中,马来西亚对美出口额为23亿美元,从美国进口15.4亿美元,马来西亚顺差7.6亿美元。1986年,两国的贸易总额上升至41.5亿美元,马来西亚顺差缩小至6.9亿美元。但1986年以后,马来西亚对美国的贸易顺差逐年扩大,1987年为10.2亿美元,1988年增加至15.5亿美元,1989年达到18.7亿美元。美国成为马来西亚的主要贸易伙伴之一,但双方贸易不平衡成为两国经贸关系的主要问题。

在军事与防务领域,自1978年以来,美国不断加大对马来西亚的军事援助,马来西亚也自1982年起开始从美国购买军事装备。两国防务合作逐渐深化,力度不断加大。仅"国际军事教育培训"一项,美国对马来西亚的援助就不断增加。1982年,美国对该项目仅投入30万美元,1983年增加至65万美元,后来应马来西亚的要求又增加至85万美元。②

提出"向东看"政策 马哈蒂尔在提出"最后买英国货"的同时,将外交政策的重点转向了东亚国家。1982年2月,马哈蒂尔在吉隆坡希尔顿酒店参加第五届马来西亚—日本经济协会会议时,提出"向东看"政策③。所谓"向东看",即马来西亚政府将对日本和韩国经济发展的优秀案例进行研究分析,

---

① Leszek Buszynski, *The United States and Southeast Asia: A Case for Strategic Surrender*, Journal of Southeast Asian Studies, vol.14, September 1983, p.225.
② Pamela Sodhy, *Malaysia and the United States in the 1980s*, Asian Survey, Vol.27, No.10, p.1080, October, 1987, University of California Press.
③ 也有人认为"向东看"政策是在英国外交大臣访问吉隆坡期间提出的,参见 Fumitaka Furuoka, *Malaysia-Japan Relations Under the Mahathir Administration: Case Studies of the "Look East" Policy and Japanese Investment in Malaysia*, Asian Survey, Vol.47 No.3, May/June 2007, pp.505-519. 还有人认为,"向东看"政策是1981年12月,马哈蒂尔在吉隆坡驻外使节会议上提出的,参见陈鸿瑜:《马来西亚史》,兰台出版社,2012年,第457页。

结合马来西亚的国情进行调整,并最终将日本和韩国的经验运用于马来西亚。①"向东看"以东亚的三个发达经济体为主,即日本、韩国,以及中国台湾地区,其中日本是重点。"向东看"政策之所以以日本为核心,主要是因为马哈蒂尔对日本较为偏爱。

但马哈蒂尔并不是从一开始就欣赏日本。他对日本的认知经历了一次大转变。"二战"前,年轻的马哈蒂尔认为日本的产品质量低劣,并不看好日本人和日本商品。但是日本入侵马来亚后,战无不胜的欧洲人被日本击败,这使马来亚人意识到欧洲人是可以被打败的,亚洲人能够战胜欧洲人。从此,马哈蒂尔对日本有了新的印象。1961年,马哈蒂尔作为医生第一次前往日本,品尝了日本的食物,感受了日本的文化,并且被在工地上辛勤工作的日本劳工所吸引。马哈蒂尔发现日本已经发生了巨大的转变,能够生产具有世界水准的高质量商品。②为此,马哈蒂尔认为马来西亚应该向日本学习,学习和采纳日本的发展模式,尤其是要学习日本的内部职工会(in-house unions)制度。该制度有助于促进自由经济的发展和构建一个理想的工作环境。同时,马哈蒂尔要求马来西亚人学习日本人勤奋刻苦、对国家忠诚的精神。

此外,马哈蒂尔还特别欣赏日本的创新能力。他认为,除了日本之外,没有哪个国家能够生产出具有创意的产品。在"向东看"政策的指导下,马来西亚积极调整工作和生产模式,主要进行了三方面的改革。一是结构性改革。企业向工人配发考勤卡和名字牌,建立"提高工作质量"工作队,提倡"开门办公"理念,设立柜台服务和当地缴费服务,建立工作程序手册和桌面文件档案。二是改变工作态度。要求企业提倡优质服务,树立干净、效率和诚信的理念,通过模范和样板进行管理。三是企业进行一系列专业化培训,开设一系列课程,包括工业技术培训、企业家培训、学术研究和技术研究项目课程、行政发展项目课程,加强机构之间的联系等。与此同时,马来西亚政府向青年学生发放奖学金,鼓励青年人到日本学习。

在"向东看"政策的推动下,马来西亚与日本的关系进一步加强。

---

① *Dasar Pandang Ke Timur*, Prime Minister's Office of Malaysia, http://www.pmo.gov.my/dokumenattached/Dasar/06DASAR_PANDANG_KE_TIMUR.pdf,访问时间:2017年11月15日。

② Mahathir Mohamad, *Achieving True Globalisation*, Selangor: Pelanduk Publications(M) Sdn Bhd, 2004, pp.72-73.

1983年1月,马哈蒂尔率领代表团访问日本,会见日本首相中曾根康弘(Nakasone Yasuhiro)。两国领导人探讨了海上防务、经济合作和留学生等议题。日本同意在每年给马来西亚贷款210亿日元(约8 900万美元)之外,再拨特别贷款500亿日元(2.08亿美元)给马来西亚,马来西亚分25年偿还,宽限期为7年。①同时,两国签署协议,日本将对马来西亚的工人进行工业和技术专业培训。

在经济合作方面,马来西亚对日本的进口增加,出口减少。1980年,马来西亚从日本进口的商品占马来西亚总进口量的22.9%,马来西亚出口日本的商品占马来西亚总出口量的22.8%。到1985年,马来西亚从日本进口的商品占马来西亚总进口量的比重增加到30.5%,日本是马来西亚最大的进口来源国。马来西亚从日本进口的主要产品是机器制品和工业品。同期,马来西亚出口日本的商品所占总比重减少到18.4%,日本成为继新加坡之后马来西亚的第二大出口市场。②马来西亚向日本出口的主要商品是原料和燃料。

在投资领域,日本对马来西亚的投资逐年减少。1980年,日本对马来西亚投资1.46亿美元,占日本对外投资总额的3.1%。1985年,日本对马来西亚的投资减少至7 900万美元,占日本对外投资的比重也下降到0.6%。③日本对马来西亚的投资主要集中在制造业和资源密集型行业,涉及纺织品、食品、钢铁、基础设施、汽车等领域,并且以设立合资公司为主要形式。尽管如此,日本仍是马来西亚最主要的投资来源国。1981—1985年的5年间,除1983年外,日本均是马来西亚的第一大投资来源国。在人力资源领域,1982年12月,马来西亚与日本签署协议,日本提供贷款在马来西亚设立导师及技术训练中心,帮助马来西亚训练导师,提高职业训练的导师水平。

---

① 陈鸿瑜:《马来西亚史》,兰台出版社,2012年,第463页。
② Helen Ponniah, *Malaysia-Japan Relations: Economic Aand Political Implications*, A sub-thesis submitted in partial fulfilment of the requirements for the degree of Master of Arts(International Relations) in the Department of International Relations, Research School of Pacific Studies, Australian National University, Canberra, December 1987, pp.16-18.
③ Helen Ponniah, *Malaysia-Japan Relations: Economic Aand Political Implications*, A sub-thesis submitted in partial fulfilment of the requirements for the degree of Master of Arts(International Relations) in the Department of International Relations, Research School of Pacific Studies, Australian National University, Canberra, December 1987, p.39.

积极发展与伊斯兰世界的关系　马哈蒂尔执政前期(1981—1989年),外交政策的另一大变化就是全面加强与伊斯兰世界的关系,这与其反对西方国家的理念是一脉相承的。马哈蒂尔认为西方世界丑化伊斯兰,甚至故意曲解伊斯兰,但穆斯林兄弟是一家,马来西亚应当加强与伊斯兰国家的关系。1981年出任总理后,马哈蒂尔访问了多个伊斯兰国家,足迹遍布南亚、东南亚和中东地区。1981年8月,马哈蒂尔访问印度尼西亚;1982年2月,访问巴林、沙特阿拉伯、阿曼三国;同年7月,马哈蒂尔在联合国大会上发表讲话,称马来西亚是伊斯兰国家,与伊斯兰世界不可分割。①

1983年3月,马哈蒂尔访问孟加拉国;1983年5月访问土耳其;1984年3月访问巴基斯坦;1985年3月再次访问印度尼西亚;1985年9月出席伊斯兰会议组织(OIC)领导人会议;1985年10月,第三次访问印度尼西亚。在马哈蒂尔的领导下,马来西亚在伊斯兰会议组织中的作用日益突出,不仅参加了伊斯兰会议组织框架下的国际伊斯兰和平委员会,调解了伊拉克与伊朗的冲突,还积极推动了伊斯兰会议组织恢复埃及的成员国地位。②

在巴勒斯坦问题上,马来西亚认为巴勒斯坦人民的斗争不是宗教对抗,而是捍卫领土主权。独立的巴勒斯坦国应得到国际社会承认。马哈蒂尔坚定支持巴勒斯坦解放组织,并于1981年赋予巴勒斯坦解放组织正式的外交地位。马来西亚因此成为东南亚第一个、全球第二个赋予巴勒斯坦解放组织正式外交地位的国家。1982年,马来西亚资助10万林吉特用于支持联合国难民救济工程局在巴勒斯坦难民营的工作。1983年,马来西亚组织召开联合国有关巴勒斯坦问题的亚洲区域会议(Asian Regional Conference),声援巴勒斯坦。1984年,巴勒斯坦解放组织领导人阿拉法特访问马来西亚,高调赞扬马来西亚与巴勒斯坦的友谊。1989年,巴勒斯坦解放组织在吉隆坡的代表办公室获得完全的外交地位。③

---

① Shanti Nair, *Islam in Malaysian Foreign Policy*, London, Routledge, 1997, p.92.
② Ahmad Faisal Muhamad, *The Struggle for Recognition in Foreign Policy: Malaysia under Mahathir 1981-2003*, A thesis submitted for the degree of Doctor of Philosophy in International Relations, London School of Economics and Political Science, 2008, p.216.
③ Ahmad Faisal Muhamad, *The Struggle for Recognition in Foreign Policy: Malaysia under Mahathir 1981-2003*, A thesis submitted for the degree of Doctor of Philosophy in International Relations, London School of Economics and Political Science, 2008, p.226.

作者点评

马哈蒂尔是马来西亚的强人总理,也是马来西亚伟大的领导人之一。他的上台开创了一个崭新的时代,令马来西亚的政治、经济、社会文化实现了全面的发展。然而,在执政初期(1981—1989年),马哈蒂尔面临多重困境,但其最终成功应对重重危机,彰显了一个伟大领袖的气质和风范。

在政治上,马哈蒂尔成功应对巫统分裂和宪法危机,延续了巫统的执政传统,这是马哈蒂尔对巫统和马来西亚的重要贡献。虽然巫统的分裂没有引发政治局势的大动荡,但自此以后,巫统的内讧和派系斗争开始成为影响马来西亚政治发展的主要因素。这在1998年后的局势发展中得到进一步的验证。

在经济上,马哈蒂尔上台不久,马来西亚经济就遭遇沉重打击,历史上首次出现负增长。然而,在激烈的政治斗争背景下,马哈蒂尔力挽狂澜,将马来西亚经济从低谷中救出,并再次创造了超过9.0%的经济增速,为马来西亚的经济起飞奠定了坚实的基础。

在社会领域,马来民族主义抬头,马来人与华人的紧张关系再度升温。"5·13"事件多年之后,马来西亚又爆发了颇具争议的"茅草行动"。这是马来西亚历史上第二次具有重大影响的马、华族群摩擦,其争议的根本点是马来人与华人在教育领域的利益之争。在马来西亚,文化和教育问题从来都是重大的政治问题,对此马来西亚各界均有共识。华人社会一直不懈努力,以期谋求更加公平、合理的教育待遇。

在外交领域,马哈蒂尔上台后,马来西亚外交继续转型调整。马哈蒂尔提出了"最后买英国货"和以日本为核心的"向东看"政策,进一步巩固了马来西亚以东亚国家为重点的外交战略基本格局。马来西亚重视东亚,但并不意味着与西方国家对抗。在这一时期,马来西亚与美国的关系有所发展。马哈蒂尔两次访问美国,双方在政治和经贸领域的合作进一步加强,但两国在中东问题上的分歧依然突出,这是迄今为止,马来西亚与美国始终没有相互走近的重要原因。

在经过近10年的调整后,马来西亚的局势逐渐稳定下来,并呈现出良好的发展态势,马哈蒂尔在马来西亚的地位也逐渐稳固。

第九章
马哈蒂尔执政后期的马来西亚

在经历了20世纪80年代巫统的分裂危机后,马哈蒂尔在巫统内部的地位进一步巩固。冷战结束以来,马哈蒂尔率领国民阵线在1990年和1995年的两次大选中赢得了胜利。马来西亚逐步形成了以马哈蒂尔为核心的政治体制。但与此同时,马哈蒂尔与副总理安瓦尔的矛盾日益凸显。在1997年亚洲金融危机的冲击下,马来西亚经济逐渐衰退、政治矛盾加剧、族群矛盾激化。安瓦尔最终被马哈蒂尔革职,但"安瓦尔事件"使马来西亚政坛陷入分裂,马哈蒂尔与安瓦尔的恩怨与博弈主导了马来西亚政坛的发展趋势。2003年马哈蒂尔交权下台,但安瓦尔与巫统之间的斗争一直持续。

一、马哈蒂尔政权巩固

经过近10年的调整,马来西亚政局在进入20世纪90年代后逐渐稳定下来。虽然巫统内部的纷争依旧激烈,但马哈蒂尔对国家政权的控制力不断加强。反对派结盟逐渐成为马来西亚政治生活中的新常态,不过,反对派虽然对巫统执政构成了强有力的挑战,但迄今未能赢得一次大选。

1990年全国大选 1990年1月,穆沙·希塔姆宣布重返巫统,这预示着马哈蒂尔与穆沙·希塔姆的矛盾进一步缓和,但这并不意味巫统内部的纷争就此结束。相反,巫统内部的纷争以及朝野各党之间的争斗随着1990年大选再度加剧。1990年大选是1988年巫统内部危机后,马哈蒂尔政权面临的首次全国大选。当时,马来西亚的政治形势较为复杂。首先,巫统领导的国民阵线损兵折将。由于哈民党和沙巴团结党退出国民阵线,加入反对党,因此国民阵线的成员党从12个减少为10个,这对马哈蒂尔政府来说是不小的损失。其次,反对党方面积极组建反对派联盟,以对抗国民阵线。当时,反对派联盟共有两个,即"乌玛团结运动"(Angkatan Perpaduan Ummah)和"人民理念"(Gagasan Rakyat)。"乌玛团结运动"由伊斯兰教党、46精神党、泛马伊斯兰阵线、哈民党组成,而"人民理念"联盟由46精神党、民主行动党、马来西亚人民党、沙巴团结党、印度人前进党等组成。46精神党参加了上述两个联盟,并在其中发挥着重要作用。反对派结成两个不同的联盟共同反对国民阵线,这在马来西亚大选历史上较为罕见。更值得注意的是,国民阵线中的沙巴团结党于大选前退出了执政联盟,因此不少舆论认为,反对派很有希望击败国民阵线。

1990年10月20—21日,马来西亚举行了第8次全国大选,选举180个国会议席和351个州议会席位。结果,巫统领导的国民阵线获得了180个国会议席中的127个,低于1986年大选的148个席位。但国民阵线获得的席位占国会议席总数的71%,取得了绝对优势。其中,巫统获得71个席位,仍然是国会中的最大党。马华公会则是国民阵线中的第二大党派,获得18个席位。反对派联盟未能如愿以偿地击败国民阵线。并且,在大选结束后,有15名反对党议员"跳槽",加入国民阵线。在反对联盟中,获得席位最多的西马政党是民主行动党,共20个席位,其次是46精神党,共8个席位。

在州议会选举方面,国民阵线赢得了11个州议席中的10个,取得压倒性胜利,共计获得253个席位。反对派仅在吉兰丹州获得胜利,取得了全部39个席位,伊斯兰教党是最大赢家,而国民阵线在吉兰丹州全军覆没。国民阵线在吉兰丹州的失利表明马来人保守势力仍然主导着吉兰丹的政治舞台,代表民族主义势力的巫统并不受欢迎。10月27日,马哈蒂尔组建在任时的第四个内阁,马哈蒂尔任总理兼内政部部长,加法尔·巴巴留任副总理并兼任乡村发展部部长,安瓦尔出任教育部部长,纳吉布出任国防部部长。然而,马哈蒂尔组建的这个新内阁并不稳定,仅仅半年后,马哈蒂尔就进行了内阁改组。1991年3月,几个重要部门更换了新的领导人。安瓦尔调任财政部,出任财政部部长,教育部部长由原来的国内贸易与消费部部长苏莱曼·达乌德(Sulaiman Daud)担任。阿卜杜拉·巴达维被任命为外交部部长,接替转任国内贸易与消费部部长的阿布·哈桑·奥马尔(Abu Hassan Omar)。

任内第二次修宪 内阁改组后,马哈蒂尔政权得到巩固。但与此同时,以马哈蒂尔为代表的现代政治势力与以王室为代表的传统势力之间的关系却因为一场曲棍球比赛激化。1992年11月,柔佛与霹雳曲棍球队举行比赛,结果柔佛队失利。柔佛曲棍球队的队员、柔佛苏丹之子伊斯坎德尔将霹雳队守门员痛打一顿,引发众怒。此后,一位对柔佛队进行批评的教练被召进柔佛王宫,遭到苏丹的训斥。①此事引起马来西亚国内各方的高度重视。马哈蒂尔为限制苏丹的权力,顺势在国会推动了宪法修正案。修宪内容主要是限制和取消苏丹的免控权和豁免权,设立特别法庭,对苏丹的违法行为进行审理。1993年初,马哈蒂尔政府掀起舆论攻势,在各大报刊报道苏丹和王室的不法行为,寻求舆论支持。1993年2月,统治者会议在巨大的压力下作出让步,同意修改宪法。3月,马来西亚国会通过宪法修正案,取消了各州苏丹的法律豁免权,并专门设立特别法庭,审理涉及马来西亚最高元首和苏丹的案件。特别法庭共有5人,由联邦首席大法官担任主席,外加两名高等法院首席法官和由统治者会议任命的另外两名法官组成,审判采取少数服从多数的办法进行。

1993年的宪法修正案是继1983年宪法修正案之后,马哈蒂尔政府与王室的又一次较量。这次较量的结果显示马哈蒂尔的权力进一步强化。但与此同时,巫统的内部斗争也在加剧。1993年10月,巫统举行党内领导人选举。此次选举将选出新的巫统署理主席和副主席。依据惯例,内阁副总理应由巫统署理主席担任。换言之,现任的内阁副总理、有望继承马哈蒂尔之位的加法尔·巴巴应该在此次选举中连任巫统署理主席。

安瓦尔在党内影响力上升　然而,巫统的后起之秀、财政部部长安瓦尔异军突起,在选举中获得了145个党支部的提名,击败了仅获得7个支部提名的加法尔·巴巴,当选巫统署理主席,引发了巫统党内权力结构和马来西亚政治格局的变动。除安瓦尔外,此次党内选举,还选出了三位副主席,即柔佛州州务大臣穆希丁(Muhyiddin Yassin)、国防部部长纳吉布以及雪兰莪州的州务大臣穆罕默德·泰益(Mohammed Taib)。10月15日,加法尔·巴巴辞去了副总理和乡村发展部部长等职务。安瓦尔随即接替加法尔·巴巴出任副总理,并继续兼任财政部部长。这是自1991年以来,马哈蒂尔内阁的又一次改组。也正是这次内阁改组,让安瓦尔离最高权力更近了一步,这对后来马来西亚政局的发展产生了深远的影响。

安瓦尔1947年8月出生于马来亚的槟州,是马来西亚历史发展进程中

---

① 韩方明:《华人与马来西亚现代化进程》,商务印书馆,2002年,第283页。

颇具争议的重要人物。其父亲、母亲和兄弟都是巫统党员,父亲易卜拉欣·阿卜杜勒·拉赫曼曾两次担任国会议员,官至卫生部政务次长。安瓦尔早年就读于马来亚大学,从事马来问题研究,但他热衷政治,在学生运动中十分活跃,深受青年学生欢迎,曾担任马来亚大学马来语协会会长、马来西亚伊斯兰青年运动主席、马来西亚青年理事会主席。从学生时代起,安瓦尔就有自己的主见,时常针砭时弊,抨击政府。1974 年,不到 30 岁的安瓦尔因为领导学生举行反饥饿示威被政府援引内安法拘禁 20 个月。获释后,安瓦尔依然致力于青年运动,成为世界穆斯林青年大会(World Assembly of Muslim Youth)亚太地区的代表,并参与创办了美国国际伊斯兰思想研究中心(International Institute of Islamic Thought)。在国内,安瓦尔组织全国 5 个社团签名反对政府修改社团法令,并作为社团修正法令协调委员会负责人与政府交涉谈判。①20 世纪 80 年代,安瓦尔担任马来西亚国际伊斯兰大学校长。

安瓦尔中学时代就加入了巫统,②但直到 20 世纪 80 年代后才受到马哈蒂尔的重用,平步青云。1982 年,安瓦尔参加大选,当选国会议员,并在总理府担任副部长,同时当选巫统青年团团长和巫统副主席。1983—1986 年,他先后在马哈蒂尔内阁担任文化青年体育部部长、农业部部长和教育部部长。担任教育部部长后,马来西亚国内外舆论普遍认为安瓦尔已经具备了走向权力顶峰的必备条件。1987 年巫统危机时,安瓦尔被马哈蒂尔任命为新巫统筹备委员会委员,深受马哈蒂尔的重视。1990—1993 年,安瓦尔又出任教育部部长、财政部部长,晋升副总理,逐渐走近最高权力。在担任财政部部长期间,安瓦尔颇受各界好评,《欧洲金融》杂志一度评选他为 1993 年最杰出的财政部部长之一。③从 1983 年到 1993 年的短短 10 年时间,安瓦尔从一个名不见经传的内阁部长摇身一变,成为内阁副总理和巫统署理主席,在马来西亚政坛掀起了不小的风波。也正是因为从政之路较为平坦,安瓦尔对问鼎总理宝座满怀信心。

出任副总理后,安瓦尔一改过去批判政府的做法,积极配合和支持马哈蒂尔的工作,将马哈蒂尔视作自己的政治导师,常常为马哈蒂尔分忧解难。

---

① 陈翠华:《马来西亚政坛上的新星——安瓦尔·易卜拉欣》,《世界经济与政治》1998 年第 6 期,第 61 页。
② 方华:《马哈蒂尔的"接班人"安华》,《亚非纵横》1996 年第 1 期,第 42 页。
③ 方华:《马哈蒂尔的"接班人"安华》,《亚非纵横》1996 年第 1 期,第 43 页。

在国内,安瓦尔高举民族主义大旗,主张保护马来文化和伊斯兰教,继续推进新经济政策,以维护马来人特权,但同时他也支持其他族群发展自己的文化。在国际上,安瓦尔也追随马哈蒂尔的立场,谴责西方国家抢夺发展中国家经济资源,干涉他国内政。安瓦尔对国内、国际事务的态度得到越来越多的民众支持,其锋芒逐渐显现,但也引起了马哈蒂尔的警惕。1994年,马哈蒂尔在巫统大会上将矛头指向安瓦尔,警告巫统领袖不要效仿莎士比亚戏剧中向恺撒大帝背后捅刀的布鲁杜斯。①

安瓦尔与马哈蒂尔的矛盾进一步凸显 1995年4月大选前夕,马哈蒂尔邀请加法尔·巴巴重返巫统,以制约安瓦尔。4月,全国大选拉开序幕。经过5年的发展,此时的巫统在马哈蒂尔的带领下更加团结,执政联盟国民阵线的实力也有所增强,成员党从5年前的10个增加为14个。反对党虽然坚持抱团对抗巫统,但主要还是依靠民主行动党、伊斯兰教党和46精神党3个主要政党。更为重要的是,反对党联盟之间由于民族主义政党难以接受伊斯兰教党的所谓伊斯兰治国理念,所以民主行动党、46精神党实际上与伊斯兰教党之间实际上面和心不和。选举结果显示,国民阵线赢得了192个国会席位中的162个,占据国会席位的84.4%,这也是自1987年巫统内讧以来,国民阵线获得的最多国会席位数。其中,巫统获得89个席位,占国会席位总数的46.35%,为国会最大政党,马华公会为国会第二大党。反对党联盟仅获得30个席位,最大反对党仍是民主行动党,但其仅获得9个国会席位,比1990年减少了11席。这也是自1986年以来,民主行动党所获国会席位的首次大幅缩水。与此同时,沙巴团结党所获得的国会席位数也比上届大选减少6席,46精神党减少2席,该党威望较高的副主席莱斯也在选举中被击败,只有伊斯兰教党的战绩与上届大选持平,获得7个席位。在州议会选举方面,国民阵线仍然未能夺回吉兰丹的执政权,不过不同于上届大选的一无所获,巫统在吉兰丹州议会中获得6个席位,马华公会获得1个席位。

1995年大选显示,马哈蒂尔领导的巫统已经彻底走出了1987年内讧的阴影。巫统不仅在国会选举和州议会选举中获得绝对多数席位,而且重新获得了更多马来人和华人的支持,成为民众拥护的政党。马哈蒂尔的政治地位也随着巫统地位的巩固得到进一步提升。1995年5月,马哈蒂尔组建新的内阁。马哈蒂尔连任总理兼内政部部长,安瓦尔留任副总理兼财政部部长,

---

① 陈鸿瑜:《马来西亚史》,兰台出版社,2012年,第431页。

纳吉布调任教育部,任教育部部长,阿卜杜拉·巴达维任外交部部长,穆希丁任青年体育部部长。马来西亚新的权力架构组建起来,但这个新的政治安排却很快因马哈蒂尔与安瓦尔关系的恶化被打乱。不过,对巫统来说有一件事情令人振奋,即1996年10月,46精神党解散。此前与马哈蒂尔对抗的东姑·拉扎利·哈姆扎率领大部分46精神党成员回归巫统,巫统实力再次得到增强。随着46精神党的回归,1987年巫统的分裂危机终于画上了句号。经过1990年和1995年两次大选,马来西亚的反对派也日渐成熟,马来西亚政坛逐渐形成了反对派联盟与执政联盟对抗的格局。

二、国家发展政策与亚洲金融危机

1990年,随着新经济政策进入尾声,马哈蒂尔政府颁布国家发展政策以取代新经济政策。国家发展政策的颁布标志着马来西亚经济发展进入了新阶段。1990—1996年,马哈蒂尔带领马来西亚实现了经济的高速发展。然而,1997年亚洲金融危机的爆发,彻底打击了马来西亚的金融市场,给马哈蒂尔政权带来了前所未有的挑战。

"2020宏愿"与国家发展政策 1990年,马来西亚经济继续保持高速增长,但经济风险也逐渐显现。这年,马来西亚的GDP增速达到9.01%,国际储备(包括黄金)107亿美元,但国际储备占外债总额的比重高达70%,[①]经常项目赤字达到8.7亿美元。[②]不过,此时的马来西亚并未感到潜在的危机正在步步逼近。相反,马哈蒂尔政府雄心勃勃,提出了宏大的跨世纪发展战略。1991年2月28日,马哈蒂尔总理在出席马来西亚商务理事会会议时,发表题为"马来西亚——迈向未来"的演讲,提出到2020年马来西亚将建设成为发达的工业化国家,这就是著名的"2020宏愿"(Wawasan 2020)。依据这一宏愿,2020年的马来西亚将是一个全面发达国家,其所谓的发达不仅涉及经济,也包括政治、社会、文化、民众生活以及精神文明等各个领域。并且,马来西亚要完全依靠自身模式建成发达国家,而非仿照现有发达国家的发展模式。[③]

[①] 数据来源:世界银行,参见:https://data.worldbank.org/indicator/FI.RES.TOTL.DT.ZS?locations=MY,访问时间:2018年1月8日。
[②] 国际货币基金组织:《国际金融统计年鉴》,1997年。
[③] "Perspektif Wawasan 2020", http://pmr.penerangan.gov.my/index.php/maklumat-kenegaraan/255-perspektif-wawasan-2020.html,访问时间:2018年1月8日。

马哈蒂尔为"2020宏愿"设定了9个主要目标：一是建立一个和平统一的国家；二是建立一个精神自由、安定和发达的社会；三是建立一个成熟的民主社会；四是建立一个道德伦理高度发达的社会；五是建立一个自由和谐、多元族群共处的社会；六是建立一个科技进步的社会；七是建立一个相互关爱的社会；八是建立一个经济公平的社会；九是建立一个具有经济活力、竞争力的繁荣社会。依据2020宏愿目标，1991—2020年间，马来西亚的GDP年均增长要达到7%，经济总量每10年翻一番，到2020年时，马来西亚的国民生产总值将达3 520亿美元，①是1990年的8倍，人均国民收入达1万美元，②是1990年的4倍。

为落实"2020宏愿"，1991年6月，马哈蒂尔政府颁布"第二远景规划"，即1991—2000年经济发展纲要。此远景规划包括两个五年计划，即第六个马来西亚五年计划（1991—1995年）和第七个五年计划（1996—2000年），核心是实施国家发展政策（Dasar Pembangunan Nasional）。国家发展政策是新经济政策之后，马来西亚政府的又一重大经济发展战略，其根本目标是通过推动经济发展，最终使马来西亚在社会公平、价值和道德、政治稳定性、生活水平、政府治理水平和经济发展水平等所有领域达到发达国家水平。③政策重点是消除贫困、重整社会，进一步缩小族群之间的不平衡，以建立一个更加平衡的经济和社会结构，同时增加基础设施建设投资，巩固制造业基础，支持中小企业，继续为马来人提供经济援助。依据新的发展战略，到2000年时，马来西亚的贫困率将从1990年的19.1%下降到7.2%，失业率减少到4%。④制造业、农林渔业、矿业、建筑业年均增长率分别为10.5%、3.5%、1.5%和7.2%。制成品在出口中的比例达到80%。⑤为建立更加平衡的经济和社会结构，国家发展政策还特别强调，要重视发展私营部门，尤其是鼓励私有资本在经济和

---

① Jarryd de Hann, "Malaysia: Many Challenges to Wawasan 2020 Development Vision", *Strategic Analysis Paper*, 14 June 2016, http://www.futuredirections.org.au/publication/malaysia-many-challenges-wawasan-2020-development-vision/，访问时间：2018年1月8日。

② 马勇：《马来西亚经济发展的新特点及其迈向21世纪的发展战略》，《亚太经济》1997年第5期，第22页。

③④ "Dasar Pembanguan National（DPN）", http://pmr.penerangan.gov.my/index.php/maklumat-kenegaraan/241-dasar-pembangunan-nasional-dpn-.html，访问时间：2018年1月8日。

⑤ 覃主元等：《战后东南亚经济史（1945—2005年）》，民族出版社，2007年，第317页。

社会中发挥重要作用。而公共部门则要集中精力开展教育、培训、卫生项目，关注基础设施建设，如乡村公路、交通运输、住房及水电供应等。

1991年7月，第六个马来西亚计划实施。"六五"计划的重点是保障落实国家发展政策的各项目标。为优先保障经济和社会目标的实现，"六五"计划将56.8%的财政预算，共计1 004亿美元投入经济领域；24.5%的财政预算投入社会领域，保障社会发展。而用于国防和行政管理的预算仅为15.4%和3.4%。①从具体部门看，"六五"计划期间，政府特别重视制造业和科技的发展，其中，制造业的高速增长逐渐成为马来西亚经济增长的主要引擎。"六五"计划期间，马来西亚经济实现了罕见的高速发展，1991—1995年，GDP年均增速达9.47%。除1992年经济增速低于9%以外，其余4年，GDP增速都在9.2%以上。其中，1993年和1995年均超过9.8%，人均GDP也在1995年突破了4 000美元，②这样的成果在亚洲国家中显得格外抢眼。

对外贸易方面，1991—1995年，马来西亚的出口和进口额都大幅提升。1991年，马来西亚出口和进口总额分别为343亿美元和366亿美元，到1995年出口总额激增至740亿美元，进口总额达778亿美元。③但与此同时，马来西亚的债务总额也在不断提升。1991年，马来西亚外债总额为182亿美元，其中短期外债为20.74亿美元。到1995年时，外债总额已经增加到344亿美元，短期外债飙升至72.8亿美元，经常项目赤字73.7亿美元。④

多媒体超级走廊　正当马来西亚经济高速发展之时，雄心勃勃的马哈蒂尔又提出一项更为宏大的规划，即建立多媒体超级走廊（Multimedia Super Corridor）。1996年，马哈蒂尔总理正式提出多媒体超级走廊规划。所谓多媒体超级走廊，即从马来西亚首都吉隆坡南郊新国际机场延伸至市区边缘的国家石油双峰塔的走廊地带，它其实是一个科技园区，面积约750平方千米⑤，总投资1 000亿林吉特。多媒体超级走廊计划是马来西亚的重大基础设施项目发展规划，也是马来西亚科技发展规划的重要项目之一，是马来西亚政府依托计算机技术推动马来西亚从工业化向信息化转型的标志性工程。

---

① "Rancangan Malaysia Keenam", http://pmr.penerangan.gov.my/index.php/ekonomi/1357-rancangan-malaysia-keenam.html，访问时间：2018年1月8日。
② 以上数据均来自世界银行。
③ 国际货币基金组织：《国际金融统计年鉴》，1997年。
④ 世界银行：《世界债务表》，1996年；国际货币基金组织：《国际金融统计年鉴》，1997年。
⑤ 吴普生：《雄心勃勃的马来西亚"多媒体超级走廊"》，《东南亚研究》1997年，第30页。

该走廊计划包括多个宏伟的旗舰项目,如吉隆坡市中心(KLCC)、吉隆坡国际机场(KLIA)、马来西亚的硅谷——赛柏加亚(Cyberjaya)以及马来西亚的新行政中心——布特拉加亚(Putrajaya)①等。

其中,吉隆坡市中心的主要建筑工程有两个,一个是今天为众人所熟知的吉隆坡乃至马来西亚的地标性建筑马来西亚国家石油公司的双子塔,这也是当时世界最高的建筑,另一个是环绕在双子塔周边的吉隆坡市中心公园。双子塔于 1993 年开始动工兴建,1999 年投入使用。吉隆坡国际机场距离吉隆坡市中心 50 千米,是当时东南亚地区最大的国际机场,也是亚洲地区的主要国际机场之一,1998 年投入使用。马来西亚的

吉隆坡双子塔

硅谷——赛柏加亚,位于吉隆坡以南 40 千米,紧邻新行政中心布特拉加亚,1997 年兴建完工,是一个以科技园区为核心的城市信息枢纽,也是多媒体超级走廊的核心工程。赛柏加亚最引人注目的景观是面积为 1.6 平方千米的赛柏加亚湖滨公园。此公园虽然面积并不大,但湖水清澈,景色宜人,令人心旷神怡。此外,赛柏加亚还有多媒体大学、马来西亚计算机科学工程大学等一批科技类院校,以及教育部、公共服务局等政府机构。为促进当地的经济和科技发展,政府吸引了几百家知名国际企业进驻赛柏加亚,如汇丰银行、爱立信、摩托罗拉、IBM 等。

马来西亚的新行政中心布特拉加亚位于吉隆坡以南 25 千米处。该行政中心以马来西亚第一任总理拉赫曼的名字命名,又称太子城。太子城最为标志性的景观是城中心的大湖。据说,该湖是从前开采锡矿后剩下的一个废矿坑积水而成。大湖周边有广场、总理府、清真寺、太子桥、会议中心、政府主要

① 2006 年,巴生港加入多媒体超级走廊规划。

湖畔的红顶清真寺

职能部门以及配套的住宅。太子城1995年开建,投入资金约81亿美元,是当时东南亚最大的工程项目。

马来西亚政府选址布特拉加亚,主要是希望搬迁中央政府的行政中心,以缓解首都吉隆坡的拥挤。需要特别指出的是,吉隆坡自20世纪70年代后,人口激增,城市日益拥挤。1970年,吉隆坡的人口突破40万大关,达到45.1万人。1974年2月1日,中央政府将吉隆坡设定为联邦直辖区,进一步强化吉隆坡的首都职能。但仅仅一年后,1975年,吉隆坡的人口激增到64.5万,比5年前增加近20万人。此后的20年,吉隆坡的经济和人口都出现大幅增长。从1986年到1991年,吉隆坡的GDP增速为7%—12%。与此同时,吉隆坡的人口规模创历史新高。1980年,吉隆坡的人口突破90万,达92.1万;10年后,吉隆坡的人口突破100万大关。从1970年到1990年,吉隆坡的人口保持了年均4.3%的增长率,其中有不少外来移民。

在经济快速增长的过程中,汽车逐渐进入民众的生活,吉隆坡的私家车数量在20世纪80年代后迅速飙升。1983年,吉隆坡登记注册的机动车为

23.6万辆。1984年,马来西亚的人均拥有轿车率为1∶20.8,在东盟国家中位居第二,仅次于新加坡。1985年,马来西亚国产汽车宝腾下生产线。1986年,吉隆坡的汽车数量增加到35万辆,1990年突破50万辆。1993年,马来西亚第二个国产汽车品牌投入生产,当年吉隆坡的汽车数量迅速激增到74万辆,私家车成为20世纪八九十年代吉隆坡主要的交通工具。到1995年,吉隆坡的大街小巷每天有140万辆汽车在穿梭,而当时吉隆坡的人口仅有130万。私家车的迅速增加致使道路建设严重滞后。1990—1995年,吉隆坡的汽车数量以每年41%的速度增长,而道路数量的增长仅为19%,这导致了严重的交通拥堵。1986年,高峰时段,进入吉隆坡市区主要道路的汽车时速不到27千米,高速公路的时速则不到40千米。到1997年,高峰时段,进入吉隆坡市区主要道路的汽车时速最低仅为10.4千米,高速公路的最高时速只有21.7千米。日益增长的人口和严重的交通拥堵使得马来西亚的迁都计划日益紧迫。① 自1999年起,马来西亚中央政府陆续从吉隆坡搬迁至太子城。此后,布特拉加亚成为马来西亚的行政中心。吉隆坡则是国家的经济中心,仍是国家的首都。

亚洲金融危机波及马来西亚 在1997年亚洲金融危机来临之前,马来西亚的主要城市,如吉隆坡、雪兰莪、柔佛等地发展迅速,国家经济增长也达到了历史的最高点,GDP增速一度达到10.00%。然而,正当马来西亚经济高歌猛进,第七个五年计划稳步实施时,亚洲金融危机悄然而至。危机率先在泰国爆发。1997年2月,泰国货币市场出现大量抛售泰铢买入美元的风潮,泰铢的汇率大幅波动。7月2日,泰国中央银行宣布放弃维持了13年的对美元的固定汇率,让泰铢对美元自由浮动。随后,泰铢的汇率下跌17%。从2月到9月中,泰铢贬值42%,股票市场下跌48%,② 泰国金融危机的爆发使得印度尼西亚、菲律宾、马来西亚等周边国家遭到波及。在印度尼西亚,印度尼西亚盾汇率暴跌,通货膨胀高企。1997年7月21日,印度尼西亚盾兑美元为2 650∶1,到1998年1月21日,印度尼西亚盾兑美元已经跌至10 150∶1。另一方面,1997年,印度尼西亚通货膨胀

---

① 骆永昆:《马来西亚行政中心布城,成功的首都功能迁移案例》,《世界知识》2017年第14期。
② 左大培:《亚洲金融危机与中国:分析与对策》,载何秉孟、刘溶沧、刘树成主编《亚洲金融危机:分析与对策》,社会科学文献出版社,2007年,第17页。

率为6.23%,但1998年激增至58.387%。①在菲律宾,1997年7月14日,比绍兑美元的汇率跌至29∶1,1998年1月15日,此数据飙升至41.7∶1。同时,1998年菲律宾的GDP负增长0.577%。②

在马来西亚,林吉特急剧贬值。从1997年7月至12月,林吉特贬值34%,到1998年1月初,林吉特兑美元的汇率跌至4.68∶1,达到24年以来的最低点。货币贬值冲击着股票市场。1997年7月1日至10月31日共4个月内,吉隆坡股市综合指数巨幅下滑37.77%,由1078.90点跌落至664.69点,股市降至4年来的最低点。③而从1997年7月到1998年1月,股票市场总计损失2250亿美元。与此同时,大批外资开始逃离马来西亚。1997年12月,外资流失4.08%,比危机前的2.18%增长近1倍。到1998年7月,外资流失进一步达到11.45%。④1998年,马来西亚的GDP增速从前一年的7.323%骤降至-7.359%,这是自20世纪80年代经济危机以来,马来西亚GDP的首次负增长,也是历史的最低点。

同年,马来西亚的人均GDP从前一年的4637美元降至3264美元,同时失业率增长至3.2%,总体债务占GDP的总额达到36.2%,⑤通货膨胀飙升达到5.27%,⑥其中通货膨胀率创过去15年来新高。金融危机的到来使得马来西亚的发展受阻,政府宣布暂停了100亿美元的长期投资计划,⑦正在推进的多项重大工程如多媒体超级走廊、布特拉加亚迁都计划等均受到不

---

① 数据来源:世界银行数据库,https://data.worldbank.org/indicator/FP.CPI.TOTL.ZG?locations=ID,访问时间:2018年1月8日。
② 数据来源:世界银行,https://data.worldbank.org/indicator/NY.GDP.MKTP.KD.ZG?locations=PH,访问时间:2018年1月8日。
③ 刘秀莲:《马来西亚:投机者该不该负责》,载何秉孟、刘溶沧、刘树成主编《亚洲金融危机:分析与对策》,社科文献出版社,2007年,第170页。
④ Paula Ranta, *Malaysia's and Indonesia's Recovery from the Asian Financial Crisis Comparison and Causes behind the Recovery*, Helsinki Metropolia University of Applied Sciences, Bachelor of Business, European Business Administration, Thesis, May 17, 2017, p.20.
⑤ Hal Hill, "Tham Siew Yean and Ragayah Haji Mat Zin", *Malaysia's Development Challenges*, Routledge, 2012, pp.92-93.
⑥ 以上GDP增速、人均GDP和通货膨胀数据来源均为世界银行,https://data.worldbank.org/indicator/NY.GDP.MKTP.KD.ZG? locations=MY,https://data.worldbank.org/indicator/NY.GDP.PCAP.CD? locations=MY,https://data.worldbank.org/indicator/FP.CPI.TOTL.ZG?locations=MY,访问时间:2018年1月8日。
⑦ 覃主元等:《战后东南亚经济史(1945—2005年)》,民族出版社,2007年,第321页。

同程度的影响。

独立应对金融危机 面对突如其来的金融危机,马哈蒂尔政府果断采取了一系列应对经济衰退的政策措施。

第一,实施财政紧缩政策,大幅削减政府支出。中央政府财政预算削减18%,行政和发展预算削减10%,取消部分基础设施建设工程项目。总理、副总理及内阁部长的工资减少10%,高级公务员减薪3%,A级和B级公务员冻结加薪,获得度假奖励的公务员不得出国,所有失业的合法外来劳工安排旅游业和制造业的工作。①

第二,实施国家经济复兴计划。危机发生后,马来西亚政府断然拒绝国际货币基金组织的金融援助,但按照国际货币基金组织列出的方案制订了经济恢复计划。马来西亚也因此成为亚洲唯一拒绝国际货币基金组织贷款的国家。1998年1月7日,马来西亚宣布成立由马哈蒂尔总理担任主席的"国家经济行动理事会"(National Economic Action Council)。该理事会是内阁的咨询机构,主要任务是为恢复经济发展出谋划策。为化解银行和企业的巨额不良资产,帮助银行获得新的资本,马来西亚专门成立了国有资产管理公司(Danaharta)、国家资本资金(Danamodal)、企业债务重组委员会(CDRC)等机构。7月23日,马来西亚宣布实施国家经济复兴计划,以稳定本国货币,恢复市场信心,调整公司债务结构,稳定金融市场。

第三,实施经济刺激计划,推动经济发展。一方面,中央银行削减法定储备金。从1998年2月16日起,商业银行、证券公司以及金融公司所需缴纳的法定储备金从13.5%大幅降低至10%,银行系统共释放140亿林吉特。②这是自1994年5月以来,金融系统的储备金首次降至10%。另一方面,实施扩张性的财政政策。从1998年7月起,政府抛出20亿林吉特的财政刺激配套方案,这使得当年的政府财政赤字率飙升至1.8%。③同时,政府设立50亿林吉特的基础设施发展基金,以推动正在建设中的重大基础设施建设项目。

第四,稳定外汇市场,实施资本管制。1998年9月,马来西亚宣布全面停止外汇交易,并将林吉特兑美元的汇率固定在3.8∶1。同时,政府规定林

---

① 陈鸿瑜:《马来西亚史》,兰台出版社,2012年,第470页。
② 刘秀莲:《马来西亚:投机者该不该负责》,载何秉孟、刘溶沧、刘树成主编《亚洲金融危机:分析与对策》,社会科学文献出版社,2007年,第174页。
③ Mah-Hui Lim and Soo-Khoon Goh, *How Malaysia Weathered the Financial Crisis: Policies and Possible Lessons*, Cen PRIS Working Paper No.146/2, 2012, p.5.

吉特只能在马来西亚国内交易,并设定期限要求所有海外银行将持有的林吉特汇回国内,否则将全部作废。此外,政府还冻结了马来西亚国内银行的外籍林吉特账户,全面管制短期资本流入,以防止炒作林吉特。

在政府的刺激计划下,马来西亚的经济从 1999 年起开始复苏。1999 年,马来西亚的 GDP 增速迅速回升至 6.14%,2000 年进一步增加至 8.86%。此后三年(2001 年、2002 年、2003 年),除 2001 年增速大幅下滑外,其余年份均保持中高速增长。其中,2003 年达到 5.79%。与此同时,经济总量大幅增长,并于 2002 年突破 1 000 亿美元,达到 1 008 亿美元,恢复到危机前的水平。人均 GDP 在 2000 年突破 4 000 美元,并呈现逐步回升势头。2003 年,人均 GDP 增加到 4 464 美元,基本恢复到危机前水平。经常项目余额自 1999 年以来虽增幅不断下跌,但仍保持盈余状态,并于 2003 年达到 134 亿美元,为历史最高水平。此外,1999 年,马来西亚的贫困率降至 7.5%,远远低于 1990 年的 17.1%,绝对贫困户从 1990 年的 13.71 万户减少至 6.41 万户。①

马来西亚经济能在危机中迅速恢复,原因是多方面的,但主要原因是马来西亚经济基础较好。一方面,金融危机前的 7 年,即 1990—1996 年,马来西亚的经济年均增长 9.482%。1996 年,GDP 增速一度达到 10.0%,人均 GDP 达到 4 797 美元,成为亚洲国家中经济状况较好的国家。另一方面,自 1990 年以来,马来西亚的失业率和通货膨胀率一直保持在较低水平,人民生活相对安定,加之政府拒绝接纳国际货币基金组织的救助,避免了经济向外国投资商开放带来的不利影响,马来土著的经济利益得到了有效保障,因此金融危机并未直接引发社会动荡。与此同时,马来西亚的银行等金融机构的相关机制和法规较为健全,政府宏观调控及时得当,这使得金融系统在遭受金融危机打击时能够基本保持稳定。

三、安瓦尔事件及其深远影响

亚洲金融危机的爆发不仅冲击了马来西亚的金融市场,也给马来西亚的政局带来了较大的影响。马哈蒂尔与安瓦尔这对曾经情同父子的搭档由于处理金融危机的意见不一,双方的矛盾不断激化。马哈蒂尔最终选择撤销安

---

① 廖小健:《战后马来西亚族群关系:华人与马来人关系研究》,暨南大学出版社,2012 年,第 206 页。

瓦尔的职务,引发了马来西亚政局的大动荡。

罢黜安瓦尔 实际上,早在金融危机前,马哈蒂尔与安瓦尔的矛盾就有所显现。不过,当时的马哈蒂尔对安瓦尔颇为信任。1997年5月,在金融危机爆发前,马哈蒂尔宣布休假两个月,将行政大权交由安瓦尔代理。但金融危机爆发后,两人对如何处理金融危机产生了分歧,矛盾进一步加剧。比如,两人对亚洲金融危机的原因认识不同。马哈蒂尔坚持认为是国际金融投资分子索罗斯等人的投机行为导致了地区的金融动荡,但安瓦尔认为是马来西亚国内经济发展的弊端导致金融危机。又如,马哈蒂尔同意暂时允许非土著收购有困难的土著公司,以缓解经济危机,但安瓦尔声称此政策是永久性的,与马哈蒂尔针锋相对。再如,马哈蒂尔同意实施林吉特兑美元的固定汇率(3.8∶1),但安瓦尔倾向实施自由的汇率政策。

此外,两人在是否接受国际货币基金组织贷款的问题上也持不同意见。马哈蒂尔主张实施经济保护主义,转向经济扩张,支持继续推进基础设施建设,坚决反对国际货币基金组织介入,敦促国际货币基金组织放弃贷款援助的附加条件,认为国际货币基金组织有条件的介入必将导致外国全面参与本国的金融业,这可能导致外国银行主宰本国的金融发展。相反,安瓦尔欢迎国际货币基金组织介入,并制订了相应的紧缩计划,要求停止大型基础设施建设,实施银行加息。最终,马哈蒂尔否决了向国际货币基金组织求援的建议。马哈蒂尔与安瓦尔在如何解决金融危机问题上的严重分歧使得两人的矛盾逐渐公开化。

与此同时,双方支持者在巫统大会上的对峙也导致马哈蒂尔与安瓦尔的矛盾进一步激化。1997年6月,四年一度的巫统大会召开。在巫统大会上,副总理安瓦尔的支持者,包括时任巫统青年团主席扎希德(Ahmad Zahid Hamidi)公开抨击马哈蒂尔政府大搞裙带关系和朋党主义,任人唯亲,贪污腐败,要求政府进行内部整顿,严厉查处贪污腐败。马哈蒂尔派系则予以强烈反击,指出安瓦尔及其支持者在政府推进私营化的过程中谋取利益。安瓦尔派系随即示弱,表示效忠马哈蒂尔。马哈蒂尔顺势推舟,公开表示愿意在1999年的巫统党内选举中支持安瓦尔,安瓦尔则呼吁支持者在1999年党内选举中力挺马哈蒂尔连任党主席。但在巫统大会期间,由拿督·阿卜杜拉·卡利德·加菲里(Dato Abdullah Khalid Jafri)撰写的《安瓦尔不能担任总理的50个原因》(*50 Dalil Kenapa Anwar Tidak Boleh Jadi PM*)在吉隆坡流传开来。安瓦尔与马哈蒂尔的关系一时间变得更为复杂。

诋毁安瓦尔的书流传后,安瓦尔立即报警。警方抓获了拿督·阿卜杜拉·卡利德·加菲里,但此书的传播对安瓦尔的政治前景造成了巨大的影响。1998年6月,马哈蒂尔任命亲信、前财政部部长敦·达因·再努丁担任主管经济事务的总理府特别任务部部长,有意把副总理兼财政部部长安瓦尔边缘化。8月12日,马来西亚总检察长准备以非法性行为罪指控安瓦尔。安瓦尔针对此事闯入马哈蒂尔办公室,要求马哈蒂尔给出解释。8月24日,外交部部长阿卜杜拉·巴达维对外讲话称,巫统党内"只有一位将军",力挺马哈蒂尔。8月29日,巫统突然宣布党主席和署理主席职位将在1999年公开竞选,这与此前马哈蒂尔承诺上述两个职位不竞选的决定相冲突。安瓦尔在党内的地位受到冲击。

9月1日,安瓦尔公开讲话,反对马哈蒂尔为打击国际投机者而收回政府对资本的控制权。马哈蒂尔则向安瓦尔发出最后通牒,要求他辞职下台。9月2日上午,马来西亚内阁召开会议,讨论安瓦尔辞职问题,安瓦尔本人也出席了会议。马哈蒂尔要求安瓦尔在当天下午5点30分辞职,但遭到拒绝,两人发生了激烈的争吵。傍晚7点,马来西亚总理府一名官员携带安瓦尔的革职公函抵达安瓦尔官邸,告知安瓦尔其职务已在5点30分被解除,①并勒令其在24小时内搬出官邸。晚上8点,马来西亚电视台的新闻报道了安瓦尔因涉嫌泄露国家机密、贪污和性丑闻等10项罪名被革职的消息。马来西亚全国为之震惊。9月3日晚,巫统最高理事会召开紧急会议,讨论撤销安瓦尔的署理主席职务。当晚,安瓦尔的夫人旺·阿兹莎(Wan Azizah)抵达会场,受到安瓦尔的拥护者的大力支持。9月4日凌晨1点零5分,马哈蒂尔宣布巫统最高理事会一致决定开除安瓦尔的党籍,同时宣布自己将兼任财政部部长。②

烈火莫熄运动 安瓦尔的突然下台顿时引起了马来西亚各界人士的关注。反对者认为,这是马哈蒂尔派系的政治报复行动。他们四处举行游行集会,反对马哈蒂尔罢黜安瓦尔。被革职的安瓦尔游历了槟州、吉打、马六甲、登嘉楼、吉兰丹、吉隆坡等地,到处宣扬正义、民主,揭露马哈蒂尔主义的罪恶,批判裙带关系和腐败,呼吁推动全面改革,掀起轰轰烈烈的"烈火莫熄"(Reformasi)运动。所谓"烈火莫熄",即在民间发起反政府游行示威,尤其是

---

① 张锡镇主编:《东亚:变幻中的政治风云》,中国国际广播出版社,2002年,第228页。
② 张锡镇主编:《东亚:变幻中的政治风云》,中国国际广播出版社,2002年,第233页。

马来西亚独立广场

在马来人中发起一场人民改革运动,要求政府全面开展改革,拒绝贪污腐败、裙带主义和种族主义,主张"马来人、华人、印度人都是马来西亚人",反对"马来人的马来西亚"。同时,加强反对党之间的协调合作,与国民阵线展开议会斗争,以夺取中央的执政权。"烈火莫熄"运动得到了包括民主行动党、伊斯兰教党等反对党在内的鼎力支持。

9月12日,安瓦尔发起了万人大集会,大力抨击马哈蒂尔。9月18日,安瓦尔公开要求马哈蒂尔下台。9月19日,安瓦尔的机要秘书阿兹敏在法庭指控安瓦尔对室内设计师苏玛和巴基斯坦人慕纳华实施非法性行为①,此指控使安瓦尔的政治前景更加黯淡。9月20日,正值吉隆坡举办英联邦运动会、英国女王伊丽莎白访问吉隆坡之际,被罢黜的安瓦尔趁势在吉隆坡领导大规模游行示威,发布吉隆坡宣言,抨击马哈蒂尔政府。安瓦尔妻子旺·阿兹莎在独立广场朗读"九二〇人民宣言"。宣言的主要内容包括:效忠国家,永久维护国家独立;不让人民受到任何压迫,反对所有压迫人民和使人民失去自由和基本权利的法律和条例;不要让国内的占领者取代国外的占领者;推行人道公正的管制;依法治国,反对利用政府机制,包括警方为个人谋私利;反对贪污和滥用权力及蒙骗人民以扩大自己的权力,抢夺资产。②

安瓦尔被捕 9月20日晚,一支蒙面的特种部队冲入安瓦尔家中,以安瓦尔违反"内安法"为由将其逮捕。同时,安瓦尔的大批支持者也被捕。安瓦尔被警方扣留期间遭到殴打,鼻子、嘴唇出血,眼睛黑肿。9月29日,安瓦尔带着瘀青的黑眼圈出庭受审,被指控犯有渎职、非法性行为等10项罪行。9月30日,多名反对派的活跃分子被捕。10月24日,安瓦尔的大批支持者游行集会,与警察发生大规模冲突,造成10多人受伤、200多人被捕。11月2日,安瓦尔再次出庭受审,他被指控有4项贪污罪、1项滥用职权罪、3项非自然性行为罪,控辩双方争执激烈,安瓦尔否认全部指控,法庭没有当庭判决。11月7日,安瓦尔的支持者再次举行示威游行,要求"马哈蒂尔下台"。1999年1月8日,时任外交部部长的阿卜杜拉·巴达维被马哈蒂尔任命为副总理和内政部部长,填补了安瓦尔的空缺。1月30日,马来亚高等法院判定安瓦尔罪名成立。2月8日,安瓦尔进行自我辩护。4月14日,经过77天的审讯后,法庭最终认定安瓦尔的四项渎职和滥用权力罪名成立,判处6年监禁,刑期从判决之日开始计算。③两个月后,安瓦尔又被认定犯有非法性行为罪,被判9年监禁。

安瓦尔事件在马来西亚国内引起了巨大的反响,被认为是继1969年"5·13"事件以来的最严重政治危局。随着安瓦尔的被捕,马来西亚的主要政府官员、执政联盟的各成员党领袖,尤其是巫统的各级官员纷纷站到了马哈蒂尔一边。而"烈火莫熄"运动的支持者则在安瓦尔夫人旺·阿兹莎的领导下成立了"社会正义运动"(Pergerakan Keadilan Sosial),与巫统针锋相对。

---

① 张锡镇主编:《东亚:变幻中的政治风云》,中国国际广播出版社,2002年,第240页。
②③ 张锡镇主编:《东亚:变幻中的政治风云》,中国国际广播出版社,2002年,第237页。

起初,"社会正义运动"希望注册成为政党与巫统抗衡,但未被获准。1994年4月,"社会正义运动"依托"伊斯兰教社会联盟",建立了国家公正党(Parti Keadilan Nasional),成员以安瓦尔的支持者和渴望改革的青年为主。该党旨在联合各政党和非政府组织力量,抗衡政府,以争取公平正义,为安瓦尔平反。

1999年6月,国家公正党与伊斯兰教党、民主行动党和马来西亚人民党(Parti Rakya Malaysia)组建了反对派联盟——替代阵线(Barisan Alternatif),从而抗衡巫统领导的国民阵线。替代阵线发表政治宣言,称反对贪污舞弊、朋党主义和裙带之风,要建立一个公正的、有崇高道德感的马来西亚。随着替代阵线的成立,马来西亚掀起了一股反对巫统、反对马哈蒂尔的巨大浪潮,马来人社会分裂为两派。马来人的分裂,尤其是反对派成立的新政党,对自1955年以来就执政马来亚的巫统而言无疑是巨大的冲击,这也是自1987年内讧之后,巫统面临的又一次强有力的挑战。全国大选在即,马哈蒂尔是否仍然会得到民众的支持?安瓦尔派系成立的国家公正党是否真的能笼络民心,掀起政治海啸,进而改写马来西亚的政治版图?这些都成为大选的疑团。

1999年全国大选 安瓦尔被革职后,马哈蒂尔开始着手安排全国大选。当届国会本应至2000年6月到期,但1999年11月20日,马哈蒂尔突然宣布解散内阁,并于9天之后举行大选。突如其来的选举让反对派有些猝不及防。但为应对此次大选,反对派已经有所准备。替代阵线成功地协调了成员间的席位分配,统一提出单一候选人,以"一对一"的策略全面挑战国民阵线在各个选区的候选人。朝野两大政党联盟直接对垒竞选的国会议席多达152席。几乎在每一个选区,国民阵线都要与替代阵线进行激烈的较量。国民阵线领导人包括马哈蒂尔本人不止一次表示,1999年大选是国民阵线成立以来最艰难的战役,也是国民阵线面临的最严峻的考验。①

11月29日,第10届全国大选举行。此次选举将选出193个国会议席和除沙巴、沙捞越州以外的394个州议会席位。尽管选前形势格外紧张,但选举结果最终未能改变政治大局。依据大选委员会统计的结果,巫统领导的国民阵线获得193个国会席位中的148个,占国会席位总数的76.68%,但低于上届大选的84.4%。虽然国民阵线继续获得执政权,但其获得的选票数仅为56.53%,勉强过半。核心执政党巫统获得72个席位,仍然为第一大党,但比

---

① 廖小健:《马来西亚"两线制"初步形成》,《当代亚太》2001年第4期,第19页。

上届大选减少 17 个席位,巫统作为第一大党的地位受到削弱。马哈蒂尔本人的得票数从上届的 17 226 票减少至 10 128 票,①教育部部长纳吉布仅获得 200 票。除巫统外,两大华人政党在大选中也纷纷遭遇挫折。马华公会获得 29 个席位,民政党获得 6 个席位,均与上届大选相比减少 1 个席位。只有东马沙捞越的 3 个政党获得的国会席位有所增加。

反对派共计获得 45 个席位,比上届大选增加 15 个席位。其中,替代阵线获得 42 个席位,沙巴团结党获得 3 个席位。伊斯兰教党成为最大反对党,共获得 27 个席位,而新成立的国家公正党仅仅获得 5 个席位,低于民主行动党的 10 个席位,屈居反对派阵营的第三名。反对派虽然未夺得执政大权,但确实给予国民阵线沉重一击。在州议会选举方面,伊斯兰教党共计获得 98 个州议席,一举夺得了吉兰丹州和登嘉楼州的执政权,并且在吉打州获得了 12 个席位,成为最大赢家。与上届大选相比,国民阵线丢掉了登嘉楼州的执政权。由于伊斯兰教党表现抢眼,且民主行动党主席林吉祥在大选中落败,因此在 1999 年 12 月,替代阵线任命伊斯兰教党主席法兹诺(Fadzil Nor)为反对派联盟的领导人。大选之后,马哈蒂尔随即任命了新的内阁部长。在本届内阁中,马哈蒂尔任总理;阿卜杜拉·巴达维任副总理兼内政部部长;敦·达因·再努丁任财政部部长,并兼任总理府特别任务部部长;纳吉布出任国防部部长;穆希丁任国内贸易和消费部部长;希沙慕丁任青年体育部部长。至此安瓦尔的势力被彻底清除。

1999 年大选后,马来西亚的国内局势逐渐稳定下来,但国内种族气氛依旧紧张,马来民族主义情绪高涨。2000 年 8 月,有关"马来人特权"的争论在全国蔓延开来。事件的起因是马来西亚主流媒体《马来西亚先锋报》在报道马来西亚"第二国家经济咨询理事会"署理主席、马华工商联合会副义务秘书蔡国治接受《远东经济评论》专访谈及的马来人特权问题时,断章取义地指出蔡国治主张"废除马来人特权",随即在全国引起一场轩然大波。总理马哈蒂尔、副总理阿卜杜拉·巴达维、巫统青年团团长希沙慕丁等重要人物纷纷强硬表态,表示马来人特权受宪法保护,不容置疑。

8 月 18 日,约 200 名巫统青年团成员来到雪兰莪州中华大会堂前示威,就马来族特权问题向华团大选诉求工委会提出抗议。巫统青年团副团长阿都阿兹在支持者的拥护下不理会警方的警告,爬上围墙的石柱发表措辞激烈

---

① 陈鸿瑜:《马来西亚史》,兰台出版社,2012 年,第 437 页。

的演说,并限定诉求工委会在一个星期内道歉,否则将采取更激烈的行动。雪兰莪州州务大臣基尔也在巫统会议上强硬地表示"捍卫特权,不惜流血"。一些华社团体和个人则向华团诉求工委会及大会堂赠送花篮,以示声援。①8月20日,槟州中华大会堂前也发生了上百人的抗议示威,要求诉求工委会和蔡国治收回有关"废除马来人特权"的言论,并公开道歉,否则将发动上千人进行示威游行。在登嘉楼州,43个马来人非政府组织向当地巫统递交备忘录,抗议诉求工委会挑起马来人特权问题。②一时间,种族矛盾升温,这是继1987年"茅草行动"后族群关系的再一次紧张,并且马来人与华人态度都较为强硬。

8月23日,马来西亚政府各方达成共识,希望尽快平息有关"马来人特权"的争论。9月15日,马哈蒂尔与诉求工委会交换看法。但马来半岛的马来学生也毫不妥协,要求修改宪法,明确规定"只有马来人才能担任总理"。③此后,巫统青年团与诉求工委会展开对话,并最终在2001年1月5日达成共识。至此,持续数月的马来人特权问题终于平息下来。

马哈蒂尔退位 2002年6月,马哈蒂尔年满77岁。正在迈向杖朝之年的马哈蒂尔突然在巫统大会上宣布将辞去总理职务,众多支持者表示不舍,并最终将马哈蒂尔挽留了下来。7月,从欧洲度假返回吉隆坡的马哈蒂尔正式对外宣布将于次年10月辞去巫统主席和政府总理的职务,由巫统副主席、副总理阿卜杜拉·巴达维继任。正当巫统准备进行权力交接之时,2003年7月,安瓦尔派系的国民公正党决定与反对党人民党合并,建立人民公正党(Parti Keadilan Rakyat),准备与巫统再决雌雄,安瓦尔夫人旺·阿兹莎担任人民公正党主席。2003年10月30日,马哈蒂尔主持其自1981年上任以来的第883次内阁会议,也是其作为总理主持的最后一次内阁会议。会议接近尾声时,马哈蒂尔正式提交辞呈,并与各部长依依惜别,会议室气氛异常悲伤,几名部长流下了难舍的泪水。10月31日下午3时,64岁的副总理阿卜杜拉·巴达维在国家王宫正式宣誓就任马来西亚第五任总理。下午4时

---

① 孙伟:《报纸曲解原意 种族纷争再起,马来人特权惹风波》,人民网,2000年8月31日,http://www.people.com.cn/GB/channel2/17/20000831/210367.html,访问时间:2017年1月8日。
② 张锡镇主编:《东亚:变幻中的政治风云》,中国国际广播出版社,2002年,第268—269页。
③ 张锡镇主编:《东亚:变幻中的政治风云》,中国国际广播出版社,2002年,第271页。

30 分,马哈蒂尔在办公室与巴达维正式进行权力交接。阿卜杜拉·巴达维成为马来西亚第五任总理。

四、外交聚焦区域合作

冷战结束后,马来西亚的外交进入一个新时代。此前,马哈蒂尔政府强调"向东看",外交政策重点瞄准中、日、韩。如今,马来西亚的外交进一步聚焦东亚区域合作。马哈蒂尔提出了一系列有关东亚区域合作的构想,有力推动了东亚地区的一体化进程。

推动东亚合作 1990 年,随着冷战进入尾声,马哈蒂尔开始认真思考东亚地区的发展。当年 12 月,他提出建立"东亚经济核心论坛"(East Asia Economic Caucus)的设想。"东亚经济核心论坛"包括东盟及中、日、韩,这就是"东盟＋3"的最早雏形,其目的是加强地区国家之间的经贸合作。在谈及"东亚经济核心论坛"的意义时,马哈蒂尔指出,"在东亚这个合作繁荣的体系中……我们一定会竞争,也一定需要合作。我们必须建立一个合作繁荣的进程,尤其是当竞争加剧的时候"。①然而,"东亚经济核心论坛"一经抛出,就遭到了美国强烈反对,原因是美国认为此构想带有明显的对抗美国霸权的倾向。与此同时,日本与韩国的态度也较为暧昧,②建立"东亚经济核心论坛"的设想最终胎死腹中。尽管如此,马哈蒂尔有关区域经济合作的构想还是受到了东盟的重视。1991 年,马哈蒂尔又提出建立"东亚经济集团"(East Asian Economic Group)的构想。东盟在吉隆坡和新加坡举行两次会议,认真讨论了关于建立"东亚经济集团"的意见,并最终于 1991 年 10 月向在吉隆坡举行的东盟经济部长会议提交报告进行讨论。根据马哈蒂尔的设想,"东亚经济集团"由日本领导,其他成员包括东盟、中国和韩国,明确排斥美国和澳大利亚,是一个纯粹的、排他性的东亚合作组织,目的是对抗欧洲和北美。③"东亚经济集团"同样遭到了美国的反对,同时美国政府向日本、韩国等盟友施压,要求它们与美国一起抵制东亚区域的合作。美国的反对惹恼了马哈蒂尔。

---

① 骆永昆、陈庆鸿:《"第三世界代言人"马哈蒂尔》,载中国现代国际关系研究院世界人物研究中心《影响当今世界的重要思想人物》,时事出版社,2013 年,第 427 页。
② 张蕴岭:《关于东亚合作发展的前景》,《国际经济评论》2001 年第 2 期,第 21—22 页。
③ Alice D. Ba, "East Asian Economic Group", Encyclopedia of Britannica, https://www.britannica.com/topic/East-Asian-Economic-Group,访问时间:2018 年 1 月 8 日。

1993年,马哈蒂尔拒绝出席在西雅图举行的亚太经合组织(APEC)会议。

马哈蒂尔有关东亚合作的构想之所以夭折,很重要的原因当然是美国的反对,但同时也在于东亚国家内部并不团结,尤其是日、韩之间。不过,1991年后发生的一系列事件使得东亚国家逐步走到了一起,马哈蒂尔有关东亚合作的构想得以实现。一方面,欧洲和北美地区的一体化进程加速。1992年,美国、加拿大和墨西哥三国签署《北美自由贸易协定》;1993年,欧盟成立,欧洲一体化进入新阶段。欧洲和北美区域合作的成功使得东亚国家越发感觉到有必要推动本地区的一体化合作进程,建立一个东亚国家的经贸合作组织。另一方面,1996年,印度尼西亚苏哈托总统表态支持东亚经济合作。东盟也明确支持将"东亚经济核心论坛"作为一个咨询机构或论坛纳入APEC。

1995年,在曼谷举行的东盟峰会提议举行东盟与中、日、韩领导人会晤。此后,双方在亚欧会议框架进行了磋商,东亚领导人实现了历史性会晤。这使原先对东亚合作存有疑虑的日本和韩国开始积极起来。[①]此外,1997年亚洲金融危机的爆发,让东亚国家普遍感到加强合作应对危机才是唯一出路。于是,在各方的积极努力下,1997年12月,东盟与中、日、韩领导人在马来西亚首都吉隆坡实现了历史性的会晤。与会领导人就亚洲金融危机、地区经济合作、亚欧合作,以及东亚发展的前景,深入地交换了意见,取得了广泛共识。马哈蒂尔呼吁建立东亚货币基金。东亚合作由此正式从吉隆坡启航。

东亚务实合作展开 1997年后,"东盟+3"机制逐渐稳定下来,并不断取得进展。1998年12月,第二次东盟—中、日、韩领导人会议就如何加强东亚国家之间的合作,克服金融危机的影响,维护地区的和平、稳定与发展交换了意见;1999年11月,第三次东盟与中、日、韩领导人会议发表《东亚合作联合声明》;2001年11月,第五次东盟与中、日、韩领导人会议讨论了《东亚展望小组报告》,重点就加强东亚在各个领域的合作与交流广泛交换了意见。至此,"东盟+3"成为东亚合作的主渠道,并逐渐形成了以领导人会议为核心,以部长会议、高官会、工作组会议为支撑的合作体系。

值得一提的是在东亚合作推进过程中,马来西亚成功举办了亚太经济合作组织(APEC)会议。1998年11月中旬,APEC首脑会议在吉隆坡召开,其间吉隆坡发生多起反政府示威游行,要求马哈蒂尔下台,但会议仍然顺利举

---

① 张蕴岭:《关于东亚合作发展的前景》,《国际经济评论》2001年第2期,第22页。

行。此次会议议题是克服亚洲金融危机、推进贸易和投资自由化、加强经济和科技合作。其中,加强国际监管以及建立亚太和国际金融新秩序的议题尤其受到各方关注。与会领导人提出紧急改革全球金融体系计划,会议发表了《亚太经合组织经济领导人宣言:加强增长的基础》《走向21世纪的亚太经合组织科技产业合作议程》《吉隆坡技能开发行动计划》等文件,主张通过建立社会保险网、完善金融体制、加强贸易投资流动、科技和人力资源开发、加强与工商界联系等措施,夯实亚太面向21世纪可持续发展的基础。①

应该说,东亚区域合作能够顺利启动,马来西亚功不可没。而其中,马哈蒂尔又是最为重要的推动者。实际上,有关东亚合作,马哈蒂尔的贡献不仅仅局限于此。他还提出了建设泛亚铁路的互联互通规划。所谓泛亚铁路,即一条连接东南亚国家与中国的铁路网络。最初,建设连接中国与东南亚国家铁路网络的设想于1992年10月在马尼拉举行的亚洲开发银行第一届区域经济合作部长级会议上就提出过。当时,中国政府代表团副团长吴光范代表中国首次提出了可将云南经老挝、泰国与马来西亚和新加坡的铁路相连的构想,这一建议成为会议研讨和磋商的主题。

1993年8月,亚洲开发银行马尼拉第二届部长级会议召开,会议最终形成文件,中国云南—泰国铁路成为第一个推荐项目。1994年2月,云南省计委向国家计委、铁道部上报了《新建铁路昆明—清迈国际通道祥云—恩乐段项目建议书》。②中方有关建设中国云南—泰国铁路的想法得到了东盟国家的重视。1995年12月,马哈蒂尔总理在东盟第五届首脑会议上提出修建一条超越湄公河流域范围,从马来半岛南端的新加坡,经马来西亚、泰国、越南、缅甸、柬埔寨到中国昆明的"泛亚铁路"倡议。该倡议得到了中国和东盟各国政府的认同。这就是后来"泛亚铁路"规划的源头。

泛亚铁路从云南昆明出发,以昆明为中心,由东线(越南)、西线(缅甸)、中线(老挝)三路并进,将中南半岛的既有铁路网一举串起,经曼谷到达新加坡,预计铁路总长将达到14 600千米。具体而言,东线从昆明出发,经越南的河内、胡志明市,柬埔寨的金边,泰国的曼谷,马来西亚的吉隆坡,最终抵达

---

① 《盘点:历届APEC领导人非正式会议议题及成果》,中国日报网,2015年11月18日,http://caijing.chinadaily.com.cn/2015-11/18/content_22479265.htm,访问时间:2018年1月8日。
② 王强:《泛亚铁路项目升温 再启东南亚"大陆桥"梦想》,中国公路网,2004年9月30日,http://www.chinahighway.com/news/2004/84423.php,访问时间:2018年1月7日。

新加坡。中线从昆明经老挝万象、泰国的曼谷、马来西亚的吉隆坡,最终抵达新加坡。

西线从昆明经缅甸仰光、泰国的曼谷、马来西亚的吉隆坡,最终抵达新加坡。尽管马哈蒂尔提出了如此宏大的互联互通建设规划,但由于东盟国家自身经济发展落后,交通基础设施滞后,尤其是铁路建设水平较低,因此泛亚铁路计划自1995年提出以后进展得十分缓慢。1999年9月,东盟在越南河内召开第五次交通部长会议,研讨"泛亚铁路"网络问题,并签署谅解备忘录,以加强东盟国家之间的交通连接。

积极推进与美国的关系 马哈蒂尔积极倡导东亚合作,从某种程度上说是对西方及其价值观的否认。1997年亚洲金融危机后,马哈蒂尔抨击西方国家为"新殖民主义者",并坚信国际新秩序不能建立在霸权统治的基础之上。马哈蒂尔认为西方人喜欢以牺牲他人的生命来达到个人目的。当他们与别国有分歧的时候,通常会把战争作为解决问题的手段。整个世界生活在恐惧之中,就是因为西方价值观的发展趋势必然导致以牺牲他人为解决问题的手段。[①]而对于西方国家高举的人权大旗,马哈蒂尔则指出,西方国家没有能力定义和宣扬人权。西方最虚伪之处在于其宣扬的"免遭压迫和暴行的自由",因为西方政府、媒体、非政府组织常常谴责非西方国家的人权状况,并对"侵犯人权"的国家实施国际制裁、撤销援助、冻结贷款、进行军事打击等惩罚,甚至在别国绑架他人并将被绑架者带往西方受审。西方国家表面热衷于维护人权,实际上缺乏对独立或主权国家最起码的尊重。[②]

由于为第三世界国家仗义执言,大力抨击以美国为首的西方国家,马哈蒂尔因此被誉为"第三世界的代言人"。然而也正是因为如此,在马哈蒂尔执政后期,马来西亚与美国等西方国家关系面临较大困难,双方在重大的政治和战略问题上立场相异。一方面,两国高层领导人的交往少之又少,基本上无政治互信可言。自两国建交以来至马哈蒂尔统治期间,美国总统仅在1966年访问马来西亚一次。冷战结束后,马哈蒂尔在1997年亚洲金融危机后才正式访问美国。另一方面,在敏感的安瓦尔问题上,美国在双边和多边

---

① 钟旭辉、罗洁:《"世界因为西方价值观的失败而遭难"——对话马哈蒂尔》,《世界知识》2009年第10期,第32—33页。
② 骆永昆、陈庆鸿:《"第三世界代言人"马哈蒂尔》,载中国现代国际关系研究院世界人物研究中心《影响当今世界的重要思想人物》,时事出版社,2013年,第426页。

场合对马来西亚大肆指责。

1998年10月,美国国务院通过决议(S.Res.294),要求马来西亚政府保护安瓦尔的人身安全,确保对安瓦尔的任何指控都不是伪造的,要举行公正、公开的审理,并全力调查和检举那些在安瓦尔扣押期间虐待安瓦尔的负责人。①11月,美国副总统戈尔在赴吉隆坡参加APEC会议期间因安瓦尔事件对马来西亚指责不已。与此同时,时任美国国务卿奥尔布赖特甚至全然不顾马来西亚政府的反对,会见安瓦尔妻子,企图干扰马来西亚政局。但在打击恐怖主义的问题上,美国却极力拉拢马来西亚,"9·11"事件后,美国总统布什与马哈蒂尔通电话,寻求对付恐怖主义的良策,并在2001年上海APEC会议上与马哈蒂尔会晤,2002年又公开讲话称赞马来西亚是反恐盟友。

但马来西亚反对美国发动阿富汗战争,认为这会分裂伊斯兰国家。2003年伊拉克战争后,马哈蒂尔强烈谴责美国,认为美国发动的伊拉克战争是帝国主义的欺凌,是懦弱的行动。美国及其盟友对无力保护自己的国家发动战争是历史上黑暗的一天,美国在破坏世界和平,联合国和国际法因此变得毫无意义。马来西亚外交部部长也公开表态称,美国对伊拉克民众发动的恐怖主义是对世界的新威胁。此外,如前文所述,马来西亚与美国在亚太区域合作问题上意见分歧也比较大。

马来西亚与美国的合作主要表现在经贸领域。1990年,马美双边贸易额为86.97亿美元。马来西亚顺差18.47亿美元。马来西亚十分看重与美国的经济合作。1991年后,两国贸易额不断攀高,到1993年时,马来西亚对美国的贸易顺差就达到45亿美元。美国成为马来西亚的重要贸易伙伴和主要顺差来源国。1996年,马来西亚对美国的贸易顺差增加至92.82亿美元。2000年后,马来西亚对美国的贸易顺差进一步扩大。到2003年,马哈蒂尔下台时马来西亚对美国的贸易顺差已经达到145.26亿美元。

中国与马来西亚关系深入发展　　在与中国的外交方面,马哈蒂尔任期内的中国与马来西亚关系全方位发展,各领域合作取得新突破。1989年12月

---

① Senate Resolution 294 Expressing the Sense of the Senate with Respect to Developments in Malaysia and the Arrest of Dato Seri Anwar Ibrahim, Congressional Record Vol.144 No.141, October 9, 1998, https://www.congress.gov/congressional-record/volume-144/issue-141/senate-section/article/s12185-1?q = %7B%22search%22%3A%5B%22anwar + ibrahim%22%2C%22anwar%22%2C%22ibrahim%22%5D%7D&s = 2&r = 17,访问日期:2022年12月20日。

2日,泰国、马来西亚、马来亚共产党三方在泰国南部的合艾市签署《合艾和约》,马来亚共产党宣布解散武装,此后马来西亚逐渐消除了对所谓"共产主义威胁"的担忧,与中国的关系进入新阶段。1990年,马来西亚政府取消对其公民访华的限制,来华旅游的马来西亚民众不断增长。1994年为20.87万人次,①马来西亚成为中国的重要旅游客源国。两国高层互访较为频繁,政治互信不断增强。2001年2月和10月,马哈蒂尔总理来华出席博鳌亚洲论坛和上海APEC领导人非正式会议。马哈蒂尔在会上批驳了中国威胁论,表明马来西亚十分重视发展与中国的关系。

与此同时,中国与马来西亚的合作机制不断完善。1991年4月,两国外交部建立磋商制度;1992年,两国签署科技合作协定,成立科技联委会;1992年、1993年马中友协和中马友协相继成立,马哈蒂尔总理任马中友协监护人;1995年,两国互设武官处,军事合作增多;2002年,中马双边商务理事会成立。两国外长于1999年发表关于未来双边合作框架的联合声明,为中马关系发展指明了方向。

此外,两国人文交流取得重要突破。如1991年,中国在马来西亚设立新华社分社;1992年,双方签署广播电视节目合作和交流协定;1993年签署促进中国与马来西亚体育交流、提高体育水平的谅解备忘录;1997年签署教育交流谅解备忘录;1999年签署文化合作协定。

作者点评

马哈蒂尔执政的第二阶段(1990—2003年)是马来西亚政治、经济、社会的飞速发展阶段。但也正是在这一阶段,马来西亚再次经历了重大的危机和挑战,一个是亚洲金融危机,一个是马哈蒂尔与安瓦尔之争引发的政治危机。

20世纪90年代,正当马来西亚经济蒸蒸日上之时,亚洲金融危机突然降临。这场突如其来的危机将马来西亚从快速奔驰的列车上拉扯下来,马来西亚的GDP增速一度从约10.0%骤降至-7.359%,马哈蒂尔制定的国家发展政策受到严重冲击,经济发展再次面临困境。然而,此时的马哈蒂尔断然拒绝了国际货币基金组织的援助,通过成立"国家经济行动理事会",实施一

---

① 《马来西亚来华旅游市场应得到充分重视》,中国旅游新闻网,2015年4月20日,http://www.cntour2.com/viewnews/2015/04/20/b83oqWvz7PTcObUzEtBm0.shtml,访问时间:2017年8月9日。

系列经济刺激计划,让马来西亚经济迅速复苏,逐渐走出金融危机阴影。这又一次显示了马哈蒂尔作为伟大领袖对局面的把控力。

与此同时,马哈蒂尔罢免了自己的副手安瓦尔,引发了马来西亚政坛的危机。安瓦尔从此开始了轰轰烈烈的"烈火莫熄"运动。"烈火莫熄"运动一直持续了20年,直到2018年的第14届全国大选,时任总理纳吉布被轰出布拉特加亚才作罢。自20世纪90年代以来,马哈蒂尔家族、安瓦尔家族、纳吉布家族之间的复杂、微妙的关系,一直左右着马来西亚政局的发展。

不论如何,马哈蒂尔确实是马来西亚政坛的常青树,也是让马来西亚这个不起眼的小国能够在国际舞台发挥影响力的重要领导人。尤其值得一提的是,冷战结束后,马哈蒂尔大肆批评以美国为首的西方国家推行霸权主义和强权政治,成为反对西方霸权的第三世界代言人。此外,马哈蒂尔抨击中国威胁论,支持马来西亚与中国关系的发展,推动中国与东盟的合作,主张发挥东盟在地区中的积极作用,高调推进东盟一体化,提出建立泛亚铁路的战略构想、建立东亚经济核心论坛的倡议,为东亚合作的启动和发展做出了巨大的贡献。从这个意义上讲,马哈蒂尔不仅是马来西亚的伟大领导人,也是受到东亚各国尊敬的领导人。

第十章
阿卜杜拉时期的马来西亚

2003年10月,阿卜杜拉·巴达维接替马哈蒂尔出任马来西亚总理。阿卜杜拉·巴达维是马哈蒂尔的接班人,但也是一个过渡性的政治人物。在阿卜杜拉·巴达维执政期间,马来西亚发展可圈可点,政局保持稳定,经济稳步增长,社会总体和谐安定。但阿卜杜拉·巴达维的执政表现未能让马哈蒂尔满意。

一、阿卜杜拉的新政

2003年10月31日,拿督·斯里·阿卜杜拉·艾哈迈德·巴达维(Datuk Seri Abdullah bin Ahmad Badawi)①接替马哈蒂尔成为马来西亚第五任总理,开启了所谓的"后马哈蒂尔时代"。阿卜杜拉于1939年11月出身在马来西亚槟榔屿的一个宗教世家,从小深受宗教影响。其爷爷谢赫·阿卜杜拉(Syeikh Abdullah)是受人尊敬的宗教领袖,也是伊斯兰政党"穆斯林阵线"(Hizbul Muslimin,成立于1948)的创始人之一。马来亚独立后,谢赫·阿卜杜拉担任了槟榔屿的首任穆夫提②。其父艾哈迈德·巴达维(Ahmad Badawi)也是宗教名人,同时也是巫统的创始人之一,曾亲自创办武吉参丹伊斯兰教中学。③早年,阿卜杜拉在槟榔屿读书,后在马来亚大学主修伊斯兰学,

---

① 阿卜杜拉·艾哈迈德·巴达维,中文一般译作巴达维。但依据马来人的名字,如使用简写(称),应该称作阿卜杜拉,本书使用阿卜杜拉,特此说明。
② 穆夫提,指教法阐述者。
③ 张学刚:《马哈蒂尔的继任者阿卜杜拉·巴达维》,《国际资料信息》2003年第10期,第25页。

1964年获得学士学位,毕业后次年加入巫统,担任政府公务员。1971年起,阿卜杜拉进入文化青年体育部,1978年当选议员,并调任联邦直辖区部工作。

马哈蒂尔钦点的继承人 1981年马哈蒂尔上台后,阿卜杜拉的政治生涯进入新阶段。1981—1984年,阿卜杜拉被任命为总理府部长,1984年5月当选为巫统副主席。1984—1986年又被委以重任,担任具有重要意义的教育部部长,受到马哈蒂尔的重用。教育部部长任期结束之后,阿卜杜拉被调任国防部,担任国防部部长。巫统发生分裂后,阿卜杜拉由于支持东姑·拉扎利挑战马哈蒂尔的巫统主席职位,因此于1987年被免去国防部部长职位。但1988年新巫统成立后,阿卜杜拉再次受到马哈蒂尔重用,被任命为新巫统副主席。巫统党争平息后,1991年,阿卜杜拉重返马哈蒂尔内阁,被委任为外交部部长,直到1999年。至此,阿卜杜拉先后担任了总理府部长、教育部部长、国防部部长、外交部部长等几个要职,政治上逐渐成熟,并形成了稳健低调、柔中有刚的风格,这获得了马哈蒂尔等人的认可。

然而,正当阿卜杜拉要更上一层楼时,他却在1993年巫统党内选举中失去了副主席职位,被红极一时的安瓦尔抢占了锋芒。但仅仅3年后,1996年,阿卜杜拉又重新赢得巫统副主席职务,成为巫统领导人,这为其走向权力巅峰奠定了基础。后来,由于马哈蒂尔与安瓦尔矛盾激化,阿卜杜拉最终接替被革职的安瓦尔,担任内阁副总理兼内政部部长。2002年,阿卜杜拉被指定为马哈蒂尔的继承人,一年后终于接替马哈蒂尔出任总理。

阿卜杜拉履新后,随即任命纳吉布作为副总理。不少人担忧巫统会因此发生激烈的权力斗争,理由是当地舆论宣称阿卜杜拉缺乏强硬手腕,没有管理经济的经验,基层势力薄弱,有可能受到纳吉布、巫统副主席泰益或其他资深领袖的挑战。然而,实践证明,阿卜杜拉颇受民众欢迎,在巫统内部也获得了极大的支持。这从2004年全国大选就可以看出来。

2004年3月21日,马来西亚举行第11次全国大选,这也是马哈蒂尔下台后巫统面临的首次选举。本次大选要选举219个国会席位和除沙捞越州以外12个州的505个州议会席位。虽然马哈蒂尔刚刚离任,但所谓的"马哈蒂尔效应"仍在民间发酵,民众对巫统的支持力度空前,加之政府在选举前重新划分选区,而新总理阿卜杜拉低调温和、为人和善,其重视反腐、关注伊斯兰教的理念和政策获得马来选民的支持。另一方面,反对派联盟"替代阵线"发生分裂。主要的华人反对党民主行动党在2001年宣布退出联盟,而其他几个党派在州议席的选举方面又无法达成一致,出现了同一个议席多个候选人的局面。

在此背景下,阿卜杜拉领导的国民阵线最终在第11次全国大选中获得压倒性胜利。国会选举方面,国民阵线夺得198个国会席位,占国会议席总数的90.41%,这是国民阵线自1978年以来最辉煌的胜利,反对派遭受沉重一击。其中,主要执政党巫统战绩相当突出,获得109个国会议席,占国会议席总数的近50%,而第二大党马华公会夺得31个国会席位,比上届大选增加2席,占国会议席总数的14.16%。除此以外,其他朝野各党得票数均在10个席位左右。最大反对党民主行动党虽获得12个席位,比上届大选增加了2席,但仍无法与巫统和马华公会相提并论。另一个主要的反对党为伊斯兰教党,其党主席阿卜杜勒·哈迪·阿旺(Abdul Hadi Awang)在选举中败北,伊斯兰教党最终仅获得7个席位,比上届大选减少20席。此前一直与马哈蒂尔势不两立的人民公正党仅仅由党主席旺·阿兹莎夺得1个席位,成为主要反对派中实力最弱的政党。需要指出的是,旺·阿兹莎在首次计票中落选,但在重新计票后以590张的多数票击败了巫统候选人比达斯。①州议会选举方面,巫统领导的国民阵线也是获得压倒性胜利,赢得了12个州议会中11个州的胜利,获得了505个州议席中的452席,并且以较大优势(28:4)夺回了在1999年大选中丢失的登嘉楼州。在唯一失利的吉兰丹州,伊斯兰教党仅仅以24:21的结果险胜国民阵线。所谓的反对派联盟"替代阵线"在此次大选中被彻底击溃,不得不最终解散。

大力推动改革 2004年大选后,阿卜杜拉组建新的内阁,其本人担任总理兼任财政部部长,同时增设国内安全部掌控国家重要权力部门,并亲任部长。副总理纳吉布兼任国防部部长,希沙慕丁出任教育部部长。值得一提的是,国内安全部是从内政部中拆分出来的机构,下设四个部门,即马来西亚皇家警察、国家反毒总局、马来西亚监狱总局、马来西亚民防总局。阿卜杜拉亲自担任国内安全部部长,凸显出其对维护社会治安,打击暴力犯罪的重视。

随着执政地位的进一步稳固,阿卜杜拉在全国采取了大刀阔斧的政策举措。

首先,安瓦尔获释。2004年9月2日,马来西亚联邦法院对安瓦尔案进行再次裁决,安瓦尔坐在轮椅上出庭受审。联邦法院大法官阿卜杜勒·哈米德指出,公诉人的主要证人阿兹敏提供的证据不足,高等法庭此前对安瓦尔

---

① 陈鸿瑜:《马来西亚史》,兰台出版社,2012年,第493页。

的判决有误。最终,联邦法院决定撤销吉隆坡高等法庭此前对前副总理安瓦尔·易卜拉欣做出的犯有"非法性行为"罪的判决,当庭释放安瓦尔。安瓦尔表示将为"正义"而战,会继续要求法院重新审理对其渎职罪的判决。阿卜杜拉总理表示,政府认可联邦法院对安瓦尔做出无罪释放的裁决,并称安瓦尔获释不会对马来西亚政局稳定和国家安全造成影响。前总理马哈蒂尔则对安瓦尔获释略显惊讶。9月4日,安瓦尔在吉隆坡国际机场向支持者发表讲话,受到民众的热烈欢迎。

其次,阿卜杜拉在全国掀起了反腐风暴。马来西亚是一个较为廉洁的国家,在1967年10月设立反贪局(Badan Pencegah Rasuah)时,马来西亚国家工作人员涉及贪污者只为千分之一。在非政府组织"透明度国际"公布的廉洁国家排行榜上,马来西亚的排名一直比较靠前。1998年,马来西亚的腐败印象指数为5.4,排名第28位。然而,随后,马来西亚的腐败现象日益严重。2003年,排名下滑到了第37位。阿卜杜拉上台后,推出一系列反腐败举措,包括参加联合国反贪污条约,启动各级监督机构,对敏感部门,如警察局、移民局、关税局等部门的公务员大规模调职。

大选后,阿卜杜拉狠刹任人唯亲风气,以"效果难以确定"为由,果断搁置马哈蒂尔批准的由关系户承包的马来西亚历史上最大的基建项目——铁路改造工程(38亿美元)。① 同时,政府斥资1 700万林吉特(约445万美元)成立了东南亚第一所反贪污学院——马来西亚反贪局学院(Akademi Badan Pencegah Rasuah),以提供有关调查、监督以及法律方面的培训,提高执法人员的素质;筹建国家公共道德学院,为公共或私人机构人员提供培训课程,以提高工作和服务标准;在警察系统建立了忠诚委员会,监督执法犯法行为,大力健全高效、透明的政府管理机制。

为打击民怨较大的贪污腐败,阿卜杜拉顶住压力,不惜触动马哈蒂尔在位时的元老,成功挖出了包括土地及合作发展部前部长卡西塔·加德丹(Kasitah Gaddam)在内的一批贪官,以贪污罪起诉了国营钢铁公司前董事长谢英福(Eric Chia Eng Hock)②,指控其于1994年通过一家空头公司将7 640万

---

① 温北炎:《印度尼西亚、马来西亚大选后的政治与经济情况述评》,《东南亚研究》2004年第6期,第17页。
② "Malaysian Land Minister Gets Bail on Graft Charge", *China Daily*, 2004-2-12, https://www.chinadaily.com.cn/english/doc/2004-02/12/content_305493.htm,访问时间:2018年1月8日。

林吉特(约2 000万美元)转移到国外。该案成为阿卜杜拉上任以来查处的涉案金额最大的贪污舞弊案,极大地震慑了贪污分子,也大大增强了外资企业的投资信心。2004年2月,曾于上年以"财政政策不透明"为由宣布取消对马来西亚投资的美国加利福尼亚公共雇员退休系统宣布,将重新考虑向马来西亚投资。标准普尔信用评级机构也提高了对马来西亚政府债券的信用评级。①

此外,阿卜杜拉还拒绝了解散了的马来亚共产党前总书记陈平回国。1989年,马来亚共产党与政府在泰国南部和谈后解散,其总书记陈平此后一直在泰国居住。2000年,陈平开始向马来西亚政府正式提出申请,要求返回马来西亚。2003年9月,时任副总理的阿卜杜拉就此表态称,政府将慎重考虑其回国事宜。②2004年,陈平给阿卜杜拉总理写信,要求其允许自己返回马来西亚,但被内政部拒绝。③2005年3—4月,陈平再次向马来西亚法院提出回国申请,要求政府向其发放临时护照或入境准证,理由为:其本人在马来西亚霹雳州出生,且双亲均为马来西亚公民,马来西亚政府应该遵守1989年12月2日签署的《合艾和平协议》,允许其回国。同时,陈平将马来西亚内政部、国家总警长、陆军参谋长、马来西亚政府列为答辩人,要求法院开庭审理马共解散后其成员回国案件。④但陈平的回国请求最终于2005年7月被吉隆坡高等法院驳回,理由是陈平必须出示纸质版的证件,以证明其是马来西亚公民。但陈平声称,纸质版的身份证件于1948年被警方收缴,现在无法出示。⑤最终,陈平无法回国,于2013年9月在泰国曼谷逝世。

与马哈蒂尔矛盾激化　　正当阿卜杜拉积极推动各项政策时,刚刚退位的马哈蒂尔开始猛烈抨击阿卜杜拉政府,认为"阿卜杜拉未按自己设定的路线继续前行",而是在背后插刀。实际上,两人之间的不合从安瓦尔被释放就已开始。马哈蒂尔与安瓦尔是死敌,是马哈蒂尔亲手将安瓦尔革职,并送入大

---

① 马燕冰、张学刚、骆永昆编著:《马来西亚》,社会科学文献出版社,2017年,第103页。
② Jonathan Kent, "Malaysia bars communist leader", 29 September, 2003, http://news.bbc.co.uk/2/hi/asia-pacific/3148044.stm,访问时间:2018年1月8日。
③ Admin-S, "Chin Peng Deserves A Place In His Country", *Malaysia Today*, Sep 21, 2013, http://www.malaysia-today.net/2013/09/21/chin-peng-deserves-a-place-in-his-country/,访问时间:2018年1月8日。
④ 陈鸿瑜:《马来西亚史》,兰台出版社,2012年,第503页。
⑤ Admin-S, "Chin Peng Deserves A Place In His Country", *Malaysia Today*, Sep 21, 2013, http://www.malaysia-today.net/2013/09/21/chin-peng-deserves-a-place-in-his-country/,访问时间:2018年1月8日。

牢。然而,阿卜杜拉上台后不久,安瓦尔就获释,这让马哈蒂尔颇感惊讶,两人的恩怨由此开始。此后,阿卜杜拉陆续暂停了马哈蒂尔执政期间重点推动的几项大型基础设施工程,如高达 37 亿美元的跨马来西亚双轨铁路,①以及连接柔佛和新加坡的美景大桥,这些引起马哈蒂尔的强烈不满。与此同时,阿卜杜拉还撤换了宝腾汽车总执行长、马哈蒂尔的心腹东姑·马哈里尔,遭到马哈蒂尔的强烈指责。马哈蒂尔要求阿卜杜拉对政府的多个决定做出合理解释,包括停止美景大桥计划、汽车入口准证等。

同时,马哈蒂尔指责阿卜杜拉欲将马来西亚建设成为一个警察国家,揭露阿卜杜拉从联合国在伊拉克的石油换食品计划中受贿,并指出马来西亚在阿卜杜拉带领下,经济下滑、投资减少、犯罪率和毒品激增。②面对马哈蒂尔的批评,阿卜杜拉针锋相对,坚称不会受前任的影响,将继续走自己的路,并指责马哈蒂尔好大喜功,造成国家财政亏空。从 2005—2007 年,两人的矛盾不断激化升温,但阿卜杜拉在巫统党内拥有强有力的支持。2006 年巫统召开最高理事会会议,巫统领导层全力支持阿卜杜拉继续担任总理和巫统主席,并指出阿卜杜拉领导巫统在 2004 年大选中获胜,这是民众对阿卜杜拉总理的信任,也是对执政党的信任。政府必须竭尽所能,全心全意兑现竞选承诺。巫统署理主席、副总理纳吉布力挺阿卜杜拉,称从中央到地方的巫统各级组织都在全力支持阿卜杜拉,巫统没有分裂。③

2007 年 8 月 31 日,马来西亚独立 50 周年,这是马来西亚历史上的重大事件,阿卜杜拉政府精心组织了盛大庆典。新任最高元首米詹(Sultan Mizan Zainal Abidin)主持庆典,多国政要受邀出席庆典。成千上万的民众聚集到独立广场参加庆典,以表示对阿卜杜拉政府的支持。阿卜杜拉总理在独立体育馆发表重要演讲,强调马来西亚要继续发扬"独立"精神,建设一个和平、稳定的国家,要践行中庸温和之道,多元文化族群彼此应相互理解。马来西亚要继续秉持公平、公正理念,努力消除贫困,实现全社会的共同繁荣;要坚持

---

① "Malaysia Under Prime Minister Abdullah Ahmad Badawi", http://factsanddetails.com/southeast-asia/Malaysia/sub5_4a/entry-3629.html,访问时间:2018 年 1 月 8 日。
② "Mahathir Accuses Badawi of Corruption", October 24, 2006, https://www.dawn.com/news/216140,访问时间:2018 年 1 月 8 日。
③ "Umno Supreme Council Backs Abdullah", 19 Jun 2006, https://www.thestar.com.my/news/nation/2006/06/19/umno-supreme-council-backs-abdullah/,访问时间:2018 年 1 月 8 日。

民主原则,以智慧治国,为民众谋求幸福生活;要与所有国家建立友好关系,不采取敌对行动,在国际秩序中传递和平的声音。

值得一提的是,尽管阿卜杜拉与马哈蒂尔关系紧张,但阿卜杜拉在独立庆典的讲话中,仍然对为国家独立和发展做出卓越贡献的领导人包括马哈蒂尔表示感谢。① 独立50周年庆典的举办非常成功,有舆论甚至将其与1957年马来亚联合邦的独立庆典相提并论。50周年庆典是对马来西亚发展的肯定,也是对处在风口浪尖的阿卜杜拉总理的认可。

二、经济与社会的新变化

阿卜杜拉执政后,马来西亚的经济总体上保持了稳定向好的态势,但族群关系出现新的紧张迹象,非政府组织开始活跃起来。在马来西亚这样一个种族关系敏感的国家,族群关系的变化从来都不只是社会问题,而是一个复杂的政治问题。随着"干净与公平选举联盟"(Bersih,简称"净选盟")的兴起,维持社会稳定成为阿卜杜拉政府较为棘手的难题。

宏大的发展目标　在经济方面,在阿卜杜拉执政期间马来西亚共经历了两个五年计划。一个是马哈蒂尔时期延续下来的第八个马来西亚计划(2001—2005年),另一个是阿卜杜拉政府制定的第九个马来西亚计划(2006—2010年)。第九个五年计划是马来西亚第三远景规划(2001—2010年)内的最后一个发展阶段。阿卜杜拉政府对此格外重视,并为此设定了较为宏大的发展目标。

一是扩大经济价值链。在全球竞争市场上,马来西亚要提高产品质量、竞争力、农业产量、生产及服务质量,以达到"中等发展"水平。同时,发展具潜质的科技信息产业,如计算机、生物科技产业等,以创造更多就业机会。鼓励私人领域开拓、发展并增加投资,提高中小型企业的商贸发展,吸引高质量外资投资本地市场。

二是提高人民知识水平及其创新能力,重点改善教育制度,提高各类型学校基础设施和学术水平,关注郊区学校教育水平;提升国民学校考试及格

---

① Acara Kemuncak Perayaan Ulang Tahun Kemerdekaan Kali Kelima Puluh, 31 Aug 2007, http://www.pmo.gov.my/ucapan/?m = p&p = paklah&id = 3139,访问时间:2018年1月8日。

率,推动国民学校成为民众首选的学校;设立具国际学术水平的大学;鼓励青年及妇女参与团体服务或国家发展。阿卜杜拉指出,马来西亚不能再被看作一个拥有一流基础设施,但只有三流思想的国家。为此,马来西亚要采取全面的手段,提升科学知识、技能、道德观,培养进取的心态和高级的文化意识。①

三是改善社会资源不均。到2010年,马来西亚将全面铲除赤贫问题,并通过持续增进收入,改善房屋、教育、商业、卫生及交通设施,缩小各州之间和各区域之间,以及城市及郊区之间的等级差距。此外,国家还将缩小数码技术差距、改善工作及薪资不平等问题、鼓励增加具竞争力的企业家,重新研改政策和计划。

四是改善生活水平。人民应积极保护生态环境,善用天然资源,政府要保障劳动力及水源供应充足,提供完善的公共交通设备,解决交通拥堵问题,提高卫生装配及服务需求,提供足够的房屋供出售或租赁。

五是强化机构及其执行能力。政府要完善公共领域服务制度、加强行政管理、调整行政管理和评估方式,认真对待公共领域拨款,并加强执行和监督,打击贪污腐败。②为确保第九个马来西亚计划顺利推进,马来西亚政府设立了以正副总理阿卜杜拉和纳吉布为首的执行监督委员会,每三个月召开会议,监督有关计划的进展,并拨款2 000多亿林吉特保障各项发展计划。

经济形势向好 在阿卜杜拉的有力领导下,2004—2007年,马来西亚宏观经济总体保持向好态势。2004年,GDP增速达到6.8%,2005年略有下滑,但2006年、2007年回到增长态势,2006年GDP增速为5.6%,2007年增加到6.3%。其中,2007年,GDP总量达到2 000亿美元、人均GDP突破7 300美元,③均创历史新高。这一阶段,马来西亚经济实现稳定增长主要原因:一是外部环境较好。2006年、2007年世界经济增速均保持在4%以上,这为马来西亚经济发展提供了稳定的国际市场。二是马来西亚国内需求增

---

① Jefridin Atan, Muhammad Hilmi Jalil, Muhammad Hakimi Mohd Shafiai, "Analisis Kepimpinan Tun Abdullah Ahmad Badawi Terhadap Pembangunan Modal Insan di Malaysia", *Jurnal Hadhari Edisi Khas*(2017), mukasruta 203.
② 以上有关第九个马来西亚计划的介绍,除已标注的注释外,均引自《第九个马来西亚计划》,南博网,http://www.caexpo.com/special/9th/,访问时间:2018年1月8日。
③ 国际货币基金组织,http://www.imf.org/external/pubs/ft/weo/2017/02/weodata/weorept.aspx?pr.x=75&pr.y=0&sy=1995&ey=2009&scsm=1&ssd=1&sort=country&ds=.&br=1&c=548&s=NGDP_RPCH%2CNGDPDPC&grp=0&a=,访问时间:2018年1月8日。

长强劲。2007年内需增长10.5%,同比增加3.5%,主要由私人消费和投资拉动。其中,私人消费增速11.7%,消费品进口、信用卡花费和贷款消费是主要增长领域;私人投资增速12.3%,制造业、服务业、建筑业和油气上游产业为主要增长领域。①但2007年美国爆发次贷危机,最终引发全球金融危机,这在很大程度上冲击了马来西亚的经济,不过此消极影响直到2008年才在马来西亚有所表现。

财政盈余方面,2004—2008年,马来西亚的经常项目盈余额持续增长。2004年为150.8亿美元,2005年增长至206.9亿美元,2007年达到297.3亿美元,2008年达到394.3亿美元。经常项目盈余额所占GDP比重从2004年的11.26%增加至2008年的16.53%。这一时期,失业率一直保持低位运行,并略有下降。2004年,失业人口为2 950.5万人,失业率为3.55%。2007年,失业人口增加至2 710万人,但失业率降低至3.225%。同期,通货膨胀率也保持在较低水平。2004年,通货膨胀率仅为1.42%,2005年、2006年不断上升,突破3.0%,但2007年又降至2.03%。②

街头示威兴起　在社会方面,阿卜杜拉执政后马来西亚社会发生了较为深刻的变化,其中非政府组织的发展壮大是一个主要方面。净选盟成为社会治理的新难题。净选盟成立于2006年11月23日,是一个由反对派政党参加的非政府组织联盟。其前身是2005年7月成立的马来西亚选举改革联合行动委员会,主要支持者包括人民公正党主席旺·阿兹莎、民主行动党秘书长林冠英等。净选盟的基本目标和诉求是推动马来西亚举行干净、自由、公平及民主的选举,要求政府和选举委员会全面检讨当前的选举制度,制定更为合理、公平的选举制度,包括彻底清理选民册、使用不可褪色墨水投票、取消军警通过邮寄形式投票的权利、对所有政党公平开放大众媒体等③。

净选盟主要通过街头示威方式表达政治诉求,以向政府施压。2007年11月10日,净选盟在吉隆坡发起声势浩大的游行示威。参加示威集会者达

---

① "The Malaysian Economy in 2007", *Annual Report 2007*, Bank Negara Malaysia, p.10.
② 国际货币基金组织数据库:IMF Country Information, https://www.imf.org/external/pubs/ft/weo/2017/02/weodata/weorept.aspx?pr.x = 58&pr.y = 10&sy = 2004&ey = 2009&scsm = 1&ssd = 1&sort = country&ds = .&br = 1&c = 548&s = PCPIPCH% 2CPCPIEPCH% 2CLUR% 2CLP% 2CBCA%2CBCA_NGDPD&grp = 0&a = ,访问时间:2018年1月8日。
③ Bersih 1 (10 November 2007), https://www.bersih.org/rallies/bersih1/,访问时间:2018年1月8日。

到4万余人,分别从国家清真寺、艺术市场、印度教寺庙、崇光百货商场四个方向前往皇宫,准备向最高元首递交要求选举改革的备忘录。警方使用高压水枪等驱散示威人群,但没有爆发流血冲突。反对派领导人安瓦尔、林吉祥父子、伊斯兰教党主席哈迪·阿旺及副主席纳沙鲁丁·马特·伊萨(Nasharuddin Mat Isa)等7人最终作为净选盟的代表获准进入皇宫,提交备忘录。但马来西亚政府随后逮捕了参加游行示威和支持净选盟的支持者34人,①包括反对派的主要领导人。净选盟的异军突起,确实给阿卜杜拉政府执政和稳定带来了较大挑战。

另一方面,马来西亚族群矛盾加剧,印度人掀起街头示威。尽管阿卜杜拉执政后马来西亚的经济总体保持稳定增长,但华人、印度人不断要求政府检讨新经济政策。新经济政策虽然在1990年已经被国家发展政策所取代,但其扶助马来土著的核心原则并未从当时的经济发展政策中取消。华人和印度人对此都颇为不满。然而,扶助马来人、支持马来土著发展,是维护马来人特权的核心要义。不论是马哈蒂尔政府还是阿卜杜拉政府都不会轻易对此作出调整。在2006年、2007年的巫统大会上,巫统青年团团长希山慕丁高举象征马来文化的格里斯(keris)短剑,对捍卫马来人特权进行了强势表达。2007年10月,阿卜杜拉总理公开讲话强调,马来西亚政府将继续推行新经济政策,非马来族群不得质疑土著特权,以免影响国家稳定。②马来政治精英的几番强硬表态,激发了非马来族群的不满。2007年11月25日,马来西亚印度人的非政府组织联盟印度教徒权益委员会(Hindraf,简称"印权会")在首都吉隆坡发起游行示威。来自马来西亚全国各地的3万余名③印裔同胞从吉隆坡双子塔游行前往英国驻马来西亚大使馆。他们要求马来西亚政府关注印度人的政治、经济、文化权益,立即停止长期歧视印度裔的族群政策,并向英国政府提出控诉。警方出动直升机封锁道路,并使用催泪瓦斯对付示威者。警方与示威者发生激烈冲突,造成至少20人受伤、400余人被捕。④同

---

① Bersih 1 (10 November 2007), https://www.bersih.org/rallies/bersih1/, 访问时间:2018年1月8日。
② 朱振民:《2007年的马来西亚政治经济形势》,《东南亚》2008年第3—4期,第11页。
③ 也有媒体或学者称几千人、1万余人。本章引用的数据"3万余名",主要参考林吉祥博客:《首相应关注印裔族群的"失望呐喊"》,https://cblog.limkitsiang.com/cblog.limkitsiang.com/?p=649,访问时间:2018年1月8日。
④ 朱振民:《2007年的马来西亚政治经济形势》,《东南亚》2008年第3—4期,第14页。

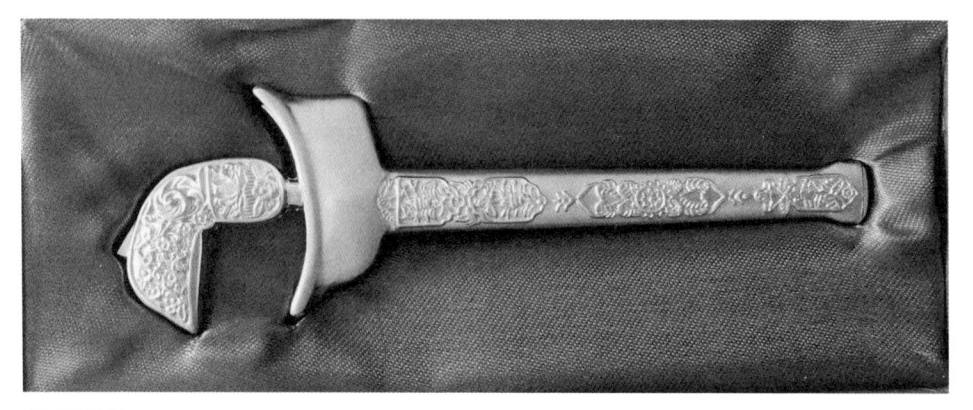

格里斯短剑

年12月，马来西亚总检察署以"企图谋杀罪"指控31名印权会的支持者，并逮捕印权会的5名领导人。阿卜杜拉总理更是直截了当地指出，印权会走上街头示威及非法集会的做法形同叛国。①印度人的游行示威虽然最终被政府控制，但族群矛盾进一步激化，这对2008年全国大选造成十分深刻的影响。

对于马来西亚长期存在的族群关系问题，阿卜杜拉有自己独特的见解。他认为，马来西亚应该实现平衡、协调发展。这一主张集中体现在其"现代伊斯兰"（Islam Hadhari）的施政理念之中。现代伊斯兰是阿卜杜拉就任总理以来提出的一个社会发展理念，它是指要用伊斯兰的视角看待经济、社会、政治领域的发展，强调要平衡发展，包括物质的和精神的，要将马来西亚发展成为一个有思想的社会、和谐的社会、经济不断发展的社会。依据阿卜杜拉的解释，现代伊斯兰关注民众生活的质量，而不论其宗教信仰如何。②现代伊斯兰理念具体有10个原则：信仰真主；政府正义和可信任；人民自由和独立；积极追求和掌握知识；经济发展全面平衡；生活优质；保护少数族群和妇女的权利；忠诚于文化与道德；保护自然资源与环境；国防能力强大。③现代伊斯兰理念的提出给马来西亚的社会发展指明了方向，为马来西亚各族群的和谐共处、发展温和伊斯兰，以及建设具有高品质精神生活的马来西亚社会提供了政策支持。现代伊斯兰理念是阿卜杜拉总理对马来西亚伊斯兰发展的重大贡献。

---

① 朱振民：《2007年的马来西亚政治经济形势》，《东南亚》2008年第3—4期，第14页。
② Mohamed Sharif Bashir, *Islam Hadhari: Concept and Prospect*, March, 03, 2005, http://www.islamawareness.net/Asia/Malaysia/hadhari.html，访问时间：2018年1月8日。
③ Abdullah Ahmad Badawi, *Islam Hadhari*, MPH Group Publishing Sdn Bhd, 2006, p.6.

三、平衡的外交政策

从2004年10月到2009年4月,阿卜杜拉执政不到5年。但在阿卜杜拉短短4年多时间的领导下,马来西亚外交开创了新的局面。在外交原则方面,阿卜杜拉政府认为,马来西亚要坚持与世界所有国家发展和平关系,采取自由、中立、有原则的方式参与地区和国际事务。要与东盟国家开展紧密的经济合作,维护地区和平稳定,要在不结盟运动和伊斯兰会议组织①中发挥影响,要积极介入联合国事务,尤其是要反对国际政治中的不公平、不公正和残暴的行为。②在外交实践方面,马来西亚不仅继续积极推动与一些伊斯兰国家的外交,同时马来西亚与俄罗斯、中国、美国等周边大国的合作也逐步深入展开,与文莱、新加坡等东盟国家的关系也取得了新的进展。阿卜杜拉在任职期间的外交政策主要有以下几个方面。

积极宣扬伊斯兰和平思想　2003年10月17日,马来西亚当选伊斯兰会议组织主席国,任期至2008年3月13日。时任总理马哈蒂尔为伊斯兰会议组织主席。10月31日,阿卜杜拉接任马来西亚总理后,成为伊斯兰会议组织主席。他重视利用伊斯兰会议组织这个重要的多边平台宣扬伊斯兰和平思想,谴责国际恐怖主义,主张推动中东和平进程,使用和平手段解决巴以冲突,③呼吁联合国派遣国际和平监督员,维护地区和平。阿卜杜拉对美国及其盟友进攻伊拉克表示震惊,认为暴力只会产生暴力④,指出美国在伊拉克"赢了战争、输了和平"⑤。

同时,阿卜杜拉主张东方和西方国家要积极开展文明对话,进行宗教交流,和平解决分歧。西方国家应该以伊斯兰世界对待西方国家的态度对待穆

---

① 伊斯兰会议组织(Organisation of the Islamic Conference)成立于1969年,2011年改名为伊斯兰合作组织(Organisation of Islamic Cooperation)。
② *Malaysia Kita*: *Panduan dan Rujukan untuk Peperiksaan Am Kerajaan*, Petaling Jaya: International Law Book Services, 2007, p.497.
③ 许利平等:《当代东南亚伊斯兰发展与挑战》,时事出版社,2008年,第65页。
④ Jonathan Kent, "Abdullah Warns on Middle East", BBC, 13 May, 2004, http://news.bbc.co.uk/2/hi/asia-pacific/3709795.stm, 访问时间:2018年3月10日。
⑤ 这是2004年5月,阿卜杜拉在访问北京外国语大学期间,与学生交流时的感言。笔者当时作为北京外国语大学马来语专业学生在现场。

斯林,双方应该平等相待。①2004年10月,阿卜杜拉在英国牛津演讲时,指出西方国家对伊斯兰世界有误解。他认为,伊斯兰国家不需要西方国家"说好话",西方国家应该知道巴勒斯坦会牵动穆斯林的强烈情绪。

与此同时,阿卜杜拉认为,马来西亚应当利用伊斯兰会议组织为伊斯兰世界的和平与发展发挥积极作用。一方面,政府要努力将马来西亚建立成为一个冲突解决中心。马来西亚主张进行文明对话,在不同文明之间寻找共同的原则和共同点。另一方面,马来西亚要带头激发伊斯兰国家之间能源和服务贸易的活力,重点推动清真食品和伊斯兰金融的发展。当前,伊斯兰会议组织成员国之间的贸易额为8 000亿美元,仅占世界贸易额的6%—7%。伊斯兰国家应吸引更多的投资和贸易。此外,马来西亚还将打造成为促进与西方国家对话、促进开放多元的伊斯兰文明发展的焦点。②

积极提升与俄罗斯的关系　2003年以来,马来西亚与俄罗斯关系迅速升温,双方领导人的互访会晤较为频繁。2005年9月,马来西亚最高元首希拉杰丁(Tuanku Sirajuddin)访问俄罗斯;同年12月,普京访问吉隆坡出席首届俄罗斯—东盟峰会,与阿卜杜拉总理会晤。

与此同时,马来西亚与俄罗斯的战略合作进一步加强。2003年普京访问马来西亚期间,俄罗斯向马来西亚承诺提供航天技术,培训宇航员,加强航天合作。根据双方签署的协议,俄方将利用"联盟号"载人飞船将马来西亚宇航员送入国际空间站,帮助马来西亚进行太空科研活动。2006年,马来西亚启动空间宇航员项目(Angkasawan program),派遣谢赫·穆扎法尔·舒库尔(Sheikh Muszaphar Shukor)和法斯·卡力德(Faiz Khaleed)到俄罗斯接受训练。2007年10月10日,谢赫被确定为马来西亚首任宇航员,并搭乘俄罗斯"联盟TMA-11"载人飞船升空,在太空遨游10天后返回地球。航天员的太空遨游是阿卜杜拉接任总理以来的一大政治功绩,也是俄罗斯与马来西亚合作的重要成果。

主动调整与美国的关系　在马哈蒂尔执政时期,由于仗义执言的个性,马哈蒂尔常常批评美国,两国关系进展并不顺利。阿卜杜拉接任总理后,在

---

① "Badawi's Interfaith Talk Faces Test at Home", 4 Oct. 2006, https://www.aljazeera.com/archive/2006/10/200841012654937129.html,访问时间:2018年3月8日。
② Dato Seri Abdullah Ahmad Badawi, "Malaysia, Islam and the Wider World", a lecture given at Magdalen College, Oxford on 1 October 2004.

公开场合对涉及美国的相关言行表现得十分谨慎,释放出意欲与美国改善关系的信号。2003年初,阿卜杜拉之子被媒体披露"可能参与"利比亚核武器部件走私案,立即引起西方媒体关注。不少人担忧两国又将迎来一场风波。但阿卜杜拉却采取"以理服人、避免争吵"的策略,宣布成立独立调查组,公布调查结果,以事实说话,让西方媒体无话可说。2004年7月,阿卜杜拉在伊拉克局势恶化之时出访美、法、英三国,向美国允诺将向伊拉克派遣一支大规模医疗队,参与战后重建。此举令小布什总统刮目相看。但在访问美国期间,阿卜杜拉坚决维护伊斯兰国家的利益,表示不会向伊拉克派维和部队。在不结盟运动问题上,阿卜杜拉认为,冷战后不结盟运动面临新挑战和新问题。美国的单边主义损害了不结盟运动的利益,必须坚决反对,否则不结盟运动将被边缘化。[①]2006年,美国国务卿赖斯赴马来西亚参加东盟地区论坛,并在与马来西亚外长哈米德会晤期间签署了有关法律援助和刑事事务的条约。

全面加强与中国的关系 在阿卜杜拉执政时期,马来西亚与中国的关系得到进一步加强。早在2003年9月,阿卜杜拉就作为副总理专门访问了中国,与中国签署农业、经贸、科技、旅游、能源等领域的合作协议。2004年是中国与马来西亚建交30周年,两国领导人进行了频繁的会晤交流,政治互信得到提升。2004年5月,阿卜杜拉总理率领代表团访华,热烈庆祝两国建交30周年,并出席了北京外国语大学与马来西亚国家语文局联合举办的"中国马来西亚友好关系研讨会"。阿卜杜拉高度评价两国关系,表示愿意深化双边合作。2005年3月,马来西亚最高元首希拉杰丁对华进行国事访问。马方表示愿意进一步扩大与中国在经贸、民航、旅游、能源和教育方面的合作。5月,阿卜杜拉再次访问中国。这是阿卜杜拉赢得大选后出访的第一个非东盟国家,充分显示出他对中国的重视。访华期间,双方达成进一步拓宽合作领域的共识。9月,马来西亚副总理兼国防部部长纳吉布访华,两国签署防务合作谅解备忘录;12月,温家宝总理访问马来西亚,双方发表联合公报;2006年3月,全国政协主席贾庆林访问马来西亚;4月,中央军委副主席、国务委员兼国防部部长曹刚川访问马来西亚;5月,两国举行首次防务磋商;10月,阿卜杜拉赴南宁出席纪念中国—东盟建立对话伙伴关系15周年

---

① 马燕冰、张学刚、骆永昆编著:《列国志:马来西亚》,社会科学文献出版社,2017年,第105页。

峰会。

在此期间,两国在经贸领域的合作取得突破性进展。2004年,即阿卜杜拉接任总理第一年,中马双边贸易额仅为262.61亿美元;但到2007年,中国与马来西亚贸易额已经增长至463.98亿美元,同比增长25.0%。同期,马来西亚在华投资4亿美元,中国企业在马来西亚投资457万美元。① 其间,2006年11月12日,阿卜杜拉总理主持了东南亚最长的跨海大桥槟州第二大桥的动工仪式。此桥由中国进出口银行提供8亿美元的低息贷款,中国港湾工程有限责任公司承担主要工程建设任务。这是近年来双方在基础设施领域合作的重要成果。

四、阿卜杜拉提前下台

2008年,马来西亚迎来又一届全国大选。这是马来西亚历史上最为重要的大选之一。尽管阿卜杜拉在2004年执政后表现得可圈可点,但在前总理马哈蒂尔的强大攻势之下,阿卜杜拉最终于2009年4月交权退位,成为马来西亚历史上又一位任期短暂的总理。②

"308政治海啸" 阿卜杜拉交权下台的主要导火索是2008年的全国大选。2008年2月13日,阿卜杜拉宣布解散国会,全国大选拉开序幕。3月8日,马来西亚第12届全国大选举行,这是阿卜杜拉执政后面临的第二次选举。与上届大选一样,本次大选将选出222个国会议席和除沙捞越州以外的505个州议会议席。此次大选中,执政联盟国民阵线共有14个政党,反对派则由人民公正党领导,其他成员党包括民主行动党和伊斯兰教党。

选举结果显示,反对派三党在国会和州议会选举中均取得了较为辉煌的成绩。在国会选举方面,反对派获得82个席位,比上一届大选增加了61席,得票率增加13.79%,共获得3 796 464张选票,逼近巫统执政的国民阵线。人民公正党获得31个席位,成为最大反对党。而国民阵线仅在国会选举中获得222个席位中的140席,比上届大选减少58席。虽然国民阵线获得了

---

① 数据来源:中国商务部。
② 第一任总理拉赫曼任期13年(1957—1970年),第二任总理拉扎克任期6年(1970—1976年),第三任总理侯赛因·奥恩任期5年(1976—1981年),第四任总理马哈蒂尔任期22年(1981—2003年)。

执政权,但这是 1969 年以来执政联盟首次失去国会 2/3 的绝对多数席位,成为史上最差的战绩之一。其中,巫统的得票数减少 30 席,马华公会减少 16 席,民政党减少 8 席。

在州议会选举中,国民阵线遭到沉重打击。反对派赢得了 12 个州议会选举中的 5 个,即赢得了槟州、吉打、吉兰丹、雪兰莪、霹雳等 5 个州的执政权,这在马来西亚历史上极为罕见。其中,伊斯兰教党获得 82 个席位,是反对派在州议会选举中的最大赢家。而民主行动党获得 73 个州议会席位,人民公正党获得 40 个席位。相比上一次选举中反对派仅仅赢得 1 个州政权的结果,此次州议会选举反对派可谓大获全胜。当地人形象地将本次大选称作"308 政治海啸"。

值得注意的是,虽然国民阵线赢得了霹雳州和登嘉楼州的执政权,但大选后这两个州州务大臣的任命引发了政治危机。在霹雳州,阿卜杜拉支持长期担任该州州务大臣的沙希丹(Shahidan Kassim)连任,但此决定遭到霹雳州拉惹西拉鲁丁(Raja Sirajuddin)的严厉反对,西拉鲁丁力挺名不见经传的国会议员伊沙·阿布(Md Isa Sabu)出任霹雳州的州务大臣,①由此引发政治纷争。但在与王室的较量中,阿卜杜拉总理最终妥协。2008 年 3 月 17 日,伊沙出任新一任霹雳州州务大臣。在登嘉楼州,同样场景再次上演。阿卜杜拉总理支持时任州务大臣伊德里斯·祖索(Idris Jusoh)连任,此决定同样遭到最高元首、登嘉楼州苏丹米詹(Mizan Zainal Abidin)的反对。苏丹米詹拒绝任命伊德里斯为州务大臣,转而任命州议员艾哈迈德·赛义德(Ahmad Said)为州务大臣。此后,登嘉楼州出现了两个州务大臣同台的局面,这令阿卜杜拉非常难堪。直到 2008 年 3 月 22 日,最高元首米詹与阿卜杜拉总理才达成和解。最终,阿卜杜拉接受了最高元首的建议,同意让艾哈迈德·赛义德出任登嘉楼州务大臣。

4 月 1 日,人民公正党、民主行动党及伊斯兰教党正式宣布组成联合阵线,即"人民联盟",取代了此前的"替代阵线"。安瓦尔夫人旺·阿兹莎担任人民联盟领导人。人民联盟主张实施透明的、真正的民主,举行干净、公平的

---

① Zulkifli Jalil Dan Siti Maisarah Sheikh Rahim, "Kontroversi Pelantikan MB Perlis—Md. Isa Diperkenan Istana Shahidan Terima Watikah PM", Mar. 15, 2008, http://ww1.utusan.com.my/utusan/info.asp?y = 2008&dt = 0315&pub = utusan_malaysia&sec = muka_hadapan&pg = mh_02.htm&arc = hive,访问时间:2018 年 3 月 8 日。

选举,推动经济可持续、均衡发展,实现社会正义。与此同时,前副总理安瓦尔"不能参加选举和竞选政治职位"的禁令也于 4 月到期,安瓦尔得以重返政坛。安瓦尔的回归使巫统感到前所未有的执政压力。然而就在此时,事情发生转机。安瓦尔再次因"非法性行为罪"受到指控。安瓦尔予以否认,并指责此案背后有政治阴谋。7 月 9 日,警方向安瓦尔发出逮捕令,要求其于当天下午两点前到警局接受质询。7 月 16 日,安瓦尔被逮捕,两天后被释放。但安瓦尔被再次指控一事反而使安瓦尔获得了更多民众的支持。

7 月 31 日,反对派开始反击。旺·阿兹莎辞去巴东埔国会议员,有意制造议席补选机会,帮助安瓦尔重返国会。8 月 26 日,在巴东埔国会议席补选中,安瓦尔共赢得 65.8%的选票,比国民阵线的候选人多出 1.5 万票,赢得选举。两天后,安瓦尔正式宣誓就任国会议员,并被任命为反对党领导人,取代旺·阿兹莎。担任反对派领导人后,安瓦尔宣称,人民联盟已经拉拢到足够的国民阵线议员倒戈,将在全国掀起轰轰烈烈的"'9·16'变天运动",且最迟将在 9 月 16 日上台执政。届时,安瓦尔将取代阿卜杜拉出任内阁总理。为阻止反对派变天,阿卜杜拉对国民阵线的议员加强管理,安排部分后座议员出国考察,以防反对派对其进行拉拢,最终安瓦尔的"变天计划"胎死腹中。

执政联盟的困境与阿卜杜拉下台　　安瓦尔的"变天计划"虽然失败,但反对派强烈的夺权欲望让巫统感到不安。与反对派志在必得的状态相比,国民阵线内部却困难重重。一方面,巫统受到各方猛烈的批评,呼吁巫统进行改革,乃至要求阿卜杜拉下台的呼声越来越高。其中,马哈蒂尔为突出代表。2008 年大选后,马哈蒂尔多次在公开场合要求阿卜杜拉下台,并称自己选错了接班人。马哈蒂尔的儿子慕克力也公开挑战阿卜杜拉,要求阿卜杜拉对巫统及国民阵线在大选中的表现负责,并称只有阿卜杜拉下台才能复兴巫统,复兴国民阵线,复兴马来西亚。如果阿卜杜拉不辞职,那么未来局势可能会恶化,巫统及国民阵线将成为历史。①

2008 年 5 月 19 日,马哈蒂尔在吉打州表示已经对阿卜杜拉完全丧失信心,并表示他将向巫统总部递交退党的文书,立即退出巫统,除非阿卜杜拉辞去巫统主席和马来西亚总理的职务,否则他不会重返巫统。这是马哈蒂尔第

---

① "Mahathir's Son Asks Malaysian PM to Resign", March 14, 2008, https://www.reuters. com/article/us-malaysia-election-mukhriz/mahathirs-son-asks-malaysian-pm-to-resign-idUSKLR20374420080314,访问时间:2018 年 3 月 8 日。

二次与现任总理因矛盾激化离开巫统。上一次是第一任总理拉赫曼将马哈蒂尔开除出党，而这一次是马哈蒂尔以退党方式迫使阿卜杜拉辞职。7月10日，阿卜杜拉在重压之下宣布将于2009年6月辞去巫统主席和马来西亚总理的职务。在马哈蒂尔的影响下，9月15日，总理府部长上议员拿督·赛德·伊布拉欣（Datuk Zaid Ibrahim）向阿卜杜拉提交辞职信，并对阿卜杜拉援引内安法管控博客、抓扣议员和记者表示不满，继续对阿卜杜拉施压。

另一方面，最大华人政党马华公会出现分裂。由于在大选中遭遇重创，马华公会内部随即出现内讧。2008年10月，黄家定辞去总会长职务，翁诗杰出任马华公会新一届总会长，身背性丑闻的蔡细历担任署理总会长。此后，翁诗杰与蔡细历的权力斗争愈演愈烈，马华公会也分裂为翁诗杰派和蔡细历派。马来人与华人的纷争轰动了华人社会，相当一部分华人民众因此拒绝将选票投向马华公会。2009年8月，蔡细历被开除党籍，此后翁、蔡的恩怨愈演愈烈。后来在多方的调解下，翁、蔡两人最终同意召开一个特别代表大会解决分歧。10月，翁诗杰宣布团结方案（Unity Plan），即蔡细历无条件重新支持他的领导，以维护党内团结。翁、蔡矛盾得以暂时化解。但两人之间的恩怨并未就此结束。四年之后的2013年，翁诗杰在接受《新海峡时报》专访时表示，正是蔡细历（时任马华公会总会长）对付党内异己的手段及性丑闻导致了华人社会不满。

2009年4月2日，阿卜杜拉觐见最高元首，递交辞职信，辞去巫统主席和内阁总理职务。至此，阿卜杜拉不到5年的执政生涯画上句号。阿卜杜拉下台的原因是多方面的。直接原因是巫统领导的国民阵线在2008年大选中表现欠佳。这让普通民众、反对派，甚至巫统内部都开始对阿卜杜拉的执政能力质疑。但是主要原因在于2006年以后，马来西亚政治、经济、社会等各个领域都出现了较为困难的局面。政治上，马哈蒂尔与阿卜杜拉的矛盾愈演愈烈，净选盟走上街头发动游行示威。经济上，通货膨胀，汽车油价、高速公路过路费上涨，民众生活困难。在社会领域，族群关系紧张，印度人在街头抗议，治安恶化。虽然阿卜杜拉面对上述困难局面进行了有效的化解，但没能最终平息民怨。直到2008年全国大选时，民众的不满最终得以表达。其根本原因还是自1957年以来，巫统长期执政，自身的缺陷和弊端，如部分官员的贪污腐败、傲慢、脱离民众的作风逐渐显现。民众对此颇为厌倦，希望尽快换掉巫统，选出新的领导。另一方面，1998年，安瓦尔被马哈蒂尔革职后，巫统与反对派就产生了矛盾,马来人分裂为支持巫统的一派和支持安瓦尔的一派。这使得巫统在此后的政治生活中始终面临一个棘手的难题,即不论谁担任领导人都必将失去安瓦尔一派的支持。

作者点评

阿卜杜拉·巴达维是后马哈蒂尔时代的一个过渡性人物。虽说是过渡性人物,但阿卜杜拉对马来西亚而言也非常重要,因为他是强势总理马哈蒂尔退位后的首位马来西亚总理。阿卜杜拉执政水平的高低直接关系巫统的生死存亡和马来西亚的未来。

在阿卜杜拉执政时期,马来西亚的政治生态发生了显著变化。阿卜杜拉上任之初,巫统上下鼎力支持,这使得阿卜杜拉得以率领巫统在2004年以异常突出的成绩赢得全国大选,为国民阵线的统治奠定良好的基础。然而,大选胜利后,阿卜杜拉的多项改革措施引发了前总理马哈蒂尔的不满,马哈蒂尔与阿卜杜拉关系恶化。加上前副总理安瓦尔领导的反对派进一步加强攻势,国民阵线面临前所未有的执政压力。巫统在2008年大选中不再占国会三分之二的多数席位,涉险过关。自此,反对派的力量进一步加强。人民联盟的成立标志着反对派正式崛起为一支能够与国民阵线抗衡的力量,开始活跃于马来西亚政坛,这是马来西亚政治生态发生改变的一个重要标志。与此同时,马哈蒂尔退出巫统以及要求阿卜杜拉辞职下台的做法,使得巫统内部各派系分歧增大。此举显示马哈蒂尔虽然离开了总理岗位,但对政局仍具有重要影响力,这在2018年的大选中再次得到证实。

阿卜杜拉执政时期,马来西亚的经济形势较好。马来西亚的GDP保持了较高的增速,人均GDP也突破了7 300美元,失业率、通货膨胀率均保持在低位,这是阿卜杜拉执政的重要政绩,确保了马来西亚经济的持续发展。然而,在阿卜杜拉任内,族群矛盾进一步加剧。不过,这次的紧张局势不是因马来人与华人的矛盾引起,而是因马来人与印度人的矛盾加剧。印度人的街头示威表明马来西亚的族群关系异常复杂。政府虽然有能力保持经济的稳定发展,但要维持社会的和谐需要足够的智慧和耐心,这是历任总理面临的难题,也是马来西亚要进一步崛起面临的最大制约因素。

阿卜杜拉执政时期,中国与马来西亚关系取得重大进展,这是阿卜杜拉最大的外交政绩。中国与马来西亚建立战略性协作关系,两国在政治、经济、安全、社会文化各领域的合作全面展开,这为双方在纳吉布时期的深入合作奠定了基础。中国与马来西亚关系自阿卜杜拉时代起开始具有战略意义。此外,阿卜杜拉政府积极宣扬伊斯兰和平思想,使马来西亚在伊斯兰世界和国际社会的影响力不断扩大,尤其是马来西亚所主张的温和伊斯兰思想获得国际社会的认可,并得到了广泛的传播,这是马来西亚对伊斯兰世界的重要贡献。

第十一章

纳吉布时期的马来西亚

2009年4月,纳吉布出任马来西亚总理,马来西亚历史翻开新的一页。在纳吉布"一个马来西亚"政策的倡导下,马来西亚开始了大刀阔斧的全面改革。改革触及政治、经济、文化各个方面,其中经济改革最引人关注也最具争议。虽然纳吉布出身显赫,也颇有雄心壮志,但由于深陷"一个马来西亚发展有限公司"腐败丑闻,其领导的国民阵线不但没有从改革中实现自我突破,反而在2013年和2018年的两届大选中遭到反对派前所未有的挑战。2018年5月10日,以巫统为核心的国民阵线在大选中被反对派希望联盟击败,丢失执政权。这是自1957年马来亚独立以来,马来西亚政权首次出现更迭。

一、纳吉布临危受命

2009年3月24—28日,巫统举行最高理事会,选举新一届领导班子。副总理纳吉布不战而胜,当选巫统主席,并于4月3日宣誓就任马来西亚第六任总理,接替提前辞职下台的阿卜杜拉·巴达维。

年轻有为的领导人 纳吉布全名达图·斯里·穆罕默德·纳吉布·宾·敦·哈吉·阿卜杜勒·拉扎克(Datuk Seri Mohd Najib bin Tun Haji Abdul Razak),1953年7月23日出生于马来西亚彭亨州,其家族是彭亨皇室成员四贵族之一,其父是马来西亚第二任总理敦·拉扎克,姨父是第三任总理侯赛因·奥恩。1976年,父亲去世后,纳吉布"代父从政",23岁便涉足政治,成为马来西亚历史上最年轻的国会议员。同年,纳吉布当选巫统青年团(简称"巫青团")北根分部主席和巫统执行委员会委员。马哈蒂尔时期,纳吉布开始迈入巫统高层,1981年当选巫统最高理事会成员,1982年成为巫青团副主席,六年后出任主席。1993年,纳吉布当选巫统副主席,步入政治生涯高峰期,并于1996年和2000年两度蝉联。2004年,在前总理和前巫统主席阿卜杜拉·巴达维的支持下,纳吉布更上一层楼,当选巫统署理主席(第一副主席),成为阿卜杜拉·巴达维的接班人。2009年3月26日,纳吉布接替阿卜杜拉执掌巫统。纳吉布不仅在巫统党内有着传奇的经历,在马来西亚内阁中,他的经历也相当丰富。纳吉布25岁进入内阁,出任能源、电信和邮政部副部长,成为马来西亚历史上最年轻的副部长。此后,纳吉布还出任过教育部和财政部副部长,为其后期担任内阁重要的部长职务打下坚实基础。从1987年起至今,纳吉布历任文化青年体育部部长、教育部部长、国防部部长和财政部部长,成为内阁核心成员。2004年1月7日,纳吉布出任副总理,五年后就任马来西亚第六任总理兼任财政部部长。

除了在执政党和中央政府掌权外,纳吉布还曾在彭亨州担任要职。1982年,年仅29岁的纳吉布宣誓就任彭亨州州务大臣,①入主州政府,成为马来西亚历史上最年轻的行政长官。在彭亨州任职期间,纳吉布如鱼得水,处理事务游刃有余,妥善调解了州苏丹与中央政府的矛盾,获得百姓和官员的好评。此外,纳吉布还曾兼任霹雳州巫统联系委员会主席和州国民阵线主席。

纳吉布自小接受西方教育,拥有广阔的国际视野,早年在吉隆坡圣·约翰学院完成小学和中学教育,之后赴英国留学。1974年,纳吉布毕业于诺丁汉大学,获工业经济学学士学位,毕业后回国,先后就职于国家银行和国家石油公司。自小深受西方文化熏陶的纳吉布思维十分开阔。在担任部长期间,他敢于把握时机实施改革,先后推行国民体育政策,举办东南亚运动会;倡导国防现代化,购买先进军事装备;推动教育产业化,主张与国外联合办学。

值得一提的是,纳吉布在担任教育部部长期间,坚决贯彻自己的执政理念,曾因教育部副部长人选与前副总理安瓦尔当面争执,丝毫不退让,显示其强硬作风。担任总理后,纳吉布又掀起大规模政治、经济改革,重现"马哈蒂尔主义"。纳吉布平易近人,颇具亲和力,从政33年未挑战任何人,待人处事

---

① 马来西亚共13个州,其中9个州有苏丹(Sultan)。苏丹是一个州的最高统治者,处于象征地位,掌握实权的是各州的州务大臣。在没有苏丹的4个州,州元首是州最高统治者,掌握实权的是各州的首席部长。

温文尔雅。2009年4月当选总理后,纳吉布组建了一个和谐的内阁。此内阁延续了纳吉布以往的处事风格,巫统及主要政党利益得到平衡,在巫统拥有较大影响力的穆希丁担任副总理兼教育部部长,纳吉布表弟希沙慕丁担任内政部部长,颇有政治经验的扎希德担任国防部部长,槟州首席部长许子根担任总理府部长,廖中莱任卫生部部长。

危局下走上权力巅峰 虽然纳吉布在巫统党选中不战而胜,而后又顺理成章当选总理,并组建了一个和谐团结的内阁。但对纳吉布而言,2009年上台执政,他的压力无疑是空前的。自2008年3月大选后,马来西亚政治生态发生剧烈变化。以巫统为核心的执政体系弊端显露,马来人内部分裂,党派争斗加剧,种族矛盾上升,社会问题突显。此外,马来西亚的经济衰退以及纳吉布深陷的弊案丑闻,都让他的处境极其艰难。

一是2008年10月,马来西亚反对党联盟"人民联盟"(简称"民联")向法院提供证据,控告纳吉布在担任国防部部长期间向俄罗斯购买直升机时,涉嫌腐败,涉案金额23亿林吉特。与此同时,民联还指控国防部向法国购买潜水艇和苏霍伊战斗机时,纳吉布牵涉其大笔佣金,其高级政治顾问巴金达接受了巨额贿赂。2009年2月,国民阵线从反对党手中夺得霹雳州控制权,但被指控金钱贿赂。霹雳州议员弗兹称,2008年3月,纳吉布与其见面,并向他提供5 000万林吉特,要其帮忙诱使霹雳州议员退出民联,支持国民阵线建立新政府。

二是被控谋杀蒙古女郎。2006年10月,蒙古女模特阿拉坦都亚在马来西亚惨遭谋杀。纳吉布及其身边亲信被指控参与谋杀。为此,纳吉布多次解释,自己与谋杀案无关,但反对党频频以此在政治场合攻击纳吉布。

三是涉嫌"陷害"安瓦尔。2008年6月,前副总理、反对党领袖安瓦尔再遭"非法性行为"罪控告①。吉隆坡高院开审此案。但安瓦尔坚持"非法性行为案"是政治阴谋,其幕后指使是纳吉布夫妇。安瓦尔多次要求撤换法官和撤销指控,但遭法庭拒绝。该案引起西方国家关注。2009年2月17日,美国国会参议院外交委员会主席克里发表声明,要求马来西亚政府公正审判安瓦尔。同日,50名澳大利亚国会议员联署致函,要求马来西亚司法机构撤销指控。

---

① 1999年,安瓦尔因"非法性行为"罪被判九年监禁。2004年9月,最高法院撤销安瓦尔"非法性行为"罪判决,安瓦尔当庭获释。民众普遍怀疑"非法性行为"是一场政治阴谋。

2008年大选后,执政联盟发生内讧,反对党步步紧逼巫统,沙巴进步党因不满巫统的蛮横,率先退出国民阵线。随后,华人、印度人也不断向马来人提出政治要求。华人社会多次呼吁巫统增设华人署理主席,政府增设华人副总理职位;华人最大政党马华公会公开宣称不再做巫统跟班,要重整华人政党形象,甚至威胁退出国民阵线;印度人自2007年底游行抗议以来,多次发动街头示威,呼吁政府关注印度人利益,要求改善印度人在教育、政治、经济等领域的待遇;2009年4月,纳吉布改组内阁后,印度人国大党不满部长名额分配,扬言退出国民阵线。

与此同时,国民阵线中的华人政党马华公会内讧加剧。2008年10月,翁诗杰和蔡细历在马华公会改选中,分别当选总会长和署理总会长(第一副总会长)。此后,两人借"性丑闻""巴生自贸区弊案"和"政治献金"等相互攻击,斗争日趋白热化。2009年8月,蔡细历被开除公职,冻结党籍四年。10月,马华公会召开特别代表大会,翁诗杰被投不信任票,蔡细历恢复党籍。但翁诗杰拒绝辞职,呼吁再开特别代表大会。此后,翁、蔡二人和解,蔡细历恢复署理总会长职务,两人联手对付副总会长廖中莱。廖中莱派不满翁、蔡的"大团结",13名中央委员也提请辞职,为争取中央委员会重选铺路。①翁诗杰对"不信任票"的无视激起民愤,纳吉布警告马华公会不可为权力之争丧失民心。

另一方面,反对党势力逐渐强大,甚至威胁到巫统的执政地位。自2008年3月大选以来,马来西亚先后举行了五场补选。而国民阵线仅在沙捞越赢得1场州议席选举。相比之下,反对党步步为营,士气旺盛。此外,执政党与反对党在霹雳州斗争激烈。2008年2月,国民阵线成功游说三名反对党议员脱离民联(反对党联盟)加入国民阵线,重夺霹雳州政权。②随后,霹雳州苏丹,罢免了州务大臣尼查(反对党),任命国民阵线议员赞比里为新大臣。反对党多次提出上诉,但联邦法院于2009年2月9日终审判决赞比里合法。反对党指责国民阵线践踏民主,民众谴责巫统滥用权力。值得注意的是,2009年4月,反对党上书最高元首要求暂缓任命纳吉布为总理。此后,安瓦尔又宣布将成立影子内阁,继续与政府对抗。

---

① 据马华党章规定,需三分之二(21人)的中委辞职才可进行重选,廖派还需争取8名中委辞职。
② 2008年3月全国大选后,霹雳州为反对党控制。

与此同时,受 2008 年国际金融危机的影响,马来西亚经济持续走低。2008 年,马来西亚 GDP 增速为 4.832%,比 2007 年的 6.299% 大幅降低。①同年,马来西亚的通货膨胀率为 5.441%,②为 1982 年以来的最高点。自 2008 年第四季度以来,马来西亚经济持续衰退。2009 年 2 月,在纳吉布上台前夕,马来西亚工业生产指数下跌 14.7%,对外贸易继续锐减。纳吉布在 2008 年 9 月接任财政部部长后推出了经济刺激计划,缓解经济压力。2009 年 3 月 10 日,马来西亚财政部投入 600 亿林吉特(约 162 亿美元)用于经济刺激计划,致使财政赤字飙升至 GDP 的 7.6%,引起反对派质疑。民联多名领袖据此指责刺激计划缺乏合理性,将导致恶性循环。2009 年,马来西亚的 GDP 负增长 1.514%,③为马来西亚历史上第三次负增长,这也是 1998 年亚洲金融危机以后,马来西亚经济的最低增速。同年,马来西亚的失业率飙升至 3.69%,而在 2007 年这一数据仅为 3.23%。④在经济危机的压力下,2009 年马来西亚通货紧缩,这对于刚刚上台的纳吉布造成不小的挑战。

二、"一个马来西亚"政策

2009 年 4 月,纳吉布出任马来西亚总理后,随即提出"一个马来西亚"政策,以推动国家政治、经济改革,构建和谐、安定的多元文化社会。马来西亚政府出台的"一个马来西亚"政策蕴含着深刻的历史背景和现实因素的考虑。

加强民族团结迫在眉睫 从历史原因看,马来西亚是一个多种族、多元文化的国家。马来人、印度人、华人是马来西亚的三大族群。马来人占全国人口的 50.4%,⑤主要信仰伊斯兰教,华人占总人口 23.7%,印度人占 7.1%,华、印两族多信奉佛教、印度教和天主教等。自 1957 年独立以来,马来(西)亚⑥政府先后颁布了诸多有利于马来人的政策,逐步确立了马来人在国

---

① ③ 世界银行,https://data.worldbank.org/indicator/NY.GDP.MKTP.KD.ZG?locations = MY,访问时间:2018 年 6 月 1 日。
② 世界银行,https://data.worldbank.org/indicator/FP.CPI.TOTL.ZG?locations = MY,访问时间:2018 年 6 月 1 日。
④ 世界银行,https://data.worldbank.org/indicator/SL.UEM.TOTL.ZS?locations = MY,访问时间:2018 年 6 月 1 日。
⑤ 马来人及后文华人、印度人占全国人口比例的数据来源,参见顾长永:《马来西亚:独立五十年》,台湾商务印书馆,2009 年,第 3 页。
⑥ 马来亚于 1957 年独立,马来西亚于 1963 年成立,为便于叙述这里统称马来(西)亚。

家的"主人地位"。政治上,马来人取得"特权地位"(马来人政党控制国家政权,马来人担任内阁重要职务,且保留苏丹统治者);经济上,马来人享受"新经济政策"优先照顾;文化上,马来政府确立了以伊斯兰文化为核心的国家文化政策。相比之下,华人、印度人在社会中成为相对弱势群体。于是,种族矛盾成为影响马来西亚政治、经济和社会发展的重要因素,甚至成为历史发展的转折点,1969年爆发的"5·13"事件就是一例。

  从现实因素看,自2003年10月强势总理马哈蒂尔下台以来,马来西亚种族矛盾不断激化,族群关系紧张。先是2005年以来,前教育部部长希山慕丁(2009年4月后任内政部部长)等马来人高官多次在巫统和巫青团的全国大会上发表"捍卫马来人议程"的言论,并在巫青团大会上高举格里斯短剑。后是2006年9月,新加坡内阁资政李光耀在莱佛士论坛上言及"华人被邻国系统边缘化"的问题,引发了马来西亚朝野的震荡。同年11月,马来人与华人又就企业土著股权配额、"种族主义玩弄者之争"等议题发生争执,时任副总理的纳吉布甚至在巫统大会上抛出了"马来人议程无限期论"。①2007年11月,一万名印度裔无视警告,在吉隆坡双子塔前游行示威,与防暴警察发生冲突。2008年8月,马来西亚槟州巫统升旗山区部主席阿末·伊斯迈尔发表"华人寄居论",声称华人是寄居在马来西亚土地上的外来人,因此华人不可能获得与马来人相同的权利②。种族矛盾日益激烈,以至阿卜杜拉总理被迫在2009年4月提前交权下台。纳吉布随即临危受命,着手推动改革。

  "一个马来西亚政策"及其挑战 "一个马来西亚"政策以促进族群和谐、社会繁荣为主要目标,包含八大价值观,即卓越文化、毅力、谦卑、认同、忠诚、精英管理、教育和诚信及一个团结原则,即各种族间应相互接纳,以宪法和"国家原则"为国民原则,建立公平社会。③马来西亚新闻通讯与文化与艺术部部长莱士·雅丁称,"一个马来西亚"政策强调族群团结与平等,不会发生某个族群的权利被其他族群剥夺的事,《马来西亚联邦宪法》保障的马来语的国语地

---

① 以上内容可参阅韩方明:《反思华人与马来西亚现代社会结构的构建——2006年马华族群对抗的视角》,载吴小安、吴杰伟《中国华侨华人研究——优势与挑战》,香港文汇出版社,2008年,第240—243页。
② 骆永昆:《华人寄居论再掀马来西亚政坛风波》,《大众日报》2008年10月23日。
③ "一个马来西亚"是一个促进国家政治、经济、文化和社会发展的全面政策,但本章重点讨论该政策对构建种族和谐所发挥的作用。具体内容可参见"一个马来西亚网站":www.1malaysia.com.my。

一个马来西亚标志

位、伊斯兰教为官方宗教及马来人统治者的地位也不会被剥夺。

"一个马来西亚"政策致力于从两个方面促进族群和谐。

第一，提高政府执政水平和为民服务意识，确保高效、公正、公平的政治环境。纳吉布积极推动建立"以民为先、以表现为主"的内阁，提高政府执政水平，为构建和谐族群关系提供可靠保障。这就是所谓的政府转型计划。"以民为先"即倾听民意，关注民生，消除贫穷，提高全民实际收入，让全民参与国家政治进程，扩大全民讨论空间及平台。"以表现为主"即政府不可滥权，不可采取"政府知道的最多"的态度，要用实际行动满足人民要求，特设绩效制评估、总理府部长监督、总理亲自审查的新政府行政监督机制，一改巫统为所欲为、远离民众的作风。

纳吉布强调，政府要构建和谐的族群关系，除了自身要具备高水准外，还应当加强对种族差别的认同，"认同应当超越容忍"。"容忍"意味着不大喜欢，但无从选择，必须接受，而"认同"则表示以积极的心态去接受。①对政府而言，"认同"就是要将最优秀的马来人、华人、印度人及其他民族凝聚到一起，共同建设马来西亚。为贯彻"认同"理念，政府颁布实施了一系列促进公平、公正的政策。一是部分取消"新经济政策"，撤销27个服务领域中30%的土著股权限制，并将非商业银行外资股权上限提高至70%，允许外资银行在全国增设分行。二是按照人口比例发售"一个马来西亚信托基金"，即将基金的50%保留给马来人，给华人30%，给印度人15%及给其他种族5%。②三是在全国范围内设立50家"一个马来西亚诊所"，为全民提供最便宜的医疗服务。"一个马来西亚诊所"强调不分种族，公平对待每一个病患。且每次看

---

① 参见"一个马来西亚网站"：www.1malaysia.com.my。
② 相关内容参见《马100亿令吉基金反应欠佳》，《联合早报》2009年12月30日。

病,诊疗费仅收 1 林吉特(约人民币 2 元)。① 四是设立"一个马来西亚房屋"项目。2012 年,纳吉布政府设立"一个马来西亚房屋"项目,为生活在市区的中产阶级,即夫妻两人月收入在 2 500—7 500 林吉特之间的家庭,建设和提供经济适用房。同时,纳吉布政府还向全国月收入低于 3 000 林吉特的家庭共发放 50 万林吉特的补助。2013 年,政府将此项补助金额提高至 25 亿林吉特,惠及全国 500 多万家庭。

第二,塑造共同的价值观,增进互信,为种族和谐提供良好的人文环境。纳吉布主张,教育和知识是建立一个成功国家的基石,"以思想为根基的国家才能永存"。教育和知识应当全面,同时也必须综合其他的价值观。马来西亚人应保持阅读的习惯,以拓展思维,同时注重加强种族间的交流与互动,构建共同的价值观,以达到族群的融合。除教育外,纳吉布还主张马来西亚人谦卑、忠诚,讲究诚信,以达到种族间的互信。谦卑就是不要炫耀或卖弄,不论身居何职何位,必须将自己融入社会,与周围人和谐共处;忠诚是信任的根基,任何关系,都需要靠忠诚来维持。如必须忠于朋友,有效建立互信,诚信就是在处理各种关系时,要以诚相待。

"一个马来西亚政策"的实施得到了马来西亚民众的拥护和肯定。此政策在促进国家政治、经济发展和社会和谐方面较为成功,但在政策推进期间面临不少挑战。

首先,"一个马来西亚"政策面临党内保守派的阻挠。对马来西亚而言,"一个马来西亚"政策是一次全新的改革,其革新力度之大为马来西亚历史罕见。以"新经济政策"为例,该政策乃纳吉布父亲,即马来西亚第二任总理拉扎克在 20 世纪 70 年代为马来人专设的"经济特权"。但纳吉布极力主张取消该政策,这不仅有"叛祖"之嫌,而且触动了马来人的生存根基,自然招致巫统党内保守势力的抵制。以前总理马哈蒂尔为首的巫统保守派,不但动辄就借各种"事件"抨击政府,还不时发表民族主义极强的言论干扰纳吉布。

实际上,不仅元老派抵制纳吉布,就连纳吉布的特别助理纳西尔也发表了与"一个马来西亚"背道而驰的种族性言论,称华族、印度族同胞有太多诉求,华人妇女当年到马来亚是"卖身",印度族则是来"乞讨",政府可随时剥夺他们的公民权。"纳吉布若要推动国家往前发展,要让马国内部的族群关系

---

① 《一个马来西亚诊所收费仅一元,全国 44 家同步运作》,《联合早报》2010 年 1 月 7 日。

朝向和谐的发展,就有必要勇敢地面对保守的力量。如果纳吉布一直受制于巫统的保守力量,他就根本无法实现自己的把马国推向一个新境地的理想。"①

其次,"一个马来西亚"政策重视公正与平等,但所谓的公正与平等更多局限在经济领域,政治、文化领域的平等则很少触及。马来人与华人的矛盾和冲突更主要地表现在政治和文化上。政治上就是华人在马来西亚应具有与马来人相等的政治地位。"一个马来西亚"政策在解决华人政治地位上乏善可陈。纳吉布上台后,华人地位虽有所改观,但是马来人仍然频繁发表马来人是"一等公民"、其他种族是"二等公民"的论调②。

除政治上的不平等,"一个马来西亚"政策也未能在解决华人教育方面有所突破。马来人与华人在教育方面的"不平等"突出表现为中央政府对马来学校和华人学校的政策。"马来人小学(又称"国民小学")经费全都是来自政府,包括师资、设备、校地等费用,而华文小学(又称"国民型小学")的设备却必须靠华校及当地华人社团自行募捐"。③纳吉布上台后十分重视华文教育的发展,不仅在国民小学开设华文科目,还提出"华文小学都是先辈传承下来的。华人要拥有属于自己的学校,我们不能从中夺走,因为这是不切实际的"。尽管如此,华文小学的处境仍未得到根本改善。马来西亚华校教师会总会(教总)在《2009年华小课题回顾》报告中指出,过去一年,华文小学的发展每况愈下,证明国家单一的教育政策一直没有改变,非马来文教育的发展依然不受政府重视。董教总和七个华团在过去一年,曾多次向总理纳吉布及教育部提呈备忘录,也曾和副总理兼教育部部长穆希丁进行交流,但华文小学发展并没有取得重大突破。教总认同纳吉布提出的"一个马来西亚"不分种族对待全民的治国理念,期待纳吉布坐言起行,在他领导下的政府能够采取坚决的态度和行动,将各族母语教育平等的理念,具体落实和贯彻在国家教育政策上。④实际上,除了备受瞩目的华文小学外,华文高等学府的地位也亟待改善。

推动经济改革 除"一个马来西亚"政策外,纳吉布还积极推动"经济转

---

① 《纳吉面对的挑战》,《联合早报》2009年12月31日。
② 《马国"牛头示威"领袖:马来人是"一等公民"》,《联合早报》2009年12月9日。
③ 顾长永:《马来西亚:独立五十年》,台湾商务印书馆,2009年,第64页。
④ 《马教总:华小没获公平对待》,《联合早报》2010年1月6日。

型计划",重点推动"新经济模式"改革。2009年5月,纳吉布推出"新经济模式",欲推动马来西亚发展成为高收入国家。2010年3月,"新经济模式"作为国家的一项经济计划正式对外公布。有别于其父亲的"新经济政策",纳吉布的"新经济模式"核心思想是国家的经济发展不再以族群为依据,而是以国家的发展需求为依据。马来西亚要发展成为一个具有国际竞争力的国家,国家经济就应当具有包容性和可持续性。

"新经济模式"为马来西亚设定的目标是到2020年时,马来西亚人均GDP将从2010年的7 000美元增加到1.5万美元,马来西亚将迈入高收入国家。同时,"新经济模式"下的马来西亚经济不仅重视经济发展,还重视经济发展对环境和自然资源的影响,要注意环境保护和可持续发展。纳吉布强调,以财富创造、追求增长却破坏资源和社区为基础的经济发展没有任何价值。①而"新经济模式"的包容性则是指经济发展不能落下任何一个族群,要让所有人都分享国家发展的财富,建立一个包容的社会,缩小不平等。

为推进"新经济模式",纳吉布政府着力推动以下八个领域的改革:一是重新激活私人领域的发展;二是培育一个有质量的团队,减少外国劳工的往来;三是创造有竞争力的国内经济;四是加强公共领域;五是采取透明的、对市场友好的保护措施;六是建立以基础设施为基础的知识经济;七是加强资源的发展;八是确保可持续发展。②

与此同时,政府设定了12个国家关键经济领域(NKEAs),包括石油、天然气及能源、棕油、金融服务、旅游、商业服务、电子及电器、批发及零售、教育、保健、通信内容及建设、农业及大吉隆坡城建设。

为落实经济规划,纳吉布政府设立经济顾问理事会。该理事会直接向总理汇报,负责向政府提供独立、客观、专业的咨询服务,以克服经济危机。同时,马来西亚财政部推出刺激经济配套网站。民众可在该网站查询经济刺激计划的执行情况,监督政府财政,以便提供咨询意见。该网站有助于增强市场信心,让民众知道政府有能力执行刺激经济配套方案,解救经济。此外,纳吉布政府还成立服务投资委员会,撤销27个服务领域30%的土著股权限制,以吸引投资,提高竞争力,创造就业机会。政府计划分阶段开放金融

---

①② "NEM Will Be Led by Three Principles", March 31, 2010, https://web.archive.org/web/20100403195939/http://thestar.com.my/news/story.asp?file =/2010/3/31/neweconomicmodel/5968223&sec = neweconomicmodel,访问时间:2018年6月1日。

领域,向世界顶级金融机构发放9张银行执照,持执照者可获100%股权。非商业银行外资股权上限也从49%提高至70%。外资银行可增设4家分行。

经过纳吉布的一系列改革后,马来西亚的经济出现较大起色。2010年,马来西亚GDP增速恢复至7.425%,①这是自2000年以来的最高增速。2011年和2012年,马来西亚经济增速均超过5%,保持了稳定的中速增长态势,逐步走出了经济危机的阴影。其中,2012年GDP增速达到了5.473%。②与此同时,马来西亚的失业率在2010年后基本保持在3.0%左右的水平,其中2012年为3.04%,③为2000年以来最低。2012年,马来西亚的通货膨胀率为1.647%。

三、2013年全国大选

在经历了执政初期的压力后,纳吉布政权逐渐稳定下来。虽然经济形势有所好转,但政治和社会形势出现了一些新的变化。尤其是非政府组织日益活跃,对纳吉布政权造成了一定冲击。民众对纳吉布的不满最终在2013年的全国大选中表现出来。

"土著权威组织"兴起　2008年大选以来,马来西亚掀起了一股较强的马来民族主义的浪潮。这股民族主义的浪潮以非政府组织"土著权威组织"④(Perkasa)的兴起为标志。"土著权威组织",顾名思义,是一个旨在维护马来人和土著民利益的非政府组织。该组织成立于2008年9月,有完善的组织体系,对组织成员、中央和地方组织均有详细的规定。就组织成员而言,

---

①② 世界银行,https://data.worldbank.org/indicator/NY.GDP.MKTP.KD.ZG?locations = MY,访问时间:2018年6月1日。

③ 世界银行,https://data.worldbank.org/indicator/SL.UEM.TOTL.NE.ZS?locations = MY,访问时间:2018年6月1日。

④ 该组织的马来语为"Pertubuhan Pribumi Perkasa Malaysia",字面意思是"马来西亚权威土著组织"。东南亚华文媒体通常称其为"土著权威组织",英文简称为Perkasa。依据相关专家的解释,所谓"土著"的概念主要指"原住民、马来人和沙巴、沙捞越的土著"。参见Masyarakat Kita(Panduan Dan Rujukan Untuk Peperiksaan),International Law Book Service,Edisi 2007,hlm. 270。依据《土著权威组织宪章》第一条第二款的解释,土著(Pribumi)包括"马来人及马来半岛、沙巴、沙捞越的土著民(bumiputera)"。以上两个关于土著的定义表述虽有不同,但所指基本一致。

该组织宪章第五条明确规定,"土著权威组织"面向所有18岁以上的马来人和土著民开放。有意加入组织的马来人或土著民需得到一名"土著权威组织"合法成员的支持,并填写"土著权威组织"的正式表格,以提交相关委员会待批准通过。获得批准加入组织的成员,应一次性缴纳终身会费10林吉特(约20元人民币)。任何成员如未能遵守组织的制度或做了玷污组织名誉的事将被开除或暂时取消成员资格。就组织体系而言,该组织设有中央、州、地方(联邦直辖区)三级管理机构。中央一级的最高管理机构是"成员大会"(Mesyuarat Agung Ahli-Ahli),该大会每年举行一次,主要职责是听取各委员会的年度报告、处理大会讨论事项,选举"土著权威组织"主席、副主席,各委员会常务主席、副主席及其他委员。

"土著权威组织"设有主席1人、署理主席1人、副主席5人,以及秘书长、秘书长助理、财政官、新闻官等其他要员。"土著权威组织"的执行机构是各委员会。委员会由主席领导,下设副主席1人,主要负责处理日常事务,有任免委员的权利,并可就组织的运行事务做出决策。每年成员大会召开时,各委员会需向大会提交上一年度的工作报告。此外,"土著权威组织"还为不同年龄段的成员设立了专门的组织,并给予相应的称号,如给予40岁以下的妇女"土著妇女英雄"称号,给予40岁以上的妇女"土著巾帼"称号,给予40岁以上的男子"土著英雄"称号等。

在州及地方一级,中央主要通过"州、地方及联邦直辖区协调委员会"对州、地方及联邦直辖区的"土著权威组织"实施领导。各"州、地方及联邦直辖区协调委员会"同样拥有完善的组织体系。州协调委员会由州"土著权威组织"主席主持工作,下设署理主席1人、副主席2人、名誉秘书1人、名誉秘书助理1人、名誉财政官1人、新闻官1人、土著妇女英雄组织主席1人、土著巾帼组织主席1人、土著英雄组织主席1人及10名委员等。

地方及联邦直辖区协调委员会由地方及联邦直辖区委员会主席领导,下设署理主席和副主席各1人、秘书1人、财政官1人、新闻官1人、土著妇女英雄组织主席1人、土著巾帼组织主席1人、土著英雄组织主席1人及9名委员。各州除了可以通过州协调委员会与中央沟通外,还可要求召开"特别成员大会"。"土著权威组织"主席是伊布拉欣·阿里(Datuk Ibrahim Ali),顾问是前总理马哈蒂尔。2014年时,土著权威组织声称其成员人数为42万人。

"土著权威组织"依据《马来西亚联邦宪法》第153条确立了明确的政治目标①:捍卫伊斯兰教作为国教的地位,捍卫马来语作为国语的地位,维护马来苏丹的权利,维护马来人特权,保护土著民,维护国家主权。"土著权威组织"之所以提出维护马来人和土著民的利益,主要原因之一是在2008年大选后,尤其是纳吉布上台之后,政府提出的诸多政治、经济改革措施,如"新经济模式"等触动了土著的利益。在相关政策之下,土著不再享受政府的优先政策保障,这是土著难以接受的。为此,"土著权威组织"主要通过批评政府、指责反对派、举行示威抗议等获得民众的支持,向政府施压,以实现其政治诉求。

以语言和宗教为例,2012年10月,马来西亚的多家国有企业因拒绝资助出版马来语广告,而遭到"土著权威组织"的猛烈批评。该组织主席依布拉欣·阿里称,马来人是马来西亚人口最多的民族,因此在购买权利问题上也应该享有最高权力。马来企业应为马来语报纸做广告,但当地国企(马来企业)却不为马来语报纸做广告,却愿意为其他报纸,比如华人报纸做广告,这是不可接受的。②一些民族主义者在"土著权威组织"的鼓动下,也公开指责当地国有企业。"马来西亚伊斯兰消费者协会"(PPIM)活动主席达图·纳德兹母·约翰指责道,"国有企业要回归到企业建立的最初目标,帮助发展土著经济。伊斯兰消费者协会不希望国有企业忘本、自大。一旦企业忘记了其最初的目标和建立的根基,土著经济将受到影响"。

在族群问题上,"土著权威组织"散播华人威胁论。如2012年12月,"土著权威组织"主席阿里批评华人激起国内的政治情绪,指责华人"身在福中不知福",认为如果华人在政治上和经济上获得更大的权利,那么华人将是国家安全的威胁,挑起新的"5·13"事件。③"土著权威组织"挑起的族群论争、语

---

① 《"土著权威组织"宪章》第四条(马来语版),参见 http://perkasamarang.blogspot.com/2010/12/perlembagaan-perkasa.html,访问时间:2012年11月15日。
② "GLC Lupa Daratan Enggan Bantu Media Bahasa Melayu", *Utusan Malaysia*, http://www.utusan.com.my/utusan/Dalam_Negeri/20121029/dn_10/GLC-lupa-daratan-enggan-bantu-media-bahasa-Melayu,访问时间:2012年11月10日。
③ Clara Chooi, "Growing Chinese Clout May Cause New May 13, Says Ibrahim Ali", December 14, 2012, https://web.archive.org/web/20121219105711/http://www.themalaysianinsider.com/malaysia/article/growing-chinese-clout-may-cause-new-may-13-says-ibrahim-ali/,访问时间:2018年6月1日。

言宗教论争确实对马来西亚的政治和社会发展构成一定挑战。此举虽未直接冲击纳吉布政权,但作为政府需顺应民意、凝聚民心,因此"土著权威组织"还是对纳吉布政府的国家治理政策提出了新的要求。

"净选盟"更加活跃 除"土著权威组织"外,2011年后,马来西亚还活跃着另外一个重要的非政府组织,即净选盟。继2007年游行集会后,净选盟在2011年、2012年连续举行反政府游行集会,对纳吉布政权形成了较为严峻的挑战。其中,2011年、2012年集会对马来西亚局势和2013年全国大选产生了重要影响,巫统最终在2013年大选中再次无法占有三分之二的国会多数席位。2011年7月9日,净选盟再次发起大集会,要求觐见最高元首,提交改革选举制度备忘录。集会民众从吉隆坡市区各方向出发,向默迪卡体育馆集中。其间,集会民众受到警方的阻拦和镇压。5万名集会民众被迫与警方周旋,但最终未能将改革选举制度备忘录提交最高元首。集会当天,警方扣留、逮捕1 500余名民众,包括净选盟委员会主席安美嘉、国会反对党领袖安瓦尔、公正党副主席蔡添强、伊斯兰教党主席哈迪阿旺和巫青团团长凯利等。

2012年4月28日,净选盟和另一个非政府组织"绿色省会"联合发动集会抗议。示威民众从吉隆坡前往独立广场,主要在苏丹街、中央艺术坊、国家清真寺、占美清真寺、双峰塔公园聚集。反对派称示威人数多达5万人。除吉隆坡外,槟州、沙巴、沙捞越、柔佛、霹雳、彭亨、马六甲等地也同时发起集会,全球其他一些国家和地区也同步举行集会,声援马来西亚。

2013年全国大选 这是纳吉布执政后马来西亚举行的首次大选。在本次选举中,反对派虽然最终未能赢得政权,但给巫统以沉重打击。从得票率看,纳吉布领导的国民阵线在选举中仅获得47.38%的选票,而反对派人民联盟获得了50.87%的选票,其余的小党和独立人士获得1.75%的选票。这是马来西亚大选历史上,反对派所获得的选票首次超过执政联盟。但由于受到选举制度的制约,反对派并未获得超过半数的国会席位,相反国民阵线获得了222个国会席位中的133席,赢得执政权。不过,国民阵线所获得的133席与上届大选相比,减少9席,不再占有国会三分之二的绝对多数席位,这是国民阵线自2004年以来第二次成绩下滑。其中,巫统获得88席,比上届大选增加9席,但最大华人政党马华公会仅仅获得7席,比上届大选减少7席,成为执政联盟中丢失席位最多的政党。除马华公会外,另一个丢失席位最多的政党是沙捞越人民联合党,该党在本次选举中仅获得1个席位,比上届大选减少5席。

反对派方面，由于华人选民更多将选票投给了华人反对党民主行动党，因此民主行动党成为人民联盟中获得国会席位最多的政党，该党共获得38席，同比增加10席。安瓦尔领导的人民公正党获得30个国会席位，伊斯兰教党获得21席。在州议会选举方面，国民阵线获得8个州的执政权，而反对派获得4个州的执政权，即吉兰丹州、槟城、霹雳州、雪兰莪州。

本次选举反对派虽然没有推翻巫统的政权，但华人选民的流失对国民阵线确实是沉重打击。纳吉布本人将其称为华人政治海啸。①由于马华公会的惨败，大选之后，马华公会决定不加入新一届内阁。5月6日，纳吉布组建新的内阁，虽然马华公会未能入阁，但纳吉布还是为华人保留了几个部长职位。在本届内阁中，纳吉布任总理兼财政部部长，副总理为穆希丁，扎希德为内政部部长，希沙慕丁为国防部部长并代理交通部部长。2014年内阁改组后，马华公会获得了总理府部长和交通部部长两个职位。

四、以中国为重点的外交

2009年以来，纳吉布政府的积极外交取得成果，马来西亚与中国、美国、日本等国家的关系日益紧密，同时马来西亚在伊斯兰世界的影响力得以加强。但纳吉布执政时期，马来西亚外交的主要成果表现在三个方面：一是中国与马来西亚关系全方位加强，中国成为马来西亚大国外交的主要战略伙伴；二是马来西亚担任东盟轮值主席国，积极筹备并宣布建成东盟共同体；三是美国与马来西亚建立全面伙伴关系，双边关系迈入新阶段。

中国与马来西亚关系全面深化 纳吉布任内，最重要的外交成果是中国与马来西亚建立全面战略伙伴关系。2009年6月，纳吉布在刚刚上任不到60天便对中国进行了正式访问，两国签署了《战略性合作共同行动计划》，为两国未来的发展描绘了宏伟蓝图。纳吉布表示愿继承先父对华的友好传统，妥善处理南海问题，努力提升与中国的关系。就任总理前，纳吉布访问华人最大报刊《星洲日报》，向华人社会展现善意，争取华人支持。就任总理后，纳吉布又访问吉隆坡唐人街，受到华人热烈欢迎。而后，纳吉布开通华文博客，

---

① 《纳吉布批华人海啸，促大马和解》，2013年5月6日，https://www.bbc.com/zhongwen/simp/world/2013/05/130506_malaysia_election_aftermath.shtml?c，访问时间：2018年6月1日。

巫统网站增设华文专栏,积极与华人交流。同时纳吉布重视汉语教育,掀起中文教学改革。他表示中国已成为经济强国,并将日益强大,汉语正成为重要的国际语言。他鼓励马来西亚人学习汉语,以在全球化趋势下增强马来西亚的竞争力,扩大经商网络,增加就业机会。马来西亚政府批准新纪元学院使用中文教学,掀起马来西亚历史上首次高等院校中文教学改革,政府还倡导与中国大学交流合作。在南海问题上,纳吉布表示愿为推动马来西亚与中国关系发展做出贡献。双方愿加强合作,扭转马来西亚与中国贸易下滑趋势。

2009年11月,中国国家主席胡锦涛访问马来西亚,并在吉隆坡会见纳吉布总理,就进一步加强中马战略性合作深入交换了意见。双方均高度评价双边关系。两国在重大国际和地区事务中保持着密切沟通和协调。马来西亚愿意扩大同中国在经贸、金融、能源、农业、渔业、教育、科技、旅游、防务安全等领域的交流合作。

随着纳吉布总理与胡锦涛主席的互访,两国关系进入了新时代。2010年以来,两国高层互动频繁,双边经贸、安全合作及人文交流取得重要进展。2012年4月,纳吉布访问中国,出席中马钦州产业园区合资公司签约仪式和开园仪式。两国双园之一的中马钦州产业园启动。2013年2月,马中关丹产业园区在马来西亚启动。至此,两国政府力推的双园建立,中国与马来西亚的经贸合作拉开新的篇章。

2013年纳吉布连任总理后,10月3日至5日,习近平主席对马来西亚进行国事访问。访问期间,习近平主席会见马来西亚最高元首哈利姆,与纳吉布总理举行会谈,并会见了前总理马哈蒂尔。双方同意将中国与马来西亚关系提升至全面战略伙伴关系,并签署经贸合作五年规划(2013—2017年),明确双边贸易发展路线图,确定2017年达到1 600亿美元的贸易新目标。双方同意继续致力于维护地区和平与稳定,主张通过和平、友好对话与磋商解决争议。同时,两国签署厦门大学马来西亚分校建设协议。2013年两国双边贸易额达到1 060.75亿美元,这是两国贸易额首次超过1 000亿美元,马来西亚成为中国在亚洲继日本、韩国之后,第三个双边贸易额超过1 000亿美元的国家。

2014年12月,中国与马来西亚军方举行首次联合桌面推演。2014年,中国与马来西亚贸易额继续保持在千亿美元,达1 019.75亿美元。2015年11月20—23日,李克强总理赴马来西亚出席东亚合作领导人系列会议并对马来西亚进行正式访问。

马方支持中方提出的"一带一路"合作倡议,并与中方签署了《关于加强产能与投资合作的协定》《关于进一步推进中马经贸投资发展的合作计划》《关于政府市场主体准入和商标领域合作谅解备忘录》《马来西亚输华棕榈油质量安全的谅解备忘录》。同年9月,两国军队首次在马六甲海峡及其附近海域举行"和平友谊-2015"联合实兵演习,两国国防合作进入新阶段。与此同时,马来西亚驻南宁总领事馆、中国驻槟州总领事馆和中国驻哥打基纳巴卢总领事馆分别开馆。

2016年10月31日至11月5日,纳吉布正式访问中国。访问期间,纳吉布见证了马中双方签署超过10个政府间谅解备忘录和协议,内容涉及农业、教育、经济、海关等多个领域,并签订了10个企业间谅解备忘录和协议,内容涵盖投资、建筑、电子商务、港口建设、天然气管道建设等。中国与马来西亚重签《防务合作谅解备忘录》和《关于共同开发建造马海军滨海任务舰合作框架协议》。同年11月,"和平友谊-2016"联合军事演习在马来西亚巴耶英达附近地域举行。此外,马来西亚在西安设立总领事馆。2017年5月,纳吉布来华出席"一带一路"国际合作高峰论坛。

中国与马来西亚合作全面深化,其中两国的大型基建项目合作取得突破性进展。

第一是马六甲皇京港(Melaka Gateway)项目。皇京港地处马六甲海峡中段,位于吉隆坡和新加坡之间的马六甲市,距离首都吉隆坡不到150千米。皇京港巨型综合发展计划是马来西亚国家重点经济领域项目,由中国电建集团国际工程有限公司兴建。该项目由3个人造岛和1个自然岛屿组成,占地1 366英亩[1],计划总投资400亿林吉特。按照规划,第一岛将建造旅游、文化遗产及娱乐区;第二岛为中央商务区,将建成物流中心、金融、商业、补给与高科技工业区;第三岛为经济中心,包括深水码头及高科技海洋工业园;第四岛则为码头和临海工业园。[2] 2014年皇京港项目启动。

第二是马来西亚南部铁路项目。南部铁路是中国与马来西亚基础设施合作尤其是铁路合作的重要项目,也是中国企业在马来西亚独立建设的首条铁路。该项目由中国铁建、中国中铁和中国交建三家企业共同承建,是中国

---

[1] 1英亩合4 046.86平方米。
[2] 《背景揭秘:马来西亚皇京港》,2017年8月29日,http://www.zgsyb.com/html/content/2017-08/29/content_658447.shtml,访问时间:2018年6月1日。

企业第一次以联合体方式中标的境外重大项目。项目主要是为金马士—新山双线电气化升级改造米轨铁路,全长191.14千米,共有9个新建客运站、2个车辆段及3个靠近既有铁路线的开放式车站,客运时速160千米,货运时速90千米,合同金额为89亿林吉特(约合144.7亿元人民币),项目工期为48个月。项目建成后,从柔佛新山经金马士向北到巴丹勿刹的列车将全部实现双轨运行。2016年10月,项目建设正式启动。

第三是马来西亚东海岸铁路项目。东海岸铁路项目由中国交建承建,项目总金额550亿林吉特,全长688千米,工期7年。其中85%的资金来自由中国进出口银行提供的年利率为3.25%的贷款,其余15%由马来西亚银行通过伊斯兰债券集资。工程分三阶段展开,第一阶段是从巴生河流域(雪兰莪、吉隆坡地区)至关丹,第二阶段是从关丹到瓜拉登嘉楼,第三阶段则是从瓜拉登嘉楼到吉兰丹州的哥打巴鲁和道北。铁路在兴建期将制造8万个就业机会,营运期则将提供6 000个稳定就业机会。项目建成启用后,东海岸的货运可直通巴生港口,促进东海岸的投资和商业活动、创造就业机会、提供优质教育及提升当地旅游业。2017年8月,东海岸铁路项目正式动工。纳吉布总理高度重视,称东海岸铁路作为泛亚铁路枢纽,将促进东海岸三州的经济发展。[1]

宣布建立东盟共同体 在中国与马来西亚关系全面推进的同时,马来西亚在其东盟轮值主席国任期内,宣布东盟共同体成立,这也是纳吉布的重大外交成就。2015年正值马来西亚担任东盟轮值主席国,也是东盟宣布共同体成立之年。为筹备东盟共同体,马来西亚特意将2015年的东盟峰会主题确定为"我们的人民、我们的共同体、我们的愿景",并强调东盟应以民众为中心,各国政府要加强治理,向民众提供高水准的生活,确保经济可持续发展,赋予女性更多权利,为所有人提供机遇。

2015年4月,马来西亚举办第26届东盟峰会,纳吉布总理讲话称2015年是东盟发展的里程碑,并引述东盟成立时的宣言,强调东盟国家要加强相互理解、建立睦邻友好关系、开展有意义的合作,以便在日益相互联系的世界中,实现自由、和平、社会正义和经济福祉。[2]11月,马来西亚举办第27届东

---

[1] 《马东海岸铁路计划动土 全长逾600公里》,2017年8月10日,https://www.zaobao.com/znews/sea/story20170810-785909,访问时间:2018年6月1日。

[2] "Full Text of Najib's Speech at 26th Asean Summit Opening Ceremony", April 27, 2015, https://www.nst.com.my/news/2015/09/full-text-najib%E2%80%99s-speech-26th-asean-summit-opening-ceremony,访问时间:2018年6月1日。

盟峰会。东盟领导人签署东盟共同体成立宣言,宣布将在 2015 年 12 月 31 日建成以政治安全共同体、经济共同体和社会文化共同体三大支柱为基础的东盟共同体。东盟领导人希望通过东盟共同体能使本地区的更多民众获得经济利益。预计到 2030 年,东盟共同体的经济实力将比 2015 年的 2.6 万亿美元增加 1 倍。

同时,东盟峰会通过《东盟 2025:携手前行》愿景文件,为未来东盟发展指明方向。愿景文件指出,未来,东盟将努力建立一个"具有政治凝聚力,经济一体化和社会责任感"的共同体,主要目标是更加重视东盟各国人民及其福祉;提高对东盟及对"具有政治凝聚力,经济一体化和社会负责感"的东盟共同体愿景的认识;通过有效和创新的平台吸引东盟成员国的所有国民,促进其对东盟政策和区域利益的承诺和认同;确保东盟各国人民的基本自由、人权和更好的生活;加强能力建设,保持东盟中心地位,以应对现有和新出现的挑战;将东盟建设成为一个外向型的、在全球活跃的行为体;实施东盟议程,并实现有助于促进东盟共同体建设的愿望;加强对东盟机构和东盟秘书处的管理。①12 月 31 日,马来西亚外长阿尼法发布声明,宣布东盟共同体于当天正式成立,东盟发展步入新时代。东盟共同体的成立意味着东盟国家在政治安全、经济和社会文化领域的一体化水平将进一步提升。

东盟于 1967 年 8 月成立,20 世纪 90 年代发展成一个囊括 10 个东南亚国家的地区组织。1992 年,东盟提出建立自由贸易区,力争通过推进贸易自由化提高合作水平和加强经济一体化建设。2003 年 10 月,第 9 届东盟峰会宣布将于 2020 年建成以政治安全共同体、经济共同体和社会文化共同体为三大支柱的东盟共同体。2007 年 1 月,第 12 届东盟峰会决定将东盟共同体建设提前至 2015 年完成。2015 年底,东盟共同体宣布成立。

2016 年是东盟共同体建成元年,东盟国家领导人在第 28 届、第 29 届东盟峰会上重点讨论了如何落实《东盟 2025:携手前行》愿景文件,并通过了《东盟互联互通总体规划 2025》和《东盟一体化工作计划第三份工作计划》。以上合作文件涉及基础设施、贸易促进、人员流动、中小企业发展、文化遗产合作、防灾救灾、可持续发展、基础设施建设等方面,东盟共同体建设迈出了重要步伐。2017 年是东盟成立 40 周年。纳吉布总理发表讲话,祝贺东盟走

---

① *ASEAN 2025 at a Glance*, http://asean.org/asean-2025-at-a-glance/,访问时间:2018 年 6 月 1 日。

过40年历程,指出东盟应以人民为中心,东盟的联合不干涉成员国内政。"东盟方式"为促进地区繁荣、稳定做出了重要贡献。东盟各国政府要将国家治理和创造更多机遇作为发展要务。①

纳吉布与奥巴马实现互访　除提升中国与马来西亚关系、建成东盟共同体外,在纳吉布执政期间,马来西亚外交还有一项值得提及的成就,即马来西亚与美国关系得到深入发展。2009年纳吉布上台后,马来西亚与美国的互动日益频繁。2009年6月,纳吉布与美国总统奥巴马就国际金融危机、核不扩散等问题进行了电话沟通。2010年4月,纳吉布访问华盛顿,与奥巴马总统在核安全峰会前举行会晤。纳吉布强调希望马来西亚与美国在"跨太平洋伙伴关系协定"(TPP)框架下加强合作,对美国表达了强烈的经济合作诉求。同时,两国领导人也探讨了有关核不扩散方面的问题。纳吉布与奥巴马的此次会晤被媒体称作历史性会晤,因为纳吉布是继中国国家主席胡锦涛之后与奥巴马会晤的另一位亚洲领导人,此举凸显美国高度重视发展与马来西亚的关系。2010年11月,美国国务卿希拉里·克林顿和国防部部长盖茨先后访问马来西亚。2013年,美国国防部部长哈格尔、财政部部长雅各布访问马来西亚。

2014年4月26日,奥巴马总统正式访问马来西亚,这是继1966年美国总统约翰逊访问马来西亚之后,时隔48年后美国总统再次到访马来西亚。这标志着美国与马来西亚的关系提升到了新的阶段。访问期间,两国领导人同意将双边关系提升到"全面战略伙伴关系",重点加强经济、安全、教育和科技合作。奥巴马表示希望进一步加强与马来西亚的经济合作,以减弱中国在东南亚的影响。②纳吉布则表示,马来西亚欢迎美国推动亚洲"再平衡"。③也正是在马来西亚,奥巴马提出了针对东南亚年轻人的"东南亚青年领袖倡议",以加强与东南亚国家的青年交流。

---

① Razak Ahmad, "Najib Lists Out Priorities for ASEAN", 15 Aug 2017, https://www.thestar.com.my/news/nation/2017/08/15/najib-lists-out-priorities-for-asean-member-nations-must-ensure-the-peoples-needs-form-the-core-of-d/,访问时间:2018年6月1日。
② "Obama in Landmark Malaysia Visit", 26 April 2014, https://www.bbc.com/news/world-asia-27169405,访问时间:2018年6月1日。
③ "Najib, Obama Agree to A Comprehensive Partnership", 27 Apr. 2014, https://www.thestar.com.my/news/nation/2014/04/27/obama-najib-boost-ties/,访问时间:2018年6月1日。

2015年8月,美国国务卿克里赴马来西亚参加东盟地区论坛。10月,马来西亚副总理扎希德访美。在美国的支持下,马来西亚建立了"地区数据反恐信息交流中心"(RDC3),①这是东盟第一个反恐信息中心。美国将为包括马来西亚在内的东南亚国家反恐训练提供装备、培训和行动指导。马来西亚政府则为该中心的运营筹集2亿林吉特的初始资金。同年11月,奥巴马再次访问马来西亚,出席东亚峰会。两国领导人举行双边会晤,就TPP、打击恐怖活动及南海争端等问题进行了充分交流。

2017年9月,纳吉布访问美国,与美国新任总统特朗普举行会晤。纳吉布此次访美时间在美国司法部启动对"一个马来西亚发展有限公司"腐败案进行调查后,也在马来西亚全国大选之前,因此格外引人关注。两国领导人探讨了双边经贸合作、朝鲜核问题、人文交流等议题。2017年,美国与马来西亚的贸易总额为1 580.1亿林吉特,其中马来西亚对美国出口886.9亿林吉特,占马来西亚出口总额的9.5%,美国成为马来西亚第三大出口市场;马来西亚从美国进口693.2亿林吉特,占马来西亚进口总额的8.3%,美国成为马来西亚第三大进口来源地。②

五、"改朝换代"

2015年,马来西亚权力斗争大幕开启。执政联盟内讧、反对党重组,经济下行压力增大,族群矛盾加剧,安全形势恶化。纳吉布总理面临着自2009年上台以来最困难的局面。

朝野各党斗争加剧 一方面,反对派重组联盟。安瓦尔因"非法性行为"罪再次被捕后,反对党联盟人民联盟(简称"民联")出现领导层危机。伊斯兰教党对安瓦尔夫人旺·阿兹莎接任民联和反对派在国会的领导人表示不满,认为该职位应由最大反对党民主行动党的领袖担任。此后,由于伊斯兰教党

---

① Prashanth Parameswaran, "US, Malaysia to Set Up New Center to Counter Islamic State by End of 2015", http://thediplomat.com/2015/10/us-malaysia-to-set-up-new-center-to-counter-islamic-state-by-end-of-2015/,访问时间:2016年3月4日。

② 数据来源:The Official Portal of Malaysia External Trade Development Corporation, http://www.matrade.gov.my/en/28-malaysian-exporters/trade-statistics/3792-top-10-major-import-countries-2017, http://www.matrade.gov.my/en/28-malaysian-exporters/trade-statistics/3791-top-10-major-export-country-2017,访问时间:2018年6月1日。

在吉兰丹州力推伊斯兰教刑法,民联三党出现严重分歧,民联最终瓦解。同年9月,人民公正党、民主行动党与从伊斯兰教党分裂出来的国家诚信党组建"希望联盟",取代了民联。旺·阿兹莎担任"希望联盟"领导人。2016年1月,希望联盟三党签署合作协议,加强了在共同决策、政治团结、纠纷处理、共同纲领、大选路径、政府及反对党发展和结盟方面的合作。8月,被巫统开除党籍的前副总理穆希丁申请注册"马来西亚土著团结党"。"马来西亚土著团结党"加入希望联盟,并将目标直指2018年大选。马哈蒂尔站到反对党阵营,这不仅增加了反对派的胜算,也给执政联盟当头一击。事实的发展证明,这是压倒纳吉布的最后一根稻草。

另一方面,执政党出现内讧。2015年2月,前总理马哈蒂尔炮轰纳吉布,称由纳吉布任顾问董事会主席的"一个马来西亚发展有限公司"(下文简称"一马公司")①亏欠110亿美元债务。7月,美国《华尔街日报》火上浇油,称"一马公司"约7亿美元资金被存入纳吉布个人账户,这一事件将纳吉布推入腐败的泥塘。马哈蒂尔随即要求纳吉布澄清7亿美元来源,并辞职下台。以巫统元老时任副总理穆希丁为代表的多名高官不断借7亿美元腐败案向纳吉布发难。7月28日,纳吉布被迫撤换了对"一马公司"评头论足的五名部长,包括穆希丁、司法部部长帕泰尔,以及总检察长阿都干尼。8月,净选盟掀起反政府集会游行,敦促纳吉布下台,马哈蒂尔到场支持。9月,支持政府的"红衫军"举行声援纳吉布的集会,政府默认集会合法。纳吉布与马哈蒂尔的斗争进入白热化。

2016年2月,巫统最高理事会冻结穆希丁署理主席职务,2月29日,马哈蒂尔退出巫统,以示抗议。3月,马哈蒂尔律师团队发表声明,称将对纳吉布提起刑事诉讼,指控其贪腐并干预司法调查。6月,巫统开除了穆希丁,以及马哈蒂尔之子、巫统最高理事慕克力的党籍,并冻结了巫统副主席沙菲宜·阿达的党籍。希望联盟随即力邀穆希丁、慕克力和沙菲宜入盟。7月,美国司法部着手调查"一马公司"腐败案,并拟提起民事诉讼,寻求没收与"一马公司"有关的资产。8月,穆希丁申请注册"马来西亚土著团结党"。巫统的分裂成为此后纳吉布败选的主要原因之一。

经济形势较为严峻 2015年以来,马来西亚经济仍保持中速增长,但增

---

① "一马公司"是马来西亚财政部下属的公司,主要目标是通过发展全球伙伴、促进外国直接投资,为国家长期经济发展提供战略倡议。

速持续放缓。据马来西亚央行公布的数据,2015年马来西亚GDP增长5%,低于2014年的6%,但符合政府设定的4.5%—5.5%的增长目标。马来西亚经济增速放缓主要有两大原因。从外因看,是全球经济不景气,油价剧烈波动。美国量化宽松政策引发了马来西亚国内金融市场的动荡,此外,中国经济增速放缓,对马贸易、投资减少。从内因看,自2015年4月马来西亚政府实施消费税后,商家和消费者的投资和消费活动减少,经济活动明显受到了制约。此负面影响在2016年有所好转。

2016年一季度,马来西亚GDP增速4.9%,高于上年同期的4.3%。纳吉布称,2016年国内需求受私人领域开销推动,预计将增长至4.3%,成为经济发展的重要支柱。同时,随着国际环境的改善,马来西亚的出口额将增长3.2%,进口额增长3.4%。但世界银行数据显示,2016年,马来西亚GDP增速为4.22%,[1]为2010年以来最低。与此同时,马来西亚的对外贸易也在减少。依据马来西亚国家统计局的数据,[2]2015年马来西亚外贸总额为1.465 6万亿林吉特,同比下降15.2%。其中,出口额为7 799亿林吉特,下降14.6%;进口额为6 857亿林吉特,下降15.8%。

从对外贸易的市场看,主要贸易伙伴是中国、新加坡、欧盟、美国、日本、泰国。2016年,马来西亚外贸起伏波动较大,2—5月的表现尤为明显。在出口方面,1—6月,马来西亚出口总额为3 729亿林吉特。[3]其中1月出口额为619亿林吉特,但2月骤降至567亿林吉特,3月上升至666亿林吉特,但随后连续两月下降,5月一度低至599亿林吉特,6月反弹至664亿林吉特。在进口方面,1月进口总额为565亿林吉特,2月减少至494亿林吉特,3月略有上升,但4月又下滑至523亿林吉特。

此外,马来西亚生产力增长放缓。2015—2016年马来西亚生产力报告显示,2015年马来西亚劳动生产力为7.553 8万林吉特,同比增长3.3%,但低于2014年的3.6%;每小时生产水平为34.9林吉特,高于2014年的33.7林

---

[1] 世界银行,https://data.worldbank.org/indicator/NY.GDP.MKTP.KD.ZG?locations=MY,访问时间:2018年6月1日。

[2] 以下有关贸易的数据均来自马来西亚国家统计局,参见 Press Release Monthly External Trade Statistics December 2015。

[3] 以下数据来自马来西亚国家统计局,https://www.statistics.gov.my/#,访问时间:2016年8月10日。

吉特。其中,制造业生产力增长率为7.1%,建筑业为5.5%,服务业为3.3%,但农业负增长2.4%。2015年劳动生产力的增长推动本国经济增长5%,同年就业增长率为1.8%。[1]不过马来西亚经济形势吃紧的状况,直到2017年下半年才有所改观。2017年马来西亚GDP增速恢复到5.902%。[2]虽然经济增速得以恢复,但马来西亚的失业率、通货膨胀率上升,民众尤其是中产阶级对纳吉布的不满情绪增加。

社会矛盾凸显 2013年纳吉布连任以来,马来西亚民族情绪高涨,马来人与华人矛盾凸显。2015年7月,一名马来裔青年在吉隆坡刘蝶广场一家手机店偷窃,被华裔店员发现后报警。当晚,这名马来嫌犯伙同7人重返手机店,殴打店员,引发冲突。随后关于这一事件的各种消息在网络上传播,马来人指责华裔商家出售山寨版手机,华裔先出手殴打马来青年。此后,数百名马来人在刘蝶广场示威,并在著名购物区武吉免登区追打华裔,警方逮捕25名涉事人员。[3]表面上,这并不是一起种族冲突事件,但它表明马来西亚的种族关系仍较为紧张。这在两个月后的红衫军集会中得到印证。9月,红衫军组织"马来人尊严集会"。集会期间,一些示威者闯入华人街和华人商区,少数华人被示威者殴打,一度引发骚乱。

与此同时,恐怖主义威胁凸显。马来西亚是安全形势较好的东盟国家,很少有恐怖事件发生。但自2014年以来,马来西亚面临的恐怖威胁持续上升,安全形势恶化。

面对日益恶化的安全形势,马来西亚政府积极应对。2015年4月7日,马来西亚国会以70∶69票通过《2015防范恐怖主义法案》(Akta Pencegahan Keganasan 2015)。5月28日,法案获最高元首御准,于9月1日正式实施。这是迄今为止马来西亚最为系统的一部防范和打击恐怖主义的法律。2015年9月,美国驻马来西亚大使馆发出旅游警告,称马来西亚可能将遭遇恐怖袭击,呼吁该国公民远离阿罗街及周边地区。随后,澳大利亚政府也发

---

[1] 《马来西亚2015—2016年生产力报告:马生产力增长放缓》,商务部,2016年6月20日,http://www.mofcom.gov.cn/article/i/jyjl/j/201606/20160601341832.shtml,访问时间:2016年8月1日。

[2] 数据来源:世界银行,https://data.worldbank.org/indicator/NY.GDP.MKTP.KD.ZG?locations=MY,访问时间:2018年6月1日。

[3] 参见《马来西亚"偷手机事件"引发大规模暴力冲突》,国际在线,2015年7月15日,http://gb.cri.cn/42071/2015/07/15/6611s5030875_1.htm,访问时间:2015年12月15日。

出旅游警告,呼吁该国公民切勿前往相关地区。①

恐怖袭击警告在2016年成为现实。6月28日凌晨,雪兰莪州蒲种的一家酒吧遭手榴弹袭击,造成8人受伤,其中7人为马来西亚人,1人为中国游客。2016年8月,马来西亚通过《国家安全理事会法案》,授权总理可单方面实行戒严的权力。蒲种恐怖袭击之后,马来西亚的恐怖主义指数由2015年的2.69上升到2016年的3.33。②

2018年大选"改朝换代" 正是在以上较为严峻的形势之下,2018年全国大选拉开序幕。正是这次选举改变了纳吉布和巫统的命运。为确保赢得选举,马来西亚国会于2018年3月28日以129对80的票数通过马来西亚选举委员会提出的选区重划方案。两天后,最高元首穆罕默德五世下令执行新划选区方案。新的选区方案重划了14个选区,其中10个位于雪兰莪州。与此同时,纳吉布政府暂停了马来西亚土著团结党和希望联盟的注册,从法律上否定了反对派的合法性。

然而,纳吉布政府的努力没有从根本上改变全国大选的民心。2018年5月9日,第14届全国大选举行。本次大选主要有国民阵线、希望联盟、和谐阵线(Gagasan Sejahtera)三派力量竞选。其中,国民阵线是执政联盟。和谐阵线由伊斯兰教党领导,与国民阵线和希望联盟相比,实力相对较弱。选前,国际社会普遍认为国民阵线将继续赢得大选,但难以获得国会的三分之二多数席位。

但5月10日公布的选举结果令人大跌眼镜,引起马来西亚全国轰动。在国会选举方面,国民阵线仅获得79个国会席位,为历史最差战绩。其中,巫统获得54个席位,比上届大选减少34个席位。多名部长和巫统高级官员在选举中落败。主要华人政党马华公会仅署理总会长魏家祥1人在亚依淡以303张多数票险胜民主行动党柔佛主席刘镇东。其余马华公会的领导人,如总会长廖中莱及副总会长蔡智勇、副总会长何国忠、副总秘书黄日升、中央委员王乃志、马青总团长张盛闻等纷纷败下阵来。另一个华人政党民政党则1个席位未得。印度人国大党获得2个席位,比上届选举减少2席。

---

① 《吉隆坡著名美食街或遭恐怖袭击 马警方全力警戒》,新华网,2015年9月25日,http://news.xinhuanet.com/world/2015-09/25/c_128265271.htm,访问时间:2015年10月3日。

② 数据来源:https://tradingeconomics.com/malaysia/terrorism-index,访问时间:2018年6月1日。

除三大种族政党品尝败绩外,沙捞越土著保守联合党战绩也并不理想,仅获得 13 个席位,比上届减少 1 席。而在州议会选举方面,国民阵线只获得玻璃市和彭亨两个州的执政权,为历史最差战绩。其中,在国民阵线一向占据优势的沙巴州,州执政权也由反对派夺走,这给国民阵线造成沉重打击。

选举结果表明,民心一边倒,倒向希望联盟。希望联盟在国会选举中获得 113 个席位,赢得执政权。其中,人民公正党获得 47 个席位,比上届大选增加 17 席,为希望联盟中获得最多国会席位的政党。民主行动党获得 42 席,比上届选举增加 4 席。土著团结党获得 13 席,国家诚信党获得 11 席。在州议会选举中,希望联盟赢得了柔佛、吉打、马六甲、森美兰、槟州、霹雳、沙巴、雪兰莪以及吉隆坡等 9 个州的执政权。其中,在雪兰莪和槟州,希望联盟分别获得 92.5% 和 91.1% 的席位,以压倒性多数的票数击败国民阵线,取得辉煌战绩。

和谐阵线中的伊斯兰教党在国会选举中获得 18 个席位,比上届大选减少 3 席,但在州议会选举中赢得吉兰丹和登嘉楼州的执政权。这是伊斯兰教党继 1999 年后再次执政登嘉楼州,也是伊斯兰教党近几届大选中较好的州议会选举成绩。本次选举显示,刚成立不久的国家诚信党无法与伊斯兰教党匹敌。

反对派胜选引发马来西亚全国轰动。巫统失利主要有两大原因。从内因看,巫统越来越不得人心,民众迫切希望"改朝换代"。巫统成立于 1946 年,是历史最为悠久、最有影响力的老牌马来人政党。从马来亚人民反抗英国殖民者,到马来亚独立建国,巫统发挥了重要的领导作用。没有巫统,就没有今天的马来西亚。出于历史的原因,在马来西亚这样一个以马来人为主体民族的多元族群国家中,巫统只有高举"马来人优先"、捍卫马来土著权利的大旗才能保障自身政权。历史的发展证明,巫统凭借维护马来人利益的执政理念确实得到了绝大多数马来人的支持。而纳吉布父亲、马来西亚第二任总理拉扎克创建的,囊括了马来人、华人、印度人及其他少数族群的执政联盟国民阵线则在一定程度上照顾了非马来人的利益,这个具有马来西亚特色的政党体制延续了几十年。

然而,近十年来,马来西亚社会发生了微妙的变化。越来越多的民众开始不满足于以族群划分利益的现状。一方面,马来人仍然希望巫统维持"马来人优先"的政策,但同时也开始要求政府更多地关注民生、环保、医疗、教育、妇女权益、民主选举、权利、自由等话题。也就是说,此前的巫统只需要维护马来人利益,即在利益分配问题上,给予马来人更多利益和更多照顾,就可以得到马来人的支持,保住政权。如今的巫统不仅需要继续推行"马来人优先"的政策,而且需要将更多精力集中在经济发展、基础设施建设、教育、医疗等各方面。虽然近些年来,巫统在经济发展和改善民生方面做出了不少努力,但仍然有相当多的民众认为巫统之所以能够从1957年执政至今,主要是因为巫统垄断了政权。巫统在政治改革,尤其是推动公平、民主、透明的选举方面乏善可陈。非政府组织净选盟更是提出了使用不褪色墨水书写选票等多项措施保障选举公平进行。2009年,纳吉布提出了"一个马来西亚"政策,以保障马来西亚全体族群的利益,并推动政府转型计划和经济转型计划,然而纳吉布的改革并未得到全面落实。

另一方面,华人社会对巫统忽视华人利益依旧不满,华人选民对执政联盟中的华人政党——马华公会只是一味追随巫统,而未能尽到保护华人利益的义务表示愤怒,这使得大多数华人将选票投给了华人反对党民主行动党。在2018年大选前,纳吉布政府为保障获得足够的选票,重划了选区,这让本来就对选举不满的选民对政府更加不满,直接导致了大量马来人选票的流失。

此外,2015年,美国媒体爆料纳吉布牵涉"一个马来西亚有限公司"腐败案,涉贪7亿美元,引起了公愤。尽管纳吉布对腐败丑闻做出了澄清,但此事加上纳吉布夫人罗斯玛一向生活奢侈,人们对纳吉布的澄清并不买账。自此以后纳吉布在民众中的形象一落千丈,一时间,将纳吉布赶下台成了多数民众的共识。于是,2018年大选便成为民众发泄不满的渠道。巫统长期执政,但又忽视了政治改革和政党治理,仍然以老旧思路管理执政联盟,导致了巫统的惨败。

从外因看,马哈蒂尔的个人魅力是关键性因素。马哈蒂尔1981年至2003年担任马来西亚总理,是马来西亚政坛最重要的领导人之一。在执政期间,马哈蒂尔带领马来西亚取得令人骄傲的成绩,马来西亚经济步入"亚洲四小虎"行列,成为在地区事务中有重要影响力的国家,引起国际社会的关注。马哈蒂尔也因此成为马来西亚民众心目中的伟大领袖,受到民众的爱戴。2003年10月,作为巫统主席的马哈蒂尔退休时,巫统对他依依不舍,一些部长和官员甚至为马哈蒂尔的离去流下了伤心的眼泪。这足以见得马哈蒂尔在马来西亚政坛中举足轻重。2004年,马来西亚举行全国大选,此时的巫统虽然没有了马哈蒂尔,但凭借着马哈蒂尔留下的余热,绝大多数民众依然将选票投给了巫统,使得国民阵线在大选中取得了非常辉煌的成绩。

不过,2004年后,马哈蒂尔逐渐淡出政坛,甚至因不满其继任者阿卜杜拉·巴达维的表现断然退出巫统,这对巫统及国民阵线产生了巨大的影响。随后,巫统的成绩一路下滑。2008年、2013年两次大选,国民阵线接连失去国会三分之二多数席位,还丢掉了多个州的执政权。虽然不能说,马哈蒂尔的离去是巫统失去国会多数席位的主要原因,但没有了马哈蒂尔的巫统确实出现了诸多的问题,这足以见得马哈蒂尔对巫统的影响力无人可以取代。

2015年以来,马哈蒂尔就"一马公司"腐败丑闻攻击纳吉布,加剧了民众对纳吉布的不满。马哈蒂尔退出巫统后组建土著团结党,加入反对派联盟希望联盟,成为纳吉布的强有力对手。2018年大选前,马哈蒂尔被反对派推选为总理候选人,大大提振了希望联盟的士气。虽然也有人质疑马哈蒂尔年龄太大,但事实证明马哈蒂尔作为总理候选人的提名确实吸引了不少马来选民的选票,也让越来越多的马来西亚民众看到了推翻纳吉布政权的希望,并开始怀念马哈蒂尔执政的辉煌时代。大选后,有媒体甚至评论称,是马哈蒂尔一个人击败了国民阵线。这样的说法未免有些夸张,但确实反映出马哈蒂尔在马来西亚政坛的影响力无人能及。如果没有马哈蒂尔,仅靠旺·阿兹莎领导的人民公正党以及被关在监狱中的反对派实权领袖安瓦尔,希望联盟要推翻国民阵线恐怕还有些难度。①

2018年5月10日晚,马哈蒂尔在皇宫宣誓就任马来西亚第7任总理。5月12日,纳吉布辞去巫统主席以及国民阵线主席的职务。5月16日、17日,纳吉布官邸被警方搜查。5月22日、24日,纳吉布两次前往反贪委员会接受询问。7月3日,纳吉布被"一马公司"特别行动队扣留,并于次日出庭受审。受审当天,纳吉布被保释。

作者点评

纳吉布下台是马来西亚历史上惊天动地的大事,可以与葡萄牙攻占马六甲、"5·13"事件、巫统分裂、马哈蒂尔罢黜安瓦尔等事件相提并论。纳吉布政府究竟为什么会倒台?未来的马来西亚会走向何方?这些是值得深入探

---

① 骆永昆:《92岁高龄赢得选举,马来西亚前总理马哈蒂尔缘何"卷土重来"?》,北京周报网,2018年5月15日,http://www.beijingreview.com.cn/shishi/201805/t20180515_800129472.html,访问时间:2018年5月20日。

讨的问题。

笔者认为,巫统的倒台主要是三个原因。一是马哈蒂尔领导的反对派与纳吉布的权力斗争所致。其中,马哈蒂尔是关键人物。他凝聚了反对党各派的人心,并利用纳吉布牵涉其中的腐败案争取选民支持。二是安瓦尔领导的"烈火莫熄"运动沉重打击了巫统和国民阵线。自1998年以来,安瓦尔领导的反对马哈蒂尔和巫统的"烈火莫熄"运动持续了20年。在过去20年中,国民阵线弊端显露,不仅巫统不得人心,马华公会也不受欢迎,这直接导致了大量选票流向反对党。这从2008年、2013年两届大选中也可以看出。三是公民社会的发展引起民众诉求的变化。过去20余年,马来西亚的公民社会发生了深刻的变化,不但非政府组织发展迅猛,新媒体也发展迅速,民众的诉求和所获得的信息越来越多元。如要求提高最低工资、降低生活成本、保护生态环境、推动公平选举、反对贪污腐败、争取公平教育等都成为民众的诉求,同时民众对政府的批评也可见于各种媒体。然而,国民阵线政府对公民社会的变化认识不够深刻,应对不够及时,最终导致政府倒台。从这个意义上讲,纳吉布政府的倒台是马来西亚公民社会发展的必然结果。

巫统虽然倒台了,但马来西亚的政治和社会结构没有根本改变。族群矛盾仍然是马来西亚政治和社会的重要矛盾;马来人各利益集团间的权力斗争也依然是影响马来西亚政治发展的重要因素。今天的马来西亚没有了强势和掌握强权的领导人,没有占据强势地位的政党,也没有实力雄厚的执政团队,进入了一个全新的时代。

主要参考文献

1. Gordon P. Means, *Malaysian Politics: The Second Generation*, Singapore: Oxford University Press Pte. Ltd, 1991.

2. *Malaysia Kita: Panduan dan Rujukan untuk Peperiksaan Am Kerajaan*, Petaling Jaya: International Law Book Services, 2007.

3. 芭芭拉·沃森·安达娅、伦纳德·安达娅:《马来西亚史》,黄秋迪译,中国大百科全书出版社,2010年。

4. 陈鸿瑜:《马来西亚史》,兰台出版社,2012年。

5. [英]D.G.E霍尔:《东南亚史》(上、下册),中山大学东南亚历史研究所译,商务印书馆,1982年。

6. 韩方明:《华人与马来西亚现代化进程》,商务印书馆,2002年。

7. 贺圣达:《东南亚历史重大问题研究:东南亚历史和文化:从原始社会到19世纪初》(上册),云南人民出版社,2015年。

8. 贺圣达:《东南亚文化发展史》,云南人民出版社,1996年。

9. [英]理查德·温斯泰德:《马来亚史》,姚梓良译,商务印书馆,1974年。

10. 梁英明:《东南亚史》,人民出版社,2010年。

11. 林远辉、张应龙:《新加坡马来西亚华侨史》,广东高等教育出版社,2008年。

12. 罗杰、傅聪聪等译/著:《〈马来纪年〉翻译与研究》,北京大学出版社,2013年。

13. [澳]米尔顿·奥斯本:《东南亚史》,郭继光译,商务印书馆,2012年。

14. [新]尼古拉斯·塔林主编:《剑桥东南亚史》第一卷,贺圣达、陈明华、俞亚克等译,云南人民出版社,2003年。

15. 覃主元等:《战后东南亚经济史(1945—2005年)》,民族出版社,2007年。
16. 王任叔:《印度尼西亚古代史》(上、下),周南京、丘立本整理,中国社会科学出版社,1987年。

图书在版编目(CIP)数据

马来西亚通史 / 骆永昆著 .— 上海 ：上海社会科学院出版社，2023
 ISBN 978 - 7 - 5520 - 3848 - 4

Ⅰ．①马… Ⅱ．①骆… Ⅲ．①马来西亚—历史 Ⅳ．①K338

中国版本图书馆 CIP 数据核字(2022)第 008698 号

马来西亚通史

著　　者：骆永昆
责任编辑：王　勤
封面设计：陆红强
出版发行：上海社会科学院出版社
　　　　　上海顺昌路 622 号　邮编 200025
　　　　　电话总机 021 - 63315947　销售热线 021 - 53063735
　　　　　http：//www.sassp.cn　E-mail：sassp@sassp.cn
照　　排：南京理工出版信息技术有限公司
印　　刷：上海颛辉印刷厂有限公司
开　　本：710 毫米×1010 毫米　1/16
印　　张：18.75
插　　页：1
字　　数：316 千
版　　次：2023 年 9 月第 1 版　2023 年 9 月第 1 次印刷

ISBN 978 - 7 - 5520 - 3848 - 4/K · 648　　　　　　　定价：88.00 元

版权所有　翻印必究